当代经济学系列丛书

Contemporary Economics Series

主编 陈昕

（第三版）

可计算一般均衡模型的
基本原理与编程

张欣 著

当代经济学
教学参考书系

格致出版社
上海三联书店
上海人民出版社

主编的话

上世纪 80 年代,为了全面地、系统地反映当代经济学的全貌及其进程,总结与挖掘当代经济学已有的和潜在的成果,展示当代经济学新的发展方向,我们决定出版"当代经济学系列丛书"。

"当代经济学系列丛书"是大型的、高层次的、综合性的经济学术理论丛书。它包括三个子系列:(1)当代经济学文库;(2)当代经济学译库;(3)当代经济学教学参考书系。本丛书在学科领域方面,不仅着眼于各传统经济学科的新成果,更注重经济学前沿学科、边缘学科和综合学科的新成就;在选题的采择上,广泛联系海内外学者,努力开掘学术功力深厚、思想新颖独到、作品水平拔尖的著作。"文库"力求达到中国经济学界当前的最高水平;"译库"翻译当代经济学的名人名著;"教学参考书系"主要出版国内外著名高等院校最新的经济学通用教材。

20 多年过去了,本丛书先后出版了 200 多种著作,在很大程度上推动了中国经济学的现代化和国际标准化。这主要体现在两个方面:一是从研究范围、研究内容、研究方法、分析技术等方面完成了中国经济学从传统向现代的转轨;二是培养了整整一代青年经济学人,如今他们大都成长为中国第一线的经济学家,活跃在国内外的学术舞台上。

为了进一步推动中国经济学的发展,我们将继续引进翻译出版国际上经济学的最新研究成果,加强中国经济学家与世界各国经济学家之间的交流;同时,我们更鼓励中国经济学家创建自己的理论体系,在自主的理论框架内消化和吸收世界上最优秀的理论成果,并把它放到中国经济改革发展的实践中进行筛选和检验,进而寻找属于中国的又面向未来世界的经济制度和经济理论,使中国经济学真正立足于世界经济学之林。

我们渴望经济学家支持我们的追求;我们和经济学家一起瞻望中国经济学的未来。

2014 年 1 月

第三版前言

可计算一般均衡（CGE）模型在国民经济、贸易、环境、财政税收、公共政策方面应用非常广泛。虽然它牵涉到的理论和建模比较高深，但是中国国内有志研究 CGE 的学人众多。本书作为 CGE 模型的入门教材，深入浅出地介绍 CGE 模型的基本原理和训练学生动手编程，适合大学本科和研究生相关课程的教学或者学生自学。本书的读者对象大致是经济学、统计学、公共政策学专业本科三、四年级学生和研究生，以及研究这些学科的高校教师和专业科研工作者。本书旨在帮助他们学习和掌握 CGE 模型的基本理论、构造、方法和应用，制作数据基础 SAM 表，编写计算机程序，以及分析政策对经济的影响。

CGE 模型在国外从 20 世纪 70 年代开始流行，现在已经成为世界银行等国际组织及发达国家决策机构做政策分析的基本工具。国内近年来也出版了不少相关研究文章和介绍性书籍。十多年前我在中国国内教 CGE 课程，体会到在国内外中英文经济学教科书市场上，还没有一本系统的、入门的、精义的、基本原理透彻的 CGE 模型教科书。由于没有教科书，在课堂上有限的讲课时间里，教授往往不能尽意。学生如果要课外补习，只能靠搜集 CGE 的各种论文、介绍文章和专著。但是这些参考文献都是独立的研究论文，它们的 CGE 模型的函数等也有各种不同的数学表达方法，对一些基础的但很关键的理论和主要事项又常常忽略不提，而 CGE 模型本身结构又是非常复杂的，因此对初学者来说，读懂它们并非易事。常常是，学生看了不少经典的论文，也能按照现成编好的 CGE 模型程序依样画葫芦地做些练习或研究，但是对 CGE 模型的基本理论、构造、函数和闭合，似懂非懂。结果，一旦要研究具体的问题，他们还是缺乏独立设计 CGE 模型的能力。于是在大家的鼓励和催促下，我将自己上课的讲义拓展，并最终完成这本入门的 CGE 模型教科书。

本书基于作者的教学经验，结合中国学生的特点，集中在 CGE 模型的基本原理和精义，由浅入深，循序渐进，系统地进行训练，将标准 CGE 模型的基本原理和结构讲清讲透，并且以实例、练习和计算机 GAMS 程序编写练习来指导学生的实际动手能力。这样,学生不但能掌握从理论出发针对问题构建和设计 CGE 模型,同时也能编写相应的 GAMS 程序,用计算机运行模型和分析模拟结果。有了这些基础,读者可以进一步深入了解更复杂的 CGE 模型,阅读各种国际上的 CGE 模型文献。

本书自 2010 年第一版出版,受到读者欢迎,不久销售告罄。格致出版社多次重印,在 2017 年又发行了第二版。同时,海外的 World Scientific Publishing 出版社邀请我写本书的英文版。英文版把美国及其他海外学生和学者作为读者对象,为此增加了国际学界需要和感兴趣的内容,使用了严格符合联合国国民账户体系规范的术语,选用了美国及其他海外读者熟悉的实例和应用。

这次的第三版在本书的英文版和以前中文版的基础上进行了较多调整,可以算是完全重写了。它比第二版多出了 100 多页内容,旨在满足国内外近来理论发展和政策研究的需要。英文版中的新内容对中国读者也非常有益。中国的各级统计机构、各发展研究中心、国民经济核算学界在和联合国统计司的国民账户体系接轨,而英文版中有关使用表、供给表、基本价格、购买者价格、商贸和运输加价(流通费用)等的新内容,正是中国读者需要了解和应用的。第三版中不但包含了所有这些英文版中的新内容,还根据中国读者的特点做了更多的解释,添加了更多的示例。

读者可以看到,和第二版最显著的不同是,第三版从第 13 章起介绍国民账户体系的基本价格、生产者价格和购买者价格的多重价格体系,以及这个体系下的 SAM 表设置和 CGE 建模。以前版本中的 CGE 模型结构中一个商品只有一个价格,模型结构相对简单。而在联合国国民账户体系规范下,只要存在增值税、消费税、商贸和运输费用,一个商品至少有基本价格和购买者价格两种价格。在多重价格情况下,CGE 模型在建模中对价格的设置和处理、物量的计算、程序编写等,要比原来复杂不少。而对研究财税政策和国民经济核算的学者和专业人员来说,又不可能绕开这个多重价格问题。好在本书循序渐进,从定义开始,将理论陈述和示例结合,以由浅入深的方式让读者逐步熟悉和掌握有多重价格的 CGE 模型结构。

根据实际研究的需要,第三版也增加了一些实用技巧介绍,如应付数据缺失的小值法和稳健性分析中的 OFAT 法。由于近年来用 CGE 模型研究能源、环境、碳排放的兴趣日益增多,第三版增加了多层嵌套结构和多投入 CES 模块方程组设置的介绍,这些模块方程组可以被用来叠加制作任意多层嵌套的能源、环境模型的生产区块。所有这些介绍配有示例及 GAMS 程序代码,读者可以学习、体会和实践。

过去几年我不时收到一些读者来信,说他们的 GAMS 程序无法运行,请我找出问题在哪里。程序不能运行的原因很多,可能模型设计就错了,或者程序结构错了,或者方程错了,或者 GAMS 程序代码或者指令语法错了,等等。即使是一个小小的指令语法或方程错误,编程者自己可能也需要花上几天时间去找,让外人去找错就更困难了。由于精力有限,我很抱歉不能一一回复和满足这些读者的请求,帮助他们检验寄来的程序。我给这些读者的建议是,先不要写复杂的程序,而是从抄写本书的简单程序开始,逐步增加自己的内容,或逐步修改内容。每增加或者修改一个内容,譬如加一个账户,或者修改一个方程,就运行一下,看是不是顺畅,直到出问题为止。这样,可以确定是哪个新内容出了问题,集中精力解决这个问题。修改好了,再加其他的新内容。

为了帮助读者编程,第三版将给本书用户提供书中所有主要 GAMS 程序实例和部分练习题的 GAMS 程序的电子文件,可关注"格致出版社"微信公众号,回复"可计算一般均衡"获取配套资源。读者如果看不清印刷版上 GAMS 程序的变量符号,譬如容易混淆的字母 l 和数字 1、字母 O 和数字 0,可以用文字处理器(如微软文字处理器)打开这些电子版文件阅读和检查。这些电子版程序文件可以在 GAMS 程序上直接运行。读者也可以在这些 GAMS 程序的基础上,修改和加入自己的内容来学习或者做研究项目。如果读者有关于本书内容的问题,譬如纠错和提供建议,可以联系 studycge@gmail.com。

本书也可以作为经济学和公共政策领域专业工作者的参考书。本书的索引部分是个有用的学习工具。书中涉及了很多经济学和国民经济统计上的术语和主题,并且在不同场景和角度下对它们做了解释,譬如有关物量单位的概念。读者以后在阅读其他经济学和 CGE 模型文献时,如果遇到相同的术语和主题有问题,可以通过索引在本书中找到答案。

这次再版,首先要感谢很多这几年写信给我的和在网上讨论本书的读者,也要感谢格致出版社编辑程倩、赵杰的辛勤工作。在此我也再次感谢在本书第一版、第二版前言和英文版中提到的同学、同仁和妻子焦珲眉,以及准备第三版时 Robinson、王直、陈烨等同仁的帮助。没有大家的支持,本书不能成功。

2022 年 3 月

目录

001　1　引言

006　2　投入产出表和投入产出模型

006　2.1　投入产出表
010　2.2　投入产出模型
013　2.3　GAMS 语言程序
021　2.4　GAMS 程序运行和打印结果
023　练习
024　附录　微观经济学复习(1)

027　3　价格、物量和价格关系

027　3.1　价值型投入产出表的价格和数量：价格指数
028　3.2　价值型投入产出表的价格和数量：物量单位
030　3.3　价值型投入产出表下的实际数量和投入产出系数的计算
032　3.4　里昂惕夫模型的价格关系和价格模型
034　3.5　商品价格作为外生变量的情况
036　3.6　GAMS 程序语言
041　练习
042　附录　数学复习(1)

043　4　社会核算矩阵(SAM 表)

043　4.1　SAM 表的结构
047　4.2　SAM 表设计和国民账户(国民经济核算账户)
050　4.3　投入产出表、使用表和

供给表
055　练习

057　5　SAM 表的平衡

057　5.1　SAM 表的行列平衡原则
057　5.2　最小二乘法
060　5.3　增加限制条件，改善 SAM 表平衡调整的数据
061　5.4　手动平衡
064　5.5　RAS 法
067　5.6　直接交叉熵法
072　5.7　系数交叉熵和误差调整值
075　练习

077　6　一般均衡理论及其应用

077　6.1　局部均衡
078　6.2　一般均衡
079　6.3　一般均衡状态下，居民实现了效用最大化和企业实现了利润最大化
083　6.4　瓦尔拉斯法则
083　6.5　从一般均衡理论到 CGE 模型
085　6.6　一个最简单的 CGE 模型
091　6.7　一般均衡点的存在条件
092　练习
092　附录　微观经济学复习(2)

094　7　生产函数、企业的供给和需求

094　7.1　CES 生产函数及其属性

097	7.2	推导投入需求函数和成本函数
100	7.3	CGE 模型中的商品供给函数
102	7.4	决定企业投入需求量和商品供给量的方程组
104	7.5	从 SAM 表数据校调估算 CES 生产函数的参数
107	7.6	GAMS 程序
110		练习
110		附录 微观经济学复习(3)

111 8 非线性生产函数和函数嵌套的 CGE 模型

111	8.1	用投入需求函数表述的简单 CGE 模型
113	8.2	CES 生产函数的 CGE 模型及其方形条件
119	8.3	多要素投入的情况和嵌套函数结构
121	8.4	嵌套生产函数的 CGE 模型
125	8.5	CES 嵌套生产函数的 CGE 模型的 GAMS 程序演示
130	8.6	多层嵌套结构和多投入变量的 CES 生产函数
134	8.7	单位条件投入需求作为投入产出系数的 CGE 模型结构
135		练习
136		附录 数学复习(2)

138 9 效用函数和居民的商品需求

138	9.1	效用最大化和柯布-道格拉斯效用函数
139	9.2	CES 效用函数
141	9.3	LES 函数
144	9.4	LES 函数的属性和校调估算参数
147	9.5	超越对数函数
148	9.6	线性超越对数函数
150	9.7	使用不同需求函数的 CGE 模型

151	9.8	LES 函数的 GAMS 程序演示
153		练习
154		附录 微观经济学复习(4)

155 10 价格基准和宏观闭合

155	10.1	价格基准
156	10.2	价格指数作为价格基准
158	10.3	货币和货币中性
159	10.4	宏观闭合和新古典主义闭合
161	10.5	凯恩斯闭合
164	10.6	刘易斯闭合
164	10.7	凯恩斯闭合 CGE 模型的 GAMS 程序
170		练习

172 11 政府、财税政策和价格

172	11.1	政府在经济中的作用
173	11.2	政府支出
176	11.3	居民和直接税、所得税
178	11.4	销售税、基价、基本价格和购买者价格
181	11.5	多种价格下的基价选择和物量单位
182	11.6	增值税
186	11.7	工资税和企业所得税
189	11.8	包括政府财税政策的 CGE 模型和 GAMS 编程
195		练习

197 12 储蓄和投资

197	12.1	居民储蓄
198	12.2	私人投资(企业投资)
200	12.3	总支出和凯恩斯均衡
203	12.4	储蓄-投资方程
205	12.5	包括储蓄-投资方程的 CGE 模型
209	12.6	包括储蓄-投资方程 CGE 模型的 GAMS 程序
217	12.7	政府支出闭合
218	12.8	约翰森闭合

220　12.9　模拟货币供给冲击和模型的齐次性

220　练习

221　附录　储蓄-投资方程和总收入-总支出方程互为镜像

223　**13　活动、价格和行销加价**

223　13.1　活动和商品账户

226　13.2　从活动账户到商品账户的映射

227　13.3　商贸和运输加价

228　13.4　行销加价和 CGE 建模

229　13.5　生产者价格指数和基本价格

230　13.6　CGE 模型设置阶段对价格、数量和物量单位的选择

232　13.7　CGE 模型的中间投入按购买者价格计算

234　13.8　具有规模参数的通用里昂惕夫生产函数

235　13.9　包括商贸和运输加价的 CGE 模型

238　13.10　包括商贸和运输加价的 CGE 模型的 GAMS 程序

248　练习

250　**14　开放经济的宏观 CGE 模型**

250　14.1　开放经济

253　14.2　产出在国内市场和出口之间分配

255　14.3　国内市场上的进口和国产商品

257　14.4　从活动账户到商品账户：映射关系和加价

258　14.5　汇率和外汇体制

260　14.6　国内和国际价格

262　14.7　开放经济的 CGE 模型

266　14.8　开放经济 CGE 模型的 GAMS 程序

278　练习

280　**15　数据和账户的不规则和复杂情况**

280　15.1　输入数据和文件

281　15.2　数据缺失的情况

286　15.3　增值税

294　15.4　出口税和出口补贴

297　15.5　数值为负的情况

300　15.6　有增值税的综合 CGE 模型

303　15.7　欧利国模型的 GAMS 程序

313　练习

314　**16　账户细分、交叉和合成**

314　16.1　多居民群体

315　16.2　多重生产活动和多重商品交叉的 QX 结构设置

318　16.3　编写和测试 GAMS 子程序

320　16.4　QX 结构部分的 GAMS 子程序

322　16.5　IFPRI 模型

336　16.6　计算国民生产总值和凯恩斯乘数

338　练习

340　**17　CGE 模型的设计和改进、技术性检验、政策模拟结果评估**

340　17.1　CGE 模型的设计和改进

342　17.2　要素供给函数和弹性要素供给的宏观闭合

345　17.3　可靠性、稳健性和敏感性分析

347　17.4　政策评估：对居民福利的影响

353　17.5　支出函数复杂或者没有显性形式的情况

355　17.6　根据问题和目的设计 CGE 模型和闭合：以外贸闭合为例

357　　　练习

359　18　标准 CGE 模型的局限和
　　　　拓展

359　　18.1　储蓄和未来消费
362　　18.2　休闲
365　　18.3　公共物品与政府支出
367　　18.4　多区域模型

370　　18.5　动态模型
374　　18.6　其他方向的发展
375　　练习

376　参考文献
381　附录
390　索引

引 言

可计算一般均衡模型,是国际上流行的经济和公共政策定量分析的一个主要工具。它的英文是 computable general equilibrium model,简称 CGE 模型,也被称为应用一般均衡模型(applied general equilibrium model)。它的特点是描述国民经济各个部门及各个核算账户之间的相互联锁关系,并且可以对政策变化和经济运动对这些关系的影响做描述、模拟和预测,因此它在国民经济、贸易、环境、财政税收、公共政策方面应用非常广泛。CGE 模型在国外从 20 世纪 70 年代开始流行,已经成为世界银行和国际贸易组织等做政策分析的基本工具。国内近年来也有不少相关的研究文章和介绍书籍。

应用经济学和公共管理学的现代研究手段是以定量分析为特征的。随着经济发展的需要、市场机制的运作,对社会经济问题的分析和政策制定,光靠"拍脑袋"、感觉、定性分析,已经越来越跟不上形势发展的需要。科学制定政策经常需要定量分析。譬如说,政府要降低出口退税率,以便减少贸易顺差。到底退税率要降低多少?对就业有什么影响?对相关的不同产业,如服装、餐饮业,各有什么影响?由于国民经济各个部门密切相关,牵一发动全身,我们不但需要对直接影响的部门做定量分析,而且需要考虑由各个部门的相互依存和关联造成的间接影响。对多部门之间的关联做定量分析有助于科学地、精确地掌握经济规律和制定政策,也有助于学术水平国际化。

经济多变量之间的关系,可以说,有三个维度。第一个是时间维度,通常我们使用的计量经济学和统计学中的时间序列(time series)分析就是描述和研究这类问题的。第二个是空间维度,计量经济学和统计学中的空间分析(spatial analysis)就是描述和研究这类问题的。第三个维度是经济各部门、各账户之间的关系。对各个产业部门、各个宏观经济核算账户变量之间的关系做分析的模型有宏观经济模型、投入产出模型。CGE 模型可以包括投入产出模型和大部分宏观经济模型。

宏观经济中多部门、多核算账户之间是相互依存的(interdependent)。在支出方面的宏观经济变量有消费、投资、政府支出、出口和进口。在收入方面的宏观经济变量有中间投入和要素投入,要素包括劳动力、资本和土地。一个部门或账户的变动会造成其他部门和账户的变动,这叫作溢出效应(spillover effect)。一个部门或者账户的变化会引起其他部门或账户的变化,这种关系叫作联锁关系(linkage)。

譬如,增加汽车生产需要更多的钢铁,而生产钢铁需要煤,生产煤需要增加运输能力。然后铁路和港口能力要扩展,继而需要钢铁和水泥。这些不同商品的产量变化还要影响到资金账户的变化。如进口铁矿石需要外汇,增加运输能力需要固定资产投资,居民收入的增加会刺激消费需求、促进就业,也会影响财政收入。这些供求的变化又会影响价格、利率、汇率等。

早期研究这些多部门之间联锁关系的是投入产出模型,也被称为里昂惕夫模型(Leontief model)。投入产出模型将各部门的投入产出关系假设为固定比例关系。整个经济各部门组合在一起,形成一个联立的线型方程组。模型中各部门的相互联锁作用在这个联立方程组中体现出来。运行模型就是输入参数和数据对这个方程组求解和模拟。不过,投入产出模型不能反映经济中价格变化引起的各变量之间的替代效应和各变量的增减变化,也不能包括很多重要的国民经济核算账户,如政府的转移支付。投入产出模型的更大缺陷是,它没有包括经济体系中的从要素收入形成需求,到其反过来影响最终使用的环节。因此,投入产出模型只是一个生产过程的局部均衡,而不是经济学意义上的包括供给和需求的全局均衡(一般均衡)。

现代的多部门经济模型是 CGE 模型。CGE 模型是包括供给和需求关系的全局均衡模型。CGE 模型中的生产过程可以包括投入产出模型,但是它比投入产出模型更能模拟复杂的部门关系,能够包括很多投入产出模型无法包括的重要经济变量,如储蓄、居民由于收入形成的消费需求、税收、政府对居民的转移支付等。

CGE 模型的数据基础是社会核算矩阵(social accounting matrix),简称 SAM 或者 SAM 表。SAM 包括了所有重要国民经济核算的账户,如投入产出数据矩阵,以及居民、企业、政府、对外部门的核算(如经常账户和资本账户)、税收、财政支出、转移支付、储蓄和投资等。联合国统计局制定了各国统计部门同一遵守的规范,包括在 *System of National Accounts*(《国民账户体系》)1993 年版和 2008 年版中,可以将这两版中的体系分别简称为 SNA(1993) 和 SNA(2008)。这个规范系统,中国统计部门常常称为"国民经济核算体系"。目前,在中文文献中,"国民账户体系"与"国民经济核算体系"这两个术语通用。CGE 模型将这些账户之间的关系,用现代一般均衡理论建成一个联立的非线性方程组。CGE 模型可以包括所有相关的价格变量,如商品价格、投入价格、利率、汇率等。

CGE 模型在经济和公共政策上有广泛应用,涉及的领域包括宏观经济平衡、贸易、就业、税收改革和影响、教育支出和人力资源、能源和自然资源、社会保障、环境和经济可持续发展、健康公共支出和卫生政策等。CGE 模型在财政、税收方面的应用繁多,比如,可以用它来研究税收和价格变化对各部门产出的影响,财政收入、税收、各种财政支出之间的关系,货币金融资本流量的关系,各种国民账户之间的关系,等等。以在财政税收领域运用 CGE 模型的一些研究为例,Shoven 和 Whalley(1973,1984)等将 CGE 模型框架运用于美国以及其他国家的财政税收政策问题,Rutherford 和 Paltsev(1999)建立了研究俄罗斯间接税超额负担的 CGE 模型,等等。

在中国,有大量的经济和公共政策问题有待用 CGE 模型去研究。中英文发表的论文也不少,涉及经济和公共政策中亟待解决的各种问题,比如,王燕等(2001)发表的有关社会保障问题的论文,徐滇庆和张欣(Xu and Chang,2000)有关降低关税税率对就业的影响的论文,等等。其他有待解决的问题涉及增值税转型、人民币升值、社会保障、财政支出、水资源、碳循环等,对各个经济部门和账户变量的影响,也常常需要用CGE模型来模拟分析。

虽然CGE模型比较复杂,要花很多时间和较大的功夫才可以入门,但并不是难不可及。案头有本教科书,可以事半功倍。本书的目的就是为初学者提供一个精益的、系统的CGE模型的入门教材。本书不好高骛远,以掌握标准CGE模型(IFPRI模型)①的结构为基本目标。结合中国学生的特点,由浅入深,循序渐进,并且适时复习相关的经济学理论,结合实例、练习、作业和编程,将标准CGE模型的基本理论和结构讲清讲透。同时以实例、练习和计算机GAMS程序编写来指导和训练学生,使学生不但能从理论出发针对问题设计和构造CGE模型,也能编写相应的GAMS程序来用计算机模拟CGE模型。有了这些基础,读者可以进一步深入了解更复杂的CGE模型、各种国际上的CGE科研论文,以及各种专著。

国外的经济学博士生学习和研究CGE时,通常已具有高等数学训练基础,并且熟练掌握了高级微观经济学(包括一般均衡的理论)。因为没有循序渐进的标准教科书,他们需要通过阅读大量CGE模型文献,摸索理论,建立框架,学习编程,从而掌握CGE模型。这往往是个事倍功半的过程。我在国内大学教书时体会到国内外教学的差别。对中国学生来讲,还是从投入产出模型开始更容易入门。这是因为,由于过去和苏联学派交流的历史原因,投入产出模型及其应用在国内有广泛的基础,国内有很多人学过也一直在研究和运用投入产出模型,其中包括一些非经济学专业的数量技术学者。大部分国内学生对一般均衡理论,特别是其存在性理论和证明比较陌生。因此,在本书中,我们先从投入产出模型开始,进而熟悉社会核算矩阵,然后再学CGE模型。在学CGE模型的过程中,对经济学的一些基本函数和一般均衡理论的要点做复习,对一般均衡理论中拓扑部分做简化,以便那些高级微观经济学基础相对薄弱的学生学习。

虽然本书从投入产出模型开始介绍,并且尽量做到深入浅出,但这里还是有个对有志学习CGE模型的朋友的忠告。要真正掌握CGE模型理论,针对各种不同性质的经济问题独立设计CGE模型,把它得心应手地运用到经济现实上,必须有良好的现代经济学理论训练。一般地说,本书读者应该具有高级微观经济学(包括消费者、企业、市场和一般均衡的理论)知识和中级以上的宏观经济学基础。过去学过和运用过投入产出模型的产业经济计划工作者可能发现,即使没有现代经济学理论,也不妨碍掌握和运用投入产出模型。CGE模型则不然。如果不懂现代经济学,你就无法领悟为什么要这样设置函数,为什么在不同研究问题下一些变量被定为内生变量,一些变量被定为外生变量,设置宏观闭合(closure)的理论是什么,如何在不同问题下设置不同的宏观闭合,等等。现有不同文献的CGE模型会有不同的数学陈述方法(对比美国流派和澳大利亚流派),美国流派中各个作者也会在表达方式上有差异。掌握高级微观经济学的人马上知道这些变体在原则上是一回事,而没有高级微观经济学基础的读者在看这些文献时会把它们看成是不同的模型。

---

① 参见 Lofgren, H., R.L. Harris and S. Robinson, 20012 *A Standard Computable General Equilibrium (CGE) Model in GAMS*, International Food Policy Research Institute(IFPRI)。

也许一些学生可以将市场上流传的现成的 CGE 模型程序拿来做些小修改来写论文,但是如果没有真正领悟模型的理论基础,就不知道如何改造模型的基本结构和独立设计一个 CGE 模型。比如,要研究的问题是,在经济萧条情况下如何增加基础建设开支来刺激产出和增加就业机会。这时照抄流行的 CGE 模型往往不能得出结果。这是因为,流行的 CGE 模型基本上用的是新古典主义的宏观闭合,其中劳动已经充分就业,因此就业人数不会再增加。再比如,假设由于研究问题的需要,要将规模报酬不变的生产函数改成规模报酬递减的生产函数。这个看上去的小变化实际会引起 CGE 模型结构及一系列原有函数的很大变化。按原有模型结构依样画葫芦是不行的,很可能要自己动手写个完整的模型了,这时,如果没有真正领悟 CGE 模型设置的基本理论就不行了。

现有的 CGE 模型的文献浩繁,做研究时不难找到和研究主题相似的参考文献。不过,各种文献中的 CGE 模型,即使内部的理论和模型设置是一致的,不同作者却常常用不同的数学表达形式,增加了读者理解的困难。譬如,即使是数学内容完全相同的 CGE 模型,在同一个生产函数模块,各个作者可能用不同的数学表达,有的用直接的投入需求和商品供给的显函数,有的用生产函数和要素使用优化的一阶导数的方程组,有的用成本函数和边际成本等于价格相结合的方程组。再加上不同的繁琐的变量记号,读者常常不胜其烦。由于本书是教科书,因此数学表达和变量符号力求前后系统和一致。不过,为了兼顾经济学和 CGE 模型文献中的常规做法和适应由浅入深的程序,在数学表述和变量符号上做一些渐进的变化,使读者既易于学习本书,也能适应外部文献的各种典型写法。

在数学表述上,CGE 模型有两个主要不同的流派,即美国流派和澳大利亚(以莫纳什大学为代表的)流派。这两个学派模型的数学表达看上去大不相同。美国流派模型在企业、消费者、市场出清等各种函数的表达形式上和微观经济学理论一致,因此,函数表述简洁,处理非线性函数精确,便于初学者学习。就学习和开发未来更高级复杂的 CGE 模型而言,美国流派的数学表达方式和经济理论的数学模型表述一致,计算工作则由电脑和程序完成,可以自由选择外界提供的各种不同的解算法来计算,操作起来比较便利。从未来趋势来说,在独立建模上,美国流派已成为主流。澳大利亚学派则要将这些函数做转换、线性化和比例化,操作相当繁琐,不宜初学者学习。美国流派模型用的是 GAMS 程序语言,澳大利亚学派模型用的是 GEMPACK 程序语言。澳大利亚学派模型的优点是对计算机和解法程序功能要求不强,模型易于收敛。在计算机和解法程序功能足够强大的今天,这个优点已经不明显。不过,国际贸易的重要项目、全球贸易分析项目(Global Trade Analysis Project,GTAP)的 CGE 模型很多是用 GEMPACK 的,因此为了方便和交流,不少发展中国家的学者还是用现成的基于 GEMPACK 的模型来研究贸易问题。而研究贸易的美国经济学家往往是利用 GTAP 的数据,用 GAMS 来编写 CGE 贸易模型,如王直的一系列 CGE 贸易模型研究。本书是照美国流派模型来表述 CGE 模型,用的也是 GAMS 程序语言。读者在学完本书之后,如果有兴趣了解澳大利亚学派模型,也会发现比直接去学澳大利亚学派模型要省时间。Kohlhaas 和 Pearson(2002)专门编写了方便 GAMS 用户使用 GEMPACK 的手册,可以参考。

本书尽可能在介绍每个新内容后,以相应的数学表述实例帮助读者理解,然后提供相应的 GAMS 程序,并对编程做详细解释,以便读者学习。读者可以通过数学表述实例,理解 CGE 模型的数学结构,并通过附在后面的程序,理解 CGE 是如何在 GAMS 程序中求解和模拟的。每章后面附有练习题,供读者练习掌握。为了帮助读者编程,本书第三版继续给读者提供所有主要的 GAMS 程序实例和部分练习题的 GAMS 程序的电子文件。请下载"格致云课堂"。这些电子版程序是 text 文字版文件,可以直接用 GAMS 软件运行。参考这些电子文件还有一个好处。初学者刚开始学习程序时,常会发生简单的文字错误。英文字母 l 和数字 1、字母 O 和数字 0,这些不同符号在印刷版的书籍中常常不好区分。对照程序的电子文件,可以帮助分辨本书书面中的程序到底用的是字母还是数字。顺便和本书读者说一下,如果用中文输入法编写 GAMS 程序,也可能受阻,比如,用中文编写工具输入的等号、逗号和分号,常会被 GAMS 程序拒绝。这时要改用英文输入,程序就能正常运行。GAMS 语言并不困难,只要肯花时间,不断修正错误,熟能生巧,以后自会得心应手。

　　本书后面的索引部分是个非常有用的学习工具。本书涉及很多专业名词、术语和主题。同一名词或主题常在不同章节场景下从不同的角度去解释和讨论。读者学习 CGE 模型时常需要检索这些名词和主题的定义,也需要复习相关的理论和解释。通过使用索引,读者可以很快找到书里涉及的这些名词和主题的章节。除了复习名词和主题的定义外,还可以把从不同角度和场景下对同一名词和主题的讨论联系起来加深理解。以后在阅读其他经济学和 CGE 模型文献时,遇到相同的名词和主题,并感到理解它们有困难时,也可迅速在本书中通过索引检索寻找答案。这也是本书的另外一个功能:作为经济学和公共政策相关领域的专业工作者的参考书。

▶ 2

投入产出表和投入产出模型

2.1　投入产出表

投入产出模型是简单的多部门模型,数学上,投入产出模型是一个线性方程组,因此比较容易处理。投入产出模型中各部门之间的关系为固定比例关系,因此不能反映价格变动引起的替代效应和供求变化。投入产出模型不能包括复杂的资金账户,不能反映要素收入与最终使用商品的需求的关系,这是它的局限。不过,投入产出模型常常是 CGE 模型的子组成部分,而且它的多部门特征联立方程组和 CGE 有很多相似之处,可以作为学习 CGE 的基础。

投入产出模型研究国民经济中各个部门之间在投入与产出方面相互依存的数量关系。例如,钢铁、机械、煤炭三个部门的产品是投入产出相互依存的。生产钢铁需要煤炭作为投入,生产煤炭需要机械作为投入,而生产机械又需要钢铁作为投入。投入产出模型将这些投入产出的相互依存关系用数学等式联系起来。

投入产出模型的数据基础是投入产出表。统计部门将一个年度的各个部门的产出量综合,汇编成投入产出表。在中国,国家统计局每五年编制一个全国投入产出表,各省区市也编制自己的投入产出表。以前的投入产出表有实物型的,如国家统计局 1992 年编制过 151 种产品的实物型投入产出表。在实物型投入产出表中,产品数量用的是物理计量单位,如钢铁部门的产出是 3 亿吨钢,可利用的水资源的数量是若干亿立方米,汽车是 800 万辆,等等。用物理单位来统计产量,看起来很直观。按照物理单位给出的货币价格,如 1 吨钢的价格是 3 700 元,1 辆汽车是 15 万元等,和我们日常生活中观察到的价格概念是一样的,很容易理解。但是实物型投入产出表在实际操作统计时问题多多。譬如,钢铁有不同合金成分、不同品质、不同规格,不能简单用重量来汇总。即使是水资源,也有原水、再生水等不同种类。汽车就更不一样了,便宜的汽车和高级轿车的性能和配置内容相差很大,价格有几十倍的不同。要将制造业不同部门商品的产量汇总成整个制造业的总产量,用物理单位是不行的。譬如牛奶和自行车,各有不同的物理单位,1 公升牛奶和 1 辆自行车,是无法用物理单位来相加的。

如何对经济产出的各种不同的商品和服务在统计上汇总? 解决这个问题方法是按其

表 2.1.1　2000 年中国投入产出表(6 部门)

单位:10 亿元

	农业	工业	建筑业	运输邮电业	商业饮食业	其他服务业	中间使用合计	消费	资本形成	出口	最终使用合计	进口	其他	总产出
农业	404	871	9	1	91	23	1 398	1 096	111	58	1 265	−54	36	2 645
工业	542	8 575	1 202	366	467	703	11 855	2 119	876	1 924	4 919	−1 810	117	15 081
建筑业	6	15	1	21	7	86	136	0	2 169	2	2 171	−4	−88	2 216
运输邮电业	37	367	154	41	53	201	854	165	8	76	249	−16	−30	1 057
商业饮食业	50	612	144	21	146	121	1 095	347	37	150	534	−7	72	1 693
其他服务业	77	390	111	62	193	349	1 183	1 881	50	109	2 040	−77	−82	3 063
中间投入合计	1 115	10 830	1 621	512	958	1 483	16 521	5 608	3 250	2 320	11 178	−1 968	25	25 755
固定资产折旧	60	815	45	199	54	287	1 461							
劳动者报酬	1 344	1 696	391	226	402	934	4 992							
生产税净额	42	834	55	34	185	192	1 341							
营业盈余	84	906	104	86	94	167	1 441							
增加值合计	1 530	4 251	594	545	735	1 580	9 235							
总投入合计	2 645	15 081	2 216	1 057	1 693	3 063	25 755							

资料来源:中国国家统计局。

价值相加。现代的投入产出表,以及 CGE 模型所用的 SAM 表,通常都是以货币作为单位的,如表 2.1.1 中用的"亿元"。这样,不同种类的产品可以用价值来相加汇总。这也被称为价值型投入产出表。在价值型投入产出表或 SAM 表中,我们可以把货币单位,譬如"元",作为产品数量的单位来考虑。譬如钢铁部门 2007 年的产量是 2 000 亿元,等等。表 2.1.1 是 2000 年中国价值型投入产出表(6 部门)。

为了便于理解,我们举例说明。表 2.1.2 是假想的 A 国在 2000 年的投入产出表。A 国只有三个部门,部门 1(农业)、部门 2(工业)和部门 3(服务业)。生产所有产品都需要劳动力和资本投入。劳动力和资本叫作要素。要素投入是初始投入,在投入产出表中假设要素不能被当年其他产业部门生产。如劳动力是由人口数量所决定的,资本投入是由过去生产的资本积累所决定的。

为了投入产出模型建模、读数据和运行的方便,我们在表 2.1.2 中将投入产出表稍加整理,省略掉中间分类合计,如中间投入合计、中间使用合计、最终使用合计等。A 国的国内生产总值(GDP)等于 1 680 亿元。这可以从所有最终使用相加,或者所有要素投入相加得到。A 国的社会总产值等于 3 750 亿元,可以从总产出相加或者总收入相加获得。社会总产值比 GDP 大,是因为前者包括了中间投入这一价值的重复计算。

表 2.1.2　A 国在 2000 年的投入产出表　　　　　　单位:亿元

投　　入 ＼ 产　　出		中间使用			最终使用		总产出
		部门 1	部门 2	部门 3	消费	投资	
中间投入	部门 1	200	300	150	280	70	1 000
	部门 2	80	400	250	550	320	1 600
	部门 3	30	420	240	350	110	1 150
要素投入/增加值	劳动报酬	500	250	330			
	资本/折旧	190	230	180			
总　投　入		1 000	1 600	1 150			

投入产出表的每一行,表示该部门产品在其他各部门被使用的情况。第一行表示,部门 1(即农业部门)的产品作为投入被各个部门使用的情况。农业部门的总产出是 1 000 亿元。其中,农业部门本身要用 200 亿元来作为投入,如饲养家畜需要饲料。部门 2,即工业部门,也要使用农业产品来作为投入,如食品业。第一行第二列表示,工业部门要用去 300 亿元的农业部门产品作为生产工业品的中间投入。第一行第三列表示,服务业部门要使用的农产品投入是 150 亿元,如餐饮业。最后,居民对农产品的消费是 280 亿元,企业将农产品作为投资所用(如存货)是 70 亿元。所有被使用的农产品加起来是 1 000 亿元,中间投入的总使用被投入产出表记为总产出。

从每一列看,我们看到的是生产该部门产品需要用其他部门产品作为投入的情况。第一列表示,要生产 1 000 亿元的农产品,需要的投入包括 200 亿元的农产品,80 亿元的工业产品(如化肥),还有 30 亿元的服务业(如农业机械维修、农业技术指导、咨询等)。除此之外,还需要劳动力投入(包括农业劳动者的报酬 500 亿元),还有 190 亿元的资本投入,这里以固定资产和机器设备折旧代替。所有投入加起来,必须也是 1 000 亿元。

我们可以将上述解释类推到其他单元格。单元格里的数值是账户之间的交易条目数值。一般地讲,每个单元格里的数值表示列部门所购买(支付)的行部门产品作为投入的数值。整个投入产出表可以分为三个子部分,也称为投入产出表的三个象限(见表 2.1.3)。左上角的是中间投入-中间使用部分,左下角的是要素投入部分,右上角的是最终使用部分。第四象限有转移支付等账户。投入产出表一般没有右下角的第四象限,但是在以后的 SAM 表中,会有第四象限。中间投入-中间使用部分反映部门之间的各部门产品作为中间投入的情况。要素投入部分反映列部门购买的要素投入。最终使用部分反映居民或企业分别购买的行部门的消费品和投资品。

表 2.1.3　投入产出表的组成部分

第一象限:中间使用	第二象限:最终使用
第三象限:要素投入	第四象限:一般空白

作为初始投入的要素,如劳动、资本、土地等,在投入产出表和以后要介绍的 SAM 表中,都属于商品的增加值(value-added)部分。很多国家有直接的资本投入的数据。在中国的统计数据或投入产出表里,通常用资产折旧作为生产商品的资本投入。营业盈余也通常被包括在资本投入中。投入产出表反映了产业各部门之间的平衡关系。特别地,有下列主要平衡关系:

行平衡关系:

$$中间使用＋最终使用＝总产出 \tag{2.1.1}$$

列平衡关系:

$$中间投入＋初始投入(增加值)＝总投入 \tag{2.1.2}$$

总量平衡关系:

$$部门的总投入＝部门的总产出 \tag{2.1.3}$$

$$中间投入合计＝中间使用合计 \tag{2.1.4}$$

$$总投入＝总产出 \tag{2.1.5}$$

$$GDP＝最终使用合计＝要素投入或增加值合计 \tag{2.1.6}$$

从表 2.1.2 可以看到,部门 1 的总产出是 1 000 亿元,其总投入也是 1 000 亿元。其他部门的情况也一样,总产出等于总投入。汇总所有账户的最终使用,包括消费和投资,就会得到 GDP,1 680 亿元。这个数值也可从汇总所有要素的收入得到。

现在将投入产出表用变量符号表示:

Q_j 为部门 j 生产的商品量;

Q_{ij} 为生产 Q_j 所需要部门 i 的投入量;

L_j 为生产 Q_j 所需要劳动要素的投入量;

K_j 为生产 Q_j 所需要资本要素的投入量;

H_i 为部门 i 商品的最终消费量;

I_i 为部门 i 商品的最终投资量。

假设 A 国的经济系统一共有 n 个产业部门,我们可以将表 2.1.2 用变量符号来表示:

表 2.1.4 A 国的投入产出表(用变量符号表达)

投　入 ＼ 产　出		中间使用					最终使用		总产出
		部门 1	$\cdots$	部门 j	$\cdots$	部门 n	消费	投资	
中间投入	部门 1	Q_{11}	$\cdots$	Q_{1j}	$\cdots$	Q_{1n}	H_1	I_1	Q_1
	$\cdots$	$\cdots$	$\cdots$	$\cdots$	$\cdots$	$\cdots$	$\cdots$	$\cdots$	$\cdots$
	部门 i	Q_{i1}	$\cdots$	Q_{ij}	$\cdots$	Q_{in}	H_i	I_i	Q_i
	$\cdots$	$\cdots$	$\cdots$	$\cdots$	$\cdots$	$\cdots$	$\cdots$	$\cdots$	$\cdots$
	部门 n	Q_{n1}	$\cdots$	Q_{nj}	$\cdots$	Q_{nn}	H_n	I_n	Q_n
要素投入/增加值	劳动报酬	L_1	$\cdots$	L_j	$\cdots$	L_n			
	资本/折旧	K_1	$\cdots$	K_j	$\cdots$	K_n			
总　投　入		Q_1	$\cdots$	Q_j	$\cdots$	Q_n			

2.2 投入产出模型

投入产出模型是 20 世纪 30 年代发展起来的分析国民经济多部门之间关系的数量模型。主要贡献者之一瓦西里·里昂惕夫(Wassily Leontief)后来因此获得诺贝尔经济学奖。投入产出模型从投入产出表的数据出发,假设投入产出表中各生产部门的投入与产出的关系始终维持一个固定比例。例如,生产 1 000 亿元的农产品需要 80 亿元的工业产品投入,也就是说,生产 1 元的农产品,需要 0.08 元(＝80/1 000)的工业品投入,0.03 元(＝30/1 000)的服务投入,还有 0.5 元(＝500/1 000)的劳动投入,等等。以此也可以类推到其他产业部门。这个投入产出比例被称为直接消耗系数,英文文献通常称为投入产出系数(input coefficient),即生产一货币单元的商品 j,要用多少货币单位的 i 商品作为投入。投入产出系数(直接消耗系数)记为 a_{ij}。

国内有关投入产出模型的文献通常将投入产出系数作为一个大概念,包括直接和完全消耗系数。在 CGE 模型建模和运行中,一般不需要用到完全消耗系数(在 CGE 模型中,与完全消耗系数类似的概念叫作"乘数")。本书中,除非特别声明之外,投入产出系数就是直接消耗系数。

设部门 j 生产的商品数量为 Q_j,需要部门 i 投入的数量为 Q_{ij},可以得到投入产出系数:

$$a_{ij} = \frac{Q_{ij}}{Q_j} \tag{2.2.1}$$

可以看出,这里表述的投入产出关系是一个固定比例的生产函数,也被称为里昂惕夫生产函数(Leontief production function)。部门 j 的生产函数是：

$$Q_j = \min\{a_{1j}^{-1}Q_{1j}, \ a_{2j}^{-1}Q_{2j}, \ \cdots, \ a_{nj}^{-1}Q_{nj}\} \tag{2.2.2}$$

相应的投入需求函数是：

$$Q_{ij} = a_{ij}Q_j \qquad i = 1, \ \cdots, \ n \tag{2.2.3}$$

也就是说,要生产 Q_j 的数量,需要的部门 i 投入的数量为 $Q_{ij} = a_{ij}Q_j$。这个投入需求函数,在经济学上被称为条件投入需求函数(conditional input demand),也被称为条件要素需求函数(conditional factor demand)。它的函数形式特点是,投入 Q_{ij} 是产出量 Q_j(而不是产出商品的价格)的函数。

表 2.2.1 展示了将投入产出表 2.1.2 换算成投入产出系数的情况。

表 2.2.1　A 国在 2000 年的投入产出(直接消耗)系数

投　　　入 ＼ 产　出		中　间　使　用		
		部门 1	部门 2	部门 3
中间投入	部门 1	0.20	0.19	0.13
	部门 2	0.08	0.25	0.22
	部门 3	0.03	0.26	0.21
要素投入/ 增加值	劳动报酬	0.50	0.16	0.29
	资本/折旧	0.19	0.14	0.16
总　　投　　入		1.00	1.00	1.00

投入产出模型的最常用样式是投入产出的行模型。这是基于投入产出表第一和第二象限的行平衡关系[等式(2.1.1)]的经济模型,反映了商品数量供求平衡的状态。假设该经济有 n 个部门,用联立方程来表达这个系统关系,我们有如下方程组：

$$
\begin{aligned}
Q_{11} + \cdots + Q_{1j} + \cdots + Q_{1n} + H_1 + I_1 &= Q_1 \\
&\vdots \\
Q_{i1} + \cdots + Q_{ij} + \cdots + Q_{in} + H_i + I_i &= Q_i \\
&\vdots \\
Q_{n1} + \cdots + Q_{nj} + \cdots + Q_{nn} + H_n + I_n &= Q_n
\end{aligned}
\tag{2.2.4}
$$

利用投入产出系数,$Q_{ij} = a_{ij}Q_j$,方程组(2.2.4)改为：

$$
\begin{aligned}
a_{11}Q_1 + \cdots + a_{1j}Q_j + \cdots + a_{1n}Q_n + H_1 + I_1 &= Q_1 \\
&\vdots \\
a_{i1}Q_1 + \cdots + a_{ij}Q_j + \cdots + a_{in}Q_n + H_i + I_i &= Q_i \\
&\vdots \\
a_{n1}Q_1 + \cdots + a_{nj}Q_j + \cdots + a_{nn}Q_n + H_n + I_n &= Q_n
\end{aligned}
\tag{2.2.5}
$$

中间投入的投入产出系数用矩阵表达,有

$$\mathbf{A} = \begin{bmatrix} a_{11} & \cdots & & a_{1n} \\ \vdots & \ddots & a_{ij} & \vdots \\ a_{n1} & \cdots & & a_{nn} \end{bmatrix} \quad (2.2.6)$$

反映最终使用的矩阵 $\mathbf{D}$ 和 n 部门商品产量 $\mathbf{Q}$ 分别为：

$$\mathbf{D} = \begin{bmatrix} H_1 + I_1 \\ \vdots \\ H_i + I_i \\ \vdots \\ H_n + I_n \end{bmatrix} \quad \mathbf{Q} = \begin{bmatrix} Q_1 \\ \vdots \\ Q_i \\ \vdots \\ Q_n \end{bmatrix} \quad (2.2.7)$$

据此，投入产出的行模型(2.2.5)可以用下列矩阵表达：

$$\mathbf{AQ} + \mathbf{D} = \mathbf{Q} \quad (2.2.8)$$

稍加变化，有

$$\mathbf{D} = \mathbf{Q} - \mathbf{AQ} = (\mathbf{I} - \mathbf{A})\mathbf{Q} \quad (2.2.9)$$

$(\mathbf{I} - \mathbf{A})$ 这个矩阵经常会用到。注意它的元素对角线是 $1 - a_{ii}$，其他部分为 $-a_{ij}$：

$$\mathbf{I} - \mathbf{A} = \begin{bmatrix} 1 - a_{11} & \cdots & & -a_{1n} \\ \vdots & \ddots & 1 - a_{ii} & \vdots \\ -a_{n1} & \cdots & & 1 - a_{nn} \end{bmatrix} \quad (2.2.10)$$

通常要解决的问题是，给定某种最终使用的数量，如消费和投资，求相应的各部门产品数量。也就是，$\mathbf{D}$ 为外生变量，$\mathbf{Q}$ 为要求解的内生变量。求解的答案是：

$$\mathbf{Q} = (\mathbf{I} - \mathbf{A})^{-1}\mathbf{D} \quad (2.2.11)$$

其中 $(\mathbf{I} - \mathbf{A})^{-1}$ 为 $(\mathbf{I} - \mathbf{A})$ 的逆矩阵。要解决 $\mathbf{D}$ 变化后会引起 $\mathbf{Q}$ 如何变化的问题，我们用希腊字母 Δ 表示变化，有

$$\Delta\mathbf{Q} = (\mathbf{I} - \mathbf{A})^{-1}\Delta\mathbf{D} \quad (2.2.12)$$

例 2.2.1　B 国的经济系统有两个生产部门——部门 1 和部门 2，以及一个要素投入（劳动）。它的投入产出表如表 2.2.2 所示。(1)用矩阵写出它的行模型，包括矩阵里的元素；(2)假如部门 2 产品的最终使用量增加了 100，求相应的两部门产量变化。

表 2.2.2　B 国的两部门投入产出表

	部门 1 中间使用	部门 2 中间使用	最终使用	总产出
部门 1 中间投入	200	300	100	600
部门 2 中间投入	150	320	530	1 000
增加值/劳动	250	380		
总投入	600	1 000		

解：表 2.2.3 中给出了相应的投入产出系数。

表 2.2.3　B 国投入产出表的投入产出系数

	部门 1 中间使用	部门 2 中间使用
部门 1 中间投入	0.333	0.300
部门 2 中间投入	0.250	0.320
增加值/劳动	0.417	0.380
总投入	1.000	1.000

矩阵是：

$$\mathbf{A}=\begin{bmatrix} 0.333 & 0.3 \\ 0.25 & 0.32 \end{bmatrix} \qquad \mathbf{D}=\begin{bmatrix} 100 \\ 530 \end{bmatrix} \qquad \mathbf{Q}=\begin{bmatrix} 600 \\ 1\,000 \end{bmatrix} \tag{2.2.13}$$

行模型为：

$$\begin{bmatrix} 0.333 & 0.3 \\ 0.25 & 0.32 \end{bmatrix}\begin{bmatrix} 600 \\ 1\,000 \end{bmatrix}+\begin{bmatrix} 100 \\ 530 \end{bmatrix}=\begin{bmatrix} 600 \\ 1\,000 \end{bmatrix} \tag{2.2.14}$$

或者是：

$$\begin{bmatrix} 0.667 & -0.3 \\ -0.25 & 0.68 \end{bmatrix}\begin{bmatrix} 600 \\ 1\,000 \end{bmatrix}=\begin{bmatrix} 100 \\ 530 \end{bmatrix} \tag{2.2.15}$$

回答问题 2，部门 2 的产量增加 100，但是部门 1 的产量没有增加，可以用向量表示：

$$\begin{bmatrix} \Delta D_1 \\ \Delta D_2 \end{bmatrix}=\begin{bmatrix} 0 \\ 100 \end{bmatrix}$$

用等式(2.2.12)的矩阵方法求解，得

$$\begin{bmatrix} \Delta Q_1 \\ \Delta Q_2 \end{bmatrix}=\begin{bmatrix} 0.667 & -0.3 \\ -0.25 & 0.68 \end{bmatrix}^{-1}\begin{bmatrix} \Delta D_1 \\ \Delta D_2 \end{bmatrix}=\begin{bmatrix} 0.667 & -0.3 \\ -0.25 & 0.68 \end{bmatrix}^{-1}\begin{bmatrix} 0 \\ 100 \end{bmatrix}$$

$$=\begin{bmatrix} 1.80 & 0.79 \\ 0.66 & 1.76 \end{bmatrix}\begin{bmatrix} 0 \\ 100 \end{bmatrix}=\begin{bmatrix} 79 \\ 176 \end{bmatrix} \tag{2.2.16}$$

2.3　GAMS 语言程序

　　GAMS 是数学规划和优化的高级建模系统的计算机软件。它的全名是通用代数建模系统（general algebraic modeling system）。它是计算机编译程序语言和解算法结合在一起的求解软件。作为一个强大的优化软件，GAMS 在经济、管理、工程、科学领域被广泛应用。

　　要使用 GAMS，需要先在计算机上安装 GAMS 软件。GAMS 软件可直接从 GAMS 网页下载，可见 www.gams.com。演示版是免费的，虽然对变量和方程数量有限制，但是它包含本书所需的解算器，且功能强大，用它来学习和练习本书中的示例和练习是足够

的。使用者应根据操作系统,如微软 Windows、Mac OS、Linux,选择下载合适的软件版本。如果需要演示版,那么要在 GAMS 网站上填写并提交演示版许可证申请。GAMS 将通过电子邮件向申请者发送一份演示版许可证的文本。用文本编辑器制作一个文件,取名 gamslice.txt 并保存在桌面上,然后安装程序。在安装过程结束时,GAMS 会要求你复制许可证文件,按照指示复制 gamslice.txt 即可。安装成功后,在电脑上找到名为"gamside"的应用程序,然后点击打开 GAMS IDE。GAMS IDE 是编辑、操作、运行 GAMS 及进行纠错的视窗界面。

安装 GAMS 后,要确保解算器(solver)装好并启动成功,这样才能顺利执行 GAMS 程序。本书的 CGE 模型(包括投入产出模型)实例中,用的解算器是 PATH,其中解算法用的最多的是 MCP(mixed complementarity problem,混合互补问题)。它们是求解线性和非线性的系统优化问题的程序。对于求解绝大多数 CGE 模型,PATH 够用了。本书中 GAMS 程序案例运行使用的解算器都是 PATH 和 PATH-NLP。使用不同的解算器运行的最后结果有时会有差异。在 GAMS IDE 视窗界面中打开选项"File＞Options＞Solvers",然后可以选择需要的解算器。

如果要运行超过 1 000 个变量以上的大型程序,则需要购买专业版本。购买网址是 www.gams.com/sales/sales.htm,学术和教育界购买有相应的折扣。

例 2.3.1 用 GAMS 对例 2.2.1 的问题编程,并求解。GAMS 程序中,凡是每行开头带"＊"号的,或者夹在代码"$ontext"和"$offtext"之间的文字,都是评语或说明。其他的,则是程序指令。下面程序中每一步指令前有说明讲解,读者必须领会这些指令的语法和功能,以后编程要反复依靠这些指令。学经济学的读者特别要注意,GAMS 语言中参数和变量的定义和经济学中的定义是不同的。GAMS 语言中的"变量"(variable),专指经济学中的内生变量,是方程组或系统要解算的内生变量。经济学中的外生变量,在 GAMS 语言中称为"参数"(parameter)。GAMS 语言中的"parameter"包括参数、常数、标量和经济学中的外生变量。它们的共同特点就是数值必须外生给定。为了和 GAMS 语言的定义统一,本书的规范用法是:若仅说"变量"两字,就是单指内生变量;如果指的是外生变量,将写清"外生变量"四个字。

此外,等式和方程两个术语在英文中都是"equation",没有区别。在中文中,方程是特指有未知数的等式。因此在求解变量时,中文习惯要说求解方程,而不说求解等式。本书将尽量遵照中文习惯表述,但有时(如在解释程序时)为了中文英文一致也会用"等式"来提及方程。

例 2.3.1 中的程序可以直接在计算机上运行。读者若要研究 GAMS 软件编程的代码和指令的语法和功能,还可以查询相关的 GAMS 手册和说明书。很多有关 GAMS 程序说明的文件和各种实例,可以直接从前面说的 GAMS 网页上免费下载。

例 2.3.1 用 GAMS 语言对例 2.2.1 中的投入产出模型估计投入产出(直接消耗)系数,设置初始模型和模拟外界政策变动。

```
*= = = = = = = = = = = = = = = = = = = = = = = = = = = = = = = = = = = = =
$title  例 2.3.1  投入产出模型(Input-output model)
```

*= =
*开头的**$title** 指令指出标题。
*以下是对第 2 章中例 **2.2.1** 问题求解的 GAMS 程序。
GAMS 程序语句每行开始是 的为文字注释,不会被计算机读作程序指令。
*包括在**$ontext** 和**$offtext** 之中的文字也不被 GAMS 读作程序指令。

*= =
$Ontext
　　下面用计算机编程语言 GAMS 对投入产出模型校调估算投入产出(直接消耗)系数,设置初始模型和模拟外界政策变动情况。同时解释和说明有关 GAMS 的一些基本编程程序、指令及语言。
　　一般地,GAMS 程序里对指令先做宣称(declaration),然后对具体的指令下定义(define)或赋值(assign)。
　　指令末尾在不同情况下用分号";"结尾。
　　下面首先宣称要命名和定义集合。每一个集合用符号或名字定义,不同的集合不能用相同的符号或名字。
　　先以 set 宣称要命名和定义集合。然后定义集合或对集合赋值,列出集合里的元素,用斜杠括住这些元素。
　　下面我们将模型和 SAM 中所有账户的集合命名为 ac(用英文 account 的前面两字母)。接下去一行指令是定义子集 set i(ac)
　　GAMS 程序语言英文字母不区分大写和小写。
$Offtext
*= =
set ac　　　/sec1, sec2, labor, finaluse, total/;
set i(ac)　　/sec1, sec2/;

*= =
*用 alias 的指令,给集合取个别名,以后用 sigma 相加符号时,可以避免混淆指数定义。
*= =
alias(i, j);

*= =
*下面读入投入产出表的数据。
*用指令 table 做宣称,并命名表格,如这里 IO。括号里面包括行和列两个变量元素。注意对准每列的数据。没有数据的地方 GAMS 读为 0。
*= =
table IO(* , *)
　　　　sec1　sec2　finaluse　Total

```
sec1     200    300    100       600
sec2     150    320    530       1000
labor    250    380
Total    600    1000
;
```

```
*= = = = = = = = = = = = = = = = = = = = = = = = = = = = = = = = = = = =
$ontext
```

　　GAMS 语言中的 parameter(参数),包括参数、常数、标量和经济学上的外生变量。它们的特点,就是数值必须外生给定。

　　GAMS 语言中的 variable(变量),是系统内部要计算数值的变量,也就是经济学上的内生变量。

　　对参数来说,先要声明或定义所用的参数。用指令 parameter 做宣称,然后每行列出一个参数。参数符号须用字母开头,后面可以跟字母或数字,如 B、TA、Q3 等。

　　语句每行开头是参数名字或参数符号。空几格后可以对参数做注释说明(虽然这注释说明是可选项,但是对以后理解程序有帮助)。

　　两维度的参数集,如下面 int(i, j)所示,括号里面第一个元素(indexed set)为行,第二个元素为列。

　　初始值习惯上用"0"结尾,如下面的 Q0。注意数字 0 和字母 O 的差别。

　　整段最后用分号结尾。

```
$offtext
*= = = = = = = = = = = = = = = = = = = = = = = = = = = = = = = = = = = =
parameter
int(i, j)        intermidiate input 中间投入
use(i)          finaluse 最终使用
lab(i)          factor labor input 要素劳动的投入
a(i, j)         direct input-output coefficents 投入产出系数即直接消耗系数
Q0(i)           initial value for total output 总产出的初始值
;
```

```
*= = = = = = = = = = = = = = = = = = = = = = = = = = = = = = = = = = = =
$ontext
```

　　下面是对参数赋值和校调估算。在 CGE 模型中,根据模型理论和假设直接对参数赋值,英文是"assignment for parameters",我们称为"(直接)赋值"。还有些参数数值要根据数据和其他信息进行计算,我们称这个计算为"校调估算"(calibration)。

　　每个等式后有分号。等号左面的参数数值由右面的已知参数数值决定。必须在前面的程序指令中给定或者说明右面的参数数值。

```
$offtext
```

```
*= = = = = = = = = = = = = = = = = = = = = = = = = = = = = = = = = = = =
int(i, j)=IO(i, j);
use(i)=IO(i, "finaluse");
lab(i)=IO("labor", i);
Q0(i)=IO("total", i);
a(i, j)=int(i, j)/Q0(j);
*display 打印展示数值
display int, use, lab, Q0, a;


*= = = = = = = = = = = = = = = = = = = = = = = = = = = = = = = = = = = =
$ontext
```

　　GAMS 语言中的 variable 变量,专指经济学上的内生变量。它们是通过程序系统要求解的变量。外生变量被称为"parameter"(参数)。

　　先要宣称和定义变量(variable)。第一行用 variable 或 variables 开始宣称下面的是内生变量。每行以一个变量名字或变量符号开始。变量符号必须用字母开头,后面可以跟字母或数字。符号名字后面空几格可加注释说明。整个部分最后加分号。

```
$offtext
*= = = = = = = = = = = = = = = = = = = = = = = = = = = = = = = = = = = =
variable
Q(i)        total output 总产出变量;


*= = = = = = = = = = = = = = = = = = = = = = = = = = = = = = = = = = = =
$ontext
```

　　下面设置等式。这是要对变量数值求解的等式和方程。等式和方程在英语中通用,都是"equation"。先用指令 equation 或 equations,然后为等式命名,用分号结尾。

　　这里的等式取名 commodityequi,即商品市场供求均衡。

```
$offtext
*= = = = = = = = = = = = = = = = = = = = = = = = = = = = = = = = = = = =
equation
commodityequi(i);


*= = = = = = = = = = = = = = = = = = = = = = = = = = = = = = = = = = = =
$ontext
```

　　下面设置模型系统的具体部分,定义等式与要解的方程组。

　　先要重复已经命名的等式名字,以".."结尾,然后将该等式的名字和相联系的内容写出来。格式如下:等式名字后用两点".."注明。然后写出等式的数学内容。

　　等号的格式:=e=

　　大于号的格式:=g=

　　小于号的格式 :=l=

　　加减乘除 :+ - * /；指数 :**

　　将所有方程组(线性或非线性的)等式写出来,以便下一步用算法语言运行求解

```
$offtext
*= = = = = = = = = = = = = = = = = = = = = = = = = = = = = = = = = = = = =
commodityequi(i)..
sum(j, a(i, j)* Q(j))+use(i)=e=Q(i);


*= = = = = = = = = = = = = = = = = = = = = = = = = = = = = = = = = = = = =
$ontext
```

　　运行程序前,每个变量必须有初始值。所以先要给变量赋予初始值。如果不赋值的话,GAMS 程序把初始值默认为零。GAMS 程序求解计算变量数值时,先从这个初始值开始。初始值一般用现成数据根据模型理论计算获得。

　　必须在准备求解的变量的名字后面加上一个后缀".l"或".L"(用小写或大写字母均可)。**注意不是数字 1**。例如,X.l=15.4,或者 X.L=15.4。GAMS 程序允许用大写或小写英文字母,大小写字母的功能是一样的。

　　如果把这个".L"的后缀改成".fx",该变量的数值就被固定了。这时,这个变量就被迫变成了实质上的参数。如写成 Y.fx=6,变量 Y 变成了等于 6 的参数。注意这个性质和功能,以后章节中有用。

```
$offtext
*= = = = = = = = = = = = = = = = = = = = = = = = = = = = = = = = = = = = =
Q.l(i)=Q0(i);


*= = = = = = = = = = = = = = = = = = = = = = = = = = = = = = = = = = = = =
$ontext
```

　　下面运行模型。运行前对上述所有程序组成的模型宣称 model 并取名,如 IOModel。先用指令 model,然后是模型名字,接下去规定模型包括的等式的范围。这里的等式范围指令是 /all/,表示所有前面设置的等式都属于该模型系统。如果模型只包括程序中部分等式,那要在斜杠之间列出那些等式的名字。

　　然后用指令 solve 运行模型,该指令后面接的是运行的模型名字,再用 using 来指示要用哪一个解算法来解,这里用 mcp。

```
$offtext
*= = = = = = = = = = = = = = = = = = = = = = = = = = = = = = = = = = = = =
model IOmodel   /all/;
solve IOmodel using mcp;


*= = = = = = = = = = = = = = = = = = = = = = = = = = = = = = = = = = = = =
*显示求解的结果,用指令 display。
```

```
*= = = = = = = = = = = = = = = = = = = = = = = = = = = = = = = = = = = = = = =
display Q.l


*= = = = = = = = = = = = = = = = = = = = = = = = = = = = = = = = = = = = = = =
$title   以下部分复制初始模型 Replication
*= = = = = = = = = = = = = = = = = = = = = = = = = = = = = = = = = = = = = = =
$ontext
```

复制初始模型(replication)。复制的目的是检验计算结果是否正确。将原来的数据扰动,填入,然后看优化后的结果是否能还原初始模型。扰动的范围可以从小到大,以便看模型是否稳定。

下面用指令 parameter,读入数据。

```
$offtext
*= = = = = = = = = = = = = = = = = = = = = = = = = = = = = = = = = = = = = = =
parameter
repa(i, j)
repuse(i)   use these final uses
         /sec1   100
          sec2   530/


*= = = = = = = = = = = = = = = = = = = = = = = = = = = = = = = = = = = = = = =
$ontext
```

为了验证模型能够稳定地复制,变量 Q 的初始数值从原始数据的 Q(i)的 600 和 1000 开始扰动。譬如我们这里将部门 1 和部门 2 的初始数值 repQ0(i)设为 300 和 500,以便看模型运行后 repQ(i)是否会收敛回 600 和 1000。

```
$offtext
*= = = = = = = = = = = = = = = = = = = = = = = = = = = = = = = = = = = = = = =
repQ0(i)   部门 1 和部门 2 的被扰动的初始数值
         /sec1   300
          sec2   500/;
repa(i, j)=a(i, j);

variable
repQ(i);


*= = = = = = = = = = = = = = = = = = = = = = = = = = = = = = = = = = = = = = =
$ontext
```

对模型等式取新名 repcommodequi,并将新的变量名字写进程序。对要重新检验的模型取新名,如 RepIOmodel,表示复制。用指令 solve 运行和求解模型。指明这次求解的模型只有等式 repcommodequi,在斜杠之间列出。

```
$offtext
*= = = = = = = = = = = = = = = = = = = = = = = = = = = = = = = = = = = = = = = =
equation
repcommodequi(i);

repcommodequi(i)..
sum(j, repa(i, j)*repQ(j))+repuse(i)=e=repQ(i);
```

*下面的等式就是让部门 1 和部门 2 的初始数值 repQ.l(i)为扰动值 300 和 500。
*注意在 repQ.右边的是英文字母 l,不是数字 1。

```
repQ.l(i)=repQ0(i);

model repIOmodel /repcommodequi/
solve repIOmodel using mcp;
```

*打印结果
```
display 'repQ.l,检验结果是否和原来的产出量 Q 一致',repQ.l
```

```
*= = = = = = = = = = = = = = = = = = = = = = = = = = = = = = = = = = = = = = = =
$title   以下为模拟部分 Simulation
*= = = = = = = = = = = = = = = = = = = = = = = = = = = = = = = = = = = = = = = =
```
*模拟政策或其他外界变量变化对模型(内生)变量的影响。这里假设部门 2 的最终需求增加 100。
```
*= = = = = = = = = = = = = = = = = = = = = = = = = = = = = = = = = = = = = = = =
parameter
use2(i)   changes in the finaluse
        /sec1   0
         sec2   100/;
```

```
*= = = = = = = = = = = = = = = = = = = = = = = = = = = = = = = = = = = = = = = =
```
*对模型的等式取新名 commodityequi2,并将新的数据写进程序。
*对模拟的模型取新名 SimIOmodel,表示模拟。
*用指令 solve 运行和求解模型。指明这次求解的等式只是 commodityequi2,在斜杠之间列出。
```
*= = = = = = = = = = = = = = = = = = = = = = = = = = = = = = = = = = = = = = = =
equation
commodityequi2(i);
```

```
commodityequi2(i)..
sum(j, a(i, j)*Q(j))+use2(i)=e=Q(i);

model SimIOmodel /commodityequi2/
solve SimIOmodel using mcp;


*= = = = = = = = = = = = = = = = = = = = = = = = = = = = = = = = =
*打印最后结果。单引号里面的文字说明也会打印出来。
*= = = = = = = = = = = = = = = = = = = = = = = = = = = = = = = = =
display '求解的结果 Q.l', Q.l


*= = = = = = = = = = = = = = = = = = = = = = = = = = = = = = = = =
*结束 the end
*= = = = = = = = = = = = = = = = = = = = = = = = = = = = = = = = =
```

2.4 GAMS 程序运行和打印结果

　　GAMS 程序可以直接在一般的文字处理软件（如 Notepad）上编写，然后用 GAMS 程序打开程序文件。也可以直接在 GAMS 界面上编写，或者将程序的 text 文字版文件

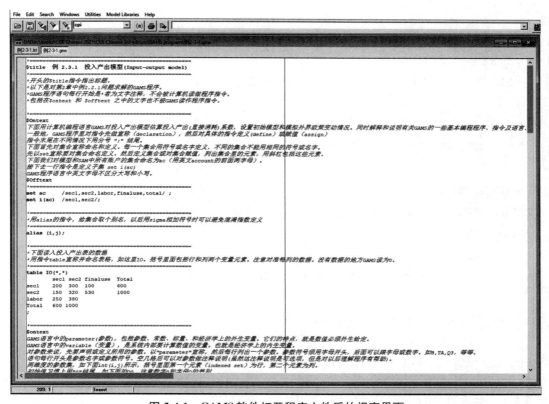

图 2.4.1 GAMS 软件打开程序文件后的视窗界面

粘贴上去。常用的界面是 GAMS IDE,在 www.gams.com 上有下载。图 2.4.1 显示了将例 2.3.1 的程序粘贴在 GAMS 软件界面上的情况。

　　然后按 F9 键运行程序。程序运行需要解算器(如上面情况要用 PATH)在内部启动。如果指令无误,程序会继续运行下去直到找到结果"solution found",并弹出一个报告运行结果的文件的视窗,该文件名有后缀".1st"。如果程序中有问题,GAMS 会在中途停止运行,并把出问题的地方用红色指出。可以点击红色部分寻找错误,按照具体问题纠错。持续纠错直到程序能顺利运行到底。不过,有时即使程序能运行顺利到底,结果也不一定正确。这还要靠理论和判断来检查结果是否正确。下面是例 2.3.1 的 GAMS 程序运行后的.1st 文件中最后模拟部分的打印结果。假如部门 2 产品的最终使用量增加了 100,可以看到,在最下面,sec1 和 sec2 对应的结果是,部门 1 和部门 2 的总产出增加量分别为 79.295 和 176.211。

```
GAMS Rev 230   WEX-VIS 23.0.2 x86/MS Windows        02/01/22
18:07:54   Page 19
以下为模拟部分 Simulation
Solution Report      SOLVE SimIOmodel Using MCP From line 199


          S O L V E        S U M M A R Y


    MODEL     SimIOmodel
    TYPE      MCP
    SOLVER    PATH              FROM LINE   199


****  SOLVER STATUS     1 NORMAL COMPLETION
****  MODEL STATUS      1 OPTIMAL


RESOURCE USAGE, LIMIT      0.002        1000.000
ITERATION COUNT, LIMIT     0             10000
EVALUATION ERRORS          0                 0


PATH          Feb 14, 2009 23.0.2 WIN 6185.9411 VIS x86/MS Windows

2 row/cols, 4 non-zeros, 100.00%  dense.

Path 4.7.01(Thu Feb 12 11:29:53 2009)
Written by Todd Munson, Steven Dirkse, and Michael Ferris
```

———— EQU commodityequi2

	LOWER	LEVEL	UPPER	MARGINAL
sec1	.	.	.	79.295
sec2	- 100.000	- 100.000	- 100.000	176.211

————VAR Q total output 总产出变量

	LOWER	LEVEL	UPPER	MARGINAL
sec1	- INF	79.295	+ INF	.
sec2	- INF	176.211	+ INF	.

* * * * REPORT SUMMARY :   0   NONOPT

                              0 INFEASIBLE

                              0   UNBOUNDED

                              0   REDEFINED

                              0   ERRORS

GAMS Rev 230   WEX-VIS 23.0.2 x86/MS Windows   02/01/22
18:07:54 Page 20
以下为模拟部分 Simulation
E x e c u t i o n

————   204   求解的结果 Q.1
————   204   VARIABLE Q.L total output 总产出变量
sec1   79.295,   sec2 176.211

EXECUTION TIME   =   0.000 SECONDS   3 Mb   WIN230-230 Feb
12, 2009

（后面还有打印的几行，说明文件在电脑中存储的具体地方，这里从略。）

练   习

1. 在下面投入产出表的单元格里填上相应数值。

表 2.E.1.1　投入产出表

	农　业	制造业	中间使用合计	最终使用	总产出
农　业	160	210	?	?	750
制造业	140	?	?	630	1 090
中间投入合计	?	?			
增加值	?	?	GDP=	?	
总投入合计	?	?			

2. 某国的经济系统有3个生产部门——农业、制造业和服务业,以及两个要素投入(劳动和资本)。它的投入产出表如下所示。(1)用矩阵写出它的行模型,包括矩阵里的元素;(2)假如制造业部门最终使用量增加了200,其他部门的最终使用不变,求相应的各部门的产量变化。写出相应的GAMS程序,运行并读懂打印结果。

表 2.E.2.1　投入产出表

	农　业	制造业	服务业	最终使用	总产出
农　业	160	150	90	480	880
制造业	140	320	170	900	1 530
服务业	80	150	250	590	1 070
劳动报酬	320	350	410		
资本/折旧	180	560	150		
总投入	880	1 530	1 070		

附录　微观经济学复习(1)

2.A.1　里昂惕夫生产函数

为了方便起见,采用经济学上常用的变量符号,q 为产出量,x 为投入量,p 为产出价格,w 为投入价格。里昂惕夫生产函数是:

$$q=\min\{\alpha_1 x_1, \cdots, \alpha_n x_n\}=\min\{\boldsymbol{\alpha} \cdot \mathbf{x}\} \tag{2.A.1.1}$$

生产优化要求各要素投入按固定比例组合:

$$q=\alpha_1 x_1=\alpha_2 x_2=\cdots=\alpha_n x_n \tag{2.A.1.2}$$

如果一个要素的投入量超出比例过多,这个要素成为松弛变量(slack variable),它的边际生产率是零,因为那些多余的要素投入量对产出毫无贡献。计划经济用的投入产出表就是基于里昂惕夫生产函数的,表里的投入产出系数 a_i 是上面系数 α_i 的倒数,即 $a_i=1/\alpha_i$。

　　从里昂惕夫生产函数推导企业（厂商）的函数，譬如投入需求函数，不可直接用微观经济学中对柯布-道格拉斯（Cobb-Douglas）生产函数微分求导的优化方法。从图 2.A.1.1 可以看出，里昂惕夫生产函数等量线是一个直角线，在角点上没有导数。因此，要得到条件投入需求函数，可以利用等式（2.A.1.2）直接求出。

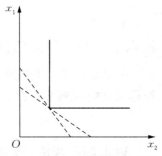

图 2.A.1.1　里昂惕夫生产函数

　　例 2.A.1.1　里昂惕夫生产函数是 $q = \min\{\alpha_1 x_1,\ \alpha_2 x_2\}$。求条件投入需求函数和成本函数。

　　解：从等式（2.A.1.2）直接得到条件投入需求函数

$$x_1^c = \frac{q}{\alpha_1} \qquad x_2^c = \frac{q}{\alpha_2} \qquad\qquad (2.A.1.3)$$

它和标准的条件投入需求函数形式 $x_i^c(q,\ \mathbf{w})$ 不一样，它里面没有投入价格 $\mathbf{w}$，因为不管投入价格如何变化，要使产量达到 q，我们还是要用同样的 x_i^c 投入量。下一步求出成本函数：

$$c(q,\ \mathbf{w}) = w_1 x_1^c + w_2 x_2^c = w_1 \frac{q}{\alpha_1} + w_2 \frac{q}{\alpha_2} = \left(\frac{w_1}{\alpha_1} + \frac{w_2}{\alpha_2}\right) q \qquad (2.A.1.4)$$

这个具体例子中的函数具有规模报酬不变性质。可以看到，边际成本 $c_q \equiv \dfrac{\partial c}{\partial q} = \dfrac{w_1}{\alpha_1} + \dfrac{w_2}{\alpha_2}$，不受产量 q 的影响。假如商品价格也就是边际收入 p 小于 c_q，为了避免损失，厂商的商品供给量等于零。假如边际收入 p 大于 c_q，为了追求利润，厂商将无限制增加生产。假如边际收入 p 等于 c_q，不管产出 q 是多少，厂商总是收支相等，因此供给量可以是 0 或任意正实数。

　　这个结论可以推广到其他规模报酬不变的生产函数。如果假如边际收入 p 大于 c_q，厂商将无限制增加生产，因此均衡点不存在。假如在均衡点上生产量是正实数，那么边际收入 p 等于 c_q。

　　例 2.A.1.2　里昂惕夫生产函数是 $q = \min\{\alpha_1 x_1, \alpha_2 x_2\}$。它的商品供给函数是什么？

　　解：如上所述，里昂惕夫生产函数下，只要满足商品价格 $p = c_q$，厂商收支平衡而愿意提供任意数量 q 的商品。因此，有供给函数：

$$p = \frac{w_1}{a_1} + \frac{w_2}{a_2} \qquad\qquad (2.A.1.5)$$

函数（2.A.1.5）也叫价格函数。在经济学供求曲线图上，它是一条水平的供给曲线。因此，函数中只有价格变量 p，没有数量变量 q。如果用投入产出系数来表述，因为 $a_i = 1/\alpha_i$，价格函数和商品供给函数是：

$$p = a_1 w_1 + a_2 w_2 \qquad\qquad (2.A.1.6)$$

2.A.2　生产函数的规模报酬递减、不变和递增

如果生产函数里的所有投入都按比例增加,其产出也按同样比例增加,这个生产函数被称为规模报酬不变的生产函数。其数学定义是:

$$tf(x_1, \cdots, x_n) = f(tx_1, \cdots, tx_n) \qquad t > 0 \qquad (2.A.2.1)$$

以此类推,规模报酬递增定义为:

$$tf(x_1, \cdots, x_n) < f(tx_1, \cdots, tx_n) \qquad t > 1 \qquad (2.A.2.2)$$

以此类推,规模报酬递减定义为:

$$tf(x_1, \cdots, x_n) > f(tx_1, \cdots, tx_n) \qquad t > 1 \qquad (2.A.2.3)$$

▶3

价格、物量和价格关系

3.1 价值型投入产出表的价格和数量：价格指数

前面说过，现代的投入产出表和 SAM 表通常都是价值型投入产出表，各个商品的产量是以货币为单位来衡量的，如表 2.1.1 中"5 420 亿元"，表示农业部门生产 26 450 亿元的商品，要购进 5 420 亿元的工业商品作为投入。这个 5 420 亿元，我们前面直接理解为产量（quantity），或者叫实际产出量（real output）。这是入门学习时简化处理的理解方式。在 SAM 表和 CGE 模型中，实际是不正确的。这个数值是价值而不是数量。

既然数量的单位是货币，那么价格用什么单位来衡量呢？价格用价格指数。按常规，我们选择一个基准年（base year），把基准年的农业部门产品的加权平均价格定为 1。其他时期的农业部门产品的价格则是和这个基准年价格对照相比算出的百分比变化。这个价格指数就是价值型投入产出表的"价格"。这个价格指数定义与经济学中常说的制作 GDP 价格指数、消费者价格指数（consumer price index，CPI）的方法类似。只是，在价值型投入产出表中，任何要素或者商品的价格都可以是价格指数，譬如农产品的价格指数、劳动力的价格指数等。

现在我们要理清一些概念。价值型投入产出表里的数值，应该理解为实际产出量乘以价格得出的价值金额。其单位是货币单位，如元。

$$价格 \times 数量 = 价值 \tag{3.1.1}$$

用变量记号表示，有

$$p_i \times q_i = Q_i \tag{3.1.1'}$$

这里 p_i 和 q_i 为部门 i 的价格和产量，大写 Q_i 代表部门 i 当年产出的货币价值，经济学中也叫名义产出（nominal output）。如果 2007 年的价值型投入产出表的单元格里记录钢铁产量为 2 000 亿元，这应该被理解为名义产出 2 000 亿元。它是货币单位计算的产出的价值，是金额。假设陈述中要强调这是货币单位计算的价值，可以用名词"价值金额"。它是由 2007 年实际产出量 2 000 亿元，乘以 2007 年的价格指数 1 而得出的。这里隐含了个常规做法,就是把 SAM 表上的年份(2007 年)定为基准年。这里用的"名义"和"实际"两个术语的差别,与经济学中的名义和实际 GDP 两个概念的差别类似。下面以钢铁部门为实例说明"价格×数量=价值"的等式:

$$2007 \text{ 年钢铁价格指数} \times 2007 \text{ 年钢铁实际产出(亿元)}$$
$$=1 \times 2\,000$$
$$=2\,000(\text{按 2007 年价格计算的钢铁名义产出,亿元}) \quad (3.1.2)$$

注意,在 CGE 建模中,SAM 表中条目里的数值要理解为价值,也就是价格乘以实际产出量的乘积。建模和估算参数时不能把价格变量漏掉。虽然,在基准年的情况下,就数值本身来说是一样的,但是,如果不是基准年,价格指数不是 1,实际产出量的数值和价值型投入产出表或 SAM 表上的名义产出数值是不一样的。

假设 2008 年钢铁产量和 2007 年一样,但是钢铁价格增加了 20%,指数为 1.20,我们有

$$2008 \text{ 年钢铁价格指数} \times 2008 \text{ 年的钢铁实际产出(按照 2007 年的价格,亿元)}$$
$$=1.2 \times 2\,000$$
$$=2\,400(\text{按 2008 年价格计算的钢铁名义产出,亿元}) \quad (3.1.3)$$

2008 年的钢铁实际产出量和 2007 年是一样的,从实际产出可以看出来,都是 2 000 亿元。但是,按价格计算的名义钢铁产出价值,2008 年是 2 400 亿元,增加了 20%。这是通货膨胀的结果。

3.2 价值型投入产出表的价格和数量:物量单位

价值型投入产出表中的数值是货币价值 Q_i。上一节用了价格指数方式来解释,对应于公式 $p_i \times q_i = Q_i$ 的术语是:

$$\text{价格指数} \times \text{实际产出(元)} = \text{名义产出(元)} \quad (3.2.1)$$

其中"元"是用来示例的货币单位。

传统方式表达价格、数量和价值的关系时,价格用的是货币单位,实际产出用物理单位来衡量。如 1 千克钢的价格是 1 元,300 千克钢的价值是 300 元。这个例子中的物理单位是"千克"。用术语表达这个关系,如下:

$$\text{价格(元,千克)} \times \text{数量(千克)} = \text{价值(元)} \quad (3.2.2)$$

价格是一个物理单位的货币价值。选择不同的物理单位,价格也相应变化。譬如,上面钢铁例子中把物理单位转换为吨,那么 1 吨钢的价格就是 1 000 元。式(3.2.2)的表达方式比较直观,符合我们日常生活的观察。问题是,如果要综合不同物理性质的产品,如何使用同一物理单位呢?合金钢和粗钢虽然都可以用千克计算,但它们的价格相差几百倍。统计上有个解决方法,可以把它们加权合成为"钢产品",类似上一节所述的价格指数法,把不同钢种的价格加权,然后把物理单位改称为"钢产品加权千克"。这种做法实践中也有,如造船业偏好的计算产量的物理单位是"修正总吨"而不是"载重吨",它就是为了合成

高价值的液化气船和低价值的散装船的吨位所设计的新物理单位。

如果要进一步合成内容更宽泛复杂的商品群,如包括钢、船、机床、布匹等在内的所有制造业部门商品,也有办法。根据各个商品的制造成本的权重设计一个综合的物理单位。但是,如何命名这个物理单位呢? 在加权计算这个物理单位的过程中,我们还得依靠用货币计算的各种制造品的不同价值作为权重。假设我们为这个物理单位取名"制造业产品物理单位",于是有下面的表达:

$$价格(元) \times 数量(制造业产品物理单位) = 价值(元) \tag{3.2.3}$$

式(3.2.3)是式(3.2.2)的扩展,概念是一样的,代表了物理单位表达的价格、数量和价值关系。该公式直观和科学。可以看到:(1)假设价格上涨,而数量没变,价值会增加。(2)假设价格不动,但钢产量或者布匹产量增加了,按"制造业产品物理单位"计算的数量会增加,产值也会增加。(3)假设价格和数量都增加了,那么就拆分两者的影响。拆分方法是,先计算固定价格下数量增加多少,然后计算固定数量下价格增加多少,最后合成两者的影响。

把式(3.2.3)推而广之,在高度合成的投入产出表和 SAM 表账目中,我们为这个"物理单位"另外取名。它不能用真正的物理单位名称,如吨、平方米、个、件等。我们就叫它"物量单位"。有下面基本公式:

$$价格(元,物量单位) \times 数量(同一物量单位) = 价值(元) \tag{3.2.4}$$

价格是一个物量单位的商品(或要素)的货币价值。物量(volume)是基于物量单位的数量,是物量单位乘以数量的积。上面的 300 千克钢铁是物量。上一节讨论中的钢铁实际产出量也是物量,乘以价格后得钢铁的名义产出,也就是价值。

"物量"和"数量"(quantity)概念不同,后者是没有物量单位的数值。譬如 300 千克钢和 0.3 吨钢代表同一个物量,但是数量是不同的,一个是 300,一个是 0.3。术语"数量"的定义宽泛,经济学中有时也把物量称为数量。不过,国民账户统计和 CGE 模型中,如果我们要强调基于物量单位的数量,那必须用术语"物量"。

剔除货币只关注物量之间的关系,有物量关系公式:

$$1 个物量单位 \times 数量 = 物量 \equiv 数量(物量单位) \tag{3.2.5}$$

给定物量下,物量单位的大小和数量成反比。假设我们手头有 300 千克钢。与式(3.2.5)相应的是:

$$1 千克 \times 300 = 300 千克 \tag{3.2.6}$$

如果手头还是 300 千克钢,但是改变使用的物量单位,从千克到吨,那么有

$$1 吨 \times 0.3 = 0.3 吨 = 300 千克 \tag{3.2.7}$$

物量单位从千克到吨扩大 1 000 倍,数量就要从 300 到 0.3 减少 1 000 倍,而物量没有变。

这些例子看来有些显而易见和琐碎,但里面的基本概念和思路在国民经济统计和以后的 CGE 建模中非常重要,而且初学者常会感到困惑。在国民统计和经济学中,什么是一个物量单位的制造品? 它没有形状,看不见,摸不着,也闻不到气味,但却是实际存在的可衡量的东西。你可以把它想象成是一个被捏成一团的"面团",里面有一点钢铁、一点汽

车、一点布匹,它是所有制造品的一点点混合而成的"面团"。它有价格 p。它的数量 q 可以被计数。如果经济中汽车产量或者布匹产量增加了,数量 q 也就是"面团"个数要多一些。如果需求增加,这个"面团"的价格 p 就要上涨。

将式(3.2.4)延展,有

$$价格(1 个物量单位的价值)\times 数量(和价格的物量单位一致)=价值(元) \quad (3.2.8)$$

价值型投入产出表或者 SAM 表条目中的数值是价值。在建模中我们有时需要在给定的条目价值下重新定义价格,譬如从 1 元到 1 分。从式(3.2.8)可以看到,我们在模型方程中要做三件事:(1)把物量单位改成原来的百分之一;(2)把价格改成原来的百分之一;(3)把数量改成 100 倍。这些数学变动并没有改变条目的物量和价值金额,但是方程中的数值变化了。里面隐含的单位,如物量单位、货币单位元等,都不在方程中显性写出来,在模型中我们只看到变量符号,

$$p_i \times q_i = Q_i \quad (3.2.9)$$

以及看到相应的两串数字。譬如,在条目值为 200 的情况下,有 $1\times 200=200$ 和 $0.01\times 20\,000=200$。这两个等式里面的含义,要靠研究者自己识别和分析。在第 11 章以后我们会逐步遇到这些问题,同时会做进一步解释。

有时在研究中需要计算现实的物理单位的数量。譬如,研究环保 CGE 模型时,要计算二氧化碳的排放量,就得用物理单位吨。在这种情况下,要把价值除以物理单位价格,来求以物理单位吨计算的数量。如果某科研项目要计算实际的就业人数,那要将劳动需求的价值除以平均工资,来得出就业人数。

3.3 价值型投入产出表下的实际数量和投入产出系数的计算

有了前面讨论的价格概念之后,我们对投入产出表的理解必须要进一步。表 3.3.1 复制了表 2.1.2,但是现在对单元格里面的数值意义的理解就不同了。这些数值现在是价格乘以实际产出的积。

表 3.3.1　A 国在 2000 年的投入产出表　　　　　单位:亿元

投　入＼产　出		中间使用			最终使用		总产出
		部门1	部门2	部门3	消费	投资	
中间投入	部门1	200	300	150	280	70	1 000
	部门2	80	400	250	550	320	1 600
	部门3	30	420	240	350	110	1 150
要素投入/增加值	劳动报酬	500	250	330			
	资本/折旧	190	230	180			
总　投　入		1 000	1 600	1 150			

因为价值型投入产出表中的数值 $Q_{ij}=p_iq_{ij}$ 和 $Q_i=p_iq_i$，相应地，我们将第 2 章的表 2.1.4 改成下面的价值型投入产出表的乘积表述（见表 3.3.2）。其中，p_i 为部门 i 的价格，w_x 为要素 x 的价格。

表 3.2.2　A 国的投入产出表（用变量符号表达）

投　入 ＼ 产　出		中间使用					最终使用		总产出
		部门 1	$\cdots$	部门 j	$\cdots$	部门 n	消费	投资	
中间投入	部门 1	p_1q_{11}	$\cdots$	p_1q_{1j}	$\cdots$	p_1q_{1n}	p_1H_1	p_1I_1	p_1q_1
	$\cdots$	$\cdots$	$\cdots$	$\cdots$	$\cdots$	$\cdots$	$\cdots$	$\cdots$	$\cdots$
	部门 i	p_iq_{i1}	$\cdots$	p_iq_{ij}	$\cdots$	p_iq_{in}	p_iH_i	p_iI_i	p_iq_i
	$\cdots$	$\cdots$	$\cdots$	$\cdots$	$\cdots$	$\cdots$	$\cdots$	$\cdots$	$\cdots$
	部门 n	p_nq_{n1}	$\cdots$	p_nq_{nj}	$\cdots$	p_nq_{nm}	p_nH_n	p_nI_n	p_nq_n
要素投入/ 增加值	劳动报酬	w_lL_1	$\cdots$	w_lL_j	$\cdots$	w_lL_n			
	资本/折旧	w_kK_1	$\cdots$	w_kK_j	$\cdots$	w_kK_n			
总　投　入		p_1q_1	$\cdots$	p_jq_j	$\cdots$	p_nq_n			

表中第一和第二象限形成的价值的行等式是：

$$p_iq_{i1}+\cdots+p_iq_{ij}+\cdots+p_iq_{in}+p_iH_i+p_iI_i=p_iq_i \qquad i=1,\cdots,n \qquad (3.3.1)$$

对等式两边除以价格 p_i，进行简化处理，得到物量即实际数量的行等式：

$$q_{i1}+\cdots+q_{ij}+\cdots+q_{in}+H_i+I_i=q_i \qquad i=1,\cdots,n \qquad (3.3.2)$$

这和第 2 章中的实物型行模型一样。

在实际建模和计算投入产出系数时，要特别注意价值型表和实物型表的不同。价值型投入产出表里面的数值是价值或者金额。因此，必须将这个价值除以价格才能得到物量。例如，在价值型投入产出表中单元格 ij 上的数值为 Q_{ij}，那是价值，必须将它除以价格 p_i 才是物量 q_{ij}。用价值 Q_i 来计算物量 q_i，用最终使用的价值 D_i 来计算物量 d_i 的方法也类似。公式如下：

$$q_{ij}=Q_{ij}/p_i \qquad q_i=Q_i/p_i \qquad d_i=D_i/p_i \qquad (3.3.3)$$

价值型表上的要素数值 X_j 也是价值，也需要将它除以要素价格 w_x 才得到要素的实际数量即物量：

$$x_j=X_j/w_x \qquad (3.3.4)$$

注意，即使价格 p_i 通常设置为 1，在这种情况下价值和物量的数值是一样的，在计算投入产出系数或者建模时这个价格变量也不能漏掉。以后要研究价格如何在政策冲击下变化，或者模拟价格变化，若缺掉价格变量模型就不能正常运行。另外，在更复杂的模型中，同一商品可以有不同价格，如生产者价格和购买者价格，那时名义价值和实际数量的数值常常是不一样的。

计算投入产出系数必须用物量之间的比例,因为生产函数是实际投入量和实际产出量之间的关系。因此,从价值型表中导出的中间投入和要素的投入产出系数分别为:

$$a_{ij} = \frac{q_{ij}}{q_j} = \frac{Q_{ij}/p_i}{Q_j/p_j} \qquad a_{xj} = \frac{x_j}{q_j} = \frac{X_j/w_x}{Q_j/p_j} \tag{3.3.5}$$

由上述投入产出系数得出的投入产出矩阵 $\mathbf{A}$,和第 2 章的矩阵(2.2.6)一样,如下所示。这表明内含的里昂惕夫生产函数是一样的。

$$\mathbf{A} = \begin{bmatrix} a_{11} & \cdots & \cdots & a_{1n} \\ \vdots & \ddots & a_{ij} & \vdots \\ a_{n1} & \cdots & \ddots & a_{nn} \end{bmatrix} \tag{3.3.6}$$

用矩阵记号来表示总量 $\mathbf{q}$、最终使用的物量 $\mathbf{d}$ 和价格对角矩阵 $\mathbf{P}$:

$$\mathbf{q} = \begin{bmatrix} q_1 \\ \vdots \\ q_i \\ \vdots \\ q_n \end{bmatrix} \qquad \mathbf{d} = \begin{bmatrix} d_1 \\ \vdots \\ d_i \\ \vdots \\ d_n \end{bmatrix} \qquad \mathbf{P} = \begin{bmatrix} p_1 & 0 & \cdots & & 0 \\ 0 & \ddots & & & 0 \\ \vdots & & p_i & & \vdots \\ 0 & & & \ddots & 0 \\ 0 & & \cdots & 0 & p_n \end{bmatrix} \tag{3.3.7}$$

由此,用矩阵表达的投入产出的行模型如下所示,其本质是生产函数:

$$\mathbf{Aq} + \mathbf{d} = \mathbf{q} \qquad 或者 \qquad \mathbf{q} = (\mathbf{I} - \mathbf{A})^{-1}\mathbf{d} \tag{3.3.8}$$

用矩阵表达的名义价值的行等式和模型如下所示,其本质是在给定生产函数的情况下,经济主体按照以货币价值计的投入和产出进行逐利的生产行为——总成本等于总收入。

$$\mathbf{PAq} + \mathbf{Pd} = \mathbf{Pq} \qquad 或者 \qquad \mathbf{Pq} = \mathbf{P}(\mathbf{I} - \mathbf{A})^{-1}\mathbf{d} \tag{3.3.9}$$

3.4 里昂惕夫模型的价格关系和价格模型

投入产出表的列平衡关系是:总投入＝中间投入＋初始投入(增加值)。在表 2.1.3 中,这一关系由第一和第三象限构成。譬如,第一列的平衡关系是:

$$p_1 q_1 = p_1 q_{11} + \cdots + p_i q_{i1} + \cdots + p_n q_{n1} + w_l L_1 + w_k K_1 \tag{3.4.1}$$

所有 n 个部门的列平衡关系成立,据此有如下的投入产出列模型:

$$p_j q_j = p_1 q_{1j} + \cdots + p_i q_{ij} + \cdots + p_n q_{nj} + w_l L_j + w_k K_j \qquad j = 1, \cdots, n \tag{3.4.2}$$

如果研究的对象是商品 1,即 $j = 1$,对等式(3.4.2)两边除以 q_1,可以导出如下价格关系:

$$\begin{aligned} p_1 &= p_1 \frac{q_{11}}{q_1} + \cdots + p_i \frac{q_{i1}}{q_1} + \cdots + p_n \frac{q_{n1}}{q_1} + w_l \frac{L_1}{q_1} + w_k \frac{K_1}{q_1} \\ &= p_1 a_{11} + \cdots + p_i a_{i1} + \cdots + p_n a_{n1} + w_l a_{l1} + w_k a_{k1} \end{aligned} \tag{3.4.3}$$

其中，a_{i1} 是投入产出系数，a_{l1} 和 a_{k1} 分别为生产 Q_1 需要的要素投入劳动和资本的投入产出系数。这个方程表明了在投入产出表中价格 p_1 是怎样形成的。

价格关系方程(3.4.3)也是里昂惕夫生产函数下厂商的商品供给函数。我们在第 2 章附录中讨论过，即方程(2.A.1.6)。方程左边是商品的价格 p，右边是边际生产成本，也是单位生产成本。如果这个价格关系被满足，厂商收支平衡并愿意供给任意数量 q_1 的商品。

我们可以进一步将该价格关系推广到所有 n 个部门：

$$p_j = p_1 a_{1j} + \cdots + p_i a_{ij} + \cdots + p_n a_{nj} + w_l a_{lj} + w_k a_{kj} \qquad j = 1, \cdots, n \qquad (3.4.4)$$

等式(3.4.4)也被称为投入产出模型的价格模型。它的矩阵形式是：

$$\mathbf{p} = \mathbf{A}'\mathbf{p} + \mathbf{A_l} w_l + \mathbf{A_k} w_k \qquad (3.4.5)$$

其中，
$$\mathbf{p} = \begin{bmatrix} p_1 \\ \vdots \\ p_i \\ \vdots \\ p_n \end{bmatrix} \qquad \mathbf{A_l} = \begin{bmatrix} a_{l1} \\ a_{l2} \\ \cdots \\ a_{ln} \end{bmatrix} \qquad \mathbf{A_k} = \begin{bmatrix} a_{k1} \\ a_{k2} \\ \cdots \\ a_{kn} \end{bmatrix}$$

将要素部门简化记为 $\mathbf{A_l} w_l + \mathbf{A_k} w_k = \mathbf{A_x} w_x$。进一步，有

$$(\mathbf{I} - \mathbf{A}')\mathbf{p} = \mathbf{A_l} w_l + \mathbf{A_k} w_k \equiv \mathbf{A_x} w_x \qquad (3.4.6)$$

$$\mathbf{p} = (\mathbf{I} - \mathbf{A}')^{-1} \mathbf{A_x} w_x \qquad (3.4.7)$$

假如要素价格变动为 Δw_x，商品价格相应变动 $\Delta \mathbf{p}$ 为：

$$\Delta \mathbf{p} = (\mathbf{I} - \mathbf{A}')^{-1} \mathbf{A_x} \Delta w_x \qquad (3.4.8)$$

在具体应用中，首先利用投入产出表，以投入产出表当年为基准年，将所有商品和要素价格设定为 1，然后估算投入产出模型参数，建立投入产出价格模型。之后根据研究需要，模拟政策变动冲击引起相应的商品价格变化。

例 3.4.1　用投入产出表 2.1.2 的数据建立投入产出价格模型，并验证复制。

解：先求投入产出系数 $a_{ij} = \dfrac{q_{ij}}{q_j}$。因为 p_i 和 p_j 都等于 1，如 $a_{13} = \dfrac{Q_{13}/p_1}{Q_3/p_3} = \dfrac{q_{13}}{q_3} = \dfrac{150}{1\,150} = 0.13$。由此估算的其他投入产出系数和表 2.2.1 中的一样。因此，该投入产出价格模型为：

$$\begin{cases} p_1 = 0.2 p_1 + 0.08 p_2 + 0.03 p_3 + 0.5 w_l + 0.19 w_k \\ p_2 = 0.19 p_1 + 0.25 p_2 + 0.26 p_3 + 0.16 w_l + 0.14 w_k \\ p_3 = 0.13 p_1 + 0.22 p_2 + 0.21 p_3 + 0.29 w_l + 0.16 w_k \end{cases} \qquad (3.4.9)$$

和方程(3.4.7)相对应的矩阵形式是：

$$\begin{bmatrix} p_1 \\ p_2 \\ p_3 \end{bmatrix} = \begin{bmatrix} 1-0.2 & -0.08 & -0.03 \\ -0.19 & 1-0.25 & -0.26 \\ -0.13 & -0.22 & 1-0.21 \end{bmatrix}^{-1} \begin{bmatrix} 0.5 w_l + 0.19 w_k \\ 0.16 w_l + 0.14 w_k \\ 0.29 w_l + 0.16 w_k \end{bmatrix} \qquad (3.4.10)$$

要验证复制,我们将外生变量的投入价格设为1,看内生变量商品价格是否会还原成1。用微软软件 Excel 求算的结果如下,确认了预期结果:

$$
\begin{bmatrix} p_1 \\ p_2 \\ p_3 \end{bmatrix} = \begin{bmatrix} 1.307 & 0.445 & 0.338 \\ 0.170 & 1.533 & 0.449 \\ 0.106 & 0.525 & 1.426 \end{bmatrix} \begin{bmatrix} 0.5 \times 1 + 0.19 \times 1 \\ 0.16 \times 1 + 0.14 \times 1 \\ 0.29 \times 1 + 0.16 \times 1 \end{bmatrix} = \begin{bmatrix} 1 \\ 1 \\ 1 \end{bmatrix} \tag{3.4.11}
$$

例 3.4.2 按照例 3.4.1 的投入产出价格模型,假如劳动价格增加了 20%,求商品价格的相应变化价格。

解:用上面逆矩阵的数据,用 Excel 计算直接得到

$$
\begin{bmatrix} \Delta p_1 \\ \Delta p_2 \\ \Delta p_3 \end{bmatrix} = \begin{bmatrix} 1.307 & 0.445 & 0.338 \\ 0.170 & 1.533 & 0.449 \\ 0.106 & 0.525 & 1.426 \end{bmatrix} \begin{bmatrix} 0.5 \times 0.20 \\ 0.16 \times 0.20 \\ 0.29 \times 0.20 \end{bmatrix} = \begin{bmatrix} 0.142 \\ 0.123 \\ 0.130 \end{bmatrix} \tag{3.4.12}
$$

3.5 商品价格作为外生变量的情况

有时我们要研究某种商品价格变化对其他价格的影响。譬如,政府要控制某些商品价格,如对粮食商品提价。还譬如,某些进口原材料的国际价格上涨,如石油价格上涨。这些变化发生在商品价格 p 而不是要素价格 w 上。如何用投入产出价格模型研究它对其他商品的价格影响呢?

假设调价的商品是部门 s。由于价格 p_s 现在是外生给定的,因此需要将它设置成外生变量,即在 GAMS 程序中从原来的内生变量改为参数。这需要对模型结构做相应调整。现在内生变量少了一个,为 $n-1$ 个。从线性代数知识知道,相应地要用同等数量的 $n-1$ 个线性独立的等式组成的方程组来求这 $n-1$ 个价格。数学上,成功解算一个线性方程组中的变量要满足"方形条件"(squareness condition)。系统的方形条件的定义是等式的数量和内生变量的数量相等。

因此,我们要在原来 n 个等式中删除一个。具体而言,因为商品 s 的价格被外界控制,不再遵循原来模型的价格关系的规定,第 s 个价格关系等式要删掉,即删除

$$
p_s = p_1 a_{1s} + \cdots + p_i a_{is} + \cdots + p_n a_{ns} + w_l a_{ls} + w_k a_{ks} \tag{3.5.1}
$$

删除后,要求解的 $n-1$ 个方程组是:

$$
\begin{aligned}
&p_j = p_1 a_{1j} + \cdots + p_i a_{ij} + \cdots + p_n a_{nj} + w_l a_{lj} + w_k a_{kj} \\
&j = 1, \cdots, s-1, s+1, \cdots, n
\end{aligned} \tag{3.5.2}
$$

要求解的 $n-1$ 个内生变量为:$p_1, \cdots, p_{s-1}, p_{s+1}, \cdots, p_n$。需设置的外生变量为:$w_l$, w_k, p_s。

同理,可以研究同时对几个商品价格进行调整的问题。假如有 m 个商品价格要调整,那么,我们先将这 m 个价格设置为外生变量。同时删除与此相应的 m 个价格关系等式。然后对剩下的 $n-m$ 个等式的联立方程组的 $n-m$ 的内生变量求解。对一些一揽子政策,

如提高煤炭价格且同时给予电力生产以税收减免等联动政策的研究,可以用这个方法来解决。

在实际计算操作中,过去投入产出模型的研究者常用分解矩阵的方法来计算。如果用 GAMS 程序,也要相应地删除那些等式,然后按照问题对联立方程组直接求解。

类似的问题在后面的 CGE 模型中也会出现。解算 CGE 模型也要满足方形条件。商品价格本是模型中的内生变量,由系统计算得到的。如果某几个价格现在由外界干预决定,从内生变量变成外生变量,那么模型的结构就要调整,譬如,等式做相应减少,或增加一些其他变量。如果不满足方形条件,模型就不正确,GAMS 不能正常运行获得结果。

细心的读者可能会问,这样计算的调价后的价格状态,仅仅是在剩余的 $n-m$ 个部门或市场里到达了价格平衡关系,而在被调价的 m 个部门,按原来的等式,价格关系实际不再平衡了,即价格关系等式 $p_j=p_1a_{1j}+\cdots+p_ia_{ij}+\cdots+p_na_{nj}+w_la_{lj}+w_ka_{kj}$ 在 m 个部门中不再成立。如果按照新的计算结果,我们做不出一个符合各种平衡关系的 n 个部门的投入产出表。做结论时,必须对原有投入产出表中的 m 个部门的参数做些改变和解释。下面举例说明。

例 3.5.1 使用表 2.1.2 的数据和据此求出的例 3.4.1 的投入产出价格模型。假如商品 2 的价格被政府控制而提高了 10%,要素价格不变,求对其他商品价格的影响。

解:删除商品 2 的价格等式,得到联立方程组

$$\begin{cases} p_1=0.2p_1+0.08p_2+0.03p_3+0.5w_l+0.19w_k \\ p_3=0.13p_1+0.217p_2+0.209p_3+0.287w_l+0.157w_k \end{cases} \tag{3.5.3}$$

按照题意,设置外生变量值为 $p_2=1.1$, $w_l=1$, $w_k=1$。将方程组(3.5.3)重新整理,有

$$(1-0.2)p_1-0.03p_3=0.08p_2+0.5w_l+0.19w_k \\ -0.13p_1+(1-0.209)p_3=0.217p_2+0.287w_l+0.157w_k \tag{3.5.4}$$

$$0.8\Delta p_1-0.03\Delta p_3=0.08\Delta p_2=0.08\times0.1 \\ -0.13\Delta p_1+0.791\Delta p_3=0.217\Delta p_2=0.217\times0.1 \tag{3.5.5}$$

用矩阵求解,有

$$\begin{bmatrix} \Delta p_1 \\ \Delta p_3 \end{bmatrix} = \begin{bmatrix} 0.8 & -0.03 \\ -0.13 & 0.791 \end{bmatrix}^{-1} \begin{bmatrix} 0.008 \\ 0.021\ 7 \end{bmatrix} = \begin{bmatrix} 0.011 \\ 0.030 \end{bmatrix} \tag{3.5.6}$$

商品 1 和商品 3 的价格分别上涨 1.1% 和 3.0%。

从例 3.5.1 可以看到,控制商品 2 的价格后,出现了投入产出价格模型中的商品 2 部门价格不一致的问题。假如将例 3.5.1 中政策变化求解的结果代入部门 1 或部门 3 里,按方程组(3.5.3)的价格关系求得的结果是一致的。

$$\begin{aligned} p_1 &= \frac{1}{1-0.2}\times(0.08p_2+0.03p_3+0.5w_l+0.19w_k) \\ &= 1.25\times[0.08\times1.1+0.03\times(1+0.030)+0.5\times1+0.19\times1] \\ &= 1.011 \end{aligned} \tag{3.5.7}$$

$$p_3 = \frac{1}{1-0.209} \times (0.13p_1 + 0.217p_2 + 0.287w_l + 0.157w_k)$$
$$= 1.264 \times (0.13 \times 1.011 + 0.217 \times 1.1 + 0.287 \times 1 + 0.157 \times 1)$$
$$= 1.03 \tag{3.5.8}$$

但是代入到部门 2 里,就看出新的价格关系并不平衡。按等式(3.4.4)的价格关系,我们看到

$$p_2 = \frac{1}{1-0.25} \times (0.19p_1 + 0.26p_3 + 0.16w_l + 0.14w_k)$$
$$= 1.333 \times (0.19 \times 1.011 + 0.26 \times 1.03 + 0.16 \times 1 + 0.14 \times 1)$$
$$= 1.035 \tag{3.5.9}$$

价格增长了 1.1%,不是 10%。这就是前面讲的投入产出价格模型的价格不一致情况,原因是一个外界力量把原有变量改为参数,这破坏了原来的均衡。如果调价是政府所为,这个 8.9%(=10%−1.1%)的差额可以被解释为,政府在商品 2 上增加了税收。假设商品 2 是石油,想研究的问题是国际石油价格上涨对其他商品价格的冲击。因为国际石油价格会影响商品 2 的方程,所以原先的商品 2 的价格方程显然不再有效。也许商品 2 的增加值部分需要改造,或者投入产出系数或参数需要调整,以解释与调和这种不一致性。总之,把内生变量改变为外生变量后的投入产出模型的结构和以前的投入产出模型的不再完全一样。

3.6 GAMS 程序语言

下面我们用 GAMS 程序对例 3.4.1、例 3.4.2 和例 3.5.1 求解。读者可以对照上面的数学形式和下面的 GMAS 程序,来学习 GAMS 程序的语言。在第 2 章的 GAMS 例子中已经说明过的一些程序语法,这里不再重复。另外,本书 GAMS 程序的表述形式有两个特征:

(1) GAMS 程序的代码或者语句使用的英文字体是 Consolas,而不是一般的 Times New Roman 字体,具体可参见本节下面的 GAMS 程序示例。

(2) 因为英文小写字母 l 和阿拉伯数字 1 在文中看上去非常类似,容易混淆,而 GAMS 中大写或小写字母的程序功能是一样的,所以我们在 GAMS 程序中遇到小写英文字母 l 容易被混淆成数字 1 的情况时,都将前者改成大写字母 L,便于读者区分。

例 3.6.1 投入产出价格模型例子的 GAMS 程序和政策模拟。

```
$title   第 3 章例 3.6.1   投入产出价格模型
```

```
*对集合的说明和定义。在集合名称右边的中文内容是为了方便我们弄清指令的文字说明,不是 GAMS 指令,可以省略
set ac      总集
```

```
/sec1, sec2, sec3, labor, capital, consumption, investment, total/;
set i(ac) 商品部门集    /sec1, sec2, sec3/;
set x(ac) 要素集        /labor, capital/;
set s(ac) 为了模拟部门 2 价格变化问题建立的子集        /sec1, sec3/;

alias(i, j);
alias(s, ss);
```

*将投入产出表的数据全部读入
```
table IO(* , * )
          sec1     sec2     sec3     consumption     investment     Total
sec1      200      300      150      280             70             1000
sec2      80       400      250      550             320            1600
sec3      30       420      240      350             110            1150
labor     500      250      330
capital   190      230      180
Total     1000     1600     1150
;
```

```
parameter
realq(i, j) 除掉价格后的实际产量
realf(x, j) 除掉要素价格后的实际要素投入量
q0(i)       实际总产出的初始值
a(i, j)     投入产出系数,即直接消耗系数
b(x, j)     要素消耗系数
p0(i)       初始商品价格
w0(x)       初始要素价格
con(i)      consumption 居民消费
inv(i)      investment 投资
lab(j)      labor input 劳动投入
cap(j)      capital input 资本投入
;
```

*对参数赋值并校调(估算)参数(calibration)
$ontext
　　注意下面的等式中包含了初始价格 p0 和 w0。价值型投入产出模型中的数值为基于货币单位的价值,因此,需要把价值型投入产出表中的价值数字除以价格后才能获取实际产量和实际要素投入量,即物量。然后,从物量中导出投入产出系数。虽然商品和要素的

初始价格为 **1**,在下列参数赋值等式中省略初始价格变量并不影响数字结果,但是概念上出现了错误。因此,初始价格不能忽略,相除后计算实际数量的步骤不能省掉。这个概念在以后建模、复制检验和模拟过程中都非常重要。

```
$offtext

p0(i)=1;
w0(x)=1;
realq(i, j)=IO(i, j)/p0(i);
realf(x, j)=IO(x, j)/w0(x);
q0(i)=IO("total", i)/p0(i);
a(i, j)=realq(i, j)/q0(j);
b(x, j)=realf(x, j)/q0(j);
con(i)=IO(i, "consumption")/p0(i);
inv(i)=IO(i, "investment")/p0(i);
lab(j)=IO("labor", j)/w0("labor");
cap(j)=IO("capital", j)/w0("capital");
```

*宣称、说明和定义内生变量
```
variable
p(i)              price of commodities 商品价格
w(x)              price of factors 要素价格
q(i)              total output 总产出变量
;

display realq, realf, Q0, a, b, p0, w0, con, inv, lab, cap;
```
*宣称和设置方程(declare equation)
```
equation
priceequ(j);

priceequ(j)..
sum(i, a(i, j)*p(i))+sum(x, b(x, j)*w(x))=e=p(j);
```

*赋予内生变量初始值
```
p.L(i)=p0(i);
w.fx(x)=w0(x);
```

*指明模型范围并指令模型运行
```
model IOPricemodel   /all/;
```

```
solve IOPricemodel using mcp
;

*显示结果
display p.L,  w.L;

*= = = = = = = = = = = = = = = = = = = = = = = = = = =
$title  模拟：工资增加 20%

*建立新参数，说明并赋值
parameter
wl1          labor price
wk1          capital cost
;

wl1=1.2;
wk1=1;

display wl1, wk1;

*说明和设置新函数
equation
Sim1priceequ(j);

Sim1priceequ(j)..
sum(i, a(i, j)*p(i))+b("capital", j)*wk1+b("labor", j)*wl1=e=p(j);

*赋予内生变量初始值
p.L(i)=p0(i);

*指令模型运行
model SimPricemodel   /Sim1priceequ/;
solve SimPricemodel using mcp
;

*从解出的数值求增加值
parameter
```

```
Pincrease(j)    increase in price in various sectors
;

Pincrease(j)=p.L(j)-1
```

*结果显示
```
display p.L, Pincrease;
```

```
*= = = = = = = = = = = = = = = = = = = = = = = = = = = = = =
$title   模拟:商品 2 价格增加 10%
```

*注意:在这个情况下,模型的结构有变化,只有两个等式,即商品 1 和商品 3 的价格等式,因此用子集 s
*建立新参数,说明并赋值

```
parameter
p20(s)        price of sec1 and sec3
p2fx(ss)      price of sector 2
a2(s, ss)     direct input-output coefficients for sec1 and sec3
a22(ss)       direct input-output coefficients for sec2
b2(x, ss)     factor-input-output coefficients for sec1 and sec3
;

p20(s)=1;
p2fx(ss)=1.1;
a2(s, ss)=IO(s, ss)/IO("total", ss);
a22(ss)=IO("sec2", ss)/IO("total", ss);
b2(x, ss)=IO(x, ss)/IO("total", ss);

display a2, b2, p2fx;

variable
p2(s);

equation
Sim2priceequ(ss);

Sim2priceequ(ss)..
```

```
sum(s, a2(s, ss)*p2(s))+a22(ss)*p2fx(ss)+sum(x, b2(x, ss)*w(x))=e=p2(ss);

p2.L(s)=p20(s);

model Sim2Pricemodel /Sim2priceequ/;
solve Sim2Pricemodel using mcp
;

parameter
Pincrease2(ss)   increase in price in various sectors
;

Pincrease2(ss)=p2.L(ss)-1

*结果显示
display p2.L, Pincrease2;

*结束 the end
```

练   习

1. 某国的价值型投入产出表如表 3.E.1.1 所示。据此数据写出投入产出模型。假如资本投入增加 10%，求对其他变量的影响。写出相应的 GAMS 程序。

表 3.E.1.1　某国的投入产出表 单位:亿美元

	农　业	制造业	服务业	最终使用	总产出
农　　业	160	150	90	480	880
制造业	140	320	170	900	1 530
服务业	80	150	250	590	1 070
劳动者报酬	320	350	410		
资本/折旧	180	560	150		
总投入	880	1 530	1 070		

2. 某国的价值型投入产出表如表 3.E.1.1 所示。据此数据写出投入产出价格模型。假如农业的价格提高 15%，要素价格不变，求对其他商品价格的影响。写出相应的 GAMS 程序。

附录　数学复习(1)

3.A.1　线性方程组

线性方程组由 m 个线性方程和 n 个变量组成：

$$\begin{cases} a_{11}x_1 + \cdots + a_{1j}x_j + \cdots + a_{1n}x_n = d_1 \\ \cdots \\ a_{i1}x_1 + \cdots + a_{ij}x_j + \cdots + a_{in}x_{ni} = d_i \\ \cdots \\ a_{m1}x_1 + \cdots + a_{mj}x_j + \cdots + a_{mn}x_n = d_m \end{cases} \tag{3.A.1.1}$$

它的矩阵形式是：

$$\begin{bmatrix} a_{11} & \cdots & a_{1n} \\ \vdots & a_{ij} & \vdots \\ a_{m1} & \cdots & a_{mn} \end{bmatrix} \begin{bmatrix} x_1 \\ \vdots \\ x_m \end{bmatrix} = \begin{bmatrix} d_1 \\ \vdots \\ d_m \end{bmatrix} \tag{3.A.1.2}$$

矩阵记号是：

$$\mathbf{Ax} = \mathbf{d} \tag{3.A.1.3}$$

变量 $\mathbf{x}$ 有唯一解的充分条件是，矩阵 $\mathbf{A}$ 是非奇异的(non-singular)，或者 $\mathbf{A}$ 的行列式(determinant)不等于 0。也可以是下列两条件同时成立：(1)$m=n$，等式数量和变量数量相等，即满足方形条件；(2)所有 m 个等式是线性独立的。

如果线性方程组中的等式是不相容的(inconsistent)，这个方程组无解。一个例子是：

$$\begin{cases} 5x_1 + 3x_2 = 6 \\ 10x_1 + 6x_2 = 10 \end{cases} \tag{3.A.1.4}$$

在下列两种情况中，方程组都会有无限数量的解：(1)$m<n$，方程组内等式相容；(2)$m=n$，但是等式线性相关。

下面复习等式线性相关的定义。把矩阵 $\mathbf{A}$ 的第 i 行记为 $\mathbf{a}_i$，线性相关意味着，在实数 $k_1, \cdots, k_n$ 不完全等于 0 的情况下，下列等式存在：

$$\sum_i k_i \mathbf{a}_i = \mathbf{0} \tag{3.A.1.5}$$

也就是说，方程组内的一个等式 $\mathbf{a}_j$ 可以被表达为其他等式的线性加总。

$$\mathbf{a}_j = \sum_i^{n-1} k_i \mathbf{a}_i \tag{3.A.1.6}$$

瓦尔拉斯法则(Walras's law)就是一般均衡模型方程组内等式会线性相关的例子。

社会核算矩阵(SAM 表)

4.1　SAM 表的结构

投入产出表局限在生产部门之间的投入产出流量关系之中,不包括国民经济核算各个账户之间的关系,如非生产部门和机构账户之间的物流和资金流关系,不包括居民的要素收入和开支,政府财政收入和开支等。为了描述国民账户经济变量之间的流量关系,经济学界发展了被称为社会核算矩阵(简称 SAM 表)的描述形式。SAM 表以矩阵形式描述国民账户体系中各账户的供给和使用流量及其平衡关系。CGE 模型的研究者在制作 SAM 表时,应当尽量遵守联合国的国民账户体系规范。为了研究需要,或当实际数据受到限制时,可以做出调整和变化,但要有合理的经济学解释。

SAM 表形式上和价值型投入产出表类似,是以货币为单位对各个账户收入支出或供给交易流量进行描述的一个二维矩阵。但是,SAM 表在投入产出表的基础上大大发展了。SAM 表包括国民经济中的生产和非生产账户,也包括了它们之间的闭合关系,以前投入产出表中不存在的矩阵第四象限(即右下方的部分)在 SAM 表中必须存在。SAM 表是 CGE 模型的数据基础。

SAM 表是一个正方形矩阵,即行和列的数量相等。每行和每列代表一个国民账户,如居民、政府、企业、世界其他地区等。相同的行和列代表同一个账户。矩阵中的元素数值代表各账户间的交易量。该数值是列部门对行部门的支付。因此,SAM 表中行代表账户的收入,列代表账户的支出。因为总收入和总支出必须平衡,所以每列的总数和每行的总数必须相等。

表 4.1.1 是 IFPRI 模型文件中被称为"标准"SAM 表的描述,其中有 8 个主要账户:活动、商品、要素、居民、企业、政府、储蓄-投资和国外。对其中一些账户,有必要做些解释和说明。

活动和商品。一般投入产出表中,一个产业部门生产一个商品,没有活动和商品的区别。在简单的 SAM 表和 CGE 模型中也不区分它们。在更为复杂的标准 SAM 表里,活动和商品是区分开来的。活动指产业部门的生产活动。在联合国 SNA 体系中,活动也叫产业。

活动账户中的产出数值是按出厂价格来计算的。商品指在市场上销售的商品,商品账户的交易价格是按市场价格(譬如购买者价格)计算的。在市场流通环节中的批发、零售、运输费用等及销售税等商品税造成的商品加价,和生产环节的增加值性质不同,需要分开来统计。另外,区分活动和商品有利于描述现代经济的一些特征,一个活动部门可以生产多种商品,如石油部门生产化工、电力、医药多种商品,或者多个活动部门生产同一商品,如石油、煤炭、农业部门都生产燃气。此外,活动部门可以按照所有制性质来分开,如外国直接投资企业和其他企业分开,这在研究一些课题(如中国 2007 年内外资企业两税合一对经济的影响)时是必须的。研究另外一些课题(如劳动法和税收政策对经济的作用)时,需要将中小企业和大企业分开,虽然这些不同的活动部门生产同一商品。在开放经济情况下,国内生产活动和国内消费的商品是不一致的。国内消费商品中的进口部分不是国内生产活动生产的,而国内生产活动生产的出口商品又不在国内消费的商品中。因此,也有把活动与商品区分开来的需要。

SAM 表中的要素为初始生产要素,包括劳动力、资本、土地等。国民账户中的一个主要概念是机构,即经济学中的参与经济活动的经济人或经济主体。细分层次的机构被称为机构单位(institutional unit),譬如农村低收入居民。机构单位组成的群体叫作机构部门(institional sector),譬如整个居民群体。在上下文清楚的情况下,这些经济人或主体在CGE 模型中通常被统称为经济机构。我们前面讨论过的主要经济机构包括居民、企业、政府、国外。这些经济机构在 SAM 表上都有自己的账户。这些概念和宏观经济中的定义一致,这个设置有利于分析宏观经济问题。

另外,大部分 SAM 表包括储蓄-投资账户,可以利用它来分析宏观经济的一些主要问题。宏观经济中,国民经济核算中的最重要平衡就是总投资＝总储蓄。它概括了两个主要的国民经济核算恒等式:

$$C+I+G+X-IM=Y$$
$$C+S+T=Y$$

$$(4.1.1)$$

其中,C 为消费,I 为投资,G 为政府支出,X 为出口,IM 为进口,S 为储蓄,T 为税收。将两式合并,有

$$I=S+(T-G)+(IM-X)$$

$$(4.1.2)$$

其中,S 为居民储蓄,$T-G$ 为政府净储蓄,$IM-X$ 为国外净储蓄(在简化的假设外汇储备不变的情况下,净进口等于国外净储蓄)。总投资包括企业新增固定资产、新增存货和新建的居民住房。总储蓄包括居民的、企业的、政府的,还有国外的(如国外金融资本的流入)。储蓄-投资账户的这些变量包括了宏观经济研究中通常最重要的一些变量。最后一个是国外账户,这里是外汇收入和支出的平衡项。国外账户列的各项是外汇收入,如出口、国外给国内的转移支付。国外账户行的各项是外汇支出,如进口、国内对外的转移支付等。其中,国外净储蓄在国民账户上表现为上述外汇收支平衡的余数。

这 8 个账户是概括性的主要账户。为了需要可以将一些账户合并,如商品和活动。为了需要也可以增加其他的账户,如将投资账户拆分成固定资产、存货变动和居民住房 3个账户,政府支出包括政府消费和转移支付等重大组成部分。每个大账户下可以继续细

表 4.1.1 描述性的标准 SAM 表

	支　　　出								
	1 活动	2 商品	3 要素	4 居民	5 企业	6 政府	7 储蓄－投资账户	8 国外	汇总
1 活动		市场销售产出		居民自产自销					总产出
2 商品	中间投入	行销和运输费用		市场销售的居民消费		政府消费	投资(固定资本形成)	出口	总需求
3 要素	增加值							国外要素收入	要素收入
4 居民			居民要素收入	居民之间的转移支付	企业对居民的转移支付	政府对居民的转移支付		国外对居民的转移支付	居民总收入
5 企业			企业要素收入			政府对企业的转移支付		国外对企业的转移支付	企业总收入
6 政府	生产税	销售税、关税、出口税	要素税、政府要素收入	直接税、所得税	企业直接税、企业向政府缴纳盈余			国外对政府的转移支付	政府总收入
7 储蓄－投资				居民储蓄	企业储蓄	政府储蓄		国外净储蓄	总储蓄
8 国外		进口	对国外的支付		企业向国外支付盈余	政府对国外的支付			外汇支出
汇总	总投入	总供给	要素支出	居民支出	企业支出	政府支出	总投资	外汇收入	

资料来源：Lofgren, H., R.L. Harris and S. Robinson, 2002, *A Standard Computable General Equilibrium (CGE) Model in GAMS*, International Food Policy Research Institute(IFPRI).

表 4.1.2　假想 C 国的 SAM 表

单位:亿元

收入 \ 支出	1 活动	2 商品	3 要素	4 居民	5 企业	6 政府	7 储蓄-投资	8 国外	汇总
1 活动		200 900							206 290
2 商品	135 150			29 000		6 800	26 800	16 500	233 250
3 要素	64 440							300	64 740
4 居民			44 000		4 900	850		390	50 140
5 企业			18 900						18 900
6 政府	6 700	850	180	450	1 700			40	12 420
7 储蓄-投资				15 300	12 300	4 700		−3 000	29 300
8 国外		12 500	1 660			70	2 500		14 230
汇总	206 290	233 250	64 740	50 140	18 900	12 420	29 300	14 230	

分下去,建立很多子账户。每个单元格也因此可以细分成为一个子矩阵。譬如,表 4.1.1 的列 1 行 2 单元格是中间投入。这个单元格就是整个投入产出表的中间投入部分(第一象限),即投入产出矩阵。

从资金流上看,SAM 表的每一行表示该账户从其他账户得到的收入,而每一列表示该账户在其他账户上所花费的支出。表 4.1.1 中每个单元格里用文字解释该交易的定义。例如,表 4.1.1 的行 2 表示商品在各账户中供给后得到的收入。列 3 行 4 单元格则表示居民从供给要素上所获得的收入,如工资、地租等,或者也可以认为是要素使用付给居民的费用。SAM 表右下方有很多种转移支付的交易,也有很多关于储蓄-投资等资金流的交易,这些都是投入产出表中没有的。

表 4.1.2 是假想的 C 国的 SAM 表矩阵。每个单元格中有具体数字,即表 4.1.1 解释的交易的数值。例如,列 3 行 4 单元格中的 4.4 万亿元是居民从要素投入获取的收入,包括工资、地租等。

4.2　SAM 表设计和国民账户(国民经济核算账户)

联合国统计部门从 1947 年开始制订和规范国民账户体系和概念,以便成员国能科学一致地统计国家经济的指标和数据。联合国统计部门 1968 年出版了《国民账户体系》,1993 年和 2008 年做了更新和补充。中文过去译为"国民经济核算体系",这个概念在国内被广泛使用和熟知。后来联合国有关部门在 SNA 中文版中统一译为"国民账户体系"。现在中文里这两个名词通用。这个体系在国民经济核算、统计和 CGE 建模中非常重要。SAM 表要根据联合国国民账户体系的概念、定义和规范来做。当然,由于各国情况不同,数据的来源和计算会有些出入,那就要对调整做解释,但必须符合联合国国民账户体系的定义和原则。《国民账户体系》是非常重要的工具书,在理解和处理数据及做 SAM 表和 CGE 建模时,常常要参考这个手册。网上可以下载 2008 年英文原版的《国民账户体系》,如果能依赖英文原版最好。中国统计出版社 2012 年出版了中文版,网上也能下载。[①]

制作具体应用的 SAM 表,要根据研究问题做调整或做具体设计。对一些账户可以进行合并或者拆分。对一些要特殊处理的数据,如果原来是合并在某些项目中的,可以将它们分出来,在 SAM 表中单独设立账户。如在表 4.1.1 中,不同税种都合并在政府账户的数据中。如果要单独研究,就要将它们分出来。譬如,要研究增值税从生产型到消费型的转移,在这个情况下必须将劳动要素投入的增值税和资本要素投入的增值税分开。这时,先要获取企业自己承担的增值税部分的数据,然后根据生产中要素投入的比例,将劳动和资本各自的增值税算出后在 SAM 表中单列出来,即要增加劳动要素增值税和资本要素增值税两个行和两个列的账户。如果要研究某项政策对居民收入分配的影响,那要将居民按照不同收入分组,设立不同的账户。

大部分 SAM 表里元素的数值是正数。SAM 表里有些元素的数值可能是负数。譬

---

① 英文版的下载链接是:https://unstats.un.org/unsd/nationalaccount/docs/sna2008.pdf。中文版的下载链接是:https://unstats.un.org/unsd/publication/seriesf/SeriesF_2Rev5c.pdf。

表 4.2.1 1997 年中国描述性宏观 SAM 表

	1 商品	2 活动	3 劳动力	4 资本	5 居民	6 企业	7 政府补贴	8 预算外体制外	9 政府	10 国外	11 资本账户	12 存货变动	汇总
1 商品		中间投入			居民消费			公共部门自筹消费	政府消费	出口	固定资本形成	存货净变动	总需求
2 活动	国内总产出												总产出
3 要素 劳动力		劳动者报酬											要素收入
4 要素 资本		资本回报											要素收入
5 居民			劳动收入	资本收入		企业的转移支付	政府补贴		政府的转移支付	国外收益			居民总收入
6 企业				资本收入									企业总收入
7 政府补贴		生产补贴							政府的补贴支出				政府对居民的补贴
8 预算外体制外		预算外收费											预算外总收入
9 政府	进口税	生产税			直接税	直接税				国外收入	政府的债务收入		政府总收入
10 国外	进口			国外资本投资收益					对国外的支付				外汇支出
11 资本账户					居民储蓄	企业储蓄		预算外账户节余	政府储蓄	国外净储蓄			总储蓄
12 存货变动											存货变动		存货净变动
汇总	总供给	总投入	要素支出	要素支出	居民支出	企业支出	政府对居民的补贴	预算外支出	政府支出	外汇收入	总投资	存货净变动	

注:本表由国务院发展研究中心编制。

资料来源:中国经济的社会核算矩阵研究小组:《中国经济的社会核算矩阵》,《数量经济与技术经济研究》1996 年第 1 期。

如，美国的一种负税，称为"earned income credit"。为了鼓励低收入劳动者坚持工作而不是待在家里吃救济，联邦政府对这些家庭退税的数值大于它们缴纳的税收。价格补贴在 SAM 表里可以是负值的税收。从经济学本身讲，这些元素的负值是正常的，是可以解释的。不过，在 SAM 表平衡及 CGE 估计参数和模拟中，负值可能造成麻烦。当在模型运行中遭遇麻烦时，解决这个问题的办法是，如果元素 X_{ij} 是负数，那么将这个单元格降低到零，然后将其数值作为正数加到矩阵对称的 X_{ji} 中去，如负值的税收变成对称单元格中的转移支付。这样做虽然会影响行和列的汇总数字，但是，整个 SAM 表的流量和平衡是一样的。有些位置对称的单元格的数字本来的会计意义就是一样或接近的。譬如，表 4.1.1 中的列 8 行 6 单元格，国外对本国政府的转移收入。如果它是负数，那么这表示本国政府给国外的转移支付比较多。把这个数值移到列 6 行 8 单元格，变为正数，表示了同样意思。本书后面对此问题和解决方法有专门讨论。

SAM 表数据通常源自实际可获得的数据。后文展示了国务院发展研究中心李善同等开发的 1997 年中国 SAM 表（表 4.2.1），还有对该表的结构和数据来源的简要说明（表 4.2.2）。他们编的书里有更详细的说明。[①]为了适应中国国情，他们的 SAM 结构和上述标准 SAM 结构有一些形式上的不同。譬如，该表增加了"预算外体制外"账户，以便分析中国财政体制中称为"预算外体制外"的收支。虽然被称为"预算外体制外"账户，但现在中国政府也要求地方和单位把这个账户的收支纳入国家的监督和管理，这是中国的国情。在分析其他国家的时候，也要根据它们的国情和所要研究的问题对 SAM 结构进行调整。

表 4.1.1 是 IFPRI 模型中 SAM 表主要账户安排的格式。李善同等的 SAM 表（表 4.2.1）和表 4.1.1 不同的一个地方是，把活动和商品两个账户位置对称地对调了一下。李善同等的 SAM 表的这个安排和 SNA(1993) 的 SAM 表的示例安排一致。这种账户的对称对调并不影响 SAM 表的计算和结果，因为 SAM 表是一个矩阵，数学上，矩阵中相应的行和列同时对称地对调，对矩阵的数学结果没有影响。比如，相较表 4.1.1 中最后两个账户"储蓄-投资"和"国外"的位置，本书后面的部分 SAM 表习惯性地对调了它们的位置。这些都是允许和合理的，看何种设置更能为课题研究带来便利。

表 4.2.2　1997 年中国描述性宏观 SAM 表的数据来源与处理

行	列	数据来源及其处理
1. 商品	2. 活动	1997 投入产出表（以下简称 I/O 表）
	5. 居民	I/O 表
	8. 公共部门自筹	（估计数，I/O 表政府消费余量）
	9. 政府	由财政支出数据汇总得出
	10. 世界其他地区	海关统计（货物），I/O 表（服务）
	11. 资本账户	I/O 表
	12. 存货变动	I/O 表

---

① 王其文、李善同主编，高颖副主编：《社会核算矩阵：原理、方法、应用》，清华大学出版社 2008 年版。

行	列	数据来源及其处理
2. 活动	1. 商品	I/O 表
3. 劳动	2. 活动	I/O 表中的"劳动者报酬"
4. 资本	2. 活动	I/O 表中的"固定资产折旧"＋"营业盈余"
5. 居民	3. 劳动	t_{32}
	4. 资本	1997 资金流量表
	6. 企业	行余量
	7. 政府补贴	1998 年财政年鉴,政府的价格补贴(不包括粮、棉、油价格补贴)
	9. 政府	1998 年财政年鉴,政府的抚恤和社会救济费等对居民的转移支付
	10. ROW	1997 国际收支平衡表
6. 企业	4. 资本	列余量
7. 政府补贴	2. 活动	1998 年中国财政年鉴,"企业亏损补贴"＋"粮、棉、油价格补贴",以负数表示
	9. 政府	1998 年中国财政年鉴,政府对居民的补贴和政府对居民的补贴之和
8. 公共部门自筹	2. 活动	(估计数,I/O 生产税净额余量)
9. 政府	1. 商品	1998 年中国财政年鉴,进口税收入(关税和进口环节税)
	2. 活动	1998 年中国财政年鉴,间接税汇总
	5. 居民	1998 年中国财政年鉴,个人所得税
	6. 企业	1998 年中国财政年鉴,企业所得税
	10. ROW	1997 国际收支平衡表,政府转移收入
	11. 资本账户	1998 年中国财政年鉴,政府赤字
10. ROW	1. 商品	海关统计,I/O 表
	4. 资本	1997 国际收支平衡表
	9. 政府	1998 年中国财政年鉴,政府对国外的援助和利息支付
17. 资本账户	6. 居民	1997 资金流量表
	7. 企业	列余量
	8. 政府	列余量
	14. 公共部门自筹	列余量
	16. ROW	列余量
18. 存货变动	17. 资本账户	I/O 表

注:本表由国务院发展研究中心编制。"ROW"即"国外","t_{32}"表示从账户 2 支出到账户 3 的交易值。
资料来源:同表 4.2.1。

4.3 投入产出表、使用表和供给表

SAM 表可以包含的内容非常多,加上要根据研究需要做个性化的合成和拆分账户,因此官方统计机构不直接提供完整的有数据的 SAM 表。研究者需要自己制作 SAM

表。网上的一些研究文献及 GTAP 的数据库中有不少研究者自己制作的 SAM 表,读者可以下载参考。通常在做深一步研究时,还需要查看这些 SAM 表的说明,比如原始数据来源、定义、处理方法、平衡方法等。因为不同的制作方法会造成不同 SAM 表上的数值出入。

制作 SAM 表主要依赖的数据来源是:投入产出表、使用表、供给表,以及其他相关官方数据。制作一个不拆分活动和商品的 SAM 表,可以依赖投入产出表的数据来源,填写 SAM 表的第一、二、三象限。SAM 表第四象限的数据,譬如居民从要素中获取的收入、纳税、政府转移支付等,需要从其他数据来源中获取。

中国国家统计局的投入产出表网上可以下载,这里只展示它的描述性示例(表 4.3.1)。在计算投入产出表的总产出时,按照经济学理论,进口项数值需要被减去。欧美和其他国家的投入产出表的格式原则上也一样,都是按照 SNA 规范制定的。它们的投入产出表数据在网上可以直接找到和下载。

表 4.3.1　投入产出表示例

投 入 ＼ 产 出		中间使用			最终使用			进口	总产出
		产品部门 1	... 产品部门 i ...	产品部门 n	消费支出	资本形成总额	出口		
中间投入	产品部门 1 ... 产品部门 i ... 产品部门 n	第一象限(x_{ij})			第二象限				x_i
增加值		第三象限							
总投入		X_j							

资料来源:中国国家统计局《中国国民经济核算体系(2016)》,第 83 页。

如果要制作分开活动和商品账户的 SAM 表,那要利用官方统计机构提供的使用表和供给表。联合国统计局制定了关于使用表和供给表的规范,各国官方统计机构[如美国经济分析局(BEA)]定期发布经济的使用表和供给表。中国国家统计局自和国际接轨后也发布中国经济的使用表和供给表。

初学者看使用表和供给表时会感到困惑,不知两个表之间的关系是怎么回事。我们有了 SAM 表知识后,就很容易解释和理解它们了。用表 4.1.1 来说明:使用表提供了 SAM 表上商品列账户和活动行账户的数据,供给表提供了 SAM 表上的商品列账户的数据。表 4.3.2 的阴影部分显示了使用表数据在 SAM 表中的位置。

使用表包括商品是如何使用的(表 4.3.2 中的商品行账户),以及国内活动部门是如何生产产品的(表 4.3.2 中的活动列账户)。使用表和投入产出表大致相同,比较容易理解。和投入产出表不同的地方是,使用表中没有进口项。表 4.3.3 是中国国家统计局提供的使用表示例。

表 4.3.2 使用表在 SAM 表中的位置

收入＼支出		1 活动	2 商品	3 要素	4 居民	5 企业	6 政府	7 储蓄-投资	8 国外	汇总
1	活动		活动总产出							总产出
2	商品	中间投入			市场销售的居民消费		政府消费	投资(固定资本形成)	出口	总需求
3	要素	增加值								要素收入
4	居民			居民要素收入	居民之间的转移支付	企业对居民转移支付	政府对居民的转移支付		国外对居民的转移支付	居民总收入
5	企业			企业要素收入			政府对企业的转移支付		国外对企业的转移支付	企业总收入
6	政府	生产税	销售税、关税、出口税	要素税、政府要素收入	直接税、所得税	企业纳税			国外对政府的转移支付	政府总收入
7	储蓄-投资				居民储蓄	企业储蓄	政府储蓄		国外净储蓄	总储蓄
8	国外		进口	对国外的要素支付		企业向国外支付盈余	政府对国外的支付			外汇支出
	汇总	总投入	总供给	要素支出	居民支出	企业支出	政府支出	总投资	外汇收入	

表 4.3.3　使用表示例

产业部门 产品部门	中间使用			最终使用									总使用 （购买者价格）
				最终消费支出				资本形成总额				出口	最终使用合计
	产业部门1	…	产业部门m	中间使用合计	居民消费支出	为住户服务的非营利机构消费支出	政府消费支出	合计	固定资本形成总额	存货变动	贵重物品获得减处置	合计		
产品部门1														
…	第一象限				第二象限									
产品部门n														
合计														
增加值　劳动者报酬														
增加值　生产税净额	第三象限													
增加值　固定资产折旧														
增加值　营业盈余														
合计														
总投入 （生产者价格）														

资料来源：中国国家统计局《中国国民经济核算体系（2016）》，第 82 页。

表 4.3.4　供给表在 SAM 表中的位置

		1 活动	2 商品	3 要素	4 居民	5 企业	6 政府	7 储蓄-投资	8 国外	汇总
收入	1 活动		活动总产出				政府消费			总产出
	2 商品	中间投入	商贸和运输费用		市场销售的居民消费			投资(固定资本形成)	出口	总需求
	3 要素	增加值							国外要素收入	要素收入
	4 居民			居民要素收入	居民之间的转移支付	企业对居民的转移支付	政府对居民的转移支付		国外对居民的转移支付	居民总收入
	5 企业			企业要素收入			政府对企业的转移支付		国外对企业的转移支付	企业总收入
	6 政府	生产税	销售税、关税、出口税	要素税,政府要素收入	直接税,所得税	企业纳税			国外对政府的转移支付	政府总收入
	7 储蓄-投资				居民储蓄	企业储蓄	政府储蓄		国外净储蓄	总储蓄
	8 国外		进口	对国外的要素支付		企业向国外支付盈余	政府对国外的支付			外汇支出
	汇总	总投入	总供给	要素支出	居民支出	企业支出	政府支出	总投资	外汇收入	

　　中国读者可能不太熟悉供给表，中文文献中很少涉及和介绍它。但随着和国际接轨，国内经济统计界和宏观经济研究领域的工作者更加需要熟悉供给表的基本知识。表 4.3.4 的阴影部分显示了供给表数据在 SAM 表中的位置。表 4.3.5 是中国国家统计局提供的供给表示例。国家统计局使用表中的一些中文名称和 CGE 学界中的一些中文名称有所不同。譬如，CGE 模型中的"活动部门"，在国家统计局使用表中被称为"产业部门"；CGE 模型中的"商品部门"，在国家统计局使用表中被称为"产品部门"。

　　在制作 SAM 表并输入数据时，原始供给表（如表 4.3.5）中的行要转成 SAM 表中的列，有个 90 度的矩阵转置。表 4.3.5 中的产业部门是 SAM 表中的活动部门。表 4.3.5 中的产品部门是 SAM 表中的商品部门。产业-产品的矩阵就是 SAM 表中的活动-商品矩阵，但矩阵要做个 90 度转置。供给表里包括进口项。此外，供给表里有"商贸和运输费用"条目，其英文是"trade and transport margins"，中文版《国民账户体系》称之为"贸易和运输加价"，中国国家统计局的供给表表头中与之对应的条目是"流通费调整"。它们的中文译文不同，但定义和内容是一样的。增值税和商品税也包括在供给表里。

表 4.3.5　供给表示例

产业部门／产品部门	产业部门 1	…	产业部门 j	…	产业部门 m	产品部门总产出（生产者价格）	进口（到岸价）	进口税	按生产者价格计算的总供给	不可抵扣的增值税	商业毛利和运输费用	按购买者价格计算的总供给
产品部门 1 … 产品部门 i … 产品部门 n												
产出合计												

资料来源：中国国家统计局《中国国民经济核算体系（2016）》，第 82 页。

　　供给表里的细节，如活动和商品的区别、贸易和运输加价、多重价格、增值税等，不容易理解，在学习的初级阶段不需要详解。本书第 13 章后，我们会接触这些概念和细节，随着讨论深入自会清晰。第 13 章之前，我们只用把活动和商品结合在一起的 SAM 表。这种 SAM 表的第一、二、三象限的数据基础是投入产出表，第四象限的数据来自其他来源。

练　　习

设计 SAM 表，设置相应账户，将下面的变量放置在该解释性 SAM 表的适当单元格位置：市场销售产出、国外要素收入、居民要素收入、居民之间的转移支付、企业对居民的转移支付、政府对居民的转移支付、企业要素收入、居民自产自销、中间投入、商贸和运输加价、市场销售的居民消费、政府消费、投资、增加值、生产税、增值税、销售税、关税、出口税、要素税、政府要素收入、直接税、所得税、企业直接税、企业向政府缴纳盈余、国外对政府的转移支付、居民储蓄、企业储蓄、政府储蓄、国外净储蓄、政府对企业的转移支付、国外对企业的转移支付、出口、进口、对国外要素的支付、企业向国外支付盈余、政府对国外的支付、国外对居民的转移支付。

▶5

SAM 表的平衡

5.1 SAM 表的行列平衡原则

如果 SAM 表有 n 个账户的话，它是一个 $n \times n$ 的正方形矩阵。矩阵的每个元素，即 SAM 表的每个单元格，用 Q_{ij} 表示。将 SAM 表的原始数据记为 $\bar{Q}_{ij}$，相应的 SAM 矩阵的数学记法是：

$$\bar{\mathbf{Q}} = [\bar{Q}_{ij}] \qquad i = 1, \cdots, n \quad j = 1, \cdots, n \tag{5.1.1}$$

和投入产出表一样，SAM 表必须遵循社会核算系统的借贷平衡原则，每行的汇总要等于相应列的汇总，如表 4.1.2 中行 2 商品账户的汇总数值等于列 2 账户的汇总数值，都是 233 250。数学上，应该是：

$$\sum_{i}^{n} Q_{ik} = \sum_{j}^{n} Q_{kj} \qquad k = 1, \cdots, n \tag{5.1.2}$$

不过实践中，从原始数据来源开始建立 SAM 表，对矩阵各个元素填充数字，最初的结果通常是不平衡的，即每行的汇总数值和每列的汇总数值通常不相等：

$$\sum_{i}^{n} \bar{Q}_{ik} \neq \sum_{j}^{n} \bar{Q}_{kj} \qquad k = 1, \cdots, n \tag{5.1.3}$$

因此要对数值做校正，使同一行列的汇总数值平衡。这个过程叫作 SAM 表平衡。

SAM 表平衡有不同的方法，除了需要数学技术手段外，也需要对数据和模型的了解、判断和相关经验。经常使用的平衡方法包括最小二乘法、RAS 法和交叉熵法。在行列总量差距不大的情况下，也可以用手动来平衡。下面先介绍最小二乘法。

5.2 最小二乘法

最小二乘法的思路和统计中回归的思路一样。将校正后的数值记为 Q_{ij}，最小二乘法是将平方差的总和最小化。目标函数是：

$$\min_{Q_{ij}} z = \sum_{i}^{n} \sum_{j}^{n} (Q_{ij} - \bar{Q}_{ij})^2 \qquad (5.2.1)$$

针对有时 SAM 表的不同元素数据之间的规模单位差异太大的情况,目标函数也可以用:

$$\min_{Q_{ij}} z = \sum_{i}^{n} \sum_{j}^{n} (Q_{ij} / \bar{Q}_{ij} - 1)^2 \qquad (5.2.2)$$

在最小化时,必须满足 SAM 表平衡的限制条件:

$$\text{s.t.} \quad \sum_{i}^{n} Q_{ik} = \sum_{j}^{n} Q_{kj} \quad k = 1, \cdots, n \qquad (5.2.3)$$

下面我们举例。假设 A 国的 SAM 表的原始数据如表 5.2.1 所示,可以看到,原来相应行和列的汇总数值并不平衡。

表 5.2.1　A 国的未经平衡的原始 SAM 表

	商品/活动 1	商品/活动 2	要素/劳动	居　民	行汇总
商品/活动 1	52	45		150	247
商品/活动 2	95	48		90	233
要素/劳动	120	89			209
居　民			192		192
列汇总	267	182	192	240	

用最小二乘法,有

$$\min z = (Q_{11} - 52)^2 + (Q_{12} - 45)^2 + (Q_{14} - 150)^2 + (Q_{21} - 95)^2 + (Q_{22} - 48)^2$$
$$+ (Q_{24} - 90)^2 + (Q_{31} - 120)^2 + (Q_{32} - 89)^2 + (Q_{43} - 192)^2$$

$$\text{s.t.} \quad \sum_{i}^{4} Q_{i1} = \sum_{j}^{4} Q_{1j} \quad \sum_{i}^{4} Q_{i2} = \sum_{j}^{4} Q_{2j} \quad \sum_{i}^{4} Q_{i3} = \sum_{j}^{4} Q_{3j} \quad \sum_{i}^{4} Q_{i4} = \sum_{j}^{4} Q_{4j}$$

$$Q_{ij} \geqslant 0 \quad i = 1, \cdots, 4 \quad j = 1, \cdots, 4 \qquad (5.2.4)$$

下面用 GAMS 程序来求解上述问题,求得的结果如表 5.2.2 所示。

表 5.2.2　A 国 SAM 表的最小二乘法平衡结果

	商品/活动 1	商品/活动 2	要素/劳动	居　民	行汇总
商品/活动 1	52	57		140	249
商品/活动 2	83	48		68	199
要素/劳动	114	94			208
居　民			208		208
列汇总	249	199	208	208	

例 5.2.1　写出 GAMS 程序语言,用最小二乘法平衡 SAM 表(表 5.2.1)。另外,表 5.2.1 中没有数值的空单元格在平衡后要仍然保持为无数值的空单元格。

$title　例 5.2.1　Least square balance method 最小二乘法平衡 SAM 表

```
*定义集合 i
  set i  /sec1, sec2, lab, hh/;
  alias (i, j);
*= = = = = = = = = = = SAM 表 = = = = = = = = = = = =
table SAM(* , * )
        sec1  sec2  lab   hh    total
sec1    52    45          150   247
sec2    95    48          90    233
lab     120   89                209
hh                  192         192
total   267   182   192   240
;
```

*定义参数和赋值
```
parameters
  Q0(i, j)    初始值;
  Q0(i, j)=sam(i, j);
```

*定义变量与函数
```
variables
  Q(i, j)  要调整的 SAM 表中的各个数值
  z  目标函数的数值  即平方差之和;
```

*每个变量必须是非负数
```
  positive variable Q(i, j);
```

```
equations
  sumsquare    目标函数  即平方差之和的等式
  balance      各个账户的平衡限制条件;
```

$ontext

　　在 GAMS 程序中,符号$是条件指令,意为"在……的条件情况下,该程序语句有效"。它放置在某程序语句的第一个定义之后。条件指令$sam(i, j)意为:在 SAM 表中"i, j"位

置上的数值不等于 0 的情况下执行该指令。

sqr 为计算平方的指令。如果将 sqr(Y-X)改成(Y-X)**2,虽然数学语法上是正确的,可是用 PATH 的 MCP 解算时,结果不是最优。这是因为 PATH 内部算法在应对幂函数 (Y-X)**2 时,若遇到底数在 0 或者负数附近范围,搜寻会遇到困扰。

注意求和代码 sum 的语法和用法。它按照指定的索引对被索引的变量求和。在下面的示例中,指定的索引是"i, j"。在变量 Q(i, j)的括号内的第一个数字表示行,第二个数字表示列。
$offtext

```
  sumsquare..
  z =e= sum((i, j)$sam(i, j), sqr(Q(i, j)-sam(i, j)));
```

$ontext
注意下面等式的写法。等式 balance(i)表示这个等式组有 i=1, …, n 个等式。

这次指定的求和索引是"j"。注意等式左右方两个求和代码里面 i 和 j 的位置变换。等号左边是在 SAM 表上对行求和,等号右边是 SAM 表上对列求和。
$offtext

```
  balance(i)..
  sum(j$sam(i, j), Q(i, j)) =e= sum(j, Q(j, i));
```

*对变量初始值赋值
```
  Q.L(i, j)=Q0(i, j);
```

*这里用的解算器是 nlp,即非线性规划,要求把 z 值最小化。
```
model sambal   /all/;
solve sambal using nlp minimizing z;
```

*打印结果
```
display Q.L, z.L;
```

*end 结束

5.3 增加限制条件,改善 SAM 表平衡调整的数据

在 SAM 表的平衡中,需要根据经济学理论和对实际情况的了解,用各种获得的信息,对 SAM 表数据和平衡做判断、调整。

如果我们有其他渠道得到的信息,知道 SAM 表其中几个数值相对可靠,譬如,在实践中,关税数值、消费支出等数值比较可靠,而折旧的数据误差一般较大。因此,在最小二乘法平衡过程中,可以设置一个权数来控制。将那些比较可靠的数据,乘以一个大于 1 的正数系数 δ_{ij},越是可靠、不应该变动的数据的系数越大。如果知道 SAM 表的某个数据非常可靠,譬如表 5.2.1 的 Q_{12} 的数据 45 是非常可靠的,那么可以在解法(5.2.4)中增设限制条件 $Q_{12}=\bar{Q}_{12}=45$。

国民账户要求要素部分的增加值等于要素所有者的收入。比如,表 5.2.1 代表的这个简化的经济中,商品对劳动要素的支付按理论应该等于居民从劳动中获得的收入。而这里商品对劳动要素的支付一共是 209(=120+89),居民从劳动中得到的收入是 192,它们并不相等。因此,可以加入一个使它们相等的限制条件,即 $Q_{31}+Q_{32}=Q_{43}$。

国民账户要求支出法的 GDP 等于收入法的 GDP。在表 5.2.1 所示的简单经济中,经济参与者的收入和支出应该相等。表 5.2.1 只有一个参与者居民。居民的收入是 192,但是支出是 240,它们不相等。SAM 表平衡中应该设置这两个变量相等的限制条件。应该等于 192,还是 240,还是一个什么中间数,需要理论和经验的判断。

在行列总量不相等的情况下,有时要靠已知信息与知识进行判断。在一些发展中和转型国家,人们的支出往往超过统计上的收入数字,这是因为很多灰色收入并没有计算在内。在一些地下和非正规经济发达的 OECD(经济合作与发展组织)国家,这种情况也不少见。因此,支出法的数值更可靠,而表 5.2.1 的要素增加值部分的数值 Q_{31} 和 Q_{32},实际上是少报了。因此,平衡过程中,可以接受居民支出的总量,并把它认作可靠数据,然后调整增加值部分:$Q_{43}=150+90=240$。

5.4　手动平衡

在行列总量相差不大的情况下,也可以靠手动调节来平衡。手动调节是最简单的方法,其缺点是缺乏科学一致性。每个人可以凭主观判断得到不同的最后平衡的 SAM 表。因此,用手动法的条件是:(1)行列总量相差不大,如误差绝对值在行列总值平均数 5% 以下;(2)研究者对每个个体流量数据的不同的客观可靠性相当了解。以表 5.2.1 为例,部门 2 的行列总量误差为 −24.6%〔=(233−182)/[(233+182)/2]〕,太大。不过,为了演示手动方法,我们仍然以表 5.2.1 为例。

先将原始 SAM 表各个流量的原始数据 Q_{ij} 做在 Excel 表上。从右往左数第二列为行汇总,单元格里建立公式 $Y_k^r = \sum_j^n Q_{kj}$,然后 Excel 自动得出数值。最下边为列汇总,建立公式 $Y_k^c = \sum_i^n Q_{ik}$,Excel 自动得出数值。最右边一列为行列数量差,建立公式 $Y_k^r - Y_k^c$,Excel 自动得出数量差值,如表 5.4.1 所示。平衡的目标是要让行列差最后都归零。

表 5.4.1　A 国的未经平衡的原始 SAM 表的 Excel 工作表

	商品/活动 1	商品/活动 2	要素/劳动	居　民	行汇总	行列数量差
商品/活动 1	52	45		150	247	－20
商品/活动 2	95	48		90	233	51
要素/劳动	120	89			209	17
居　民			192		192	－48
列汇总	267	182	192	240		

从表上看到,行列差中有正有负。先看差别最大的两个账户,即账户 2(商品 2)和账户 4(居民),它们对应的行列差分别为＋51 和－48。要同时使＋51 降下来,－48 升上去,有两个办法:一是将 Q_{24} 数值调低,二是将 Q_{42} 数值调高。但是 SAM 表的常规 Q_{42} 没有经济解释。因此,可以将 Q_{24} 调低 48(两个数值中绝对值较小的一个)。表 5.4.2 展示了第一次调整后的结果。

表 5.4.2　第一次调整后的 Excel 工作表结果

	商品/活动 1	商品/活动 2	要素/劳动	居　民	行汇总	行列数量差
商品/活动 1	52	45		150	247	－20
商品/活动 2	95	48		42	185	3
要素/劳动	120	89			209	17
居　民			192		192	0
列汇总	267	182	192	192		

经过第一次调整后,账户 1 和账户 3 的差距最大。按同样理论,应该调高 Q_{13} 或者调低 Q_{31}。根据 SAM 表的常规,因为没有 Q_{13},所以只能调 Q_{31},然后将其降低 17(见表 5.4.3)。

表 5.4.3　第二次调整后的 Excel 工作表结果

	商品/活动 1	商品/活动 2	要素/劳动	居　民	行汇总	行列数量差
商品/活动 1	52	45		150	247	－3
商品/活动 2	95	48		42	185	3
要素/劳动	103	89			192	0
居　民			192		192	0
列汇总	250	182	192	192		

经过第二次调整,只剩账户 1 和账户 2 有差距。将 Q_{12} 调高 3 或者 Q_{21} 调低 3 都可以得到平衡结果。在没有偏好的情况下,可以将 3 平摊给这两个流量,表 5.4.4 是如此得到的最后平衡结果。

表 5.4.4　第三次调整后的 Excel 工作表结果

	商品/活动 1	商品/活动 2	要素/劳动	居　民	行汇总	行列数量差
商品/活动 1	52	46.5		150	248.5	0
商品/活动 2	93.5	48		42	183.5	0
要素/劳动	103	89			192	0
居　民			192		192	0
列汇总	248.5	183.5	192	192		

上述的调整方法是优先考虑数学的,调整效率最高。在实际操作中,必须始终利用经济学、统计学的理论、常识和先验信息,防止不合理的调整。譬如,居民在商品 2 的消费 Q_{24} 可能是个很可靠的数据,因此不能动。在根据中国情况分析所有 SAM 表的各个流量后,判断居民对商品的消费数据是可靠的,投入产出部分是相对可靠的,而要素收入 Q_{31}、Q_{32} 和转移支付 Q_{43} 的数据误差最大。因此,先调整后面这些不可靠的数据。下面是逐步的调整过程。

(1) 根据理论,居民消费必须等于其收入,但表中情况并不是这样,这通常是由于收入未报。从消费一列看,居民消费总值是 240。因此,把要素收入 Q_{43} 调整为 240。

(2) 调整后,账户 2 总量差 +51 和账户 3 总量差 -31 最大,将 Q_{32} 加 31。

(3) 这时剩下账户 1 总量差 -20,账户 2 总量差 +20。由于这必须调投入产出表,而这是相对可靠的数据,尽量少调,因此将这任务平摊给 Q_{12} 和 Q_{21}。即,Q_{12} 加 10,Q_{21} 减 10。

最后得到表 5.4.5 的平衡结果。注意它和表 5.4.4 的不同。

表 5.4.5　根据经济学理论主观判断调整的 SAM 表结果

	商品/活动 1	商品/活动 2	要素/劳动	居　民	行汇总	行列数量差
商品/活动 1	52	55		150	257	0
商品/活动 2	85	48		90	223	0
要素/劳动	120	120			240	0
居　民			240		240	0
列汇总	257	223	240	240		

读者可以从上面的调整过程看到,手动的调整有很多主观判断因素,基于同样的数据,往往各人最后平衡出来的 SAM 表结果不一样。因此,要尽量避免完全依靠手动。如果必须要手动平衡,一定要遵守前面阐述的条件,即原始 SAM 表误差有限,同时有大量的其他数据信息依据。

因为 SAM 表所有行总值相加等于全部单项(元素)总数,也必然等于全部列总值相加:

$$\sum_{i}^{n} \sum_{j}^{n} Q_{ij} = \sum_{j}^{n} \sum_{i}^{n} Q_{ij} \tag{5.4.1}$$

所以,在平衡 SAM 表时,只要做到 $n-1$ 行列相等,最后剩余的一行和一列总值自动相等。这个特征在实践中有用。

5.5 RAS 法

在交叉熵方法出来以前,RAS 法是平衡 SAM 表的一个流行方法。在已知行列的目标总值的情况下,利用矩阵现有总值和目标总值的比例,通过反复迭代,使最后的矩阵的行列总值达到目标数值。下面举例说明。

假定初始 SAM 表和表 5.2.1 一样,但是我们知道可靠的行目标总值 Q_i^* 和可靠的列目标总值 Q_j^*,如表 5.5.1 所示。

表 5.5.1 初始 SAM 表和要调整到的行列目标总值

	商品/活动 1	商品/活动 2	要素/劳动	居 民	行汇总	行目标总值
商品/活动 1	52	45		150	247	270
商品/活动 2	95	48		90	233	233
要素/劳动	120	89			209	210
居 民			192		192	210
列汇总	267	182	192	240		
列目标总值	270	233	210	210		

第一步,从列方面调整逼近。方法是,将原始 SAM 表元素 Q_{ij}^0 除以列总值,然后乘以列目标总值,从而得出新的元素值 Q_{ij}^1:

$$Q_{ij}^1 = Q_{ij}^0 \frac{Q_j^*}{\sum_i Q_{ij}} \qquad (5.5.1)$$

例如,表 5.5.1 第一列的各个元素都做这个调整:$Q_{i1}^1 = Q_{i1}^0 \frac{270}{267}$。于是,(1, 1)单元格的调整数值是:$52 \div 267 \times 270 = 52.6$。类似地,第二列的各个元素做这个调整:$Q_{i2}^1 = Q_{i2}^0 \frac{233}{182}$。第三列的各个元素都做这个调整:$Q_{i3}^1 = Q_{i3}^0 \frac{210}{192}$。调整后的矩阵的列总值等于列目标总值(见表 5.5.2)。

表 5.5.2 第一步瞄准列目标总值调整

	商品/活动 1	商品/活动 2	要素/劳动	居 民	行汇总	行目标总值
商品/活动 1	52.6	57.6		131.3	241.4	270
商品/活动 2	96.1	61.5		78.8	236.3	233
要素/劳动	121.3	113.9			235.3	210
居 民			210.0		210.0	210
列汇总	270.0	233.0	210.0	210.0	923.0	
列目标总值	270	233	210	210		

第二步,将上述矩阵再从行方面调整逼近。方法类似:

$$Q_{ij}^2 = Q_{ij}^1 \frac{Q_i^*}{\sum_j Q_{ij}}$$ (5.5.2)

例如,表 5.5.1 第一行的各个元素都做这个调整:$Q_{1j}^2 = Q_{1j}^1 \dfrac{270}{241.4}$。调整后的矩阵的行总值等于行目标总值(见表 5.5.3)。

表 5.5.3 第二步瞄准行目标总值调整

	商品/活动 1	商品/活动 2	要素/劳动	居　民	行汇总	行目标总值
商品/活动 1	58.8	64.4		146.8	270.0	270
商品/活动 2	94.7	60.6		77.7	233.0	233
要素/劳动	108.3	101.7			210.0	210
居　民			210.0		210.0	210
列汇总	261.8	226.7	210.0	224.4	923.0	
列目标总值	270	233	210	210		

第三步,再按第一步的方法从列方面调整;第四步,行方面调整……这样反复迭代,直到最后的矩阵(SAM 表)的行列总值和已知的可靠目标总值基本一致,误差在允许范围内(见表 5.5.4)。

RAS 方法可以用矩阵来表示。上面的第一步和第二步可以被联合写为:

$$Q^2 = r_1 Q^0 s_1 = \begin{bmatrix} \frac{270}{241.4} & \cdots & \cdots & 0 \\ \vdots & \ddots & & \vdots \\ \vdots & 0 & \frac{Q_i^*}{\sum_j Q_{ij}^1} & 0 \\ 0 & \cdots & 0 & \frac{Q_{i=n}^*}{\sum_j Q_{nj}^1} \end{bmatrix} Q^0 \begin{bmatrix} \frac{210}{267} & \cdots & \cdots & 0 \\ \vdots & \ddots & & \vdots \\ \vdots & 0 & \frac{Q_j^*}{\sum_i Q_{ij}^0} & 0 \\ 0 & \cdots & 0 & \frac{Q_{j=n}^*}{\sum_i Q_{in}^0} \end{bmatrix}$$

(5.5.3)

依此类推迭代,直到最后收敛。RAS 法的优点是,从矩阵元素间比例系数关系的思路出发进行平衡,并且可以在行列数量不等的非正方形矩阵下应用。缺点是目标总值必须固定,且不能根据已知信息对 SAM 表中的个别数据做分别处理。第 5.7 节的系数交叉熵法则又有 RAS 法对系数的认同,又可以根据先验信息对个别数据或者总值做灵活处理。

例 5.5.1　用 GAMS 编程,采取 RAS 法将表 5.2.1 平衡。

$title　例 5.5.1　RAS 平衡法

*定义集合
```
set i        /sec1, sec2, lab, hh/;
alias(i, j);
```

*目标总值取名 tartot
```
table SAM(* , * ) SAM 矩阵
```

	sec1	sec2	lab	hh	total	tartot
sec1	52	45		150	247	270
sec2	95	48		90	233	233
lab	120	89			209	210
hh			192		192	210
total	267	182	192	240		
tartot	270	233	210	210		

```
;
```

```
parameter
rowdis(i)        行总值与目标总值之差
condis(j)        列总值与目标总值之差
maxdis           所有行列总值与目标总值之差的最大值
iter             循环次数 number of iteration
;
```

*用循环执行程序 while(　)
*赋予循环初始值与跳出循环的条件
```
maxdis=0.1;
iter=1;
```

*while 后括号里第一句是循环继续的条件。这里规定循环次数在 5000 次内,当行列总值和目标总值的最大误差大于 1e-10 时继续循环。也就是当 maxdis 小于 1e-10 时停止循环。
```
while( iter <  5000 and maxdis >  1e-10 ,
```

*根据列的目标总值,调整 SAM (R adjustment)
```
sam('total', j)=sum(i, sam(i, j));
sam(i, j)=sam(i, j)/sam('total', j)*sam('tartot', j);
```

*根据行的目标总值,调整 SAM (S adjustment)

sam(i, 'total')=sum(j, sam(i, j)) ;

sam(i, j)=sam(i, j)/sam(i, 'total')*sam(i, 'tartot');

*检验本循环调整后的最大误差

condis(j)=abs(sum(i, sam(i, j))-sam('tartot', j));

rowdis(i)=abs(sum(j, sam(i, j))-sam(i, 'tartot'));

*下面比较这一轮结果中的最大值。运算指令 **max** 为后面括号里的最大值,运算指令 **smax**
为索引元素 **i** 值中的最大值

maxdis=max{smax{i, rowdis(i)}, smax{j, condis(j)}};

*计算累积的循环次数

iter=iter+1;

);

*上面的括号意为回到 **while** 那儿去重复循环

display sam, maxdis, iter;

*end 结束

表 5.5.4　　上述 RAS 程序最后收敛的结果

	商品/活动 1	商品/活动 2	要素/劳动	居　民	行汇总
商品/活动 1	62.8	68.6		138.6	270.0
商品/活动 2	98.7	62.9		71.4	233.0
要素/劳动	108.5	101.5			210.0
居　民			210.0		210.0
列汇总	270.0	233.0	210.0	210.0	

5.6　直接交叉熵法

交叉熵法是平衡 SAM 表的现代流行的技术。它是借鉴经济学、统计学等其他领域的熵函数特征发展起来的。信息经济学中经济学家用信息熵作为指标来测量某一消息带来的信息强度。假如我们先验地认为某一事件的概率分布为 $\mathbf{p}=(p_1, \cdots, p_n)$,然后一个消息到来,使事件的后验概率分布变为 $\mathbf{s}=(s_1, \cdots, s_n)$,那么这个信息的期望熵强度是:

$$z = \sum_i^n s_i \log \frac{s_i}{p_i} \qquad (\text{注意}: 0 \leqslant p_i \leqslant 1, \ 0 \leqslant s_i \leqslant 1; \ \sum p_i = 1, \ \sum s_i = 1)$$

(5.6.1)

对数 log 的底可以是自然对数或 2。如果每一对先验概率 p_i 和后验概率 s_i 一样,那么期望熵 $\sum_i^n s_i \log \frac{s_i}{p_i} = 0$,表示这个消息没有带来任何新的信息。可以验证,如果每对 p_i 和 s_i 差别越大,那么 $\sum_i^n s_i \log \frac{s_i}{p_i}$ 的数值也越大。图 5.6.1 显示了在 $n = 2$,先验概率 $p_1 = 0.7$ 和 $p_2 = 0.3$ 的情况下,不同 s_1 和 s_2 值得到的期望熵值。可以看到,在 $p_1 = s_1 = 0.7$(有 $p_2 = s_2 = 0.3$)的情况下,函数达到最小值 0。而 p_i 和 s_i 的差距越大,期望熵值也越大。

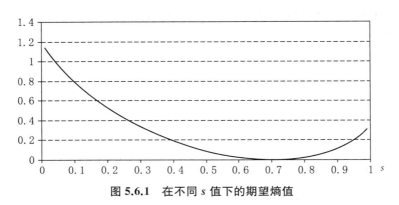

图 5.6.1　在不同 s 值下的期望熵值

期望熵函数的这个特征,后来被扩展到其他领域去作为测量差异的指标,譬如,将 p_i 作为人口份额,s_i 作为收入份额,就可以形成测量收入分配差距的一个指标,称为泰尔系数。[1]

假如 s 值有限制条件,如被限制在[0,0.2]的范围内,可以看到,在满足限制条件的前提下,我们在 $s_1 = 0.2$ 时期望熵达到最小值,同时可以看到,这是 s_1 和先验概率 $p_1 = 0.7$ 在满足限制条件下最接近的位置。从同一思路出发,Robinson 等(2001)将期望熵作为 SAM 表平衡方法,称为交叉熵法。其他学者也有些不同的修改和应用方法,但本意是一样的,即将 SAM 表平衡前后的两套数值的交叉熵值最小化,从而使 SAM 表的校整数值在满足平衡条件的情况下和原始数值尽量接近。

这里我们先介绍一个直接的交叉熵平衡方法。仍然将 SAM 表要平衡调整的变量记为 Q_{ij},而原始流量数据则加一个顶部横杠,记为 $\bar{Q}_{ij}$。全部加总的数值为:

$$H = \sum_i^n \sum_j^n Q_{ij} \qquad \bar{H} = \sum_i^n \sum_j^n \bar{Q}_{ij} \qquad (5.6.2)$$

将 SAM 表各个流量和总数相除,得到相应参数:

---

① 亨利·泰尔(Henri Theil)提出概率统计学中的期望熵概念和函数可以应用到其他一些场合,如作为收入分配指数等。参见 Theil, Henri, 1971, *Principle of Econometrics*, New York: John Wiley & Sons, Inc., pp.636—646。

$$a_{ij} = \frac{Q_{ij}}{H} \qquad \bar{a}_{ij} = \frac{\bar{Q}_{ij}}{\bar{H}} \qquad\qquad (5.6.3)$$

参数 a_{ij} 和 $\bar{a}_{ij}$ 类似前面说的先验和后验概率 s 和 p。设需要最小化的交叉熵目标函数 z 为：

$$\begin{aligned}
z &= \sum_j^n \sum_i^n a_{ij} \log \frac{a_{ij}}{\bar{a}_{ij}} = \sum_j^n \sum_i^n \frac{Q_{ij}}{H} \log\left(\frac{Q_{ij}}{H} \Big/ \frac{\bar{Q}_{ij}}{\bar{H}}\right) = \frac{1}{H} \sum_j^n \sum_i^n Q_{ij}\left(\log\frac{Q_{ij}}{\bar{Q}_{ij}} - \log\frac{H}{\bar{H}}\right) \\
&= \frac{1}{H} \sum_j^n \sum_i^n Q_{ij} \log \frac{Q_{ij}}{\bar{Q}_{ij}} - \frac{1}{H} \sum_j^n \sum_i^n Q_{ij} \log \frac{H}{\bar{H}} \\
&= \frac{1}{H} \sum_j^n \sum_i^n Q_{ij} \log \frac{Q_{ij}}{\bar{Q}_{ij}} - \log\frac{H}{\bar{H}}\left(\frac{1}{H} \sum_j^n \sum_i^n Q_{ij}\right) = \frac{1}{H} \sum_j^n \sum_i^n Q_{ij} \log \frac{Q_{ij}}{\bar{Q}_{ij}} - \log\frac{H}{\bar{H}}
\end{aligned}$$

$$(5.6.4)$$

这个直接交叉熵平衡法是在满足平衡和非负数条件的情况下调整 Q_{ij} 值，将目标函数 z 最小化：

$$\min_{X_{ij}} z = \frac{1}{H} \sum_j^n \sum_i^n Q_{ij} \log \frac{Q_{ij}}{\bar{Q}_{ij}} - \log\frac{H}{\bar{H}} \qquad\qquad (5.6.5)$$

$$\text{s.t.} \quad \sum_i^n Q_{ik} = \sum_j^n Q_{kj} \quad k = 1, \cdots, n \text{（相应的行汇总值等于列汇总值）}$$

$$Q_{ij} \geqslant 0 \quad i = 1, \cdots, n \quad j = 1, \cdots, n$$

$$H = \sum_i^n \sum_j^n Q_{ij} \qquad \bar{H} = \sum_i^n \sum_j^n \bar{Q}_{ij}$$

目标函数中的 $\log \bar{H}$ 是常数，不直接影响最优化对 Q_{ij} 的选择。H 是选择变量 Q_{ij} 的函数，因此也是间接的选择变量。最小化过程中出现一个问题：目标函数(5.6.4)比期望熵函数(5.6.1)要多一个绝对值变量 H。在最小化过程中，H 可能会趋向无穷大，即最后一项 $-\log \frac{H}{\bar{H}}$ 趋向负无穷大，从而使问题(5.6.5)无解。因此，在运行程序时，要将 H 的数值限定范围。解决的方法是，将校整前后两个总数的比例 $\frac{H}{\bar{H}}$ 限制在 $[0.5, 2]$ 之间，表示调整的总数在原始总数的一半和两倍之间。这是一个非常慷慨的容忍误差范围，实际误差应该比这个程度小得多。

下面是对表 5.2.1 用直接交叉熵法平衡的 GAMS 程序语言。平衡的结果显示在表 5.6.1 中。读者可以看到其结果和最小二乘法平衡的结果接近，但不完全相同。对平衡调整后的数值加星号，记为 Q_{ij}^* 和 H^*。其中得到的 $\frac{H^*}{\bar{H}} = 0.997$，调准后的总数比初始总数只小 0.3%。

运行本程序时用的 GAMS 解算器是 PATH-NLP（先前有读者报告用解算器 CONOPT 不能正常求解）。如第 2.3 节所指出的，本书 GAMS 程序案例运行使用的解算器都是 PATH 或 PATH-NLP。

例 5.6.1 编制 GAMS 程序语言,用直接交叉熵法平衡 SAM 表。

```
$title   例 5.6.1   用直接交叉熵法平衡 SAM 表

*定义集合 ac
   set ac           /sec1, sec2, lab, hh, total/;
   set i(ac)         /sec1, sec2, lab, hh/;

alias(ac, acp);
alias(i, j);

table sam(* , * )
        sec1   sec2   lab    hh     total
sec1    52     45            150    247
sec2    95     48            90     233
lab     120    89                   209
hh                    192           192
total   267    182    192    240
;

parameters
   Q0(i, j)      SAM 表各初始流量
   H0            初始流量的总值;

*参数赋值
   Q0(i, j)=sam(i, j);
   H0=sum((i, j), sam(i, j));

display H0, sam;

Variables
   Q(i, j)           要调整的 SAM 表中的各个数值
   H                 调整 SAM 表的总值
   Hratio            调整和原始两个总值的比例
   z                 目标函数的数值即期望熵值;

*各变量值必须在正数范围
```

```
Positive variable Q(i, j);

equations
    totalsum        被调整的总值
    Hratiodef       Hratio 等式
    directentropy   目标函数,期望直接交叉熵
    balance         各个账户总值平衡的限制条件
    ;

    totalsum..      H =e= sum((i, j), Q(i, j));
    Hratiodef..     Hratio =e= H/H0;
    directentropy.. z =e=
sum((i, j)$sam(i, j), (1/H)*Q(i, j)*log(Q(i, j)/sam(i, j)))-log(Hratio);
    balance(i)..    sum(j$sam(i, j), Q(i, j)) =e= sum(j, Q(j, i));

*对变量初始值赋值
*这里对 Hratio 特别限制了范围,如果不限制的话,目标函数最小化时,H 会趋向无穷大
而得不到真实结果。
    Q.L(i, j)=Q0(i, j);
    H.L=H0;
    Hratio.Lo=0.5;
    Hratio.up=2;

model sambal   /all/;
*用非线性规划算法对 z 最小化,这里使用的是解算器 PATH-NLP。有报告解算器 CONOPT
对此不能正常求解。
solve sambal using nlp minimizing z;

display Q.L, H.L, Hratio.L;
*end 结束
```

表 5.6.1　A 国 SAM 表的平衡结果(直接交叉熵法)

	商品/活动 1	商品/活动 2	要素/劳动	居　民	行汇总
商品/活动 1	52.2	53.2		142.2	247.6
商品/活动 2	80.9	48.2		72.4	201.5
要素/劳动	114.5	100.1			214.6
居　民			214.6		214.6
列汇总	247.6	201.5	214.6	214.6	

5.7 系数交叉熵和误差调整值

在实践中经常需要根据新的信息和总值数据,更新调整已有的投入产出表和 SAM 表。前面的 RAS 法应对了类似的问题。不过,在 RAS 法的情况下,获取的新信息是新的账户总值,也就是新的行列总值。它们被作为目标总值,数值是确定的。在实践中常常发生的情况是,这个新获取的目标总值由于数据、计算或者其他技术误差,总值不可靠,因而不能完全确定,不过我们有其他先验信息可帮助估计。Robinson 等(2001)提出了,在允许误差的情况下,利用各种先验信息调整估计数值的交叉熵平衡方法。这里介绍这个方法的基本思路。

假设研究者有往年的已经平衡的 SAM 表。现在几个部门或几个账户的总值更新数据发布了。如何将 SAM 表中流量相应调整更新,以和这个新总值信息保持一致?

将 SAM 表的每行总值的变量数值加标记"r",记为 Y_i^r。每列总值的变量数值加标记"c",记为 Y_j^c。每列每行每个流量的原始数据加顶部横杠,被平衡调整后的每列每行每个流量的数值加星号,每列每行每个流量的变量则没有顶部横杠也没有星号。我们有

$$Y_i^r = \sum_j^n Q_{ij} \qquad \bar{Y}_i^r = \sum_j^n \bar{Q}_{ij} \qquad Y_i^{r*} = \sum_j^n Q_{ij}^*$$
$$Y_j^c = \sum_i^n Q_{ij} \qquad \bar{Y}_j^c = \sum_i^n \bar{Q}_{ij} \qquad Y_j^{c*} = \sum_i^n Q_{ij}^*$$

(5.7.1)

将 SAM 表各个流量和每列的总值相除,得到相应 SAM 表系数,类似投入产出表的投入产出系数:

$$\bar{A}_{ij} = \frac{\bar{Q}_{ij}}{\bar{Y}_j^c} \qquad A_{ij} = \frac{Q_{ij}}{Y_j^c}$$

(5.7.2)

我们已知原来的 SAM 表数据,包括 $\bar{Q}_{ij}$,$\bar{Y}_i^r$,$\bar{Y}_j^c$。如果原来的 SAM 表是平衡的,$\bar{Y}_j^r = \bar{Y}_j^c$,$j=1$,$\cdots$,$n$。假设现在获得一组最新部门或账户的总值数据,为 Y_j^{c*}。假设这个数据 Y_j^{c*} 是可靠的,并且要求最后列行总值平衡为 $Y_j^{r*} = Y_j^{c*}$。我们已知的数据为 $\bar{A}_{ij}$ 和 Y_j^{c*}。对下列问题求解:

$$\min_{A_{ij}} z = \sum_i^n \sum_j^n A_{ij} \log \frac{A_{ij}}{\bar{A}_{ij}}$$

(5.7.3)

$$\text{s.t.} \quad Y_i^{r*} = Y_i^{c*} \qquad i=1,\cdots,n$$

$$\sum_j^n A_{ij} Y_j^{c*} = Y_i^{r*} \qquad i=1,\cdots,n$$

$$\sum_i^n A_{ij} = 1 \qquad j=1,\cdots,n$$

$$0 \leq A_{ij} \leq 1 \qquad \forall i \qquad \forall j$$

可以看到,系数交叉熵法是在满足相应行列总值相等的条件下,使 A_{ij} 和 $\bar{A}_{ij}$ 之间的期望熵值最小化,由此求出最佳值 A_{ij}^*,然后用等式 $Q_{ij}^* = A_{ij}^* Y_j^{c*}$ 求出 Q_{ij}^* 值。

现在考虑另外一种状况。假如新的数据包括一些流量 $\bar{Q}_{ij}$,致使同一部门最后行列总值不等,$\bar{Y}_j^r \neq \bar{Y}_j^c$。但是我们不知道真正的部门总值 Y_j^* 等于 $\bar{Y}_j^r$ 还是 $\bar{Y}_j^c$,或者等于它们之间的一个数值,不过对它在 $\bar{Y}_j^r$ 和 $\bar{Y}_j^c$ 区间的分布有些先验信息。在这种情况下,系数交叉熵的平衡方法如下所示。在第 j 列总值变量 Y_j^c 和其初始数据 $\bar{Y}_j^c$ 之间设一个误差值 e_j,有

$$Y_j^c = \bar{Y}_j^c + e_j \tag{5.7.4}$$

这个误差值 e_j 的分布和前述分布先验信息有关,而调整这个误差值也会同时调整 Y_j^c。进行调整时要求行列总值相等:

$$Y_j^r = Y_j^c \qquad j = 1, \cdots, n \tag{5.7.5}$$

将以上式(5.7.4)和式(5.7.5)作为限制条件,用交叉熵公式同时对系数 A_{ij} 和误差值 e_j 调整使得熵值最小化。最后解出的优化结果产生了新的部门汇总值。

如何选择最优误差值 e_j?如上所述,我们对它的分布有些先验信息。这个分布是由下面一个方程来表述的:误差值 e_j 是一个外生给定的误差分布的加权平均数。

$$e_j = \sum_k^m w_{jk} \bar{v}_{jk} \tag{5.7.6}$$

其中,$\bar{v}_{jk}$ 是一个外生给定的(研究者根据已有信息、理论和经验判断来决定的)误差范围或分布。w_{jk} 是对各个 $\bar{v}_{jk}$ 的权重分配,在最小化过程中,w_{jk} 将作为交叉熵来调整。w_{jk} 有下述特征:

$$\sum_k^m w_{jk} = 1 \qquad w_{jk} \geqslant 0 \qquad j = 1, \cdots, n \tag{5.7.7}$$

可以看到,方程(5.7.6)类似统计学中的随机变量函数:$\bar{v}_{jk}$ 作为变量,w_{jk} 作为概率,e_j 就是期望值。$\bar{v}_{jk}$ 和 w_{jk} 的不同设置可以描述不同的 e_j 分布。下面以表 5.2.1 的部门 2 举例说明。部门 2 的列总值是 $\bar{Y}_j^c = 182$,行总值是 $\bar{Y}_j^r = 233$。假想我们对 e_j 的分布有些先验信息,如表 5.7.1 所示。

表 5.7.1　假想的根据先验信息知道的部门 2 误差值 e_2 的分布

k	1	2	3	4	5	6	7
$Y_2^c = 182 + \bar{v}_{2k}$	182	192	202	212	222	232	233
$\bar{v}_{2k}$	0	10	20	30	40	50	51
w_{2k}	0.1	0.2	0.45	0.15	0.09	0.01	0

可以看到这是一个钟形曲线分布,偏态于列总值 182。根据这个分布,在平衡调整数值前,误差值是 $e_2 = \sum_k^m w_{2k} \bar{v}_{2k} = 19.6$,由此决定的列总值是 $Y_2^c = 182 + 19.6 = 201.6$。但是

这个并非 SAM 表全面平衡的部门总值,因此我们还得对这数值进行调整。

现实中我们对误差值分布一般不会有如表 5.7.1 那么详细的信息。相对简单和实际可操作的方法是,假定部门 j 的误差均匀分布在行总值初始数据 $\overline{Y}_j^r$ 和列总值初始数据 $\overline{Y}_j^c$ 之间,最优选择值就在这个区间内。如此我们只需要确定两个外定误差,$\overline{v}_{j1}=0$ 和 $\overline{v}_{j2}=\overline{Y}_j^r-\overline{Y}_j^c$。因此有

$$e_j=w_{j1}\overline{v}_{j1}+w_{j2}\overline{v}_{j2}=w_{j1}\times 0+(1-w_{j1})(\overline{Y}_j^r-\overline{Y}_j^c) \tag{5.7.8}$$

通过调整权重 w_{jk},就可以调整误差值 e_j。仍以表 5.2.1 为例,注意 $w_{j1}+w_{j2}=1$。

对部门 1,有 $e_1=w_{11}\times 0+(1-w_{11})\times(247-267)=w_{11}\times 0+w_{12}\times(247-267)$。

同理,对部门 2,有 $e_2=w_{21}\times 0+w_{22}\times(233-182)$。

对要素/劳动账户,有 $e_3=w_{31}\times 0+w_{32}\times(209-192)$。

对居民账户,有 $e_4=w_{41}\times 0+w_{42}\times(192-240)$。

然后以式(5.7.8)为限制条件,将要调整的权重变量 w_{jw} 按照方程(5.6.1)那样设置为期望熵函数:

$$u_j=\sum_k^m w_{jk}\log\frac{w_{jk}}{\widetilde{w}_{jk}}=w_{j1}\log\frac{w_{j1}}{\widetilde{w}_{j1}}+w_{j2}\log\frac{w_{j2}}{\widetilde{w}_{j2}} \tag{5.7.9}$$

其中 $\widetilde{w}_{jk}$ 是关于权重的先验信息。如果先验信息认为真实总值是均匀分布在行列两个总值的区间上的,举例来说,在表 5.2.1 中,对部门 2,如果先验信息认为最可能的真实总值是均衡分布在这个区间上的,那么,$\widetilde{w}_{11}=0.5$,$\widetilde{w}_{12}=0.5$。因此,方程(5.7.9)变为:

$$u_2=w_{21}\log\frac{w_{21}}{0.5}+w_{22}\log\frac{w_{22}}{0.5}\qquad w_{21}+w_{22}=1 \tag{5.7.10}$$

以 w_{21} 和 w_{22} 为选择变量对 u_2 最小化,就会使 e_2^* 在符合其他 SAM 表的限制条件的情况下和 $25.5[=(233-182)/2]$ 尽量靠近,也就是,使 $Y_1^{c*}=Y_1^{r*}$ 尽量靠近 207.5。注意到限制条件 $w_{21}+w_{22}=1$,方程(5.7.10)可以进一步简化,只需要一个选择变量 w_{22}:

$$u_2=(1-w_{22})\log\frac{1-w_{22}}{0.5}+w_{22}\log\frac{w_{22}}{0.5} \tag{5.7.11}$$

优化过程后,解出最佳值 w_{22}^*。然后按式(5.7.12),计算误差值 $e_2^*=w_{22}^*\times 51$:

$$e_2=w_{21}\overline{v}_{21}+w_{22}\overline{v}_{22}=w_{21}\times 0+w_{22}(\overline{Y}_2^r-\overline{Y}_2^c)=w_{22}(233-182)=w_{22}\times 51 \tag{5.7.12}$$

假如在 A 国的情况下,得到的先验信息认为部门 2 的列总值更可靠,那么先验权重 $\widetilde{w}_{1k}$ 的设置要向列总值靠。譬如,如果我们认为,部门 2 的列总值有 90% 的可靠性,那么设置先验信息 $\widetilde{w}_{21}=0.9$,$\widetilde{w}_{22}=0.1$。这个设置的方向更靠近列总值,$\widetilde{w}_{22}$ 的权重要小,才能使 e_2^* 较小。另外,也可以根据已知信息调整 $\overline{v}_{2k}$,将 e_2 的分布范围缩小,例如,假如我们知道部门 2 的真实总值在 190 到 223 之间,那么可以设置 $\overline{v}_{21}=8$ 和 $\overline{v}_{22}=41$,从而有 $e_2=w_{21}\times 8+w_{22}\times 41$。然后再根据其他先验信息设置 $\widetilde{w}_{2k}$ 的分布,譬如是均匀分布

还是正态分布。

平衡过程也要选择 A_{ij} 对 z 最小化。也就是说,我们要同时调整 SAM 表中元素值的系数 A_{ij} 和总值误差值 w_{jk} 来对两个期望熵值 z 和 u 最小化。如此,目标函数进一步修改为:

$$\min_{A_{ij},\,w_{jk}} I(A_{ij},\,w_{jk}) = \delta_z z + \delta_u u = \delta_z \sum_i^n \sum_j^n A_{ij} \log \frac{A_{ij}}{\bar{A}_{ij}} + \delta_u \sum_j^n \sum_k^m w_{jk} \log \frac{w_{jk}}{\tilde{w}_{jk}}$$

(5.7.13)

其中 δ_z 和 δ_u 是研究者根据研究给定的权重。为了简便起见,可以都设成等于 1。选择变量包括 A_{ij} 和 w_{jk}。综合起来,这个最小化问题的限制条件包括:

$$A_{ij} = Q_{ij}/Y_j^c \quad \text{SAM 表系数定义} \tag{5.7.14}$$

$$\sum_j^n Q_{ij} = Y_i^r \quad \text{行汇总} \tag{5.7.15}$$

$$\sum_i^n Q_{ij} = Y_j^c \quad \text{列汇总} \tag{5.7.16}$$

$$Y_j^c = \bar{Y}_j^c + e_j \quad \text{列总值变量为初始数据加上误差调整值} \tag{5.7.17}$$

$$Y_j^r = Y_j^c \quad j=1,\cdots,n \quad \text{行总值等于列总值,行列总值平衡条件} \tag{5.7.18}$$

$$e_j = \sum_k^m w_{jk} \bar{v}_{jk} \quad \text{误差值为权重分配的先验误差分布之和} \tag{5.7.19}$$

$$\sum_i^n A_{ij} = 1 \quad j=1,\cdots,n \quad 0 < A_{ij} < 1 \quad \forall i \quad \forall j \tag{5.7.20}$$

$$\sum_k^m w_{jk} = 1 \quad 0 < w_{jk} < 1 \quad j=1,\cdots,n \tag{5.7.21}$$

通过式(5.7.13)到式(5.7.21)的联立方程,可以解出 SAM 表的平衡流量 Q_{ij}^* 和各行列总值。方程中,外界给定的数值为:$\bar{Y}_j^c$,$\bar{A}_{ij} = \bar{Q}_{ij}/\bar{Y}_j^c$,$\tilde{w}_{jk}$ 和 $\bar{v}_{jk}$。其中,从 SAM 表可以直接获得 $\bar{Y}_j^c$ 和 $\bar{A}_{ij}$。$\bar{v}_{jk}$ 和 $\tilde{w}_{jk}$ 的数值要凭其他信息和经验判断来设置。能够有效利用其他信息和经验判断,正是此方法的灵活和有利之处。如果除了现有 SAM 表的行总值 $\bar{Y}_j^r$ 外没有其他附加信息,那么可以这样设置:$\bar{v}_{j1} = 0$ 和 $\bar{v}_{j2} = \bar{Y}_i^r - \bar{Y}_j^c$,$\tilde{w}_{jk} = 0.5 (k=1,2)$。要求解的变量为:$A_{ij}$,$w_{jk}$,$Q_{ij}$,$Y_j^r$,$Y_j^c$,$e_j$。

如果还有附加信息,如第 5.3 节讨论过的,可以设置相应的限制条件,加进这个联立方程。Robinson 和 El-Said(2000)提供了该方法的 GAMS 程序,这里不再重复。

练   习

1. 某国的初步的 SAM 表如表 5.E.1.1 所示,需要平衡。

表 5.E.1.1　某国的初步的 SAM 表

	农　业	制造业	服务业	劳　动	资　本	居　民	行汇总
农　业	160	150	90			540	940
制造业	140	320	170			910	1 540
服务业	80	150	250			610	1 090
劳　动	320	360	400				1 080
资　本	170	550	150				870
居　民				1 050	860		1 910
列汇总	870	1 530	1 060	1 050	860	2 060	

（1）写出 GAMS 程序,用最小二乘法平衡。

（2）写出 GAMS 程序,假设居民支出的数据可靠,不能动。再用最小二乘法平衡。

（3）用 Excel 软件,假设居民支出的数据可靠,不能动。用手动平衡。

（4）假设目标总计值如下所示,写出 GAMS 程序,用 RAS 法平衡。

表 5.E.1.2　部门的目标总计值

部　门	农　业	制造业	服务业	劳　动	资　本	居　民
目标总计值	920	1 540	2 000	2 000	900	2 900

（5）写出 GAMS 程序,用直接交叉熵法平衡。

6

一般均衡理论及其应用

　　CGE 模型是经济学一般均衡理论在实际上的应用。要真正掌握 CGE 建模并能独立设计,需要一般均衡理论的基础。不少学生感觉高级微观经济学的一般均衡理论部分比较困难,其实困难的部分主要在吉拉德·德布鲁(Gerard Debreu)对一般均衡存在性用拓扑概念证明的部分。这些理论细节在 CGE 应用中一般不需要,因为 CGE 模型是在已有结论下的应用。通用的 CGE 模型的结构和各种函数通常保证了均衡点必然存在。在大部分标准 CGE 应用研究中,均衡点不但存在,而且还都是唯一的。

　　当然,懂得存在性理论在一些基本条件下还是很有用的。譬如,一般均衡理论证明,如果 CGE 建模者将生产函数改变为规模递增的,会使追逐盈利的企业扩大生产至无穷大,从而使均衡点不存在。因此,要避免直接使用规模递增的生产函数,或者在模型中设置其他一些附加条件。

　　为了又实用又不漏掉一些必要的理论,本书简述一般均衡存在性理论方面的结论,用实例深入浅出来解释,同时略去不太重要的细节。需要进一步研究的读者可以参考高级微观理论的文献。在正文中,我们用传统函数的表达方式来描述一般均衡理论,其中包括有关存在条件的一些结论,这可以大大方便一般读者。在通常的 CGE 建模和实际政策研究中,这些理论已经够用了。

6.1　局部均衡

　　微观经济学的市场均衡通常指在一个单一市场上达到的供求平衡,这仅仅是局部均衡。

　　如商品市场 i 有供给函数 $q_i^s = f_i(p_i)$,有需求函数 $q_i^d = g_i(p_i)$,于是有该市场(局部)均衡条件:

$$q_i^s = q_i^d \tag{6.1.1}$$

也就是:

$$f_i(p_i) = g_i(p_i) \tag{6.1.2}$$

求出的解 p_i^* 和 q_i^* 为均衡解。但这仅仅是局部均衡,是在单一市场上达到的供求平衡,这里假设其他市场上的变量不会受该市场变化的影响。数学上,局部均衡的完整表达为:

$$供应函数:q_i^s = f_i(p_i, \bar{p}_{-i})$$
$$需求函数:q_i^d = g_i(p_i, \bar{p}_{-i})$$
$$q_i^s = q_i^d \tag{6.1.3}$$

其中,$\bar{p}_{-i}$ 为其他部门的价格,假设它们固定不变。

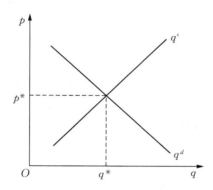

图 6.1.1　单个商品市场上的均衡

6.2　一般均衡

局部均衡的假设,"$\bar{p}_{-i}$ 为其他部门的价格,假设它们固定不变",在一个多部门相互依存关联的大经济框架下是有问题的。因为一个市场上的调整会影响到其他市场,会影响其他市场的供求和价格 p_{-i}。这种效应叫作溢出效应。如图 6.2.1 所示,当左面图中 q_i 市场上的价格调整趋向均衡时,会产生溢出效应,造成其他商品 q_{-i} 市场上供求曲线的平移,可以使那些原来处于均衡的市场变得不均衡。

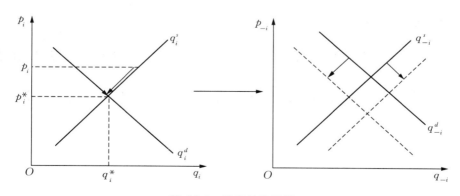

图 6.2.1　溢应效应示例

因此,我们必须考虑所有市场的联动关系。一般均衡指一个经济体中所有市场同时达到均衡的状况(其实称为"全局均衡"更为达意,只是现在已经约定俗成了)。它的原始思想并不复杂,只是将前面的局部均衡理论扩大到整个经济的所有部门。下面是数学描述。

设整个经济有 n 个部门,即 n 个市场,有 n 个商品。商品 i 的价格为 p_i。用向量来简洁表示所有商品价格:$\mathbf{p}=(p_1, \cdots, p_n)$。整个部门 i 的所有企业对商品 i 的供给函数为 $q_i^s(\mathbf{p})$。所有居民对商品 i 的需求函数是 $q_i^d(\mathbf{p})$。狭义地说,一般均衡状态指在一组特定价格,即一特定价格向量 $\mathbf{p}^*=(p_1^*, \cdots, p_n^*)$ 下,所有市场上的商品供求平衡。

$$q_i^s(\mathbf{p}^*)=q_i^d(\mathbf{p}^*) \qquad i=1, \cdots, n \tag{6.2.1}$$

理论上,一般均衡状态也允许一些商品市场上供大于求,不过这时这些商品的价格必须为0。在这种情况下,市场其实也是均衡的。此时虽然价格为0,但居民的需求已经得到满足,需求是有限的。再消费此种商品,只会给他们带来负效用。这种情况下由需求决定了实际市场交易的产量。因此,德布鲁的一般均衡状态是,对所有市场 $i=1, \cdots, n$,存在这么一个价格向量 $\mathbf{p}^*=(p_1^*, \cdots, p_n^*)$:

$$
\begin{aligned}
q_i^s(\mathbf{p}^*)=q_i^d(\mathbf{p}^*) \qquad &\text{如果 } p_i>0 \\
q_i^s(\mathbf{p}^*)\geqslant q_i^d(\mathbf{p}^*) \qquad &\text{如果 } p_i=0
\end{aligned}
\tag{6.2.2}
$$

这叫市场出清(clearing),也可以称为市场均衡。不过,在一般的使用中,我们假设所有商品都是有效用的(desirable)。这时,一般均衡状态只需要等式(6.2.1)的供求平衡条件。这样,计算就简便得多。在 CGE 模型中,一般都假设为此种情况。

定义:一般均衡是指能使所有市场同时出清这样一组价格向量和商品向量的组合 $(\mathbf{p}^*, \mathbf{q}^*)$。

在经济学中,求解一般均衡状态是对均衡价格和数量求解。阿罗-德布鲁(Arrow-Debreu)理论证明了一般均衡在相当虚弱条件下的存在性。在理论或者理想化案例的情况下,求解一般均衡是可以做到的。这个理想状态的一般均衡也被称为瓦尔拉斯均衡。但是,这个理论和现实世界的实际应用还有很大距离,需要做很多的简化工作。CGE 模型,也称为应用一般均衡模型,是对阿罗-德布鲁理论的应用。CGE 模型借鉴了投入产出模型的做法,因此也可以将它看成是局部均衡类的投入产出模型向一般均衡理论模型进化的结果。

6.3 一般均衡状态下,居民实现了效用最大化和企业实现了利润最大化

一般均衡状态是供给需求函数上的匹配。商品供给函数是企业利润最大化下做出的供给决定,而商品需求函数是居民(消费者)效用最大化下做出的需求决定。由此推论,在一般均衡状态下,居民已经效用最大化了,企业也已经利润最大化了。经济学上,给定生产函数,从企业利润最大化的行为可以导出企业的商品供给函数和投入需求函数。类似

地,给定居民的效用函数,从居民效用最大化的行为可以导出商品需求函数和要素供给函数。

设整个经济有 n 个市场,m 个生产要素。记 q 为商品,x 为要素,上标 d 为需求,上标 s 为供给。然后有商品向量 $\mathbf{q}=(q_1,\cdots,q_n)$,要素向量 $\mathbf{x}=(x_1,\cdots,x_m)$。一般均衡状态要求所有的商品和要素市场上都要出清。图 6.3.1 展示了这个一般均衡状态。

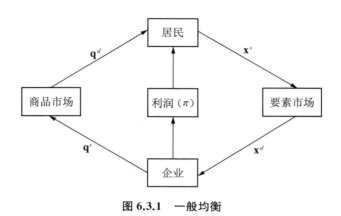

图 6.3.1　一般均衡

先看居民。他们的行为形成了商品需求函数和要素供给函数。居民 j 在商品市场上购买商品,如购买食品;在要素市场上出售生产要素,如向企业提供劳动服务。他的行为是在预算约束下根据商品价格和要素价格来选择商品需求和要素供给量,使自己的效用最大化。他的偏好由他的效用函数 $u_j(\cdots)$ 来代表。他的预算约束和他的要素禀赋相关。设他的要素禀赋为 $\mathbf{e}_j=(e_1,\cdots,e_m)$。一般均衡的存在要求整个经济的要素禀赋必须为正。记要素价格为 $\mathbf{w}=(w_1,\cdots,w_m)$。他从要素禀赋中得到的收入,用向量数量积表示,为 $\mathbf{w}\cdot\mathbf{e}_j$。在上下文清楚的地方,我们会省掉当中的"·",将向量的数量积直接写为 $\mathbf{w}\mathbf{e}_j$。或者,将 $\mathbf{e}_j$ 认作是列向量。

效用函数里的元素包括商品消费和要素支出。居民消费商品后会变得愉快,此行为有正效用。居民从禀赋中支出要素,他付出代价,此行为有负效用。因此,效用函数是 $u_j(\mathbf{q}_j,\mathbf{e}_j-\mathbf{x}_j)$。但是支出要素带来了可购买商品的收入,因此他要权衡。一般均衡的存在要求效用函数是拟凹的(quasi-concave),这样,居民的偏好为凸集(convex set),导出的要素供给和商品需求函数才是连续的。CGE 模型文献中使用的效用函数都符合拟凹条件。

让 Y_j 代表居民 j 的收入。最后居民 j 的行为方式是在预算约束下使效用最大化:

$$\max_{\mathbf{q}_j,\,\mathbf{x}_j} u_j(\mathbf{q}_j,\mathbf{e}_j-\mathbf{x}_j) \qquad \text{s.t. } \mathbf{p}\mathbf{q}_j+\mathbf{w}(\mathbf{e}_j-\mathbf{x}_j)\leqslant Y_j \tag{6.3.1}$$

居民的预算收入为 Y_j,除了他的要素禀赋收入外,他还获得企业利润分配或者其他转移支付。设 π_j^h 为他收到的转移支付,有 $Y_j=\mathbf{w}\mathbf{e}_j+\pi_j^h$。当商品对居民 j 来说是有效用的,即可以让他感到愉快的(而不会成为负效用的东西,如垃圾等),居民会用足他的收入预算。

下面我们举例说明商品、要素支出和禀赋的关系。假如居民的时间禀赋为一天 24 小时,以 $\overline{L}$ = 时间禀赋来表示。要素支出 L^s = 劳动力供给。禀赋减去劳动时间是休闲 l：$l=\overline{L}-L^s$。预算约束规定居民把劳动赚来的钱花在购买商品上,则有

$$\mathbf{pq}_i^d = wL^s = w(\overline{L}-l) \tag{6.3.2}$$

w 为工资。得到

$$\mathbf{pq}_i^d + wl = w\overline{L} \tag{6.3.3}$$

等式(6.3.3)也可以这样理解,居民在其要素禀赋收入 $w\overline{L}$ 下,购买商品 q 和休闲 l。"休闲"也是居民购买的一种商品。

给定效用函数,对上面居民的效用最大化行为求解,可以求得居民对商品的需求函数 $\mathbf{q}_i^d(\mathbf{p})$ 和对要素的供给函数 $\mathbf{x}_i^s(\mathbf{p})$。

例 6.3.1 假设居民的效用函数为 $U=\alpha\ln q+(1-\alpha)\ln l$,要素禀赋为 $\overline{L}$。居民收入包括劳动收入和企业利润的转移支付 π,求该居民的商品需求函数和要素供给函数。

解:先设置下述优化问题,

$$\max_{q,\,l} U = \alpha\ln q + (1-\alpha)\ln l \qquad \text{s.t.}\quad pq+wl=w\overline{L}+\pi \tag{6.3.4}$$

有拉格朗日等式:

$$\max_{q,\,l,\,\lambda} L = \alpha\ln q + (1-\alpha)\ln l - \lambda(pq+wl-w\overline{L}-\pi) \tag{6.3.5}$$

然后求解,则得:

$$q^d = \frac{\alpha}{p}(w\overline{L}+\pi) \tag{6.3.6}$$

$$L^s = \overline{L}-l = \overline{L} - \frac{1-\alpha}{w}(w\overline{L}+\pi) = \alpha\overline{L} - \frac{1-\alpha}{w}\pi \tag{6.3.7}$$

再看企业。由此我们要导出商品供给函数和投入需求函数。企业的行为是在现有技术上实现利润最大化。现有技术在一般均衡理论中由生产集描述。一般均衡存在性理论要求生产集为凸集。为简便和易懂起见,这里不用集合概念,而用生产函数来表示。每个商品由一个生产活动部门来生产。经济学中通常使用的生产函数的投入往往只有要素,如 $q_i=f_i(K,L)$,只有资本 K 和劳动力 L 作为投入。不过,在一般均衡理论及其应用中,生产过程的投入应该包括要素和其他作为中间投入的商品。例如,生产钢铁不但需要劳动力和资本,还需要煤炭、机械设备、钢铁等。一般均衡理论通常用生产集和净产出(netput)来处理这些关系。这里我们用函数形式表达的生产部门 i 的生产函数为:

$$q_i = f_i(g(q_i),\ \mathbf{q}_{-i},\ \mathbf{x}) \tag{6.3.8}$$

其中 q_i 为商品 i 的毛产出量,$\mathbf{x}$ 为生产中的要素投入,$g(q_i)$ 为生产中需要使用的作为中间投入的产品本身,$\mathbf{q}_{-i}$ 为生产中作为中间投入的其他各种商品。

一般均衡的存在要求生产函数是弱凹函数,或者说,是规模报酬不变或者递减的。由此,规模递增的生产函数不符合条件。规模递增导致企业为了利润无限制扩大生产,从而使供求均衡点不存在。

给定生产函数,企业的行为是利润最大化:

$$\max_{\mathbf{q},\ \mathbf{x}} \pi_i = p f_i(g(q_i),\ \mathbf{q}_{-i},\ \mathbf{x}) - p_i g(q_i) - \mathbf{p}_{-i}\mathbf{q}_{-i} - \mathbf{wx} \tag{6.3.9}$$

对上述问题求解,可导出企业对商品 i 的商品供给函数和投入需求函数。

企业把利润分配给居民,设 $\theta_{ji}\pi_i^s =$ 企业 i 分配给居民 j 的利润,显然,对所有居民汇总,有 $\sum\limits_{j}\theta_{ji}=1$。

例 6.3.2 设企业的生产函数为 $y=\sqrt{L}$,求商品供给函数、投入需求函数及实现利润 π^*。

解:我们有

$$\max_{L} \pi = p\sqrt{L} - wL \tag{6.3.10}$$

用微分优化求解得:

$$L^d = \left(\frac{p}{2w}\right)^2 \qquad q^s = \frac{p}{2w} \qquad \pi^* = \frac{p^2}{4w} \tag{6.3.11}$$

一般均衡状态要求所有商品和要素市场同时出清。如果商品都是有效用的,要素是增加产出的,那么,所有商品和要素市场上,供给量和需求量相等,在这个状态下的一组价格和数量向量即是一般均衡。

例 6.3.3 设居民的效用函数和企业的生产函数如例 6.3.1 和例 6.3.2 中所示。假设整个经济只有一个商品 q 和一个要素 L。求解一般均衡的价格 $(p^*,\ w^*)$ 和数量 $(q^*,\ L^*)$。

解:先对商品市场上的供求平衡求解。我们已经求解过商品的供给函数和需求函数。不同的是,现在居民会从企业那里获取利润的转移支付。商品市场出清是 $q^s = q^d$,即:

$$\frac{p}{2w} = \frac{\alpha}{p}(w\bar{L}+\pi) = \frac{\alpha}{p}\left(w\bar{L}+\frac{p^2}{4w}\right) \tag{6.3.12}$$

求解得均衡价格和均衡数量:

$$\frac{p}{w} = \sqrt{\frac{4\alpha\bar{L}}{2-\alpha}} \quad q^* = \frac{1}{2}\sqrt{\frac{4\alpha\bar{L}}{2-\alpha}} \quad L^* = \frac{\alpha\bar{L}}{2-\alpha} \tag{6.3.13}$$

再看要素市场出清 $L^d = L^s$,即:

$$\left(\frac{p}{2w}\right)^2 = \alpha\bar{L} - \frac{1-\alpha}{w}\pi \tag{6.3.14}$$

求解得到同样的均衡价格和数量结果:

$$\frac{p}{w} = \sqrt{\frac{4\alpha\bar{L}}{2-\alpha}} \quad q^* = \frac{1}{2}\sqrt{\frac{4\alpha\bar{L}}{2-\alpha}} \quad L^* = \frac{\alpha\bar{L}}{2-\alpha}$$

要素市场出清求出的结果和我们前面在商品市场的结果一致。当 $\frac{p}{w} = \sqrt{\frac{4\alpha\bar{L}}{2-\alpha}}$ 时,商品市场均衡,要素市场也达到均衡。同时,我们注意到,均衡价格仅仅是 p 和 w 的比例水平,而不是 p 和 w 的绝对水平。这个现象是一般均衡理论中瓦尔拉斯法则导出的结果。

6.4 瓦尔拉斯法则

瓦尔拉斯法则的原意是所有价格乘以超额需求后相加总计等于 0。设商品市场的超额需求为 $\mathbf{z_q(p)} = \mathbf{q}^d - \mathbf{q}^s$,要素市场的超额需求为 $\mathbf{z_x(w)} = \mathbf{x}^d - \mathbf{x}^s$,瓦尔拉斯法则宣称:

$$\mathbf{pz_q} + \mathbf{wz_x} = 0 \tag{6.4.1}$$

或者用函数表达:

$$\sum_i^n p_i(q_i^d - q_i^s) + \sum_k^m w_k(x_k^d - x_k^s) = 0 \tag{6.4.2}$$

瓦尔拉斯法则是出于居民穷尽其预算约束的自然结果。瓦尔拉斯法则是相当广义的。即使经济不在一般均衡状态中,只要居民实施效用最大化和企业实施利润最大化,居民用足预算,瓦尔拉斯法则即成立。

瓦尔拉斯法则的一个重要结论是,由于上述等式(6.4.2)的关系,这个包括商品和要素的经济的总共 $m+n$ 个市场是线性相关的,其中只有 $m+n-1$ 个市场是独立的。也就是说,在 $m+n-1$ 个市场出清时,剩下的一个市场自动出清。从等式(6.4.2)可以看出,假如 $m+n-1$ 个市场出清,即在那些市场上,$p_i(q_i^d - q_i^s) = 0$ 或者 $w_k(x_k^d - x_k^s) = 0$,那么,剩下的一个市场必然出清。譬如剩下的市场是商品市场 j,那么有 $p_j(q_j^d - q_j^s) = 0$。假定该商品是有效用的,有价格 $p_j > 0$,那么,在市场 j 上,$q_j^d - q_j^s = 0$,供求数量必然相等。

如果商品和要素市场等式只有 $m+n-1$ 个独立,而所有内生变量价格 p_i 和 w_j 加起来有 $m+n$ 个,那么变量多了一个,等式数量和内生变量数量不相等。从数学上说,导出的矩阵是奇异的,因而对内生变量不能确定地求解。一个有 $m+n$ 个部门的一般均衡模型,因为只有 $m+n-1$ 个等式线性独立,所以只有 $m+n-1$ 个独立的内生价格变量。对内生变量价格来说,我们只能确定 $m+n-1$ 个商品价格之间的比例,而不能确定各个价格的绝对数值。这从第 6.3 节的例子也可以看到。如果所有商品和要素价格都按同一比例变化,譬如商品价格、工资等这些货币单位变量都翻个倍,这个一般均衡模型中各部门的实际供求数量和均衡状态都仍然维持不变。在数学上,这个方程组对价格是零阶齐次的。如果我们要确定每个商品和要素的数字价格,那就要固定一个变量的数值,这样变量的数量就减少一个。具体方法是,任意选定一个商品作为价格基准(numeraire)商品,把它的价格设定为 1,作为价格基准。以这个价格基准为单位,因为其他商品和要素的价格对它的相对价格是确定的,所以能确定其他商品和要素价格的特定数值。这个价格基准商品可以是劳动,或者某一商品,或者加权的商品价格。

6.5 从一般均衡理论到 CGE 模型

要想把上述一般均衡理论应用到经济问题上做数量模拟,还有不少困难。譬如,供求函数($\mathbf{q}^d$，$\mathbf{q}^s$，$\mathbf{x}^d$，$\mathbf{x}^s$)具体是什么函数？CGE 模型就是要具体应用一般均衡理论。为了可以实际应用，既要在理论上做些必要的假设和简化，又要尽可能保持理论的一般性。CGE 模型的发展过程中，实际是两个方向的互动。一是一般均衡理论的应用，二是局部均衡的投入产出(多部门)模型的提升。后者的提升路线是：数据基础从投入产出表发展为 SAM 表，生产函数改进为更符合实际复杂情况的非线性函数，结合居民需求函数，最后在宏观经济框架下完成一般均衡的闭合。

这里我们描述一个简单 CGE 模型的框架，可以看出这个 CGE 模型基于的理论为一般均衡理论：

首先，从企业利润最大化的行为导出所有部门(i)的商品供给函数和要素(k)的需求函数：

$$q_i^s = q_i^s(p_1, \cdots, p_n, w_1, \cdots, w_m) \qquad i = 1, \cdots, n \tag{6.5.1}$$

$$x_k^d = x_k^d(p_1, \cdots, p_n, w_1, \cdots, w_m) \qquad k = 1, \cdots, m \tag{6.5.2}$$

居民有要素禀赋 e 从中得到收入 Y。为了简便起见，这里整个社会的居民为一个群体，不再细分到个体。因此，Y 实际是全体居民收入。

$$Y = \sum_k^m w_k e_k \tag{6.5.3}$$

从居民效用最大化的行为导出商品需求函数：

$$q_i^d = q_i^d(p_1, \cdots, p_n, Y) \qquad i = 1, \cdots, n \tag{6.5.4}$$

同时也导出要素供给函数。简单起见，这里假设所有要素禀赋都被利用("充分就业")，因此，要素供给等于要素禀赋：

$$x_k^s = e_k^s \qquad k = 1, \cdots, m \tag{6.5.5}$$

商品和要素市场出清的条件为，

$$q_i^s(p_1, \cdots, p_n, w_1, \cdots, w_m) = q_i^d(p_1, \cdots, p_n, Y) \qquad i = 1, \cdots, n \tag{6.5.6}$$

$$x_k^d(p_1, \cdots, p_n, w_1, \cdots, w_m) = x_k^s \qquad k = 1, \cdots, m \tag{6.5.7}$$

以上式(6.5.1)到式(6.5.7)7 个等式组成了这个 CGE 模型。可以看到，它和投入产出模型不一样，它要交代居民从要素得到收入，再在效用最大化下购买商品，造成商品需求的过程。这就完成了经济的闭合条件，也是一般均衡模型的基本和必要前提。CGE 模型要求有闭合，但是可以有基于不同宏观经济理论的闭合，如新古典主义的闭合、凯恩斯闭合、刘易斯闭合等。后面还会讨论闭合问题。

实际运用中，必须把模型中的需求函数和供给函数具体化。企业方面先要确定具体的生产函数，如里昂惕夫或者 CES(constant elasticity of substitution，恒替代弹性)生产函数，然后导出企业方面的投入需求函数和商品供给函数。居民方面要确定具体的效用函数，譬如柯布-道格拉斯函数、CES 函数或斯通-吉尔里(Stone-Geary)效用函数等，然后导出居民的商品需求函数和要素供给函数。这些在以后章节中会逐步介绍。接下来，举个

CGE 模型的具体例子。

6.6　一个最简单的 CGE 模型

我们从一个非常简单的 CGE 模型开始学习。图 6.6.1 是一个最简单的一般均衡经济的流程示意。这个经济只有一个企业、一个居民，没有政府，也没有国外部门。

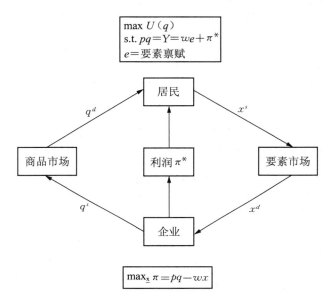

$$\max U(q)$$
$$\text{s.t. } pq = Y = we + \pi^*$$
$$e = \text{要素禀赋}$$

居民

q^d $\qquad$ x^s

商品市场 $\qquad$ 利润 π^* $\qquad$ 要素市场

q^s $\qquad$ x^d

企业

$$\max_{x} \pi = pq - wx$$

图 6.6.1　一个最简单的 CGE 模型

这个经济只有两个商品或者生产部门。生产函数是里昂惕夫生产函数，中间投入和生产要素的投入产出系数是常数。生产要素只有劳动。和投入产出模型的关键不同是，这里我们添加了居民如何从收入形成需求的闭合，从而成为一个完整的 CGE 模型。完成这个闭合需要一个居民的商品需求函数，即从要素禀赋开始，到要素收入，再到对各部门产品的最终需求（使用）。这个闭合在投入产出模型中是没有的。

表 6.6.1 是价值型投入产出表，Q 为商品数量，H 为居民的商品需求量，L 是劳动要素投入，这些都是名义变量（即价值）。

表 6.6.1　投入产出表

	中间使用	中间使用	最终使用	总产出
中间投入	Q_{11}	Q_{12}	H_1	Q_1
中间投入	Q_{21}	Q_{22}	H_2	Q_2
增加值	L_1	L_2	$=$GDP	
总投入	Q_1	Q_2		$=$社会总产出

在表 6.6.1 的基础上制作 SAM 表，我们增加了单元格（居民、要素）的数值，即居民从

供给要素得到的收入,然后形成居民的商品需求,完成了闭合。在 SAM 表上进一步将实际数量(即物量)和价格显示出来,描述如下。其中 q、h、x、e 是产出、消费、劳动、禀赋等变量的不受价格影响的实际数量。w 为要素价格,p 为商品价格。Y 为居民收入金额,是名义数量。

表 6.6.2 描述性 SAM 表

	商品/活动 1	商品/活动 2	要素(劳动)	居 民	汇 总
商品/活动 1	$p_1 q_{11}$	$p_1 q_{12}$		$p_1 h_1$	$p_1 q_1$
商品/活动 2	$p_2 q_{21}$	$p_2 q_{22}$		$p_2 h_2$	$p_2 q_2$
要素(劳动)	$w x_1$	$w x_2$			$w \cdot e$
居 民			$w \cdot e$		Y
汇 总	$p_1 q_1$	$p_2 q_2$	$w \cdot e$	Y	

表 6.6.3 是提供具体数据的 SAM 表。

表 6.6.3 SAM 表

	商品/活动 1	商品/活动 2	要素(劳动)	居 民	汇 总
商品/活动 1	4	3		3	10
商品/活动 2	2	5		6	13
要素(劳动)	4	5			9
居 民			9		9
汇 总	10	13	9	9	

按照以上 SAM 表,设置一个简单的两部门的 CGE 模型来演示。这个 CGE 模型方程的生产函数仍然是里昂惕夫函数,有中间投入部分的投入产出系数 a_{11}、a_{12}、a_{21}、a_{22} 和增加值部分的要素投入产出系数 a_{n1}、a_{n2}。如第 3.4 节讨论的,从里昂惕夫生产函数导出的价格关系是:

$$p_1 = p_1 a_{11} + p_2 a_{21} + w a_{n1} \tag{6.6.1}$$

$$p_2 = p_1 a_{12} + p_2 a_{22} + w a_{n2} \tag{6.6.2}$$

上面的价格关系隐含了商品供给函数。这个生产函数是规模报酬不变的,在满足上面条件的情况下,企业已经利润最大化,愿意在这个条件下供给任意数量的商品 q_1 和 q_2。因此,商品供给量 q_1 和 q_2 并没有在上述方程中显性显示出来。要理解这一点,以商品部门 1 为例,将两边乘以数量 q_1,有

$$p_1 q_1 = p_1 a_{11} q_1 + p_2 a_{21} q_1 + w a_{n1} q_1 \tag{6.6.3}$$

等式的等号左边是企业销售收入,右边是生产成本,利润是:

$$\pi_1 = p_1 q_1 - (p_1 a_{11} q_1 + p_2 a_{21} q_1 + w a_{n1} q_1) = (p_1 - p_1 a_{11} - p_2 a_{21} - w a_{n1}) q_1 \tag{6.6.4}$$

设上面方程里最后一个括号项为:

$$v_1 = p_1 - p_1 a_{11} - p_2 a_{21} - w a_{n1} \qquad (6.6.5)$$

从式(6.6.4)可以看出,企业追求利润最大化的结果分别为:如果 $v_1 > 0$,产量 q 越多利润越大,供给量 q^* 趋向无穷大,那么一般均衡点不存在。如果 $v_1 < 0$,只要生产就会亏本,那么企业会停止生产,$q^* = 0$,无法得到产量 q 为正的均衡点。如果 $v_1 = 0$,经济利润是零,企业不赚也不亏,收支平衡,那么供给量 q^* 为任意非负数,$q^* = [0, \infty)$。只要有需求,企业就愿意生产,整个经济就可能存在均衡点。因此,式(6.6.1)和式(6.6.2)在这里的角色实际上是里昂惕夫生产技术的商品供给函数,虽然在投入产出模型和 CGE 模型文献中常被称为价格方程或者价格关系。

从上述里昂惕夫生产函数导出的投入需求是:

$$a_{n1} q_1 = x_1 \qquad (6.6.6)$$

$$a_{n2} q_2 = x_2 \qquad (6.6.7)$$

居民的劳动力禀赋为 e,要素总供给也为 e。居民收入包括从提供要素得到的收入和作为企业股东得到的利润:

$$Y = we + \pi \qquad (6.6.8)$$

但是由于生产函数规模报酬不变,利润 $\pi = 0$,上述等式简化为:

$$Y = we \qquad (6.6.8')$$

居民的效用函数为柯布-道格拉斯函数,如例 6.3.1 及本章附录所示,用 h_i 来表示居民对商品 i 的需求,从该效用函数导出的商品消费需求函数为:

$$p_1 h_1 = \alpha Y \qquad (6.6.9)$$

$$p_2 h_2 = (1 - \alpha) Y \qquad (6.6.10)$$

商品市场出清的条件是中间投入+消费需求=产出量:

$$a_{11} q_1 + a_{12} q_2 + h_1 = q_1 \qquad (6.6.11)$$

$$a_{21} q_1 + a_{22} q_2 + h_2 = q_2 \qquad (6.6.12)$$

要素市场出清条件是:

$$x_1 + x_2 = e \qquad (6.6.13)$$

整理后将该 CGE 模型重复如下:

$$p_1 = p_1 a_{11} + p_2 a_{21} + w a_{n1}$$

$$p_2 = p_1 a_{12} + p_2 a_{22} + w a_{n2}$$

$$a_{n1} q_1 = x_1$$

$$a_{n2} q_2 = x_2$$

$$Y = w \cdot e$$

$$p_1 h_1 = \alpha Y$$

$$p_2 h_2 = (1-\alpha)Y$$

$$a_{11}q_1 + a_{12}q_2 + h_1 = q_1$$

$$a_{21}q_1 + a_{22}q_2 + h_2 = q_2$$

$$x_1 + x_2 = e$$

该 CGE 模型包括上述 10 个等式,以及 10 个内生变量(q_1, q_2, h_1, h_2, x_1, x_2, Y, p_1, p_2, w)。外生变量为劳动禀赋 e。参数为:a_{11}, a_{12}, a_{21}, a_{22}, a_{n1}, a_{n2}, α。这个模型虽然简单,但是已经超出了投入产出模型的框架,成为一个 CGE 模型。这是因为这个模型已经包含了下面的宏观闭合。居民从要素投入获取货币收入,而这个要素投入又等于居民在要素市场上的要素供给。

$$w(a_{n1}q_1 + a_{n2}q_2) = Y = we \tag{6.6.14}$$

给定货币收入和商品价格,居民效用最大化形成的对商品的消费需求是:

$$p_1 h_1 = \alpha Y \tag{6.6.15}$$

$$p_2 h_2 = (1-\alpha)Y \tag{6.6.16}$$

上面完成了要素供给—收入—商品需求这个环节。最后有商品和要素市场同时出清:

$$a_{11}q_1 + a_{12}q_2 + h_1 = q_1 \quad a_{21}q_1 + a_{22}q_2 + h_2 = q_2 \quad x_1 + x_2 = e \tag{6.6.17}$$

这是一个完整的 CGE 模型,具有一个完整的如图 6.3.1 所表现的在要素和商品市场上由供需双方在特定价格上达到供需平衡的结构。和投入产出模型不同,它有商品的需求函数,提供了从要素供给到收入再到需求的关键环节,完成了闭合,完成了 CGE 模型所要求的全局经济的结构。瓦尔拉斯法则也在起作用。这个模型中有 2 个商品和 1 个要素,总共 3 个市场。如果其中任何 2 个市场(3−1=2)出清,剩下的 1 个市场自动出清。

下面是相应的 GAMS 程序。读者可以对照上面的数学等式,参看程序中的解释说明,理解 CGE 模型对应的 GAMS 程序是如何编写的。

例 6.6.1 用表 6.6.3 的数据,将上述 CGE 模型写成 GAMS 程序。检查打印结果是否成功复制原 SAM 表。然后,模拟要素禀赋 e 增加 10% 后,各变量的相应变化。

```
$title  例 6.6.1  一个最简单的 CGE 模型

*定义集合,ac 意为账户,i 集合为商品,x 集合为要素
set ac   /sec1, sec2, lab, hh, total/
    i(ac)  /sec1, sec2/
;
```

*给 i 取别名
```
alias(ac, acp), (i, j);
```

*读取 SAM 表的数值
```
table sam(ac, acp)
         sec1    sec2    lab    hh     total
sec1      4       3              3       10
sec2      2       5              6       13
lab       4       5                       9
hh                        9               9
total    10      13       9      9
;
```

*定义参数
```
parameters
a(i, j)          中间投入的投入产出系数(直接消耗系数)
ax(i)            要素投入产出系数
q0(i)            商品 i 的初始总量
p0(i)            商品 i 的初始价格
x0(i)            劳动初始需求
xe0              劳动要素禀赋和供给
w0               劳动初始价格
Y0               居民初始收入金额
h0(i)            居民对商品 i 的初始数量需求
alpha(i)         居民收入中使用在商品 i 的份额,即式(6.6.9)里的 alpha
;
```

*下面是参数(包括外生变量)赋值或校调估值
*注意从 SAM 表数值获取实际数量时,要除以价格
```
p0(i)=1;
w0=1;
q0(i)=sam('total', i)/p0(i);
x0(i)=sam('lab', i)/w0;
xe0=sam('lab', 'total')/w0;
Y0=w0*xe0;
h0(i)=SAM(i, 'hh')/p0(i);
```

*校调估算投入产出系数

```
a(i, j)=(sam(i, j)/p0(i))/(sam('total', j)/p0(j));
ax(j)=(sam('lab', j)/w0)/(sam('total', j)/p0(j));
```

*校调从柯布-道格拉斯效用函数导出的在商品 i 上的消费需求份额
```
alpha(i)=p0(i)*h0(i)/Y0;
```

*展示参数的值和校调值,检验是否正确
```
display   a, ax, q0, x0, xe0, Y0, h0;
```

*定义变量
```
variable
p(i), q(i), x(i), h(i), Y, w;
```

*定义等式
```
equation
Priceeq(i)        价格函数,其功能为商品供给函数
factoreq(i)       投入需求
IncomeYeq         收入形成等式
Hdemand(i)        居民商品需求
Qmarket(i)        商品市场出清
Xmarket           要素市场出清;
```

*下面等式里 sum 的功能等于数学上 sigma 的相加。该等式对应本书中式(6.6.1)和式(6.6.2)。
```
Priceeq(i)..
p(i)=e=sum(j, p(j)*a(j, i))+ w*ax(i);

Factoreq(i)..
ax(i)*q(i)=e=x(i);

IncomeYeq..
Y=e=w*xe0;

Hdemand(i)..
p(i)*h(i)=e=alpha(i)*Y;

Qmarket(i)..
sum(j, a(i, j)*q(j))+ h(i)=e=q(i);
```

```
Xmarket..
sum(i, x(i))=e=xe0;

*为变量赋予初始值
p.L(i)=p0(i);
q.L(i)=q0(i);
x.L(i)=x0(i);
h.L(i)=h0(i);
Y.L=Y0;
w.L=w0;

*执行优化程序
model cge   /all/;
solve cge using mcp;
```

*设置模型程序结束。检查这部分的有关变量数值的打印结果,可看到成功复制原 SAM 表。

*下面是模拟劳动禀赋增加 **10%** 的程序。
*给 xe0 重新赋值。如果一个参数在后面被重新赋值,那么 GAMS 程序会自动将前面 xe0 的数值覆盖,而用新的赋值来替代。

```
xe0=1.1*sam('lab', 'total')/w0;

*执行优化程序
model simulation   /all/;
solve simulation using mcp;
```

*end 程序结束

6.7　一般均衡点的存在条件

　　本章开头提到,了解一般均衡点存在条件的基本理论对于独立设计 CGE 模型很重要,不过我们不需要钻研其中的纯理论细节。CGE 模型假设被平衡的 SAM 表是经济的初始时期的一般均衡状态。因此,这个模型在初始阶段已经有一般均衡点存在。接下来的问题是,这个经济经历政策变化或环境变化等外部冲击后,是否还有新的一般均衡点? 也就是,CGE 模型的模拟研究需要确保在遭受外部冲击后模型能收敛到新的一般均衡状态。

　　阿罗-德布鲁理论表明,如果生产集和消费集是凸集,则派生的市场上的供给函数和需求函数是连续的。因此,在通常范围域内,一般均衡点存在。如果模拟情况下的外部冲击不改变上面这些属性,则新的一般均衡点必然存在。根据这一理论,我们在建模中选择相应的生产函数和效用函数以保证均衡点存在。一般的做法是,模型中的生产函数是凸函数,效用函数是拟凹函数。本书后面章节将就不同函数及其属性进行讨论。所有这些CGE建模中常用的CES函数、LES(linear expenditure system,线性支出系统)函数等,都具有阿罗-德布鲁理论要求的属性。这就保证了模型在模拟外界冲击后仍然可以达到新的均衡点。

练　　习

1. 假设某个简单经济只有一个商品 q 和一个要素 L。该国的居民效用函数为 $U=q^\alpha l^{1-\alpha}$,l 为休闲,居民的劳动力要素禀赋为 1。企业的生产函数为 $q=cL$,c 为常数,L 为劳动投入。求解一般均衡的价格 (p^*,w^*) 和分配 (y^*,L^*)。
2. 参考一般的高级微观经济学教材,证明瓦尔拉斯法则。

附录　微观经济学复习(2)

6.A.1　从柯布-道格拉斯函数求商品需求函数

如果效用函数为柯布-道格拉斯函数:

$$u=Aq_1^\alpha q_2^{1-\alpha} \tag{6.A.1.1}$$

其中 u 为效用,q_1 和 q_2 为消费商品 1 和消费商品 2。

消费者在预算约束条件下对效用最大化:

$$\max u=Aq_1^\alpha q_2^{1-\alpha} \tag{6.A.1.2}$$

$$\text{s.t. } p_1q_1+p_2q_2=Y$$

用下面的拉格朗日乘数等式,选择变量 q_1、q_2 和 λ,使 L 最优:

$$\max_{q_1,q_1,\lambda} L=Aq_1^\alpha q_2^{1-\alpha}-\lambda(p_1q_1+p_2q_2-Y) \tag{6.A.1.3}$$

得到需求函数 $q=q^d(\mathbf{p},Y)$:

$$q_1=\alpha\frac{Y}{p_1} \tag{6.A.1.4}$$

$$q_2=(1-\alpha)\frac{Y}{p_2} \tag{6.A.1.5}$$

可以看到,在每个商品上的消费金额 p_iq_i 占收入 Y 的比例是固定的:

$$p_1q_1=\alpha Y \tag{6.A.1.6}$$

$$p_2q_2=(1-\alpha)Y \tag{6.A.1.7}$$

6.A.2 单调函数和单调变换

如果 $g(y)$ 的导数在相关区间大于 0，即 $g'(y)>0$，那它是个单调递增函数。效用函数 $u(\mathbf{x})$ 被单调变换为新形式 $v(\mathbf{x})$：

$$v(\mathbf{x})=g[u(\mathbf{x})] \tag{6.A.2.1}$$

单调变换后的效用函数 $v(\mathbf{x})$ 保留了 $u(\mathbf{x})$ 的偏好次序，形象地说就是维持了原来的无差异曲线形状，因此不改变最佳消费选择。从 $v(\mathbf{x})$ 导出的需求函数与从 $u(\mathbf{x})$ 导出的需求函数完全相同。

经济学中常用对数函数 $g(y)=\log(y)$ 对原始的效用函数做单调变换，以便简化计算。譬如，对柯布-道格拉斯效用函数做如此单调变换：

$$
\begin{aligned}
v &= \log(A q_1^\alpha q_2^{1-\alpha}) - \log A \\
&= \alpha \log q_1 + (1-\alpha) \log q_2
\end{aligned}
\tag{6.A.2.2}
$$

用上面形式做各种计算和推导比较便利，而导出的需求函数与式（6.A.1.4）和式（6.A.1.5）是一样的。

▶ 7

生产函数、企业的供给和需求

本章和下一章深入讨论 CGE 模型中生产区块的方程设置，也就是，企业的商品供给函数和投入需求函数是怎样形成的。在上一章的 CGE 模型里，企业的生产函数是里昂惕夫函数，因此产量、中间投入量和要素投入量之间的比例固定不变，无论它们之间的相对价格如何变化。而在现实经济中，相对价格变化常常会影响投入组成变化。譬如，劳动工资相对资本设备的价格增加了，企业会减少人工投入而转向资本密集型技术。用里昂惕夫生产函数的 CGE 模型由于固定比例投入的设置，没有办法描述和分析这种情况。为了研究投入组成应对价格变化的情况，必须引进非线性的生产函数。

7.1 CES 生产函数及其属性

CES 生产函数是 CGE 模型中用得最频繁的非线性函数。在 CGE 模型中，生产函数、效用函数，以及描述生产可能性边界的 CET（constant elasticity of transformation，恒变换弹性）函数，都常常是 CES 函数或者它的变体。它是 CGE 模型中一个最基本的函数形式。因此，懂得 CES 函数的各种特征和掌握从 CES 优化条件导出的各种方程形式十分重要。

在 CGE 模型中，大部分 CES 生产函数只包括两个投入，如果有更多投入的话，一般用"嵌套"的办法解决，其原因和原理下一章讨论。

CES 生产函数的标准格式是：

$$q = f(x_1, x_2) = A(\delta_1 x_1^\rho + \delta_2 x_2^\rho)^{1/\rho} \tag{7.1.1}$$

其中，q 是产出，x_1 和 x_2 为投入。q 的产出靠这两个投入。参数 A 为规模因素，也被解释为效率或全要素生产率（total factor productivity，TFP）。指数 ρ 和替代弹性有关。

参数 δ_1 和 δ_2 在产出中与投入 x_1 和 x_2 分别贡献的"份额"密切相关。因为所有贡献份额相加等于 1，所以 $\delta_1 + \delta_2 = 1$。在 CGE 模型中生产函数常直接写为：

$$q = f(x_1, x_2) = A[\delta_1 x_1^\rho + (1-\delta_1) x_2^\rho]^{1/\rho} \tag{7.1.2}$$

CES 函数最重要特性是它的替代弹性 ε。ε 在 CES 函数中是个常数，不同的替代弹性代表两种投入之间的不同关系,从互补品到替代品。当 ε 等于 1 时,CES 函数则变为大家熟悉的柯布-道格拉斯函数。

CES 函数的这一特性可以用经济学中的等量线-等成本线图来说明。等量线是在给定产量 q 下两个投入的所有可能组合点形成的曲线(见图 7.1.1)。它的斜率的绝对值称为技术替代率(technical rate of substitution,TRS)。(为了简便起见,后面谈到等量线和等量线的斜率时,我们省略"绝对值"一词)。CES 函数的技术替代率为:

$$
\begin{aligned}
TRS &= -\frac{\mathrm{d}x_2}{\mathrm{d}x_1}\bigg|_{y=y_0} = \frac{\partial f/\partial x_1}{\partial f/\partial x_2} = \frac{A\frac{1}{\rho}(\delta_1 x_1^\rho + \delta_2 x_2^\rho)^{\frac{1}{\rho}-1} \cdot \delta_1 \cdot \rho x_1^{\rho-1}}{A\frac{1}{\rho}(\delta_1 x_1^\rho + \delta_2 x_2^\rho)^{\frac{1}{\rho}-1} \cdot \delta_2 \cdot \rho x_2^{\rho-1}} \\
&= \frac{\delta_1}{\delta_2}\left(\frac{x_1}{x_2}\right)^{\rho-1} \\
&= \frac{\delta_1}{\delta_2}\left(\frac{x_2}{x_1}\right)^{1-\rho}
\end{aligned}
\tag{7.1.3}
$$

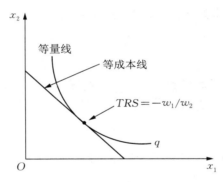

图 7.1.1 等量线-等成本线图

等成本线的方程是 $c = w_1 x_1 + w_2 x_2$。w_1 和 w_2 为投入的价格。等成本线的斜率是 w_1/w_2。如图 7.1.1 所示,最佳的投入使用组合是在等成本线与等量线相切点。也就是说,在成本最小化条件得到满足的情况下,等量线的斜率等于等成本线的斜率:

$$
\frac{w_1}{w_2} = TRS = -\frac{\mathrm{d}x_2}{\mathrm{d}x_1} = \frac{\delta_1}{\delta_2}\left(\frac{x_2}{x_1}\right)^{1-\rho}
\tag{7.1.4}
$$

替代弹性 ε 描述了等量线的曲率特征。它的定义是,当技术替代率(也就是投入的相对价格 w_1/w_2,即等成本线的斜率)增加一个百分点时,维持同样生产量的投入组成 x_2/x_1 的比例将增加 ε 百分点。它的数学表述如下:

$$
\varepsilon \equiv \frac{\dfrac{\mathrm{d}(x_2/x_1)}{x_2/x_1}}{\dfrac{\mathrm{d}(TRS)}{TRS}} = \frac{\mathrm{d}\ln\left(\dfrac{x_2}{x_1}\right)}{\mathrm{d}\ln(TRS)} = \frac{\dfrac{\mathrm{d}(x_2/x_1)}{x_2/x_1}}{\dfrac{\mathrm{d}(w_1/w_2)}{w_1/w_2}}
\tag{7.1.5}
$$

CES 函数的替代弹性 ε 是一个常数。证明如下:对一阶条件方程 $TRS = \frac{\delta_1}{\delta_2}\left(\frac{x_2}{x_1}\right)^{1-\rho}$ 两

边取自然对数,再微分,有

$$\ln TRS = \ln \frac{\delta_1}{\delta_2} + (1-\rho)\ln\left(\frac{x_2}{x_1}\right) \tag{7.1.6}$$

$$\mathrm{d}\ln TRS = (1-\rho)\mathrm{d}\ln\left(\frac{x_2}{x_1}\right) \tag{7.1.7}$$

对数的导数是变化率,反之亦然。即,令 v 为变量,$\mathrm{d}\ln(v) = \dfrac{\mathrm{d}v}{v} \equiv v$ 的变化率。因此,CES 函数的替代弹性是:

$$\varepsilon = \frac{\dfrac{\mathrm{d}(x_2/x_1)}{x_2/x_1}}{\dfrac{\mathrm{d}(w_1/w_2)}{w_1/w_2}} = \frac{\mathrm{d}\ln\left(\dfrac{x_2}{x_1}\right)}{\mathrm{d}\ln TRS} = \frac{\mathrm{d}\ln\left(\dfrac{x_2}{x_1}\right)}{(1-\rho)\mathrm{d}\ln\left(\dfrac{x_2}{x_1}\right)} = \frac{1}{1-\rho} \tag{7.1.8}$$

在 CGE 建模实践中,遇到的情况经常相反。先是从外界得到替代弹性 ε 的数值,然后需要校调估算 CES 函数的指数值 ρ。于是用这个公式:

$$\rho = 1 - \frac{1}{\varepsilon} \tag{7.1.9}$$

在不同的指数值 ρ 下,CES 函数会发生什么情况?参见图 7.1.2。

(1) 如果 $\rho=1$,替代弹性无穷大,各投入之间的关系为完全替代,生产函数演变为线性函数:

$$f(x_1,\ x_2) = (\delta_1 x_1^\rho + \delta_2 x_2^\rho)^{\frac{1}{\rho}} = \delta_1 x_1 + \delta_2 x_2 \tag{7.1.10}$$

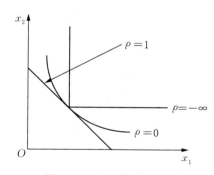

图 7.1.2　ρ 和等量线形状

(2) 如果 $\rho = -\infty$,替代弹性无穷小,各投入之间的关系为完全互补。生产函数演变为里昂惕夫函数:

$$f(x_1,\ x_2) = (\delta_1 x_1^\rho + \delta_2 x_2^\rho)^{\frac{1}{\rho}} = \min\{x_1,\ x_2\} \tag{7.1.11}$$

最简单的证明方法是从等量线的斜率来看。如果 $\rho = -\infty$,等量线斜率的绝对值是:

$$TRS = -\frac{\mathrm{d}x_2}{\mathrm{d}x_1} = \frac{\delta_1}{\delta_2}\left(\frac{x_2}{x_1}\right)^{1-\rho} = \frac{\delta_1}{\delta_2}\left(\frac{x_2}{x_1}\right)^{\infty} \tag{7.1.12}$$

可见,如果 $x_2 > x_1$,技术替代率趋向无穷大,等量线为垂直;如果 $x_1 > x_2$,技术替代率趋向 0,等量线为水平。等量线为一直角形状,即里昂惕夫技术等量线。

（3）如果 $\rho = 0$,生产函数演变为柯布-道格拉斯函数:

$$f(x_1,\ x_2) = (\delta_1 x_1^\rho + \delta_2 x_2^\rho)^{\frac{1}{\rho}} = A x_1^{\delta_1} x_2^{\delta_2} \tag{7.1.13}$$

最简单的证明方法如下。假如 $\rho = 0$,上述 CES 函数的技术替代率是:

$$TRS = -\frac{\mathrm{d}x_2}{\mathrm{d}x_1} = \frac{\delta_1}{\delta_2}\left(\frac{x_2}{x_1}\right)^{1-\rho} = \frac{\delta_1}{\delta_2}\frac{x_2}{x_1} \tag{7.1.14}$$

这和柯布-道格拉斯生产函数的技术替代率是一样的,也可以用其他方法证明。[1]

总结如下:假如 $-\infty < \rho < 0$,要素投入之间的关系在经济学上被定义为补充。假如 $0 < \rho < 1$,要素投入之间的关系为替代。假如 ρ 等于 0,以上两种情况都不是。

读者可能会问,高级微观经济学中,里昂惕夫生产函数通常写成 $q = \min\{\alpha_1 x_1, \alpha_2 x_2\}$,有 α_1 和 α_2 两个参数,如投入产出模型中所示。相应地,CES 函数可以更广义地写成:

$$q = f(x_1,\ x_2) = A[\delta_1(\alpha_1 x_1)^\rho + \delta_2(\alpha_2 x_2)^\rho]^{\frac{1}{\rho}} \tag{7.1.15}$$

但是,这里为什么 α_1 和 α_2 的参数都省略掉了呢? 在 CGE 模型中,一般做法是将 x_1 和 x_2 的单位进行调整,从而 α_1 和 α_2 两个参数的单位标准化到 1,简化了函数表达形式和参数估算工作。这对一般的政策模拟应用来讲已经足够。

假如要得到规模报酬递减的 CES 函数,可以用单调变换的方法,如

$$q = g[f(x_1,\ x_2)] \tag{7.1.16}$$

其中,函数 f 为 CES 函数,g 为单调严格凹函数,如 $g[\cdots] = [\cdots]^{2/3}$。

7.2　推导投入需求函数和成本函数

从微观经济学知道,企业遵循优化使用投入使成本 c 最小化的原则。给定产出量 q,企业的行为表现为:

$$\begin{aligned}&\min c = w_1 x_1 + w_2 x_2 \\ &\text{s.t.}\quad f(x_1,\ x_2) = A(\delta_1 x_1^\rho + \delta_2 x_2^\rho)^{\frac{1}{\rho}} = q\end{aligned} \tag{7.2.1}$$

具体用多少投入最经济? 用拉格朗日乘数等式解:

$$\min_{x_1,\ x_2,\ \lambda} L = w_1 x_1 + w_2 x_2 - \lambda\left[A(\delta_1 x_1^\rho + \delta_2 x_2^\rho)^{\frac{1}{\rho}} - q\right] \tag{7.2.2}$$

---

[1]　例如,参见 Varian, Hal, 1992, *Microeconomic Analysis*, New York: W.W.Norton & Company; Mas-Colell, Andreu, Michael D.Whinston and Jerry R. Green, 1995, *Microeconomic Theory*, New York: Oxford University Press。

对相应变量微分,有一阶条件:

$$\partial L/\partial x_1 = w_1 - \lambda A \frac{1}{\rho}(\delta_1 x_1^\rho + \delta_2 x_2^\rho)^{\frac{1}{\rho}-1} \cdot \delta_1 \cdot \rho x_1^{\rho-1} = 0 \qquad (7.2.3)$$

$$\partial L/\partial x_2 = w_2 - \lambda A \frac{1}{\rho}(\delta_1 x_1^\rho + \delta_2 x_2^\rho)^{\frac{1}{\rho}-1} \cdot \delta_2 \cdot \rho x_2^{\rho-1} = 0 \qquad (7.2.4)$$

$$A(\delta_1 x_1^\rho + \delta_2 x_2^\rho)^{\frac{1}{\rho}} - q = 0 \qquad (7.2.5)$$

合并一阶条件方程(7.2.3)和方程(7.2.4),有

$$\frac{w_1}{w_2} = \frac{A\frac{1}{\rho}(\cdots)^{\frac{1}{\rho}-1} \cdot \delta_1 \cdot \rho x_1^{\rho-1}}{A\frac{1}{\rho}(\cdots)^{\frac{1}{\rho}-1} \cdot \delta_2 \cdot \rho x_2^{\rho-1}} = \frac{\delta_1}{\delta_2}\left(\frac{x_1}{x_2}\right)^{\rho-1} = \frac{\delta_1}{\delta_2}\left(\frac{x_2}{x_1}\right)^{1-\rho} \qquad (7.2.6)$$

由于 $\delta_1 + \delta_2 = 1$,式(7.2.6)也可写为:

$$\frac{w_1}{w_2} = \frac{\delta_1}{(1-\delta_1)}\left(\frac{x_2}{x_1}\right)^{1-\rho} = \frac{\delta_1}{(1-\delta_1)}\left(\frac{x_1}{x_2}\right)^{\rho-1} \qquad (7.2.7)$$

这是成本最小化的优化条件。$\frac{\delta_1}{\delta_2}\left(\frac{x_2}{x_1}\right)^{1-\rho}$ 为等量线的斜率,即技术替代率。将一阶条件方程(7.2.7)和生产函数(7.2.5)结合,就明确了在给定 q 下的最佳投入组合,由此导出下列函数:

(1) 条件投入需求函数。它的一般表达方式为 $x_i^c(\mathbf{w}, q)$。在 CGE 两要素投入函数中,为 $x_i^c(w_1, w_2, q)$。

(2) 成本函数。它的一般表达方式为 $c(\mathbf{w}, q)$。在 CGE 两要素投入函数中,为 $c(w_1, w_2, q) = w_1 x_1^c + w_2 x_2^c$。

例 7.2.1 从 CES 函数求得条件投入需求函数和成本函数。

解:将一阶条件方程(7.2.7)和生产函数(7.1.1)结合,有联立方程

$$\begin{cases} \dfrac{w_1}{w_2} = \dfrac{\delta_1}{\delta_2}\left(\dfrac{x_2}{x_1}\right)^{1-\rho} = \dfrac{\delta_1}{\delta_2}\left(\dfrac{x_1}{x_2}\right)^{\rho-1} \\ q = A(\delta_1 x_1^\rho + \delta_2 x_2^\rho)^{\frac{1}{\rho}} \end{cases} \qquad (7.2.8)$$

将方程(7.2.7)重组,有

$$x_2 = \left(\frac{w_1}{w_2} \cdot \frac{\delta_2}{\delta_1}\right)^{\frac{1}{1-\rho}} x_1 \qquad (7.2.9)$$

代入生产函数,有

$$q = A\left[\delta_1 x_1^\rho + \delta_2 \left(\frac{w_1}{w_2} \cdot \frac{\delta_2}{\delta_1}\right)^{\frac{\rho}{1-\rho}} x_1^\rho\right]^{\frac{1}{\rho}} = x_1 A\left[\delta_1 + \delta_2 \left(\frac{w_1}{w_2} \cdot \frac{\delta_2}{\delta_1}\right)^{\frac{\rho}{1-\rho}}\right]^{\frac{1}{\rho}} \qquad (7.2.10)$$

得到条件投入需求函数:

$$x_1^c = \frac{1}{A}\left[\delta_1 + \delta_2 \left(\frac{w_1}{w_2} \cdot \frac{\delta_2}{\delta_1}\right)^{\frac{\rho}{1-\rho}}\right]^{-\frac{1}{\rho}} \cdot q \qquad (7.2.11)$$

上面的条件投入需求函数在文献中也常被表达为：

$$x_1^c = \frac{1}{A}\left(\frac{\delta_1}{w_1}\right)^{\frac{1}{1-\rho}}(\delta_1^{\frac{1}{1-\rho}} w_1^{\frac{-\rho}{1-\rho}} + \delta_2^{\frac{1}{1-\rho}} w_2^{\frac{-\rho}{1-\rho}})^{-\frac{1}{\rho}} \cdot q \qquad (7.2.12)$$

更简洁些，用替代弹性率 $\varepsilon = \frac{1}{1-\rho}$ 来表达，有

$$x_1^c = \frac{1}{A}\left(\frac{\delta_1}{w_1}\right)^{\varepsilon}(\delta_1^{\varepsilon} w_1^{1-\varepsilon} + \delta_2^{\varepsilon} w_2^{1-\varepsilon})^{\frac{\varepsilon}{1-\varepsilon}} \cdot q \qquad (7.2.13)$$

注意这个条件投入需求函数的一些属性。首先，投入价格 w 变化会引起投入需求 x_1^c 的变化，这和里昂惕夫函数的情况不同。其次，产量 q 在等式右边是显性独立的，x_1^c 和 q 成正比，即条件投入需求函数 x_1^c 对产量 q 是线性齐次的。这为 CGE 建模和计算提供了很多便利。齐次函数的定义和线性齐次函数的重要性质见本章附录。

举例来看这个函数形式的一些便利。当 $q=1$ 时是什么含义？可以看出，

$$x_1^c(w_1, w_2, q=1) = \frac{1}{A}\left(\frac{\delta_1}{w_1}\right)^{\varepsilon}(\delta_1^{\varepsilon} w_1^{1-\varepsilon} + \delta_2^{\varepsilon} w_2^{1-\varepsilon})^{\frac{\varepsilon}{1-\varepsilon}} \qquad (7.2.14)$$

它就是投入产出系数 $a_{1j}(w_1, w_2)$，即生产一个单位 q_j 时，要消耗多少投入 x_1。和里昂惕夫模型不同的是，这里的 $a_{1j}(w_1, w_2)$ 不是固定常数，而受投入价格 w 的影响。

同理，求出在产量 q 下 x_2 的条件投入需求函数：

$$\begin{aligned}
x_2^c &= \frac{1}{A}\left(\frac{\delta_2}{w_2}\right)^{\frac{1}{1-\rho}}(\delta_1^{\frac{1}{1-\rho}} w_1^{\frac{-\rho}{1-\rho}} + \delta_2^{\frac{1}{1-\rho}} w_2^{\frac{-\rho}{1-\rho}})^{-\frac{1}{\rho}} \cdot q \\
&= \frac{1}{A}\left(\frac{\delta_2}{w_2}\right)^{\varepsilon}[\delta_1^{\varepsilon} w_1^{1-\varepsilon} + \delta_2^{\varepsilon} w_2^{1-\varepsilon}]^{\frac{\varepsilon}{1-\varepsilon}} \cdot q \qquad (7.2.15)
\end{aligned}$$

下一步，用条件投入需求函数求出成本函数：

$$\begin{aligned}
c(w_1, w_2, q) &= w_1 x_1^c(w_1, w_2, q) + w_2 x_2^c(w_1, w_2, q) \\
&= w_1 \frac{1}{A}\left(\frac{\delta_1}{w_1}\right)^{\varepsilon}(\delta_1^{\varepsilon} w_1^{1-\varepsilon} + \delta_2^{\varepsilon} w_2^{1-\varepsilon})^{\frac{\varepsilon}{1-\varepsilon}} \cdot q \\
&\quad + w_2 \frac{1}{A}\left(\frac{\delta_2}{w_2}\right)^{\varepsilon}(\delta_1^{\varepsilon} w_1^{1-\varepsilon} + \delta_2^{\varepsilon} w_2^{1-\varepsilon})^{\frac{\varepsilon}{1-\varepsilon}} \cdot q \\
&= \frac{1}{A}(\delta_1^{\varepsilon} w_1^{1-\varepsilon} + \delta_2^{\varepsilon} w_2^{1-\varepsilon})(\delta_1^{\varepsilon} w_1^{1-\varepsilon} + \delta_2^{\varepsilon} w_2^{1-\varepsilon})^{\frac{\varepsilon}{1-\varepsilon}} \cdot q \\
&= \frac{1}{A}(\delta_1^{\varepsilon} w_1^{1-\varepsilon} + \delta_2^{\varepsilon} w_2^{1-\varepsilon})^{\frac{1}{1-\varepsilon}} \cdot q \qquad (7.2.16)
\end{aligned}$$

其中，单位 q 的成本函数是：

$$c(w_1, w_2, 1) = \frac{1}{A}[\delta_1^{\varepsilon} w_1^{1-\varepsilon} + \delta_2^{\varepsilon} w_2^{1-\varepsilon}]^{\frac{1}{1-\varepsilon}} \qquad (7.2.17)$$

在一般均衡模型中的市场出清方程 $x^s(p, \mathbf{w}) = x^d(p, \mathbf{w})$ 的投入需求函数是普通投

入需求函数,而不是上述条件投入需求函数。普通投入需求函数是产出价格和投入价格的函数 $x^d(p, \mathbf{w})$,而条件投入需求是产出数量和投入价格的函数 $x^c(q, \mathbf{w})$。我们可以通过将条件投入需求函数中的 q 替换为商品供给函数中的 $q^s(p, \mathbf{w})$,得到普通投入需求函数:

$$x^d(p, \mathbf{w}) = x^c(q^s(p, \mathbf{w}), \mathbf{w}) \tag{7.2.18}$$

以下两节讨论 CGE 模型中的引导出商品供给函数和普通投入需求函数的方程设置。

7.3 CGE 模型中的商品供给函数

第 6 章的一般均衡理论框架里有商品供给函数 $q_i^s = q_i^s(p_1, \cdots, p_n, w_1, \cdots, w_m)$,企业供给量为商品和投入价格的函数。在经济学理论上,这是标准的商品供给函数表达形式。而在大部分 CGE 模型文献的表述中,很少看到这样直接显性表达形式的供给函数。这是因为,如第 6.6 节提起过的,CGE 模型中的生产函数多是规模报酬不变的,因此,CGE 模型中的价格函数可以起到商品供给函数的功能。不过,单单价格函数是不够的。本章后面将具体说明。

如果生产函数是规模报酬递减的,商品供给函数可以有上面的显性标准样式。下面举例。

例 7.3.1 假如生产函数为柯布-道格拉斯函数 $q = x_1^{1/3} x_2^{1/2}$,商品价格为 p,投入价格为 w_1 和 w_2。求条件投入需求函数、成本函数及商品供给函数。

解:用上一节同样的方法,建立在给定产量 q 下面的成本最小化问题,求解,得到条件投入需求函数,有

$$x_1^c = (2/3)^{3/5} w_1^{-3/5} w_2^{3/5} q^{6/5} \qquad x_2^c = (3/2)^{2/5} w_1^{2/5} w_2^{-2/5} q^{6/5} \tag{7.3.1}$$

成本函数为:

$$c(w_1, w_2, q) = (5 \cdot 3^{-3/5} \cdot 2^{-2/5}) w_1^{2/5} w_2^{3/5} q^{6/5} \tag{7.3.2}$$

企业利润 π 最大化行为的数学表述是:

$$\max_q \pi = pq - c(w_1, w_2, q) = pq - (5 \cdot 3^{-3/5} \cdot 2^{-2/5}) w_1^{2/5} w_2^{3/5} q^{6/5} \tag{7.3.3}$$

其一阶条件是商品价格等于边际成本:

$$p = \frac{\partial c}{\partial q}(w_1, w_2, q) \tag{7.3.4}$$

从而求得商品供给函数:

$$q^s(p, w_1, w_2) = (1/72) w_1^{-1/2} w_2^{-1/3} p^5 \tag{7.3.5}$$

上面是典型的商品供给函数形式,可以看到,给定价格 (p, w_1, w_2),只有在特定的产量 q 下企业才能利润最大化。这就是企业的商品供给函数 $q^s(p, w_1, w_2)$,供给量 q 受投入价格 p 和商品价格 w 的影响。这是因为该生产函数 $q = x_1^{1/3} x_2^{1/2}$ 是规模报酬递减的函

数。在规模报酬不变的生产函数下,情况则不同。

例 7.3.2　假设生产函数为柯布-道格拉斯函数 $q = x_1^{1/3} x_2^{2/3}$,可以看出这是规模报酬不变的函数。求条件投入需求函数、成本函数及商品供给函数。

解:用例 7.3.1 中同样的方法,求出条件投入需求函数,有

$$x_1^c = (1/2)^{2/3} w_1^{-2/3} w_2^{2/3} q \quad x_2^c = (1/2)^{-1/3} w_1^{1/3} w_2^{-1/3} q \tag{7.3.6}$$

成本函数是:

$$c(w_1, w_2, q) = (2^{-2/3} + 2^{1/3}) w_1^{1/3} w_2^{2/3} q \tag{7.3.7}$$

企业利润最大化导出的一阶条件是产品价格等于边际成本:

$$p = \frac{\partial c}{\partial y}(w_1, w_2, q) = (2^{-2/3} + 2^{1/3}) w_1^{1/3} w_2^{2/3} \tag{7.3.8}$$

虽然方程(7.3.5)和方程(7.3.8)都是柯布-道格拉斯函数中利润最大化的一阶条件,但后者是规模报酬不变的函数,因此在等式右端没有显示数量 q。也就是说,只要商品价格 p 满足价格方程(7.3.8),企业便优化了它的利润,并将按需求提供任何非负数的数量 q。作为传统供给函数 $q^s(p)$ 的倒数形式的价格方程 $p(q^s)$ 是水平的商品供给函数。

图 7.3.1 中的 p^* 表示满足价格方程(7.3.8)的特定价格,它等于生产的单位成本。价格方程 $p(q^s)$ 是在价格 p^* 上的水平曲线,在这价格水平的无限数量的 q 都满足方程,因此方程(7.3.8)中没有显示特定的 q。如果市场价格 p 低于 p^*,那么企业供给量为零。如果 p 高于 p^*,那么企业供给量趋于无穷,因此没有均衡。如果企业供给量 q 为正数,则市场价格必须等于 p^*。确切的商品供给量 q^* 将由供给方与需求方的交集决定。图 7.3.1 显示了一个假想的需求曲线的例子,其交叉点是实际供给量。

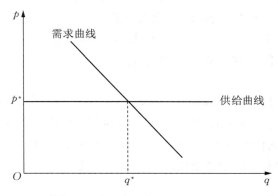

图 7.3.1　规模报酬不变生产函数下的商品供给函数是水平的

上面的结论也适用于规模报酬不变的 CES 生产函数 $q = A(\delta_1 x_1^\rho + \delta_2 x_2^\rho)^{1/\rho}$。将 CES 生产函数[式(7.1.1)]实施利润最大化,然后有商品价格等于边际成本的利润最大化一阶条件:

$$p = \frac{\partial c}{\partial q}(w_1, w_2, q) = \frac{1}{A}[w_1^{1-\epsilon} \delta_1^\epsilon + w_2^{1-\epsilon} \delta_2^\epsilon]^{\frac{1}{1-\epsilon}} \tag{7.3.9}$$

方程中商品数量变量 q 消失了。也就是说,只要满足方程(7.3.9),无论企业供给什么数量的 q,它都处在利润最大化状态。在方程(7.3.9)两边乘以数量 q,写成:

$$pq=\frac{1}{A}[w_1^{1-\epsilon}\delta_1^{\epsilon}+w_2^{1-\epsilon}\delta_2^{\epsilon}]^{\frac{1}{1-\epsilon}}q=c(w_1,w_2,q)=w_1x_1^c(w_1,w_2,q)+w_2x_2^c(w_1,w_2,q)$$

(7.3.10)

方程左端是销售收入,右端是生产成本,意味着企业收支平衡。在 CGE 模型中,上述方程(7.3.9)和方程(7.3.10)常被叫作价格方程。它们同时是企业利润最大化的一阶条件(前提是有规模报酬不变的生产函数),在 CGE 模型的生产函数模块中起到商品供给函数的作用。上一章第 6.6 节 CGE 模型中的解释也是同一意思。

7.4 决定企业投入需求量和商品供给量的方程组

经济体的一般均衡的数学表述是所有商品和要素在市场上出清,各市场上供给函数和需求函数的数量相等:$q_i^s(\mathbf{p},\mathbf{w})=q_i^d(\mathbf{p},\mathbf{w})$ 和 $x_i^s(\mathbf{p},\mathbf{w})=x_i^d(\mathbf{p},\mathbf{w})$。一旦生产函数形式确定,就可以从企业利润最大化行为导出商品供给函数和投入/要素需求函数。CGE 模型中的生产函数模块,就是在确定生产函数的情况下提供上述企业供需函数的方程组。给定商品价格 p 和投入价格 w,通过这个方程组解出企业的商品供给量 q 和投入需求量 x。

经济学理论模型里,企业的商品供给函数和投入需求函数为显性表达形式 $q_i^s(\mathbf{p},\mathbf{w})$ 和 $x_i^d(\mathbf{p},\mathbf{w})$。在 CGE 模型结构中,我们不必显性地写出供给函数和需求函数的代数式,而可以利用计算机求解能力的便利,写出企业优化决策要求解的方程组即可。GAMS 程序在求解方程组时,会自动生成优化的供给量和投入需求量,从而隐含了整个 CGE 模型需要的企业的商品供给函数 $q_i^s(\mathbf{p},\mathbf{w})$ 和投入需求函数 $x_i^d(\mathbf{p},\mathbf{w})$。

下面我们介绍 CGE 生产函数模块中常用的 4 种方程组形式。CGE 模型文献中还有其他变体表达形式。它们的形式表面看上去不同,但数学上是等同的,可以相互推导出来。

给定的生产函数是 $q=f(x_1,x_2)=A(\delta_1x_1^\rho+\delta_2x_2^\rho)^{1/\rho}$,于是有以下几种写法。

(1) 写法 1 称为"投入需求函数形式"。它直接用条件投入需求函数显性表达,加上起到商品供给函数功能的价格方程。这为 Shoven 和 Whalley(1984)所用。这个形式的优点是直观,第一个方程就是 CES 函数的条件需求函数代数式。因为有两个商品部门,所以它包括两个等式。

$$\begin{cases} x_i^c=\frac{1}{A}\left(\frac{\delta_i}{w_i}\right)^\epsilon(\delta_1^\epsilon w_1^{1-\epsilon}+\delta_2^\epsilon w_2^{1-\epsilon})^{\frac{-1}{\rho}}\cdot q & i=1,2 \\ pq=w_1x_1+w_2x_2 \end{cases}$$

(7.4.1)

(2) 写法 2 称为"FOC(一阶导数条件)形式"。其特征是有 FOC 方程 $\frac{w_i}{w_j}=\frac{\delta_i}{\delta_j}\left(\frac{x_i}{x_j}\right)^{\rho-1}$,以及价格方程。这为 IFPRI 模型所用。这个形式的优点是简洁、好记,且容易检错。本书

的模型中这个形式用得最多。它的缺点是，如果 CES 函数内含的投入数量大于 2，该形式在 GAMS 程序中不能利用索引句法的便利。

$$\begin{cases} q = A(\delta_1 x_1^\rho + \delta_2 x_2^\rho)^{\frac{1}{\rho}} \\ \dfrac{w_1}{w_2} = \dfrac{\delta_1}{\delta_2}\left(\dfrac{x_1}{x_2}\right)^{\rho-1} \\ pq = w_1 x_1 + w_2 x_2 \end{cases} \tag{7.4.2}$$

（3）写法 3 称为"单位成本形式"，这为 Robinson 等（2002）所用。

$$\begin{cases} p = \dfrac{1}{A}(\delta_1^\varepsilon w_1^{1-\varepsilon} + \delta_2^\varepsilon w_2^{1-\varepsilon})^{\frac{1}{1-\varepsilon}} \\ x_i^c(w_1, w_2, q) = A^{\varepsilon-1}\left(\delta_i \dfrac{p}{w_i}\right)^\varepsilon \cdot q \quad i=1, 2 \end{cases} \tag{7.4.3}$$

方程组中的第一个方程是商品价格 p 等于边际成本的优化条件，等号右边是单位成本，但也等于边际成本，即 $p = \partial c(w_1, w_2, q)/\partial q = c(w_1, w_2, 1)$。其功能和价格方程一样。方程组中第二个方程的实质是条件需求函数，把其中价格 p 换成第一个方程即可看出。如果所有参数已经被估算好，方程组（7.4.3）的单位成本形式的表述非常简洁。不过，在校调估算参数时，由于每个方程有两个未知参数，因此不能利用这个形式校调估算参数，还得用其他方法估算参数，如第 7.5 节里的方法。

（4）写法 4 称为"边际收益产品形式"。它利用微观经济学里的另外一个优化条件——投入价格等于该投入的边际收益产品，即 $w_i = p \cdot \partial f/\partial x_i$，然后加上生产函数 $f(\cdots)$。其方程式如下：

$$\begin{cases} w_i = p(\delta_1 x_1^\rho + \delta_2 x_2^\rho)^{-1}\delta_i x_i^{\rho-1} q \quad i=1, 2 \\ q = A(\delta_1 x_1^\rho + \delta_2 x_2^\rho)^{1/\rho} \end{cases} \tag{7.4.4}$$

边际收益产品形式在 IFPRI 模型中也用到了。这个形式的优点是，当有多个投入，而各投入有个体特定的投入税率时，用这个设置投入比较方便。

上面 4 个生产模块方程组的表现形式不同，但它们的数学内容是一样的。每个方程组包括 3 个方程等式和 6 个变量（p、w_1、w_2、q、x_1、x_2）。其中，3 个变量值需要外生决定，然后模块方程组解出剩下 3 个变量值。外生给定的 3 个变量中，必须有 1 个是数量变量，有 1 个是价格变量，这样系统才能确定所有变量的数值。这是因为生产函数是规模报酬不变的，举例来说，如果外生给定的 3 个数值都是价格（p、w_1、w_2），那么形成的商品供给曲线是水平的，数量 x_1、x_2、q 就有无数解，只要符合生产函数方程就行。

在 CGE 模型中决定生产函数模块内部的变量数值时遇到的比较常见的情况有两种。一是供给驱动型。模块外界给定投入 x_1 和 x_2 的数量值，以及 3 个价格 p、w_1 和 w_2 中任一个的值。然后，模块系统通过生产函数（7.1.1）决定产出量 q，通过 FOC 方程决定投入价格 w_1 和 w_2 的组成比例，再通过价格方程决定产出价格 p。本书中大部分生产函数模块，包括第 8.2 节的生产函数模块，以及后面的新古典主义闭合下的 CGE 模型的增加值模块，都是供给驱动型的。

另外一种是需求决定型。模块外界给定的数量值是产量 q,还有投入价格 w_1 和 w_2 的数值。模块方程组通过条件需求函数确定投入需求量 x_1 和 x_2。产出价格 p 则由价格方程(7.3.9)独立确定。从下面的方程[就是价格方程(7.3.9)]可以看到,给定两个投入价格 w_1 和 w_2 的数值,方程自行决定了投入价格 w 和产出价格 p 的关系,它独立于投入和产出的物量。

$$p=\frac{1}{A}\left[w_1^{1-\epsilon}\delta_1^{\epsilon}+w_2^{1-\epsilon}\delta_2^{\epsilon}\right]^{\frac{1}{1-\epsilon}}$$

需求决定型模块的思路和本书后面的凯恩斯闭合下 CGE 模型的由需求决定经济规模的思路是一样的。

通常,经济学教科书中的理论模型求解一般均衡点时,如第 6 章所展示的,使用的生产函数是严格的凹函数,规模报酬递减。因此,企业的商品供给函数和普通投入需求函数的形式是:

$$\begin{cases} q=q^s(p,w_1,w_2) \\ x_i=x_i^d(p,w_1,w_2) \quad i=1,2 \end{cases} \tag{7.4.5}$$

也就是说,给定 3 个价格 p、w_1、w_2,企业供给的产量和需求的投入量的唯一解也确定了。如果生产函数是规模报酬不变的,模块本身不能生成商品供给函数 $q=q^s(p,w_1,w_2)$,而是生成一个价格方程(7.3.9),即图 7.3.1 中的水平的一条商品供给直线,从而不能确定产量 q。因此,模块方程组一定要有一个外生决定的数量作为“规模控制变量”,以确定模块内其他数量的值。要么由外界确定投入 x_1 和 x_2,然后通过生产函数来确定 q;要么由外界给定产量 q,然后求出投入 x_1 和 x_2。

了解上面这些生产函数模块的结构原理有助于建模。在 CGE 模型全局系统中,生产函数模块内部和外界的所有价格和物量都是整个系统的内生变量,最后由系统统一求解。

7.5 从 SAM 表数据校调估算 CES 生产函数的参数

CGE 模型里各个函数的参数,大部分是根据 SAM 表数据推算出来的。这个过程叫作校调估算。这个过程隐含一个假设,即 SAM 表的数据是一般均衡状态下的结果。下面举例说明如何在数据基础上校调估算 CES 生产函数的参数。

设生产函数为 $q=A(\delta_1 x_1^{\rho}+\delta_2 x_2^{\rho})^{\frac{1}{\rho}}$。另外,$\delta_1+\delta_2=1$,份额汇总等于1。参数 ρ 的值从外部给定。q、x_1、x_2 的值从 SAM 数据中得到,份额参数 δ_1 和 δ_2 可以通过校调估算得到。

例 7.5.1 从 SAM 表中直接知道 $w_1 x_1=26$,$w_2 x_2=39$,$pq=65$。另外已知替代弹性 $\epsilon=0.5$,校调估算 CES 生产函数 $q=A(\delta_1 x_1^{\rho}+\delta_2 x_2^{\rho})^{\frac{1}{\rho}}$ 中参数 A、δ_1 和 δ_2 的值。

解:首先将 x_1、x_2、q 的单位标准化,因此所有价格都为1,即 $w_1=1$,$w_2=1$,$p=1$。可以得到物量值 $x_1=26$,$x_2=39$,$q=65$。又有

$$\rho=1-\frac{1}{\epsilon}=1-2=-1 \tag{7.5.1}$$

一阶优化条件是：

$$\frac{w_1}{w_2} = \frac{\delta_1}{1-\delta_1}\left(\frac{x_1}{x_2}\right)^{\rho-1} \tag{7.5.2}$$

获得份额参数校调估算公式：

$$\delta_1 = \frac{w_1 x_1^{1-\rho}}{w_1 x_1^{1-\rho} + w_2 x_2^{1-\rho}} \tag{7.5.3}$$

由此获得 δ_1 的值。δ_2 由公式 $\delta_2 = 1-\delta_1$ 获得，有

$$\delta_1 = \frac{1 \cdot 26^2}{1 \cdot 26^2 + 1 \cdot 39^2} = \frac{4}{13} \quad \delta_2 = 1-\delta_1 = \frac{9}{13} \tag{7.5.4}$$

规模参数 A 的校调估算公式是：

$$A = q/(\delta_1 x_1^{\rho} + \delta_2 x_2^{\rho})^{\frac{1}{\rho}} \tag{7.5.5}$$

代入 $x_1 = 26$，$x_2 = 39$，求得：

$$A = q/(\delta_1 x_1^{\rho} + \delta_2 x_2^{\rho})^{\frac{1}{\rho}} = 65 \Big/ \left(\frac{4}{13} \cdot 26^{-1} + \frac{9}{13} \cdot 39^{-1}\right)^{-1} = 1.923\,077 \tag{7.5.6}$$

该 CES 函数是：

$$q = A(\delta_1 x_1^{\rho} + \delta_2 x_2^{\rho})^{\frac{1}{\rho}} = 1.923\,077 \left(\frac{4}{13} x_1^{-1} + \frac{9}{13} x_2^{-1}\right)^{-1} \tag{7.5.7}$$

（1）复制检验。

得到校调的参数值后，要检验其正确性。方法是用上面求出的参数代入生产函数，然后代入原来的外生变量，用 GAMS 程序求解内生变量，检验是否和原始数据一致。这里，让 q 为内生变量，外生变量是两个要素投入 x_1 和 x_2，将其数值 26 和 39 分别代入：

$$q = 1.923\,077 \left(\frac{4}{13} \cdot 26^{-1} + \frac{9}{13} \cdot 39^{-1}\right)^{-1} = 65 \tag{7.5.8}$$

求得 $q = 65$，和原有数据一致。因此，这个模型和程序是可靠的。这个步骤在 CGE 模型运用中被称为复制。

（2）模拟。

研究政策变动对 CGE 模型变量的影响。将预先设计好的政策方案，作为参数或者外生变量的变化输入复制检验过的模型，然后研究 CGE 模型中相关内生变量的变化。这个过程被称为模拟。下面举例说明。

在前面的模型中，假设有外界变动，无论是人为的因素如政策变化，或者非人为的因素如气候变化，经济学中称为冲击。例如，这里作为外生变量的价格 w_1 上升 10%，这就是冲击。要模拟的问题是，价格变化后但生产量仍然维持在 65，在这个 CES 生产函数的情况下，投入需求 x_1 和 x_2 会如何变化？

在这个问题上，生产量 q 和投入价格 w 是外界给定的。内生变量有两个，即 x_1 和

x_2。因此,要有两个函数的联立方程组才能求出结果。假设用写法 2 的 FOC 形式求解。

除了生产函数外,再加 FOC。将价格比例设置为 $\frac{w_1}{w_2}=\frac{1.1}{1}$,求解下列方程组:

$$\begin{cases} 65=1.923\,077\left(\dfrac{4}{13}x_1^{-1}+\dfrac{9}{13}x_2^{-1}\right)^{-1} \\ \dfrac{1.1}{1}=\dfrac{4/13}{9/13}\left(\dfrac{x_1}{x_2}\right)^{\rho-1} \end{cases} \tag{7.5.9}$$

这可用 Excel 或 GAMS 来做。用 Excel 时,要用里面的解算器或其他优化算法子程序。对 x_1 和 x_2 要设起始值。一般可以用原来的 SAM 表值,如 26 和 39。用 Excel 解出的结果是 25.27 和 39.76。

另外一个办法是直接用条件投入需求函数求解。在这道简单题目上,这是最直接,也是精确的办法:

$$x_1^c=\frac{1}{A}\left(\frac{\delta_1}{w_1}\right)^\varepsilon\left(\delta_1^\varepsilon w_1^{1-\varepsilon}+\delta_2^\varepsilon w_2^{1-\varepsilon}\right)^{\frac{-1}{\rho}}\cdot q$$

$$=\frac{1}{1.923}\left(\frac{4/13}{1.1}\right)^{0.5}\left[(4/13)^{0.5}1.1^{0.5}+(9/13)^{0.5}1^{0.5}\right]^{\frac{-1}{1}}\cdot 65=25.274 \tag{7.5.10}$$

$$x_2^c=\frac{1}{A}\left(\frac{\delta_2}{w_2}\right)^\varepsilon\left[\delta_1^\varepsilon w_1^{1-\varepsilon}+\delta_2^\varepsilon w_2^{1-\varepsilon}\right]^{\frac{-1}{\rho}}\cdot q$$

$$=\frac{1}{1.923}\left(\frac{9/13}{1}\right)^{0.5}\left[(4/13)^{0.5}1.1^{0.5}+(9/13)^{0.5}1^{0.5}\right]^{\frac{-1}{1}}\cdot 65=39.761 \tag{7.5.11}$$

可以看见,当价格 w_1 增加后,x_1 的需求减少而 x_2 的需求增加。这个要素组合的变化体现了要素之间在相对价格变化后的替代结果。

下面重复几个 CES 生产函数模块中常用到的公式和方程,以便读者建模和编程时应用。如果经常编程,记住这些公式是很有用处的。

弹性系数 ε 和指数 ρ 的关系:

$$\rho=1-\frac{1}{\varepsilon}\quad \varepsilon=\frac{1}{1-\rho}$$

投入组成的 FOC:

$$\frac{w_1}{w_2}=\frac{\delta_1}{\delta_2}\left(\frac{x_1}{x_2}\right)^{\rho-1}\quad \text{或者}\quad \left(\frac{w_i}{w_j}\cdot\frac{\delta_j}{\delta_i}\right)^\varepsilon=\frac{x_j}{x_i}$$

份额参数 δ 的校调估算公式:

$$\delta_i=\frac{w_i x_i^{1-\rho}}{w_1 x_1^{1-\rho}+w_2 x_2^{1-\rho}}$$

规模参数 A 的校调估算公式:

$$A=q/(\delta_1 x_1^\rho+\delta_2 x_2^\rho)^{\frac{1}{\rho}}$$

7.6 GAMS 程序

例7.6.1 将第7.5节中的CES问题实例,用GAMS程序校调估算参数、复制检验及模拟。

解:程序如下。程序中附有相关说明和解释。这个程序可以直接在GAMS软件上运行,得出GAMS运行的结果。

```
$title  例7.6.1  CES 函数应用演示
*calibration 校调估算参数
parameter
elas            elasticity (弹性)
rho             CES function exponent rho (CES 函数指数)
delta1          share for good x1 (x1 的份额)
delta2          share for good x2 (x2 的份额)
scaleA          CES function scale factor A (CES 函数的规模因素 A)
x10             initial value of input (投入 x1 初始值)
x20             initial value of input (投入 x2 初始值)
q0              initial value of output q (q 初始值)
w10             initial value of price of input 1 (投入 1 价格的初始值)
w20             initial value of price of input 2 (投入 2 价格的初始值)
p0              initial value of price of q (商品价格的初始值)
;

*对参数和外生变量赋值定义。通常用初始值,或者从 SAM 表或其他外界信息给定。
elas=0.5;
w10=1;
w20=1;
p0=1;
x10=26;
x20=39;
q0=65;

rho=1-1/elas;
*下面是对 CES 生产函数的份额参数 Delta 的校调估算
delta1=w10*x10**(1-rho)/(w10*x10**(1-rho)+w20*x20**(1-rho));
delta2=1-delta1;
*下面是对 CES 生产函数的规模参数 A 的校调估算
scaleA=q0/(delta1*x10**rho+delta2*x20**rho)**(1/rho);
```

*"display"指令。将校调估算出来的参数以及变量的数值展现出来。

```
display   rho, delta1, delta2, scaleA, x10, x20, q0, w10, w20, p0
;
```

*下面复制检验参数估算值正确与否

*宣称和定义内生变量

```
variable
x1              投入 1 数量
x2              投入 2 数量
q               商品 q 数量
w1              投入 1 价格
w2              投入 2 价格
p               商品 q 的价格
;
```

*定义等式

```
equation
Qeq             production function (生产函数)
FOCeq           first order condition for cost minimization (成本最小化的一阶条件)
PRICEeq         commodity price equals the unit total cost (商品价格等于产品单位成本)
;

Qeq..
q=e=scaleA*(delta1*x1**rho+delta2*x2**rho)**(1/rho) ;

FOCeq..
delta1/delta2=e=w1*x1**(1-rho)/(w2*x2**(1-rho));

PRICEeq..
p*q=e=w1*x1+w2*x2;
```

*给变量赋予起始价值。在下面的写法中，x1, x2 和 p 作为内生变量。

```
p.L=p0;
x1.L=x10;
x2.L=x20;
```

*将 q, w1, w2 的数值用 fx 固定。它们的性质从变量改成参数

```
q.fx=q0;
w1.fx=w10;
w2.fx=w20;
```

*执行模型,复制 SAM 的数值。这里是复制原来给予的 CES 函数的初始数值。可以检查估算的参数和模型设置对不对,
*这个练习使用的解算法仍然是 MCP(mixed complementarity problems),是 CGE 模型最经常用的。

```
model CES  /all/;
solve CES using mcp;
```

*将重新复制的初始模型的变量数值展现,看是否和原来一致
```
parameter  repbase;
repbase('input x1')=x1.L;
repbase('input x2')=x2.L;
repbase('q price p0')=p.L;
display  repbase;
```

```
*============
```
*模拟部分
```
*============
```

*政策变动"shock"后,价格 w1 现在增加了 10%,有 1.1 乘以初始价格
*设置新的外部变量数值
*执行模型

```
w1.fx=1.1*w10;
solve CES using mcp;
```

*将模拟的模型结果的变量数值展现
```
parameter  simoutput;
simoutput('input x1')=x1.L;
simoutput('input x2')=x2.L;
simoutput('q price p')=p.L;
display  simoutput;
```

*end

练　习

1. 谢波德引理(Shephard's lemma)为 $\frac{\partial}{\partial w_i}c(w_1, w_2, q)=x_i^c(w_1, w_2, q)$。利用谢波德引理从第 7.1 节的成本函数求出并检验条件投入需求函数。

2. 假如生产函数为 $f(x_1, x_2, x_3)=A(\delta_1 x_1^\rho+\delta_2 x_2^\rho+\delta_3 x_3^\rho)^{\frac{1}{\rho}}=q$,商品价格为 p,投入价格为 w_1、w_2、w_3。求条件投入需求函数、成本函数及商品供给函数。

3. 假如生产函数为 $f(x_1, x_2, x_3)=A(\delta_1 x_1^\rho+\delta_2 x_2^\rho+\delta_3 x_3^\rho)^{\frac{1}{\rho}}=q$。已知价格 p、w_1、w_2、w_3 都等于 1。替代弹性 $\varepsilon=2$。又有以下价值型 SAM 表数据:$w_1 x_1=130$, $w_2 x_2=195$, $w_3 x_3=90$, $pq=415$。用 GAMS 程序校调估算 A、δ_1、δ_2、δ_3 的值。复制验证估算参数值的正确性。

4. 参数 A、δ_1、δ_2、δ_3 的数据来自第 3 题,替代弹性 $\varepsilon=2$。假设价格 p、w_1、w_2、w_3 都等于 1。$q=415$。用第 7.4 节的 4 种求条件投入需求的方法,写出 GAMS 程序,求对投入 x_1、x_2、x_3 的需求值。

5. 第 7.4 节中介绍了 4 种生产函数模块的方程组形式,证明它们可以相互推导出来。

附录　微观经济学复习(3)

7.A.1　齐次函数

如果函数 $f(\mathbf{x})$ 具备属性:

$$f(t\mathbf{x})=t^k f(\mathbf{x}) \quad \forall t>0 \tag{7.A.1.1}$$

该函数称为 k 次齐次函数。如果 $k=1$,它也被称为线性齐次函数。

由此可见,规模报酬不变的生产函数,数学上是线性齐次函数,因为 $tq=f(t\mathbf{x})$, $\forall t>0$。线性齐次函数的一些性质在 CGE 模型中非常有用。根据欧拉法则,有

$$f(\mathbf{x})=\sum_i \frac{\partial f(\mathbf{x})}{\partial x_i}x_i \quad \forall t>0 \tag{7.A.1.2}$$

因此,生产函数为 $q=f(K, L)$ 时,我们有 $q=f_k K+f_L L$。在利润最大化情况下,投入价格等于商品的边际收益产品 $w_x=pf_x$,于是有 $pq=w_k K+w_L L$,销售收入等于产品成本。这和 CGE 模型的价格形成、利润最大化一阶条件一致。

欧拉法则的证明如下:注意到 t 为任何正实数时,$f(t\mathbf{x})\equiv t^k f(\mathbf{x})$,因此对 t 微分,有 $\sum_i \frac{\partial f(t\mathbf{x})}{\partial x_i}x_i=t^{k-1}f(\mathbf{x})$,将 t 设成 1 即得到结果。

非线性生产函数和函数嵌套的 CGE 模型

第 6.6 节的 CGE 模型用的是里昂惕夫生产函数。在里昂惕夫线性函数的性质下,不管各种投入相互之间的价格如何变动,投入物量之间的比例维持不变。这往往和实际情况不符。现在我们改进 CGE 模型的设置,采用第 7 章介绍的非线性的 CES 生产函数,使生产过程中投入需求的最佳组合会根据它们的比价变化而变化。

8.1　用投入需求函数表述的简单 CGE 模型

第 7 章介绍了 CES 生产函数模块的方程组形式。在经济体的一般均衡流程图(见图 6.3.1)中,生产函数模块方程组形成了企业的商品供给函数 q^s 和投入需求函数 x^d。下面我们用 CES 生产函数模块的投入需求函数形式方程组构建一个 CGE 模型。

假设要研究的经济有两个商品、两个要素投入、一个居民,没有中间投入。这两个投入之间是一个规模报酬不变的 CES 生产函数。相应有表 8.1.1 的 SAM 表。

表 8.1.1　模型经济的 SAM 表

	商品 1	商品 2	要素(劳动)	要素(资本)	居　民	汇　总
商品 1					12	12
商品 2					21	21
要素(劳动)	9	7				16
要素(资本)	3	14				17
居　民			16	17		33
汇　总	12	21	16	17	33	

模型经济的生产函数是 CES 函数:$q_i = A_i [\delta_i L_i^{\rho_i} + (1-\delta_i) K_i^{\rho_i}]^{1/\rho_i}$。模型中生产部分的生产函数模块方程组为投入需求函数形式。L_i^d 为部门 i 的劳动投入需求,K_i^d 为部门 i

的资本投入需求,下标 i 指商品部门。w_j 为要素投入 j 的价格,$j = l , k$。CGE 模型文献通常在显性条件需求函数形式中用替代弹性 ε 而不用指数 ρ。因此有:

$$L_1^d = \frac{1}{A_1}\left(\frac{\delta_1}{w_l}\right)^{\varepsilon_1}\left[\delta_1^{\varepsilon_1}w_l^{1-\varepsilon_1} + (1-\delta_1)^{\varepsilon_1}w_k^{1-\varepsilon_1}\right]^{\varepsilon_1/(1-\varepsilon_1)} \cdot q_1 \tag{8.1.1}$$

$$K_1^d = \frac{1}{A_1}\left(\frac{\delta_1}{w_k}\right)^{\varepsilon_1}\left[\delta_1^{\varepsilon_1}w_l^{1-\varepsilon_1} + (1-\delta_1)^{\varepsilon_1}w_k^{1-\varepsilon_1}\right]^{\varepsilon_1/(1-\varepsilon_1)} \cdot q_1 \tag{8.1.2}$$

$$L_2^d = \frac{1}{A_2}\left(\frac{\delta_2}{w_l}\right)^{\varepsilon_2}\left[\delta_2^{\varepsilon_2}w_l^{1-\varepsilon_2} + (1-\delta_2)^{\varepsilon_2}w_k^{1-\varepsilon_2}\right]^{\varepsilon_2/(1-\varepsilon_2)} \cdot q_2 \tag{8.1.3}$$

$$K_2^d = \frac{1}{A_2}\left(\frac{\delta_2}{w_k}\right)^{\varepsilon_2}\left[\delta_2^{\varepsilon_2}w_l^{1-\varepsilon_2} + (1-\delta_2)^{\varepsilon_2}w_k^{1-\varepsilon_2}\right]^{\varepsilon_2/(1-\varepsilon_2)} \cdot q_2 \tag{8.1.4}$$

除此之外,还要加上利润最大化条件,方可内含商品供给函数。如第 7 章所述,在生产函数规模报酬不变的情况下,价格关系的 $w_l L_i + w_k K_i = c_i(w_l, w_k, q_i) = p_i q_i$,也就是 $p_1 = 1/q_1 \cdot (w_l L_1 + w_k K_1)$,代表了边际成本等于商品价格的利润最大化条件 $\partial c/\partial q_i = p_i$。其中,$q_i$ 为商品 i 的产出,p_i 为商品 i 的价格。

$$w_l L_1 + w_k K_1 = p_1 q_1 \tag{8.1.5}$$

$$w_l L_2 + w_k K_2 = p_2 q_2 \tag{8.1.6}$$

居民要素禀赋是 L^s 和 K^s,也是他们的要素供给。其收入 Y 是:

$$w_l L^s + w_k K^s = Y \tag{8.1.7}$$

居民的效用函数是指数为 α 的柯布-道格拉斯函数,所以有相应的商品需求函数:

$$p_1 q_1^h = \alpha Y \tag{8.1.8}$$

$$p_2 q_2^h = (1-\alpha)Y \tag{8.1.9}$$

q_i^h 为居民对商品 i 的消费需求。商品市场出清条件是:

$$q_1^h = q_1 \tag{8.1.10}$$

$$q_2^h = q_2 \tag{8.1.11}$$

要素市场出清条件是:

$$L_1^d + L_2^d = L^s \tag{8.1.12}$$

$$K_1^d + K_2^d = K^s \tag{8.1.13}$$

由上面式(8.1.1)—式(8.1.13)共 13 个函数组成了该 CGE 模型。它有 13 个内生变量,为 q_1、q_2、q_1^h、q_2^h、L_1、L_2、K_1、K_2、Y、p_1、p_2、w_l、w_k。外生变量为 L^s 和 K^s。替代弹性 ε_1 和 ε_2 的数值需要外界给定,由此知道 ρ_1 和 ρ_2 的数值。靠 SAM 表数据来校调估算的参数为 δ_1、δ_2、A_1、A_2、α_1、α_2。这个模型的生产函数模块的表述形式也比较清楚,CGE 模型文献中用得也不少。

8.2 CES 生产函数的 CGE 模型及其方形条件

从现在开始,模型要包纳更多的商品、要素和其他账户。为建模和表述便利,我们把账户归类建群并更新数学记法。在 GAMS 程序中,这些门类和群组通常用集合表示。例如,一个 CGE 模型经常要处理几十个或几百个商品部门,将商品归纳为商品集表述和处理,可以便利很多。譬如,记所有商品的集合为 C。假设其中有 n 个商品,集合 C 中的元素可以用索引记法表示,$i=1, \cdots, n$,或者用小写字母 c 作为索引符号,$c=1, \cdots, n$,这有助于识别该索引为商品部门的元素(因为商品集合名称为大写字母 C)。为了更方便些,我们用 $c \in C$ 来表示被索引的元素属于商品集 C。类似地,可以把所有要素设为要素集 F。其元素的表示方法为 $f=l, k, \cdots$,其中 l 为劳动力,k 为资本,等等。或者,可以用 $f \in F$ 表示。在数学表达中,索引通常用变量的下标表示,以说明该变量属哪个集合。例如,所有商品部门的 CES 生产函数可以表示为:

$$A_c[\delta_c L_c^{\rho_c} + (1-\delta_c) K_c^{\rho_c}]^{1/\rho_c} = q_c \qquad c \in C \tag{8.2.1}$$

如果有很多商品部门,每个生产函数中又有很多要素,可以表示为:

$$A_c(\sum_f \delta_{cf} F_f^{\rho_c})^{1/\rho_c} = q_c \qquad c \in C \quad f \in F \quad \sum_f \delta_{cf} = 1 \tag{8.2.2}$$

式(8.2.2)的表达形式方便简洁。

GAMS 程序语法处理被索引的变量和方程的方式也类似。GAMS 程序语句中相应的表述方式为,变量名字后面加上括号,索引名称在括号里面,如"`filename(c)`"。例如,居民对商品 c 的需求的数学表达为 q_c^h,而在 GAMS 程序中,它被写为 QH(c)。例 8.2.1 中将更详细地演示 GAMS 程序的索引符号的语法和应用。

第 8.1 节的 CGE 模型的生产函数模块方程组是投入需求函数形式的。虽然更接近微观经济理论的显性函数形式,但函数的代数式表达比较繁琐,不易记住。下面的简单 CGE 模型中,CES 生产函数模块用 FOC 形式方程组。FOC 形式的好处是简洁易记。

模型经济的 SAM 表仍然为表 8.1.1。生产函数模块包括 3 个方程:生产函数、投入使用的一阶条件和价格方程。它们为:

$$A_c[\delta_c L_c^{\rho_c} + (1-\delta_c) K_c^{\rho_c}]^{1/\rho_c} = q_c \qquad c \in C \tag{8.2.3}$$

$$\frac{w_l}{w_k} = \frac{\delta_c}{(1-\delta_c)}\left(\frac{L_c}{K_c}\right)^{\rho_c - 1} \qquad c \in C \tag{8.2.4}$$

$$p_c q_c = w_l L_c + w_k K_c \qquad c \in C \tag{8.2.5}$$

居民提供要素得到货币收入:

$$w_l L^s + w_k K^s = Y \tag{8.2.6}$$

居民的效用函数为柯布-道格拉斯函数,因此对各商品的需求为货币收入的固定份额:

$$p_c q_c^h = \alpha_c Y \qquad c \in C \tag{8.2.7}$$

商品市场出清方程是:

$$q_c^h = q_c \qquad c \in C \tag{8.2.8}$$

要素投入供给量 L^s 和 K^s 等于要素禀赋。也就是说,劳动力和资本充分就业。因此,投入市场出清方程是:

$$\sum_c K_c = K^s \tag{8.2.9}$$

$$\sum_c L_c = L^s \tag{8.2.10}$$

这里式(8.2.3)—式(8.2.10)中注有 $c \in C$ 的 5 组等式每组有 n 个部门($n=2$),因此,共有 $13(=8-5+5\times2)$ 个等式。和前面一样,内生变量为 Y、w_l、w_k 与 q_c、q_c^h、L_c、K_c、p_c,后 5 组每组有 2 个内生变量,共有 $13(=3+5\times2)$ 个变量。等式数量和内生变量数量相等,这是 CGE 模型可求解的必要条件。

在一个线性或非线性方程组系统中,如果等式数量和内生变量数量一样,这个系统被称为方形系统,相应于线性代数里的方矩阵概念。如果系统内的等式数量和内生变量数量不一致,那就不是方形(square),这些变量可能无解或者没有确定值,GAMS 程序求解运行时会报错而停止运行。系统内等式数量和内生变量数量相等的情况被称为方形条件。一个 CGE 模型必须符合方形条件,否则 GAMS 程序就不能运行和顺利求解。因此,在建模时要检查等式数量和变量数量,务必使之相等。

这里补充说一下:符合方形条件并不保证 CGE 模型成功运行,方形条件是成功运行的必要条件,但不是充分条件。如果 CGE 模型中等式之间存在不一致性或者奇异性等问题,那么这些问题会影响模型的求解。这需要研究者做进一步的检测和修正工作。

上面的初步检查认定式(8.2.3)—式(8.2.10)构成的 CGE 模型满足方形条件,可以求解。模型里有 2 个商品、2 个要素投入,共 4 个市场。根据瓦尔拉斯法则,模型系统线性相关,只有 $3(=2+2-1)$ 个等式独立。方形条件得到满足,即使存在方程组线性相关问题,只要等式之间没有不一致,GAMS 程序仍然可以正常运行,但是解出的结果不是唯一的。

本模型的外生变量为 L^s 和 K^s。外界给定的参数为替代弹性 ε_1 和 ε_2,由此可估算 ρ_1 和 ρ_2。需要校调估算的参数为 δ_1、δ_2、A_1、A_2、α_1、α_2。例 8.2.1 的解答中展示了该模型的 GAMS 程序。

把 L^s 和 K^s 作为外生变量的目的是,我们很可能为了分析政策在以后模拟过程或可选模型结构中改变它们的数值。为了方便起见,可以在模型前面部分将它们宣称为变量,在模型后面部分用后缀".fx"来固定它们的数值,从而在 GAMS 程序中把它们的性质改为参数。例 8.2.1 中用这种方法设置 L^s 和 K^s 为外生变量。在程序前面它们被宣称为变量。因此,GAMS 程序开始运行时认为模型有 $15(=13+2)$ 个变量。稍后在 GAMS 程序中,我们用以下语句固定它们的数值:

```
LS.fx=LS0;

KS.fx=KS0;
```

一旦变量的数值被固定,GAMS 程序转而把它们视为参数。这样模型中变量数减少到 13 个,满足方形条件。我们在阅读 GAMS 程序的运行报告时,可能会感到由这个设置方式引起的一些困惑。使用 MCP 求解模型后,后缀为".1st"的报告文件开头会指出模型中的行数和列数如下:

```
---Example 8-2-1.gms(125) 6 Mb
---   13 rows   15 columns   47 non-zeroes
```

GAMS 程序的报告中,行表示等式,列表示变量。L^s 和 K^s 开始被宣称为变量,GAMS 程序取这些被宣称的等式和变量的数量,因此报告的行数和列数分别为 13 和 15。它们的不相等是违反方形条件的警告信号。不过这里我们不担心,因为我们知道后面程序中要固定 L^s 和 K^s 的数值,变量数量会减少。解算器读取的两个变量数值被固定后,会重新计算等式和变量的数量。如果 GAMS 程序不再报错,并且顺利运行到底,说明模型满足方形条件。

例 8.2.1　一个模型经济如本节式(8.2.6)—式(8.2.13)所描述的,其数据源自表 8.1.1。假如所有的要素禀赋(包括劳动和资本)都充分就业,而商品价格和劳动价格又像新古典主义描述的那样具有充分弹性,在劳动力增加 10% 的情况下,各个内生变量会有什么变化(以劳动工资价格作为基准价格)? 用 GAMS 程序模拟解答。

解:GAMS 程序如下所示。用计算机程序模拟劳动增加 10% 的结果展示在表 8.2.1 中,附在程序后面。

```
$title   例 8.2.1   有 CES 生产函数的基本 CGE 模型
*定义集合,ac 为账户,集合 c 为商品

set ac   /sec1, sec2, lab, cap, hh, total/
    c(ac)   /sec1, sec2/
;

*给 ac 取别名
alias(ac, acp);

*读取 SAM 表的数值
table sam(ac, acp)
         sec1     sec2     lab      cap      hh       total
sec1                                         12       12
sec2                                         21       21
lab      9        7                                   16
cap      3        14                                  17
hh                         16       17                33
total    12       21       16       17       33
;
```

*定义参数

```
parameters
Q0(c)          商品 c 的数量
P0(c)          商品 c 的价格
LD0(c)         劳动需求
KD0(c)         资本需求
LS0            劳动供给
KS0            资本供给
WL0            劳动价格
WK0            资本价格
Y0             居民收入
QH0(c)         居民对商品 i 的需求
scaleA(c)      CES 函数规模因素参数,可以从 SAM 表中求出
delta(c)       CES 函数份额参数,可以从 SAM 表中求出
rho(c)         CES 函数指数参数,外生给定,假设从替代弹性导出后等于 0.6
alphah(c)      居民收入中对商品 i 的消费支出,可以从 SAM 表中求出
;
```

*下面为参数(包括外生变量)赋值或校调估值 calibrate
```
rho(c)=0.6;
P0(c)=1;
WL0=1;
WK0=1;
Q0(c)=sam('total', c)/P0(c);
LD0(c)=sam('lab', c)/WL0;
KD0(c)=sam('cap', c)/WK0;
LS0=sum(c, LD0(c));
KS0=sum(c, KD0(c));
Y0=WL0*LS0+WK0*KS0;
QH0(c)=SAM(c, 'hh')/P0(c);
```

*校调估算生产函数参数
```
delta(c)=WL0*LD0(c)**(1-rho(c))/(WL0*LD0(c)**(1-rho(c))+WK0*KD0(c)**(1-rho(c)));
scaleA(c)=Q0(c)/(delta(c)*LD0(c)**rho(c)+(1-delta(c))*KD0(c)**rho(c))**(1/
rho(c));
```

*校调估算柯布-道格拉斯效用函数导出的消费需求
```
alphah(c)=P0(c)*QH0(c)/Y0;
```

116

*展示参数的值和估算值
```
display   rho, delta, scaleA, Q0, LD0, KD0, LS0, KS0, Y0, QH0;
```

*定义变量
```
variable
P(c), WK, WL, Q(c), LD(c), KD(c), Y, QH(c), LS, KS;
```
*上面的 LS 和 KS 目前是变量,但是考虑到以后在模拟中要改变其数值研究政策冲击的变化,在后面宏观闭合部分,这两个变量数值被指令".fx"固定住,性质随之变为参数。

*定义等式。注意等式数量和上面的内生变量数量要一致,满足方形条件,不然 MCP 停止执行。
```
equation

Qeq(c), FOCeq(c), PRICEeq(c), IncomeYeq, QHeq(c), Qbal(c), Leq, Keq
;

Qeq(c)..
Q(c)=e=scaleA(c)*(delta(c)*LD(c)**rho(c)+(1-delta(c))*KD(c)**rho(c))**(1/
rho(c));

FOCeq(c)..
WL/WK=e=delta(c)/(1-delta(c))*(LD(c)/KD(c))**(rho(c)-1);

PRICEeq(c)..
WL*LD(c)+WK*KD(c)=e=P(c)*Q(c);

IncomeYeq..
WL*LS+WK*KS=e=Y;

QHeq(c)..
P(c)*QH(c)=e=alphah(c)*Y;

Qbal(c)..
QH(c)=e=Q(c);

Leq..
Sum(c, LD(c))=e=LS;
```

```
Keq..
Sum(c, KD(c))=e=KS;
```

*赋予变量的初始值
```
P.L(c)=P0(c);
WL.L=WL0;
WK.L=WK0;
Q.L(c)=Q0(c);
LD.L(c)=LD0(c);
KD.L(c)=KD0(c);
LS.L=LS0;
KS.L=KS0;
Y.L=Y0;
QH.L(c)=QH0(c);
```

*假设全部要素充分就业。这两个变量用".fx"固定后成为参数
```
LS.fx=LS0;
KS.fx=KS0;
```

*执行优化程序
```
model cge   /all/;
solve cge using mcp;
```

*Replication 复制检验
```
WL.L=1.1;
model replic   /all/;
solve replic using mcp;
display P.L, WL.L, WK.L, Q.L, LD.L, KD.L, LS.L, KS.L;
```

*Simulation 模拟
*假如劳动供给和劳动要素禀赋增加 10%,求结果
```
WL.L=1;
LS.fx=1.1*LS0;
model sim   /all/;
solve sim using mcp;
display P.L, WL.L, WK.L, Q.L, LD.L, KD.L, LS.L, KS.L
```

*end 程序结束

表 8.2.1　例 8.2.1 的劳动禀赋增加 10% 的模拟结果

	商品 1	商品 2
商品价格	1.01	1.028
劳动价格	1	1
资本价格	1.043	1.043
商品供给量(实际量)	12.716	21.867
劳动供给量(实际量)	9.786	7.814
资本供给量(实际量)	2.936	14.064

8.3　多要素投入的情况和嵌套函数结构

从数学上讲,CES 生产函数也可以包括 3 个或 3 个以上的投入。假设有 n 个投入,我们有

$$q = f(x_1, x_2, \cdots, x_n) = A(\delta_1 x_1^\rho + \delta_2 x_2^\rho +, \cdots, + \delta_n x_n^\rho)^{1/\rho} \qquad \sum_c^n \delta_c = 1 \tag{8.3.1}$$

问题在于,在函数(8.3.1)的情况下,所有投入中任意两个之间的替代弹性都一样。譬如,要是生产函数中有中间投入 M、劳动 L、资本 K,而我们写成:

$$q = A(\delta_1 M^\rho + \delta_2 L^\rho + \delta_3 K^\rho)^{1/\rho} \qquad \sum_c^n \delta_c = 1 \tag{8.3.2}$$

这就迫使中间投入、劳动、资本中的任意两个之间的价格替代弹性都必须是同一个数值。因为它们都共享同一个 ρ。比如,如果中间投入和劳动之间的替代弹性是 0.5,那么劳动和资本之间的替代弹性也是 0.5。这在大多数情况下不符合事实。

为了避免这个问题,我们用两个 CES 生产函数嵌套的方法,这样任意两个投入之间可以有不同的替代弹性。这两个 CES 生产函数分别是:

$$q = A_q[\delta_q V^\rho + (1 - \delta_q) M^\rho]^{1/\rho} \tag{8.3.3}$$

$$V = A_v[\delta_v L^{\rho_v} + (1 - \delta_v) K^{\rho_v}]^{1/\rho_v} \tag{8.3.4}$$

两个函数有不同的指数值。将方程(8.3.4)代入方程(8.3.3),有

$$q = A_q\{\delta_q[A_v(\delta_v L^{\rho_v} + (1 - \delta_v) K^{\rho_v})^{1/\rho_v}]^\rho + (1 - \delta_q) M^\rho\}^{1/\rho} \tag{8.3.5}$$

可以看到,现在任意两个投入之间的替代弹性是可以不一样的。劳动和资本之间的弹性由 ρ_v 决定,劳动或者资本和中间投入之间的弹性则由 ρ_v 和 ρ 共同决定。

图 8.3.1 是 CGE 模型中生产部分为嵌套函数的结构图。CGE 模型中整个生产部分叫作生产区块。这个生产区块可以由多层嵌套的生产函数组成。最基础的子模块单元叫作生产函数模块,第 7.4 节讨论的就是 CES 生产函数模块的方程组形式。整个生产区块则由这些子模块一层一层叠加起来组成。

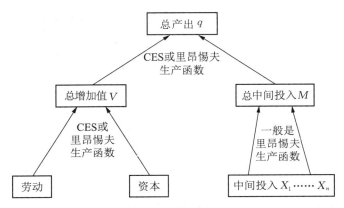

图 8.3.1　生产函数的嵌套

以图 8.3.1 的两层嵌套为例。在商品部门(为了简洁,省略顶层模块和增加值模块中等式的下标),顶层是一个 CES 生产函数模块。用 FOC 形式方程组表达,有包括部门总产出 q、总增加值 V 和总中间投入 M 的 CES 生产函数,以及 FOC 和价格关系函数:

$$\begin{cases} q = A_q \left[\delta_q V^\rho + (1 - \delta_q) M^\rho \right]^{1/\rho} \\ \dfrac{p_V}{p_M} = \dfrac{\delta_q}{1 - \delta_q} \left(\dfrac{V}{M} \right)^{\rho-1} \\ p_q q = p_v V + p_M M \end{cases} \tag{8.3.6}$$

其中 V 为总增加值,是劳动力与资本汇总合成的投入量。M 为总中间投入,是所有中间投入汇总合成的投入量。p_V 和 p_M 为总增加值价格和总中间投入价格,它们分别是底层子模块中的合成价格。

底层有两个生产函数模块。左边是增加值方面的生产函数模块。第一个方程是 CES 生产函数,其中总增加值为产出,两个投入是劳动 L 和资本 K。再加上 FOC 和价格关系函数:

$$\begin{cases} V = A_v \left[\delta_v L^{\rho_v} + (1 - \delta_v) K^{\rho_v} \right]^{1/\rho_v} \\ \dfrac{w_l}{w_k} = \dfrac{\delta_v}{1 - \delta_v} \left(\dfrac{L}{K} \right)^{\rho_v - 1} \\ p_v V = w_l L + w_k K \end{cases} \tag{8.3.7}$$

底层右边是总中间投入模块。这个模块一般用里昂惕夫生产函数,称为里昂惕夫生产函数模块。这个模块是一个投入产出方程组,包括投入产出函数和价格函数,和第 6.6 节中 CGE 模型 10 个等式展示的原理相同。下面里昂惕夫函数模块里,我们对变量添加了下标 j,和第 2—3 章中的变量符号记法一致。[若省略变量符号(如 X_i 或 a_i)的下标,会引起和其他不同定义的类似记号的冲突而导致误读。]

$$\begin{cases} X_{ij} = a_{ij} M_j & i \in C \quad j \in C \\ p_{M_j} M_j = \sum_i p_i X_{ij} & j \in C \end{cases} \tag{8.3.8}$$

方程组(8.3.8)里第一个方程是里昂惕夫生产函数,同时也是条件投入需求函数。C 为商品部门的集合。M_j 为总中间投入量，X_{ij} 为中间投入的商品量，a_{ij} 为投入产出系数，定义为生产 1 个单位的总中间投入 M_j 所需要的中间投入商品 i。注意这个 a_{ij} 和第 2 章里投入产出系数的不同之处。以前 a_{ij} 的定义是生产 1 个单位的最终产品 j 所需要的 i 的数量。

第二个方程是里昂惕夫模型中的价格函数。p_i 为商品价格，p_{M_j} 为总中间投入的价格。如果读者觉得不直观的话，我们把这个等式两边除以总增加值 M_j，那么有

$$p_{M_j} = \sum_i p_i a_{ij} \qquad j \in C \tag{8.3.9}$$

可以看出，这是第 3 章的投入产出模型中的价格关系。因此，里昂惕夫生产函数模块也可以用以下方程组形式：

$$\begin{cases} X_{ij} = a_{ij} M_j & i \in C \quad j \in C \\ p_{M_j} = \sum_i p_i a_{ij} & j \in C \end{cases} \tag{8.3.10}$$

里昂惕夫生产函数模块方程组由 2 个方程组成（相形之下，CES 函数模块由 3 个方程组成）。这两个方程决定了投入和产出价格、投入需求量和产出量。

整个嵌套函数的生产区块由方程组 (8.3.6)、方程组 (8.3.7)，加上方程组 (8.3.8) 或者方程组 (8.3.10)，共 3 个生产函数模块叠加组成。可以看到，底层的要素投入和中间投入是如何决定最终总产出量的。底层的总增加值量 V 由两个要素投入量 L 和 K 决定，总中间投入量 M_j 由个体的中间投入量 X_{ij} 决定。顶层的总产出量 q 由总增加值量 V 和总中间投入量 M 决定。同样，可以看到底层各价格是如何决定最终商品价格 p_q 的。在底层，劳动力和资本价格决定总增加值价格 p_V，中间投入商品的价格 p_i 决定总中间投入价格 p_M。顶层的商品价格 p_q 则由总增加值价格 p_V 和总中间投入价格 p_M 决定。

CGE 模型可以有更复杂的多层嵌套的生产函数，不过其原理和结构都是一样的。先在生产区块中设计好嵌套结构，然后写出嵌套结构中各生产函数模块方程组。这些方程组叠加拼接起来就是整个生产区块需要的方程。每个模块需要有自己特定的替代弹性。嵌套结构中单个模块里的合成变量在楼层里承上启下。它又有相应的价格和物量变量，如总增加值价格和总增加值量。上下相关的生产函数模块方程组要衔接好，保证一致性。合成变量在 SAM 表中本身没有独立的条目，合成的账户条目在 SAM 表中又常常不是按次序排列的，因此在为大型嵌套结构编程时要仔细，在设计 SAM 表结构和安排账户时尽可能按次序组织好。

8.4　嵌套生产函数的 CGE 模型

下面是用嵌套函数的 CGE 模型例子。它的 SAM 表为表 8.4.1。这个模型的生产函数嵌套有两层。顶层的总产出是个 CES 生产函数。它有两个投入，即中间投入和增加值。底层的模块为：增加值部分的生产函数有两个生产要素，即劳动和资本；中间投入部分的生产函数是里昂惕夫生产函数。居民的效用函数仍然是柯布-道格拉斯函数。

表 8.4.1　模型经济的 SAM 表

	商品1（农业）	商品2（工业）	商品3（服务业）	要素（劳动）	要素（资本）	居　民	汇　总
商品1(农业)	260	320	150			635	1 365
商品2(工业)	345	390	390			600	1 725
商品3(服务业)	400	365	320			385	1 470
要素(劳动)	200	250	400				850
要素(资本)	160	400	210				770
居　民				850	770		1 620
汇　总	1 365	1 725	1 470	850	770	1 620	

随着 CGE 模型的逐渐复杂化,模型的数学表达和程序编制中,为了标记越来越多的变量,原有的单个字母符号已够用,同时也不易记住它们代表的含义。下面我们在前面的基础上把本书用的变量记法再发展一下,方程中采取 IFPRI 模型和其他一些 CGE 模型中流行的变量记号,GAMS 程序中也尽量用同样的记法。这样,既便于读者识记变量符号和定义,也便于阅读和参看外部相关文献中的模型和 GAMS 程序。

变量和参数的名字不再是单个字母,而是由多个字母组成。英文字母表示的是变量,希腊字母表示的是参数。变量名字中开头字母的意思如下:Q 表示数量,P 表示(商品)价格,W 表示要素投入价格,Y 表示以货币单位计算的收入,E 表示货币金额的支出。C 为商品,VA 为增加值,INT 为增加值。H 为居民,G 为政府。变量名字中的结尾字母 A 代表"总"。举例:QC 表示商品数量,PC 表示商品价格。QVA 表示总增加值的数量,PVA 表示总增加值的价格。YH 表示居民的货币收入额,QA 为政府支出额。变量名字中的下标是索引,表明该变量从属的集合元素,如 $PINTA_c$ 为商品部门 c 的总中间投入价格。本模型的变量如下:

QC:产出商品数量

PC:产出商品的价格

QVA:总增加值量

PVA:总增加值的价格

$QINTA$:总中间投入量

$PINTA$:总中间投入的价格

$QINT$:中间投入量,即第 8.3 节中的 X_{ij}

QLD:劳动需求量

QKD:资本需求量

C:所有商品的集合

F:所有要素的集合

希腊字母表示参数:

α^q:顶层 QC 的 CES 函数规模参数

α^{va}:增加值 VA 的 CES 函数规模参数

ρ : 顶层 QC 的 CES 函数的指数

ρ^{va} : 增加值 VA 的 CES 函数指数参数

δ^q : 顶层 QC 的 CES 函数份额参数

δ^{va} : 增加值 VA 的 CES 函数劳动份额参数

$ia_{cc'}$: 中间投入的投入产出系数, 1 单位 $QINTA_{c'}$ 需要的商品 c

顶层是个 CES 生产函数模块。有两个投入:总增加值和总中间投入。采用 FOC 形式的方程组:

$$QC_c = \alpha_c^q \left[\delta_c^q QVA_c^{\rho_c} + (1-\delta_c^q) QINTA_c^{\rho_c} \right]^{1/\rho_c} \qquad c \in C \qquad (8.4.1)$$

$$\frac{PVA_c}{PINTA_c} = \frac{\delta_c^q}{(1-\delta_c^q)} \left(\frac{QVA_c}{QINTA_c} \right)^{\rho_c-1} \qquad c \in C \qquad (8.4.2)$$

$$PC_c \cdot QC_c = PVA_c \cdot QVA_c + PINTA_c \cdot QINTA_c \qquad c \in C \qquad (8.4.3)$$

SAM 表数据被定为基准年的均衡状态数据。PC 的初始价格按惯例设置为 1, QC_1 校调估算为 1 365。初始的要素投入价格也设置为 1, $WL=1$, $WK=1$。

嵌套函数的第二层,也就是底层的生产函数模块有两个。一个是增加值,一个是中间投入。增加值模块中的生产函数可以用 CES 函数或其他非线性函数,也可以用里昂惕夫生产函数。这里用 CES 函数,有两个要素投入,即劳动 QLD 和资本 QKD。

$$QVA_c = \alpha_c^{va} \left[\delta_c^{va} QLD_c^{\rho_c^{va}} + (1-\delta_c^{va}) QKD_c^{\rho_c^{va}} \right]^{1/\rho_c^{va}} \qquad c \in C \qquad (8.4.4)$$

$$\frac{WL}{WK} = \frac{\delta_c^{va}}{(1-\delta_c^{va})} \left(\frac{QLD_c}{QKD_c} \right)^{\rho_c^{va}-1} \qquad c \in C \qquad (8.4.5)$$

$$PVA_c \cdot QVA_c = WL \cdot QLD_c + WK \cdot QKD_c \qquad c \in C \qquad (8.4.6)$$

第二层中间投入模块的生产函数一般都用里昂惕夫生产函数。这是因为相对简单且易于操作,同时又有现成的投入产出表可以利用。我们有,

$$QINT_{cc'} = ia_{cc'} \cdot QINTA_{c'} \qquad c \in C \quad c' \in C \qquad (8.4.7)$$

$$PINTA_{c'} = \sum_{c \in C} ia_{cc'} \cdot PC_c \qquad c' \in C \qquad (8.4.8)$$

式(8.4.8)是价格方程,相当于式(8.3.9)。它的另外一个形式是:

$$PINTA_{c'} \cdot QINTA_{c'} = \sum_{c \in C} PC_c \cdot QINT_{cc'} \qquad (8.4.8')$$

这里,总中间投入量 $QINTA$ 是由各部门中间投入 $QINT$ 汇总而成的。中间投入模块的生产函数用的是里昂惕夫生产函数的投入产出系数。投入产出系数 $a_{cc'}$ 现在改用新的记号 $ia_{cc'}$ 来表示。注意,这里的 $ia_{cc'}$ 是生产 1 个单位的总中间投入 c' 所需要的投入 c 的数量,这和以前投入产出模型中的 a_{ij} 定义不同。以前 $a_{cc'}$ 的定义是生产 1 个单位的最终产品 c' 所需要的投入 c 的数量。在上面的 SAM 表中(按照惯例,所有商品初始价格设置为 1),对商品 1 来说,按以前的定义,$a_{11}=260/1\ 365$。但这里 $ia_{11}=260/(260+345+400)=$ 260/1 005。可看到差别在于,现在分母是总中间投入量,而不是以前投入产出模型中用的

总产出量。因此,第二层中间投入模块的生产函数是里昂惕夫生产函数:$QINT_{cc'} = ia_{cc'} \cdot QINTA_{c'}$。以上面 SAM 表为例,我们有 $ia_{11} = 260/1\,005$,$ia_{21} = 345/1\,005$,$ia_{12} = 320/1\,075$,$ia_{22} = 390/1\,075$。

上述式(8.4.1)—式(8.4.8)共 8 个等式完成了模型的生产区块。它是一个包括 3 个生产函数模块的两层嵌套结构。对区块的联立方程组求解,导出企业在利润最大化下的对要素和中间投入的需求量,以及最终商品的供给量。

下一步设置居民效用最大化下的商品需求函数。假设经济体所有要素禀赋被充分就业,因此要素供给量等于要素禀赋,被外生给定。变量记号是:

QLS:劳动供给量

QKS:资本供给量

YH:居民以货币单位计算的收入

居民收入是:

$$YH = WL \cdot QLS + WK \cdot QKS \qquad (8.4.9)$$

居民的效用函数是柯布-道格拉斯函数,可以导出他们收入中消费在商品 c 上的份额 $shareh_c$ 是固定的。居民对商品 c 的需求 QH_c 是:

$$QH_c = \frac{shareh_c}{PQ_c} \cdot YH \qquad c \in C \qquad (8.4.10)$$

商品市场供求平衡关系是:

$$\sum_{c' \in C} QINT_{cc'} + QH_c = QC_c \qquad c \in C \qquad (8.4.11)$$

要素市场供求平衡关系是:

$$\sum_{c \in C} QLD_c = QLS \qquad (8.4.12)$$

$$\sum_{c \in C} QKD_c = QKS \qquad (8.4.13)$$

以上式(8.4.1)—式(8.4.13)共 13 组等式,变量是 15 组,为 QC_c、QVA_c、$QINTA_c$、$QINT_{cc'}$、QLD_c、QKD_c、QLS、QKS、YH、QH_c、PC_c、PVA_c、$PINTA_c$、WL、WK。变量比等式多了两组。

方形条件要求个体等式的数量等于个体变量的数量,因此我们要计算每个组里的等式和变量的数量。商品集合 C 里有 3 个部门,因此有 $c \in C$ 的 9 个等式组和 9 个变量组里每组各有 3 个等式和 3 个变量。等式组(8.4.7)是二维的:$c \in C$,$c' \in C'$,里面有 9 个等式。同理,变量组 $QINT_{cc'}$ 也有 9 个变量。另外 3 个等式组(8.4.9)、(8.4.11)和(8.4.12)每组里只有一个等式。5 个变量组 QLS、QKS、YH、WL、WK 每组里也只有一个变量。各自加总后,这个模型共有 39 个等式和 41 个变量,变量比等式多了两个。为满足方形条件,需要减少两个变量。

当 SAM 表和 CGE 模型的商品集合中包括几十个或更多部门后,像前面那样计算等式和变量的个体数量会变得非常繁琐。一般情况下,因为等式组和变量组在同一群体集合下的个体等式和个体变量数量是一样的,我们可以简单化地比较等式组和变量组的数量差别来考虑方形条件。本书后面讨论模型的方形条件时,在大多数情况下就是比较等式组和变量组的数量。只有发生个体组内的个体等式和个体变量数量不一致时,我们才会对个体等式和变量数量做计算和检验。

现在回到前面式(8.4.1)—式(8.4.13)的模型,我们需要减少两个变量组来满足方形条件。

这可以通过对变量加两个限制条件来完成。因为新古典主义闭合假设要素充分就业,因此要素供给量等于要素禀赋 $\overline{QLS}$ 和 $\overline{QKS}$。要素禀赋是外生给定的,在变量名字顶上加横杠来标记外生变量。外生变量是经济学上的概念,GAMS 程序中称外生变量为参数,因为它们都是系统外界给定的数值。下面加上这两个限制条件,对 QLS 和 QKS 的赋值等于要素禀赋,如下:

$$QLS = \overline{QLS} \tag{8.4.14}$$

$$QKS = \overline{QKS} \tag{8.4.15}$$

这样模型的整个联立方程组中内生变量也是 13 组,和等式数量相等,方形条件得到满足,模型可解。外界给定的参数为 ρ_c 和 ρ_c^{va}。依据 SAM 表可以估算校调的参数是 α_c^q、α_c^{va}、δ_c^q、δ_c^{va}、$ia_{cc'}$ 和 $shareh_c$。

读者需要注意 GAMS 模型和程序中赋值等式和求解等式的性质差别。它们两者就代数式形式看都可以有简单的或者复杂的,但赋值等式是对等式左边的变量赋值,而求解等式是整个被求解的模型系统的方程。它们的 GAMS 程序语法也不同。

式(8.4.14)和式(8.4.15)是赋值等式,为 QLS 和 QKS 变量确定具体数值。在 GAMS 程序中这种等式用等号“=”。

而模型中式(8.4.1)—式(8.4.13)这 13 个求解等式是组成模型系统的方程,GMAS 程序要对它们进行求解。GAMS 程序中这种等式用符号“=e=”。

如果加个赋值等式对变量赋值,如 $QLS = \overline{QLS}$,QLS 的数值被固定了,模型中变量就少了一个,而模型等式数量没增加也没减少。如果加个求解等式,如“QLS=e=$\sqrt{WL}$”,QLS 的数值要等模型最后运行时求解,那么模型就多了个求解等式,而变量数量没增加也没减少。在计算等式数量和变量数量是否相等时,要分清这两种不同性质的等式。加个赋值等式会减少变量数量,加个求解等式会增加等式数量。就满足方形条件来说,两者导致的结果恰好相反。

GAMS 程序中,由于不同原因需要把模型中原来的变量改为参数时,有 3 种办法可考虑。第一,加上限制条件等式,对变量赋值,如式(8.4.14)。第二,为变量名称加后缀“.fx”固定数值,譬如“QLS.fx=850”。第三,在 parameter 下把它宣称为参数。根据情况决定何种方式更为便利。经济学中,虽然外生变量和参数一样是模型系统外部决定的数值,但外生变量是研究者常要考虑的外界环境变化的变量。如果进行课题研究时常要改变某一外生变量的数值去模拟环境变化,用第一和第二种方法去编码相对容易。

8.5　CES 嵌套生产函数的 CGE 模型的 GAMS 程序演示

例 8.5.1　第 8.4 节描述了一个 CGE 模型。它的 SAM 表为表 8.4.1。表 8.5.1 提供了

相应的 CES 生产函数的指数值。写出该 CGE 模型的 GAMS 程序。校调估算参数,复制检验。然后假设劳动力增长 8%,模拟计算其他变量的变化。

表 8.5.1　模型经济的 CES 生产函数的指数值

	农　业	制造业	服务业
第一层生产函数	0.2	0.3	0.1
增加值生产函数	0.25	0.5	0.8

解:例 8.2.1 演示了一个有 CES 生产函数的 CGE 模型的 GAMS 程序。本节的主要不同之处是,生产区块由两层嵌套的生产函数组成。本模型的数学表达式和解释在第 8.4 节中已有介绍。此模型的 GAMS 程序如下所示,读者可以关注这里有 3 个生产函数子模块的嵌套结构设置。模拟结果在表 8.5.2 中。

```
$title   例 8.5.1   有 CES 嵌套生产函数的 CGE 模型

*定义集合所有账户 ac,商品 c 和要素 f
*农业:agri;   制造业:manu;   服务业:serve;
set ac   /agri, manu, serv, lab, cap, hh, total/;
set c(ac)   /agri, manu, serv/;
set f(ac)   /lab, cap/;


alias(ac, acp), (c, cp), (f, fp);


table sam(ac, acp)
        agri    manu    serv    lab     cap     hh      total
agri    260     320     150                     635     1365
manu    345     390     390                     600     1725
serv    400     365     320                     385     1470
lab     200     250     400                             850
cap     160     400     210                             770
hh                              850     770             1620
total   1365    1725    1470    850     770     1620
;

*读入 SAM 表外给定的参数数值
parameter   rhoq(c)    /agri =   0.2,   manu = 0.3,   serv = 0.1 /
            rhoVA(c)   /agri     0.25,  manu   0.5,   serv   0.8 /


*定义参数
```

parameters

scaleAq(c)	顶层 QC 的 CES 函数规模参数
deltaq(c)	顶层 QC 的 CES 函数份额参数
scaleAVA(c)	增加值 VA 的 CES 函数规模参数
deltaVA(c)	增加值 VA 的 CES 函数劳动份额参数
ia(c, cp)	中间投入的投入产出系数,生产 1 单位 QINCA 需要的商品 c
shareh(c)	居民收入中对商品 c 的消费支出
PC0(c)	商品 c 的价格
QC0(c)	商品 c 的数量
PVA0(c)	增加值部分汇总价格
QVA0(c)	增加值部分汇总量
PINTA0(c)	中间投入总价格
QINTA0(c)	总中间投入量
QINT0(c, cp)	中间投入量
QLD0(c)	c 部门的劳动需求
QKD0(c)	资本需求
QLS0	劳动量供给
QKS0	资本供给
WL0	劳动价格
WK0	资本价格
YH0	居民收入
QH0(c)	居民对商品 a 的需求

;

*参数(包括外生变量)赋值与校调

```
PC0(c)=1;
PVA0(c)=1;
PINTA0(c)=1;
WK0=1;
WL0=1;
QC0(c)=sam('total', c)/PC0(c);
QVA0(c)=SUM(f, Sam(f, c));
QINT0(c, cp)=sam(c, cp)/PC0(c);
QINTA0(c)=SUM(cp, QINT0(cp, c));
ia(c, cp)=QINT0(c, cp)/QINTA0(cp);
QLS0=sum(c, sam('lab', c))/WL0;
```

```
QKS0=sum(c, sam('cap', c))/WK0;

QLD0(c)=sam('lab', c)/WL0;

QKD0(c)=sam('cap', c)/WK0;

deltaq(c)=PVA0(c)*QVA0(c)**(1-rhoq(c))/(PVA0(c)*QVA0(c)**(1-rhoq(c))+
PINTA0(c)*QINTA0(c)**(1-rhoq(c)));

scaleAq(c)=QC0(c)/(deltaq(c)*QVA0(c)**rhoq(c)+(1-deltaq(c))*QINTA0(c)**
rhoq(c))**(1/rhoq(c));

deltaVA(c)=WL0*QLD0(c)**(1-rhoVA(c))/(WL0*QLD0(c)**(1-rhoVA(c))+WK0*
QKD0(c)**(1-rhoVA(c)));

scaleAVA(c)=QVA0(c)/(deltaVA(c)*QLD0(c)**rhoVA(c)+(1-deltaVA(c))*QKD0(c)**
rhoVA(c))**(1/rhoVA(c));

YH0=WL0*QLS0+WK0*QKS0;

QH0(c)=SAM(c, 'hh')/PC0(c);

shareh(c)=(PC0(c)*QH0(c))/sum(cp, sam(cp, 'hh'));
```

*"display"的目的是检验所读的参数值是否正确
```
display
PC0, PVA0, PINTA0, QC0, QVA0, QINTA0, QINT0, rhoq, rhoVA, scaleAq, deltaq,
scaleAVA, deltaVA, ia, shareh, QLD0, QKD0, QLS0, QKS0, WL0, WK0, YH0, QH0;
```

```
variable
PC(c), PVA(c), PINTA(c), WL, WK, QC(c), QVA(c), QINTA(c), QINT(c, cp), QLD(c),
QKD(c)
QLS, QKS, YH, QH(c);
```

*定义等式
```
equation
QCfn(c), QCFOCeq(c), PCeq(c), QVAfn(c), QVAFOC(c), PVAeq(c), QINTfn(c, cp),
PINTAeq(cp), YHeq, QHeq(c), ComEqui(c), Leq, Keq;
```

*下面是嵌套结构的顶层模块方程组
```
QCfn(c)..
QC(c)=e=scaleAq(c)*(deltaq(c)*QVA(c)**rhoq(c)+(1-deltaq(c))*QINTA(c)**rhoq
(c))**(1/rhoq(c));
```

```
QCFOCeq(c)..
PVA(c)/PINTA(c)=e=(deltaq(c)/(1-deltaq(c)))*(QINTA(c)/QVA(c))**(1-rhoq(c));
```

```
PCeq(c)..
PC(c)*QC(c)=e=PVA(c)*QVA(c)+PINTA(c)*QINTA(c);
```

*下面是嵌套结构的增加值部分模块方程组
```
QVAfn(c)..
QVA(c)=e=scaleAVA(c)*(deltaVA(c)*QLD(c)**rhoVA(c)+(1-deltaVA(c))*QKD(c)**
rhoVA(c))**(1/rhoVA(c));
```

```
QVAFOC(c)..
WL/WK=e=(deltaVA(c)/(1-deltaVA(c)))*(QKD(c)/QLD(c))**(1-rhoVA(c));
```

```
PVAeq(c)..
PVA(c)*QVA(c)=e=WL*QLD(c)+WK*QKD(c);
```

*下面是嵌套结构的中间投入模块方程组
```
QINTfn(c, cp)..
QINT(c, cp)=e=ia(c, cp)*QINTA(cp);
```

```
PINTAeq(cp)..
PINTA(cp)=e=SUM(c, ia(c, cp)*PC(c));
```

*居民部分
```
YHeq..
YH=e=WL*QLS+WK*QKS;
```

```
QHeq(c)..
PC(c)*QH(c)=e=shareh(c)*YH;
```

*市场出清
```
ComEqui(c)..
QC(c)=e=sum(cp, QINT(c, cp))+QH(c);
```

```
Leq..
Sum(c, QLD(c))=e=QLS;
```

```
Keq..
Sum(c, QKD(c))=e=QKS;
```

```
*赋予变量的初始值
PC.L(c)=PC0(c);
PVA.L(c)=PVA0(c);
PINTA.L(c)=PINTA0(c);
QC.L(c)=QC0(c);
QVA.L(c)=QVA0(c);
QINTA.L(c)=QINTA0(c);
QINT.L(c, cp)=QINT0(c, cp);
QLD.L(c)=QLD0(c);
QKD.L(c)=QKD0(c);
WK.L=1;
WL.L=1;
YH.L=YH0;
QH.L(c)=QH0(c);
```

*新古典主义闭合,将 QLS 和 QKS 赋值固定

```
QLS.fx=QLS0;
QKS.fx=QKS0;


*执行优化程序
model cge   /all/;
solve cge using mcp;


*下面模拟外界冲击的结果
QLS.fx=QLS0*1.08;
model sim1  /all/;
solve sim1 using mcp;


*End
```

表 8.5.2　劳动禀赋增加 8% 的模拟结果

	商品 1	商品 2	商品 3
商品价格	1.013	1.014	1.011
劳动价格	1	1	1
资本价格	1.028	1.028	1.028
商品供给量(实际量)	1 423	1 797	1 533

8.6　多层嵌套结构和多投入变量的 CES 生产函数

有时因为研究需要,一些 CGE 模型的生产部分需要设置多层复杂的嵌套结构。一个

例子是美国环境保护署用于分析环境政策的 SAGE 模型（Environmental Protection Agency，2019）。另一个例子是 GTAP-E 模型，它被用于研究能源和环境问题。图 8.6.1 是原始的 GTAP-E 模型的结构图（Burniaux and Truong，2002）。过去的 20 年里，CGE 模型文献中有很多这类模型的变体。

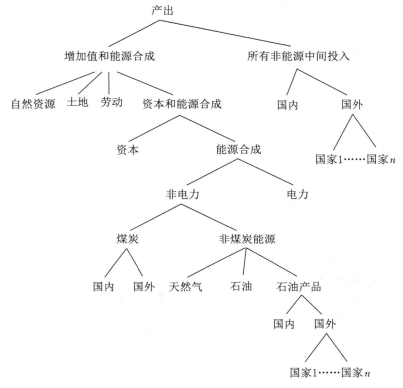

图 8.6.1 GTAP-E 模型的生产区块结构

GTAP-E 模型的生产区块由 8 层嵌套的生产函数模块组成。每个生产函数模块的方程组设置原理和第 8.4 节所述的是一样的。细节上不同的是，有些模块的 CES 生产函数包括了两个以上的投入，譬如，增加值和能源合成变量模块中有 4 个投入：自然资源、土地、劳动、资本和能源合成。又譬如，石油产品从国外进口的模块中，CES 生产函数里的投入包括从 n 个国家进口的石油产品。也就是说，在这个生产函数模块中，从不同国家进口的石油被视为不同的投入。

同一 CES 生产函数里有多个投入，隐含的假设是所有这些投入相互之间的替代弹性是相同的。如果这个假设在经济学上讲得通，那么该模块可以用多投入变量的 CES 生产函数，反之则不能。譬如，来自不同国家的同样石油产品的化学属性基本相同，因此我们可以合理地假设在国内市场上它们相互之间的替代弹性是相同的。这样，模型可以把这些投入放在同一个 CES 生产函数内，如 GTAP-E 模型的从国外进口石油产品的生产函数模块。

下面讨论多变量 CES 函数的一些数学设置。设一个 CES 生产函数中有 n 个投入,投入的集合记为 X,我们有

$$q = f(x_1, x_2, \cdots, x_n) = A(\delta_1 x_1^\rho + \delta_2 x_2^\rho + \cdots + \delta_n x_n^\rho)^{1/\rho} \qquad \sum_i^n \delta_i = 1 \quad (8.6.1)$$

任何一对投入 i 和 j 之间的技术替代率是:

$$TRS = \frac{\partial f/\partial x_i}{\partial f/\partial x_j} = \frac{A \frac{1}{\rho}(\delta_1 x_1^\rho + \cdots + \delta_n x_n^\rho)^{\frac{1}{\rho}-1} \cdot \delta_i \cdot \rho x_i^{\rho-1}}{A \frac{1}{\rho}(\delta_1 x_1^\rho + \cdots + \delta_n x_n^\rho)^{\frac{1}{\rho}-1} \cdot \delta_j \cdot \rho x_j^{\rho-1}}$$

$$= \frac{\delta_i}{\delta_j}\left(\frac{x_i}{x_j}\right)^{\rho-1} \qquad i \in X \quad j \in X \quad i \neq j \qquad (8.6.2)$$

成本最小化投入组合的一阶条件仍然是:

$$\frac{w_i}{w_j} = \frac{\delta_i}{\delta_j}\left(\frac{x_i}{x_j}\right)^{\rho-1} \qquad i \in X \quad j \in X \quad i \neq j \qquad (8.6.3)$$

函数指数 ρ 与替代弹性 ε 之间的相互转换关系是:

$$\varepsilon = \frac{1}{1-\rho} \quad \text{或者} \quad \rho = 1 - \frac{1}{\varepsilon} \qquad (8.6.4)$$

参数 ρ 或者 ε 的数值是外界给定的。

生产函数的其他参数值 A 和 δ 可以从 SAM 表数据中推导出来。从 $n-1$ 个一阶条件等式 $\frac{w_i}{w_j} = \frac{\delta_i}{\delta_j}\left(\frac{x_j}{x_i}\right)^{1-\rho}$(其中 $i = 2, \cdots, n$)经过一些杂乱但技巧简单的代数变项和重组后,有以下估算参数 δ 的方程:

$$\delta_j = \frac{w_j x_j^{1-\rho}}{w_1 x_1^{1-\rho} + \cdots + w_i x_i^{1-\rho} + \cdots + w_n x_n^{1-\rho}} = \frac{w_j x_j^{1-\rho}}{\sum_{i \in X} w_i x_i^{1-\rho}} \qquad j \in X \qquad (8.6.5)$$

估算规模因素 A 的公式是:

$$A = q/(\delta_1 x_1^\rho + \cdots + \delta_n x_n^\rho)^{1/\rho} \qquad (8.6.6)$$

如果这个生产函数模块采用 FOC 形式,那么模块包括的等式有生产函数、FOC 和价格函数。具体是:

$$\begin{cases} q = A(\delta_1 x_1^\rho + \delta_2 x_2^\rho + \cdots + \delta_n x_n^\rho)^{1/\rho} \qquad \sum_i^n \delta_i = 1 \\ \dfrac{w_i}{w_1} = \dfrac{\delta_i}{\delta_1}\left(\dfrac{x_i}{x_1}\right)^{\rho-1} \qquad i = 2, \cdots, n \\ pq = w_1 x_1 + \cdots + w_n x_n \end{cases} \qquad (8.6.7)$$

上面方程组里,第二个等式组是个索引项等式组,其中有 $n-1$ 个一阶条件方程。上面选择投入 1 作为公分母,形成它和其他投入(2 至 n)的比例,完成相应的一阶条件方程。当然,选择任一其他投入来作公分母也是可以的。

　　因为在第二个等式组中，$i=2,\cdots,n$，排斥了投入 1，编写 GAMS 代码时需要另外定义一个排斥投入 1 的子集 $XSUB=\{2,\cdots,n\}$，相对比较麻烦。在多变量 CES 生产函数情况下，用其他生产函数模块形式相对容易。

　　如果用投入需求函数形式，相应的方程组为：

$$\begin{cases} x_i^c=\dfrac{q}{A}\left(\dfrac{\delta_i}{w_i}\right)^\varepsilon(\delta_1^\varepsilon w_1^{1-\varepsilon}+\cdots+\delta_n^\varepsilon w_n^{1-\varepsilon})^{\frac{\varepsilon}{1-\varepsilon}} \qquad i=1,\cdots,n \text{ 或者 } i\in X \\ pq=w_1x_1+\cdots+w_nx_n \end{cases} \tag{8.6.8}$$

该方程组内第一个等式组有 n 个等式，索引项的集合为已经定义的集合 X。第二个等式是价格函数。整个程序编码相对简洁。

　　如果用单位成本形式，相应的方程组如下：

$$\begin{cases} x_i^c=A^{\varepsilon-1}\left(p\dfrac{\delta_i}{w_i}\right)^\varepsilon\cdot q \quad i=1,\cdots,n \\ p=\dfrac{1}{A}(\delta_1^\varepsilon w_1^{1-\varepsilon}+\cdots+\delta_n^\varepsilon w_n^{1-\varepsilon})^{1/(1-\varepsilon)} \end{cases} \tag{8.6.9}$$

　　如果用边际收益产品形式，模块由下面的方程组成：

$$\begin{cases} w_i=pq(\delta_1 x_1^\rho+\delta_2 x_2^\rho+\cdots+\delta_n x_n^\rho)^{-1}\delta_i x_i^{\rho-1} \qquad i=1,\cdots,n \\ q=A(\delta_1 x_1^\rho+\delta_2 x_2^\rho+\cdots+\delta_n x_n^\rho)^{1/\rho} \end{cases} \tag{8.6.10}$$

这个形式的优点是，在各要素投入税率不同的情况下，在模型中设置个体投入税比较方便。

　　一般来说，当生产函数模块中的 CES 函数有两个以上的投入，后三种形式的 GAMS 编码会相对容易和简洁。这在应对多国家/地区的进口投入情况时尤其如此，因为在同一 CES 生产函数里有许多投入。

　　GAMS 模型生产区块中不管有多少层次的嵌套，都可以用上述原理构建模型：先设计整个结构，然后设置各层次的每个生产函数模块的方程组，组合起来就是生产区块的全部等式。当 CGE 模型生产区块的结构变得越来越复杂时，我们自然面临以下问题：如此复杂的嵌套函数，是否会导致 CGE 模型的均衡点不再存在，或者，CGE 模型在模拟时不能收敛到均衡点？答案还在一般均衡理论里。阿罗-德布鲁理论中的一般均衡存在条件是，生产集是凸集。CES 生产函数（$-\infty<\rho<1$）和里昂惕夫生产函数的生产集是凸集。因为凸集的交集仍然是凸集，所以嵌套的 CES 生产函数和里昂惕夫生产函数保留了凸性。只要遵循本章中嵌套结构和单元模块的原则，模型的生产区块的生产集就是凸集，因此满足阿罗-德布鲁理论中的存在条件。

　　有时出于研究课题需要，模型设置破坏了生产集的凸性属性，在这种情况应该尽量采取补救措施。譬如，研究者想要设置规模报酬递增的生产函数。或者，在 CES 生产函数里，指数 ρ 大于 1。这些设置都破坏了生产集的凸性属性，需要在 CGE 模型中改变生产函数结构恢复凸性，或者增加约束条件，使模型能被求解。

8.7 单位条件投入需求作为投入产出系数的 CGE 模型结构

标准的里昂惕夫生产函数投入产出模型中的投入产出系数是个固定常数。第 7.2 节中提到,方程(7.2.14)的单位条件投入需求函数 $x_i^c(w_1, \cdots, w_n, q_j = 1)$ 是生产 1 单位商品 j 所需投入 i 的投入产出系数。和标准投入产出模型不一样的是,这个投入产出系数是可变的——投入产出比例会根据投入价格变化而发生调整。譬如,工资上涨会引起企业采用资本密集型技术,减少劳动力使用,从而降低劳动力的投入产出系数。这个系数记为 $a_{ij}(w_1, \cdots, w_n)$。下面介绍用这个可变投入产出系数来设置生产区块的 CGE 模型,模型结构原型来自 Ginsburgh 和 Keyzer(2002, chap.3)。

设经济有 $c \in C$ 个商品,$f \in F$ 个要素,$h \in H$ 个居民家庭。黑体字母表示数量和价格的向量和矩阵。变量记号如下:

$\mathbf{e}_h$:居民 h 的要素禀赋。

$\mathbf{q}$:商品产出。

$\mathbf{D}_h$:居民 h 的商品需求(最终使用)。

$\mathbf{F}_h^d$:居民 h 的要素需求。

$\mathbf{p}$:商品价格。

$\mathbf{w}$:要素投入价格。

Y_h:居民 h 的收入。

由 CES 生产函数导出单位条件投入需求函数,得到投入产出系数 $a_{cc'}(\mathbf{p}, \mathbf{w}, q_{c'} = 1)$。为了简洁起见,这里省掉 $q_{c'} = 1$,直接记为 $a_{cc'}(\mathbf{p}, \mathbf{w})$。$a_{cc'}(\mathbf{p}, \mathbf{w})$ 不再是常数,而是受商品价格 $\mathbf{p}$ 和投入价格 $\mathbf{w}$ 影响的函数。类似标准投入产出模型,假如有 n 个商品,生产区块的中间投入有下面的投入产出矩阵:

$$\mathbf{A}_C(\mathbf{p}, \mathbf{w}) = \begin{pmatrix} a_{11}(\mathbf{p}, \mathbf{w}) & \cdots & & \cdots & \\ & \ddots & & & \\ \vdots & & a_{cc}(\mathbf{p}, \mathbf{w}) & & \vdots \\ & & & \ddots & \\ \cdots & & \cdots & & a_{nn}(\mathbf{p}, \mathbf{w}) \end{pmatrix} \tag{8.7.1}$$

要素的条件投入产出系数记为 $a_{fc}(\mathbf{p}, \mathbf{w})$。例如,$a_{f1}(\mathbf{p}, \mathbf{w})$ 为生产 1 单位的 q_1 所需要的要素 f。设总共有 m 个要素,生产区块的要素投入有下面的投入产出矩阵:

$$\mathbf{A}_F(\mathbf{p}, \mathbf{w}) = \begin{pmatrix} a_{f1}(\mathbf{p}, \mathbf{w}) & \cdots & & \cdots & \\ & \ddots & & & \\ \vdots & & a_{ff}(\mathbf{p}, \mathbf{w}) & & \vdots \\ & & & \ddots & \\ \cdots & & \cdots & & a_{fm}(\mathbf{p}, \mathbf{w}) \end{pmatrix} \tag{8.7.2}$$

这两个矩阵 $\mathbf{A}_C$ 和 $\mathbf{A}_F$ 确定了投入产出关系,因此设置了整个生产区块的生产函数。企业的商品供给函数由下面的价格关系所隐含(上标 T 意为转置矩阵):

$$\mathbf{p} = \mathbf{A}_C^T(\mathbf{p}, \mathbf{w})\mathbf{p} + \mathbf{A}_F^T(\mathbf{p}, \mathbf{w})\mathbf{w} \tag{8.7.3}$$

显然,这是第 3 章投入产出模型中的价格关系。居民 h 从要素禀赋得到收入:

$$Y_h = \mathbf{w}\mathbf{e}_h \tag{8.7.4}$$

居民消费需求是:

$$\mathbf{D}_h(\mathbf{p}, \mathbf{w}, Y_h) = \mathbf{D}_h \tag{8.7.5}$$

居民对要素也有需求,譬如需要休闲时间。居民 h 对要素的需求为:

$$\mathbf{F}_h^d = \mathbf{F}_h(\mathbf{p}, \mathbf{w}, Y_h) \tag{8.7.6}$$

所有居民对要素的需求为 $\sum_h \mathbf{F}_h^d(\mathbf{p}, \mathbf{w}, Y_h)$。企业对要素的需求为 $\mathbf{A}_F(\mathbf{p}, \mathbf{w})\mathbf{q}$。因此,整个经济对要素的需求为:

$$\mathbf{F}^d = \sum_h \mathbf{F}_h^d(\mathbf{p}, \mathbf{w}, Y_h) + \mathbf{A}_F(\mathbf{p}, \mathbf{w})\mathbf{q} \tag{8.7.7}$$

商品市场出清条件是:

$$\sum_h \mathbf{D}_h(\mathbf{p}, \mathbf{w}, Y_h) + \mathbf{A}_C(\mathbf{p}, \mathbf{w})\mathbf{q} = \mathbf{q} \tag{8.7.8}$$

要素市场出清条件是:

$$\mathbf{F}^d = \sum_h \mathbf{e}_h \tag{8.7.9}$$

式(8.7.3)—式(8.7.9)组成了这个模型。外生变量为禀赋 $\mathbf{e}_h$,内生变量为 $\mathbf{p}$、$\mathbf{w}$、$\mathbf{D}_h$、$\mathbf{F}_h^d$、$\mathbf{F}^d$、$\mathbf{q}$、Y_h。这个模型有一般均衡理论的框架,也有投入产出模型的痕迹。从中可以看出 CGE 模型发展的两个方向的互动:一是一般均衡理论的应用;一是投入产出(多部门)模型的提升,以 SAM 表为数据基础,结合更符合实际的非线性生产函数,再加上居民收入到需求的闭合。这个模型是一个从投入产出模型进化到 CGE 模型的直观演示。不过,如果模型要包括各种国民账户和它们之间的复杂交易,上述的 $\mathbf{A}_C$ 和 $\mathbf{A}_F$ 矩阵结构捉襟见肘。另外,特别在嵌套函数的情况下,非线性投入产出系数 $a_{cc'}(\mathbf{p}, \mathbf{w})$ 会非常繁琐,并不省力和实用。

练　习

1. 有下列 SAM 表,生产函数为 CES 函数,居民效用函数为柯布-道格拉斯函数。写出 CGE 模型,用 GAMS 编程,校调估算生产函数的参数及消费者在各个商品上的消费份额并复制检验。

表 8.E.1.1　模型经济的 SAM 表

	商品 1	商品 2	要素(劳动)	要素(资本)	居　民	汇　总
商品 1					325	325
商品 2					340	340
要素(劳动)	200	130				330
要素(资本)	125	210				335
居　民			330	335		675
汇　总	325	340	330	335	675	

2. 已知模型经济有下面的 SAM 表：

表 8.E.2.1　模型经济的 SAM 表

	商品1 (农业)	商品2 (工业)	商品3 (服务业)	要素 (劳动)	要素 (资本)	居　民	汇　总
商品1(农业)	300	240	185			835	1 560
商品2(工业)	285	380	290			1 015	1 970
商品3(服务业)	375	315	355			465	1 510
要素(劳动)	450	495	450				1 395
要素(资本)	150	540	230				920
居　民				1 395	920		2 315
汇　总	1 560	1 970	1 510	1 395	920	2 315	

用两层嵌套生产函数建立 CGE 模型。第一层模块为里昂惕夫生产函数,第二层有增加值和中间投入。增加值模块为 CES 生产函数,中间投入模块为里昂惕夫生产函数。居民的效用函数是柯布-道格拉斯函数。所有的要素禀赋(包括劳动和资本)都充分就业。商品价格和劳动价格具有充分弹性。用数学方式表达模型,然后写出和运行 GAMS 程序,并复制检验。在资本增加 10% 的情况下,各个内生变量会有什么变化?

附录　数学复习(2)

8.A.1　非线性方程组

有 m 个等式和 n 个变量的非线性方程组的数学形式是：

$$\begin{cases} f^1(x_1, \cdots, x_n; \mathbf{b}) = 0 \\ \cdots \\ f^m(x_1, \cdots, x_n; \mathbf{b}) = 0 \end{cases} \tag{8.A.1.1}$$

f^i 表示第 i 个函数,该上标不是函数的指数,也不是导数的阶次。$\mathbf{b}$ 是参数向量。

第 3 章附录中我们讨论了线性方程组存在唯一解的条件。非线性方程组存在解或者唯一解的条件要复杂得多,不过有些基本原则是相似的:

(1) 假如等式之间存在非相容情况,方程组无解。

(2) 以下条件同时满足时,一般情况下系统有解:(a)满足方形条件,即等式数量和变量数量相等 $m=n$;(b)等式之间函数性独立。

函数性独立的条件是在变量 x 的定义域内,雅可比行列式(Jacobian determinant)的值不等于 0,也就是:

$$\begin{vmatrix} \partial f^1/\partial x_1 & \cdots & \partial f^1/\partial x_n \\ \vdots & \ddots & \vdots \\ \partial f^m/\partial x_1 & \cdots & \partial f^m/\partial x_n \end{vmatrix} \neq 0 \qquad (8.A.1.2)$$

上述条件(2)被满足时,如果等式全部是线性的,那么,如第 3 章附录所述,系统存在唯一解。如果等式是非线性的,那么,一般情况下有解,但这不等于保证存在解。还要对函数属性、定义域和值域加一些规定。一般均衡理论模型中用的固定点定理给出了一套存在解的充分条件。

一般的 CGE 模型或本书中的函数和设置环境下,只要满足条件(2),模型就有解。因此,我们常常把条件(2)作为充分条件来设置模型。有兴趣进一步了解理论的读者可以查找相关的高级微观经济学和数学参考书。

▶9

效用函数和居民的商品需求

前面两章讨论了从企业方面形成的商品供给函数和投入需求函数。本章讨论从居民方面形成的要素供给函数和商品需求函数。例 6.3.1 演示了居民在给定劳动禀赋下，通过效用最大化导出最佳商品需求量和劳动供给量。简单起见，本章假设要素被充分利用，因此要素供给量等于要素禀赋。因此，我们只关注商品需求函数是如何形成的。弹性要素供给的劳动供给函数放在第 17.2 节里讨论。下面讨论居民效用函数和导出的各种主要商品需求函数。

9.1 效用最大化和柯布-道格拉斯效用函数

居民的行为是在预算约束下使其效用最大化。假设居民的消费篮子里有 n 种商品，设 q_i 为商品 i 的数量。居民的效用函数记为：

$$u(q_1, \cdots, q_n) \tag{9.1.1}$$

商品价格为 p_i，居民的货币收入为 Y。预算约束条件记为：

$$\sum p_i q_i = Y \tag{9.1.2}$$

居民在预算约束条件下的效用最大化行为的数学表达是：

$$\max u(q_1, \cdots, q_n) \tag{9.1.3}$$
$$\text{s.t. } p_1 q_1 + \cdots + p_n q_n = Y$$

或简洁地记为：

$$\max \left\{ u(q_1, \cdots, q_n) \mid \sum_i p_i q_i = Y \right\} \tag{9.1.4}$$

对上面系统求解，可导出居民对各种商品的需求量。

柯布-道格拉斯效用函数是个简单但在 CGE 模型中非常流行的函数。它的标准形式是：

$$u(q_1, \cdots, q_n) = Aq_1^{\alpha_1} \cdot \cdots \cdot q_n^{\alpha_n} = A \prod_i^n q_i^{\alpha_i} \qquad \sum_i \alpha_i = 1 \qquad (9.1.5)$$

从微观经济学理论知道,效用函数的单调变换不改变其无差异曲线的形状,不改变所求的居民的消费需求函数(参见第 6 章附录)。将上面柯布-道格拉斯效用函数除以常数 A,再把它转换为对数形式:

$$\max_{q_1, \cdots, q_n, \lambda} L = \sum_i \alpha_i \log q_i - \lambda(\sum_i p_i q_i - Y) \qquad (9.1.6)$$

对上面效用函数最大化,导出商品 i 的需求函数:

$$q_i = \alpha_i \frac{Y}{p_i} \qquad (9.1.7)$$

这种形式的需求函数 $q_i = f(p_1, \cdots, p_n, Y)$ 被称为普通需求函数(ordinary demand function)或者马歇尔需求函数(Marshallian demand function)。

柯布-道格拉斯函数的优点是简单。它假设替代弹性等于 1,因此不需要再从外界搜寻弹性数据。推导需求函数唯一需要估算的参数是每种商品消费额占总收入的百分比份额 α,而这个参数值可以直接从 SAM 表的数据中估算。因为这些便利,柯布-道格拉效用函数在需求函数要求不复杂的 CGE 模型中被广泛应用。

9.2　CES 效用函数

柯布-道格拉斯效用函数中任意两种商品之间的替代弹性等于 1。当它们之间的替代弹性不等于 1 时,例如两种商品是替代品或互补品,我们需要用其他函数形式,如 CES 效用函数:

$$u(q_1, q_2) = [\alpha q_1^\rho + (1-\alpha) q_2^\rho]^{1/\rho} \qquad (9.2.1)$$

CES 效用函数的数学表达式和 CES 生产函数一样。它的标准形式包括两种商品。对于多种商品,如果所有商品的替代弹性相同,我们可以把所有这些商品包含在一个 CES 方程中。如果不相同,则使用包含多个 CES 实用函数的嵌套结构。经济学中更常使用 CES 效用函数的单调变换形式:

$$u(q_1, q_2) = \{[\alpha q_1^\rho + (1-\alpha) q_2^\rho]^{1/\rho}\}^\rho = \alpha q_1^\rho + (1-\alpha) q_2^\rho \qquad (9.2.2)$$

用拉格朗日乘数描述居民在预算约束条件下的效用最大化:

$$\max_{q_1, q_1, \lambda} L = \alpha q_1^\rho + (1-\alpha) q_2^\rho - \lambda(p_1 q_1 + p_2 q_2 - Y) \qquad (9.2.3)$$

对数量变量 q 偏微分得一阶条件:

$$\frac{p_1}{p_2} = \frac{\alpha}{(1-\alpha)} \left(\frac{q_1}{q_2}\right)^{\rho-1} = \frac{\alpha}{(1-\alpha)} \left(\frac{q_2}{q_1}\right)^{1-\rho} \qquad (9.2.4)$$

上面等式左边是价格比例,是预算约束线 $p_1 q_1 + p_2 q_2 = Y$ 的斜率。右边是边际替代率(marginal rate of substitution,MRS)。边际替代率是无差异曲线的斜率:

$$MRS = \frac{\partial u / \partial q_1}{\partial u / \partial q_2} = \frac{\alpha}{(1-\alpha)} \left(\frac{q_2}{q_1}\right)^{1-\rho} \tag{9.2.5}$$

一阶条件直观地说是在无差异曲线图上,预算约束线和无差异曲线相切点,是消费者的最优消费选择,在预算约束下效用最大化。

商品之间替代弹性 ε 的概念和先前我们在生产区块中讨论的投入之间替代弹性的概念类似。定义是,两个商品之间的价格比例提高 1 个百分点引起的它们需求量的百分比变化:

$$\varepsilon \equiv \frac{d(q_2/q_1)}{q_2/q_1} \Big/ \frac{d(p_1/p_2)}{p_1/p_2} \tag{9.2.6}$$

和方程(7.1.8)使用的技巧一样,对方程(9.2.4)取对数后求导,得到替代弹性 ε:

$$\varepsilon = \frac{1}{1-\rho} \text{ 或者 } \rho = 1 - \frac{1}{\varepsilon} \tag{9.2.7}$$

表 9.2.1 列出了替代弹性 ε、指数 ρ 和两个商品之间的关系。柯布-道格拉斯函数是 CES 函数在替代弹性等于 1 的情况下的形式。

表 9.2.1 替代弹性、指数和两个商品之间的关系

替代弹性 ε	0	1	∞
指数 ρ	$-\infty$	0	1
两个商品之间的关系	完全互补	柯布-道格拉斯	完全替代

把一阶条件(9.2.6)和预算约束 $p_1 q_1 + p_2 q_2 - Y = 0$ 合并,处理后得到普通需求函数:

$$\begin{cases} q_1 = \left(\frac{\alpha}{p_1}\right)^\varepsilon \dfrac{Y}{\alpha^\varepsilon p_1^{1-\varepsilon} + (1-\alpha)^\varepsilon p_2^{1-\varepsilon}} \\ q_2 = \left(\frac{1-\alpha}{p_2}\right)^\varepsilon \dfrac{Y}{\alpha^\varepsilon p_1^{1-\varepsilon} + (1-\alpha)^\varepsilon p_2^{1-\varepsilon}} \end{cases} \tag{9.2.8}$$

将上述需求代入效用函数 $u = \alpha q_1^\rho + (1-\alpha) q_2^\rho$,简化,得到间接效用函数(indirect utility function):

$$V(p_1, p_2, Y) = [\alpha^\varepsilon p_1^{1-\varepsilon} + (1-\alpha)^\varepsilon p_2^{1-\varepsilon}]^{\frac{1}{\varepsilon-1}} Y \tag{9.2.9}$$

将间接效用 V 作为效用 u,收入 Y 作为支出 e,有支出函数(expenditure function):

$$e(p_1, p_2, u) = [\alpha^\varepsilon p_1^{1-\varepsilon} + (1-\alpha)^\varepsilon p_2^{1-\varepsilon}]^{\frac{1}{1-\varepsilon}} u \tag{9.2.10}$$

用谢泼德引理,求出希克斯需求函数(Hicksian demand function):

$$h_i = h_i(p_1, p_2, u) = \frac{\partial}{\partial p_i} e(p_1, p_2, u) = \left(\frac{\alpha_i}{p_i}\right)^\varepsilon [\alpha^\varepsilon p_1^{1-\varepsilon} + (1-\alpha)^\varepsilon p_2^{1-\varepsilon}]^{\frac{\varepsilon}{1-\varepsilon}} u$$

$$\tag{9.2.11}$$

$$\alpha_1 = \alpha \quad \alpha_2 = 1 - \alpha$$

上述的间接效用函数、支出函数和希克斯需求函数,在以后的 CGE 模型政策评估中非常有用。

如果商品数量为 n,各商品之间的替代弹性一样,相应的 CES 效用函数为:

$$u(q_1, \cdots, q_n) = \sum_i \alpha_i q_i^\theta \qquad \sum_i \alpha_i = 1 \qquad (9.2.12)$$

导出的普通商品需求函数是:

$$q_i = \left(\frac{\alpha_i}{p_i}\right)^\varepsilon \left(\sum_i \alpha_i^\varepsilon p_i^{1-\varepsilon}\right)^{-1} Y \qquad \alpha_1 = \alpha \quad \alpha_2 = 1 - \alpha \qquad (9.2.13)$$

其间接效应函数、支出函数和希克斯需求函数的获得方式是,在相应的式(9.2.9)—式(9.2.11)里,把方括号项 $[\alpha^\varepsilon p_1^{1-\varepsilon} + (1-\alpha)^\varepsilon p_2^{1-\varepsilon}]$ 替换成 $\sum_i \alpha_i^\varepsilon p_i^{1-\varepsilon}$:

$$V(\mathbf{p}, Y) = \left(\sum_i \alpha_i^\varepsilon p_i^{1-\varepsilon}\right)^{\frac{1}{\varepsilon-1}} Y \qquad (9.2.14)$$

$$e(\mathbf{p}, u) = \left(\sum_i \alpha_i^\varepsilon p_i^{1-\varepsilon}\right)^{\frac{1}{1-\varepsilon}} u \qquad (9.2.15)$$

$$h_i(\mathbf{p}, u) = \left(\frac{\alpha_i}{p_i}\right)^\varepsilon \left(\sum_i \alpha_i^\varepsilon p_i^{1-\varepsilon}\right)^{\frac{\varepsilon}{1-\varepsilon}} u \qquad (9.2.16)$$

CES 效用函数的优点包括:(1)可以使用不同的替代弹性来刻画商品之间的关系。(2)参数数据搜集成本低,唯一需要从外界获取的是替代弹性(其他参数可以从 SAM 表中估算校准)。替代弹性的数据在现有文献中不难获得,如 GTAP 的出版物。

9.3 LES 函数

CES 效用函数是个齐次函数。齐次函数的等值线有个特征,即从原点出发的任一射线和所有等值线相交点的曲线斜率维持不变(见图 9.3.1)。因此,从 CES 效用函数导出的需求函数有局限性。它规定商品之间的替代弹性始终一样,和收入增长没有关系。只要商

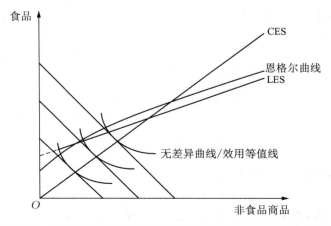

图 9.3.1 几种效用函数下消费支出份额随着收入增长变化的特征

品的比价一样,无论收入如何增长,居民在各种不同商品之间的花费支出份额维持不变。这常常和经济现实不符。我们知道,收入增长后,居民在服务和奢侈品上的花费占总收入的百分比份额会增长,而在食品和必需品上的支出份额会减少。恩格尔系数就是描述这种变化的一个著名指标。而 CES 效用函数以及其他齐次函数都不能反映这种收入变化和恩格尔效应。

LES 支出函数就是在商品上的消费支出额和消费者收入,以及商品自身价格和其他相关商品价格形成线性关系的一种函数。记商品 i 的价格为 p_i,收入为 Y,该函数是:

$$p_i q_i = \beta_0 + \beta_1 p_1 + \beta_2 p_2 + \cdots + \beta_n p_n + \beta_{n+1} Y \tag{9.3.1}$$

β_i 为常数。LES 需求函数是从斯通-吉尔里效用函数导出来的。斯通-吉尔里效用函数的原始形式是:

$$u(\mathbf{q}) = \prod_{i=1}^{n} (q_i - \gamma_i)^{\beta_i} \qquad \beta_i > 0 \quad q_i - \gamma_i > 0 \quad \sum_{i=1}^{n} \beta_i = 1 \tag{9.3.2}$$

经济学文献中通常使用单调变换后的对数形式:

$$u(\mathbf{q}) = \sum_{i=1}^{n} \beta_i \ln(q_i - \gamma_i) \qquad \beta_i > 0 \quad q_i - \gamma_i > 0 \quad \sum_{i=1}^{n} \beta_i = 1 \tag{9.3.3}$$

可以看到,这个函数有柯布-道格拉斯效用函数的痕迹。如果 $\gamma_i = 0$,那就是柯布-道格拉斯效用函数。不同之处在于,LES 函数在每个商品 i 的消费上,有一个外生给定的基本生存消费额 γ_i。这个基本生存消费额 γ_i 可以被理解为生存所需水平和生活必需品。低于这个消费额不可维持生存,因此低于 γ_i 的消费量在数学上没有定义。产生效用的是 γ_i 以上的部分 $q_i - \gamma_i$。这个设置使收入与商品支出的成长轨迹产生了一个虚拟截距[①],如图 9.3.1 所示。这样,LES 函数可以近似地体现恩格尔曲线支出变化的状态。其效用最大化的演算过程是:

$$\max u(\mathbf{q}) = \sum_{i=1}^{n} \beta_i \ln(q_i - \gamma_i) \qquad \text{s.t.} \quad \sum_{i=1}^{n} p_i q_i = Y \tag{9.3.4}$$

从拉格朗日乘数函数 $L = \sum_{i}^{n} \beta_i \ln(q_i - \gamma_i) - \lambda \left(\sum p_i q_i - Y \right)$ 进行优化,有一阶条件:

$$\begin{cases} \dfrac{\partial L}{\partial q_i} = \beta_i \dfrac{1}{q_i - \gamma_i} - \lambda p_i = 0 \\[2mm] \dfrac{\partial L}{\partial q_j} = \beta_j \dfrac{1}{q_j - \gamma_j} - \lambda p_j = 0 \\[2mm] \sum_{i=1}^{n} p_i q_i = Y \end{cases} \tag{9.3.5}$$

合并上面第一和第二两个等式,有

---

① 因为对数的真数不能为负数,以此可推出 $q_i > \gamma_i > 0$,所以图中的 LES 直线实际不能和轴线相交,这个"截距"是个虚拟截距。

$$\frac{\beta_i}{\beta_j}\frac{q_j-\gamma_j}{q_i-\gamma_i}=\frac{p_i}{p_j} \tag{9.3.6}$$

得出：

$$p_iq_i=p_i\gamma_i+\frac{\beta_i}{\beta_j}p_j(q_j-\gamma_j) \tag{9.3.7}$$

在两边对所有商品汇总，有

$$\sum_{i=1}^{n}p_iq_i=\sum_{i=1}^{n}p_i\gamma_i+\sum_{i=1}^{n}\frac{\beta_i}{\beta_j}\frac{p_jp_i}{p_i}(q_j-\gamma_j) \tag{9.3.8}$$

得出：

$$\sum_{i=1}^{n}p_iq_i=\sum_{i=1}^{n}p_i\gamma_i+\frac{p_j}{\beta_j}(q_j-\gamma_j)\sum_{i=1}^{n}\beta_i \tag{9.3.9}$$

因为 $\sum_{i=1}^{n}\beta_i=1$，$\sum_{i=1}^{n}p_iq_i=Y$，所以有

$$Y=\sum_{i=1}^{n}p_i\gamma_i+\frac{p_j}{\beta_j}(q_j-\gamma_j) \tag{9.3.10}$$

解出 q_j 或者 p_jq_j：

$$\begin{aligned}p_jq_j&=\beta_jY-\beta_j\sum_i p_i\gamma_i+p_j\gamma_j\\&=p_j\gamma_j+\beta_j(Y-\underbrace{\sum_i p_i\gamma_i})\end{aligned} \tag{9.3.11}$$

在必需品上的消费
不包括生存消费的可随意支配收入

对 q_j 的普通需求函数是：

$$q_j=\gamma_j+\frac{\beta_j}{p_j}(Y-\sum_i p_i\gamma_i)=\gamma_j-\frac{\beta_j}{p_j}\sum_i p_i\gamma_i+\frac{\beta_j}{p_j}Y \tag{9.3.12}$$

对 LES 函数的参数，可以这样解释：

β_j：为花费在商品 j 上的边际预算份额（边际消费额）。

γ_j：商品 j 的基本生存消费量。

$Y-\sum_i p_i\gamma_i$：可随意支配收入（discretionary income 或 supernumerary income）。

$p_jq_j=(p_j\gamma_j-\beta_j\sum_i p_i\gamma_i)+\beta_iY$ 实际上是一个恩格尔曲线。虚拟截距为 $p_j\gamma_j-\beta_j\sum_i p_i\gamma_i$，斜率为边际预算份额 β_j。图 9.3.2 是导出 LES 需求函数的斯通-吉尔里效用函数的无差异曲线图。虚线部分是基本生存消费量 γ_1 和 γ_2。低于这个消费量没有效用定义。在右上方区域的无差异曲线类似于柯布-道格拉斯效用函数的情况。

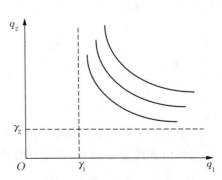

图 9.3.2　斯通-吉尔里效用函数的无差异曲线图

143

LES 需求函数的间接效用函数的推导过程是这样的。利用原始的斯通-吉尔里效用函数即式(9.3.2),把普通商品需求函数即式(9.3.12)中的 q 替代进去,得到:

$$V(\mathbf{q}) = \prod_{j=1}^{n} (q_j - \gamma_j)^{\beta_j} = \prod_{j=1}^{n} \left[\frac{\beta_j}{p_j} \left(Y - \sum_i p_i \gamma_i \right) \right]^{\beta_j}$$

$$= \prod_{j=1}^{n} \left(\frac{\beta_j}{p_j} \right)^{\beta_j} \left[\prod_{j}^{n} \left(Y - \sum_i p_i \gamma_i \right)^{\beta_j} \right] \tag{9.3.13}$$

因为 $\sum_j \beta_j = 1$,所以最后方括号项可以简化成 $Y - \sum_i p_i \gamma_i$,由此导出的间接效用函数如下:

$$V(\mathbf{q}) = \prod_{j=1}^{n} \left(\frac{\beta_j}{p_j} \right)^{\beta_j} \left(Y - \sum_i p_i \gamma_i \right) \tag{9.3.14}$$

把间接效用量 V 替换成直接效用量 u,把收入 Y 替换成支出 e,我们导出如下支出函数。这个函数在后面对 CGE 模拟结果实施政策评估时有用。

$$e(\mathbf{p}, u) = \sum_i p_i \gamma_i + u \prod_j \left(\frac{p_j}{\beta_j} \right)^{\beta_j} \tag{9.3.15}$$

9.4　LES 函数的属性和校调估算参数

LES 函数的优点是可以模拟恩格尔效应,可以包括很多商品,其形式也相对简单。它的缺点是对商品属性有一定限制。下面讨论 LES 函数的这些属性:

第一,在 LES 需求函数下,所有商品都是正常品(normal goods),不能为劣品(inferior goods)。这是因为规定 $\beta_i > 0$,有 $\mathrm{d}q_i / \mathrm{d}Y > 0$。

第二,所有商品的自身需求价格弹性都小于 1,即消费者对商品的需求是无价格弹性的。先从式(9.3.12)对 p_j 求导,可以导出自身价格弹性 e_{jj}:

$$\frac{\mathrm{d}q_j}{\mathrm{d}p_j} = -\frac{\beta_j}{p_j^2} \left(Y - \sum_i p_i \gamma_i \right) - \frac{\beta_j \gamma_j}{p_j} = -\frac{\beta_j}{p_j^2} \left[p_j \gamma_j + \left(Y - \sum_i p_i \gamma_i \right) \right] \tag{9.4.1}$$

因为 $p_j q_j = p_j \gamma_j + \beta_j \left(Y - \sum_i p_i \gamma_i \right)$,可以得出商品的自身价格弹性 e_{jj}:

$$e_{jj} = -\frac{\mathrm{d}q_j}{\mathrm{d}p_j} \frac{p_j}{q_j} = \frac{\beta_j \left(p_j \gamma_j + Y - \sum_i p_i \gamma_i \right)}{p_j q_j} = \frac{\beta_j p_j \gamma_j + \beta_j \left(Y - \sum_i p_i \gamma_i \right)}{p_j \gamma_j + \beta_j \left(Y - \sum_i p_i \gamma_i \right)} < 1$$

$$\tag{9.4.2}$$

第三,LES 函数的需求弹性系数同时受价格和收入变化的影响,这是预料中的。它的交叉价格弹性系数如下,可以看出是个负数:

$$\frac{\partial q_j}{\partial p_i} \frac{p_i}{q_j} = -\frac{\beta_j \gamma_i}{p_j} \frac{p_i}{q_j} < 0 \qquad \forall i \quad \forall j \tag{9.4.3}$$

也就是说,任何一对商品 i 和 j 都是补充品。这个属性是很具有限制性的,因为它排除了消费品互为替代品的可能性。而这个属性在很多 CGE 应用中又是需要的。因此,如果研究必须要考虑替代品的情况,就不可以用 LES 函数。

LES 函数有几个参数需要从 SAM 表以外的信息获得。从 SAM 表可以估算平均预算(支出)份额 s_j:

$$s_j = \frac{p_j q_j}{Y} \tag{9.4.4}$$

从式(9.3.11)可以看出,边际预算份额 β_j 是:

$$\beta_j = \mathrm{d}(p_j q_j)/\mathrm{d}Y \tag{9.4.5}$$

商品 j 的支出收入弹性(income elasticity of expenditure),也就是恩格尔弹性 e_j 为:

$$e_j \equiv \frac{\mathrm{d}(p_j q_j)}{p_j q_j} \bigg/ \frac{\mathrm{d}Y}{Y} = \frac{\mathrm{d}(p_j q_j)}{\mathrm{d}Y} \frac{Y}{p_j q_j} = \frac{\beta_j}{s_j} \tag{9.4.6}$$

反过来,如果知道支出收入弹性 e_j,可以求出 β_j:

$$\beta_j = e_j s_j \tag{9.4.7}$$

一般地,在 CGE 建模和应用上,需要从外部文献中取得收入弹性数据 e_j。这个数据在经济学文献中不难得到,据此可推算 β_j。注意,$\sum_i \beta_i = 1$,因此,其中一个边际预算份额作为余数,是内生决定的。

生存消费量 γ_j 参数对设置 LES 函数也是关键的,但这个数据不容易直接获得。一般地,经济学家采取间接的方法。首先从文献中获取弗里希参数(Frisch parameter)。弗里希参数的原始定义为"支出边际效用弹性",现在 CGE 模型文献中所谓的弗里希参数的定义变成"支出效用弹性",并且加了个负号,如很多 GTAP 模型中的用法。这个弗里希参数的定义如下:

$$\varphi = -\frac{\mathrm{d}V/V}{\mathrm{d}Y/Y} = -\frac{Y}{Y - \sum_i p_i \gamma_i} \tag{9.4.8}$$

其中 V 为间接效用。[①]这个式子的分子为收入,分母为收入减去基本生存所需消费后的可随意支配收入。由此可见,这个弗里希系数的取值范围为 $(-\infty, -1)$。居民收入和生存消费额这两个数值比较容易从家庭调查中获取或从现有统计数据中估算。实际上,去掉负号的弗里希参数的倒数更容易理解:

$$-\frac{1}{\varphi} = \frac{Y - \sum_i p_i \gamma_i}{Y} = \frac{\text{不包括生存消费的可随意支配收入}}{\text{收入}} \tag{9.4.9}$$

---

① LES 的间接效用函数见等式(9.3.14)。用原始形式的斯通-吉尔里效用函数,然后推导。推导过程见附录。

它就是收入中的可随意支配部分的百分比。这个百分比随着收入增加而增加。可以想见,在中国这样一个上中等收入国家里,这个百分比在低收入阶层很小,也许只有 10%,中等收入阶层是 35%,高收入阶层达到 85%。然后我们可以将这个百分比用倒数加负号来换算出弗里希参数 φ。譬如,富裕群体的可随意支配收入占其收入的 90%,那么弗里希参数 $\varphi = -1/0.9 \approx -1.1$。表 9.4.1 是估算的弗里希参数,供参考。读者做正式项目研究时,可以参考文献或者相关数据,如家庭调查的数据,得到该参数数值。

表 9.4.1　弗里希参数的参考值

经济收入状况	弗里希参数
绝对贫穷	-10
较　穷	-4
中位数收入水平	-2
较富裕	-1.5
富　裕	-1.2

有了弗里希参数 φ 后,可以从已知数据中校调估算生存消费量 γ_j。先从定义即式 (9.4.8)得到 $Y - \sum_i p_i \gamma_i = -\dfrac{Y}{\varphi}$,然后把它替换到普通需求函数(9.3.12)中去。有

$$\gamma_j = q_j - \frac{\beta_j}{p_j}\left(Y - \sum_i p_i \gamma_i\right) = q_j + \frac{\beta_j}{p_j}\frac{Y}{\varphi} \tag{9.4.10}$$

在校调估算参数时,LES 函数的有些特征需要注意。如果对式(9.3.11)两边所有商品 j 汇总相加,不难证明 $\sum_i \beta_i = 1$。这个条件在 CGE 模型参数估算中要检查是否满足。由于弹性数据 e_j 来源于外部,要是不做调整直接引用的话,估算出来的 β_j 之和往往不等于 1。如果有偏差的话,要用不同方法调整使之得到满足。一个做法是,假如某商品 k 没有弹性数据并且可以作为消费的余量,那就将它的 β_k 按照下列公式决定:

$$\beta_k = 1 - \sum_{j,\,j \neq k}^{n-1} \beta_j \tag{9.4.11}$$

如果所有商品都有弹性数据的话,可以用一个按规模调整的方法。假设商品 j 的支出收入弹性的初始数据为 e_j^0, $j = 1, \cdots, n$。按照式(9.4.7),有 $\beta_j^0 = e_j^0 s_j$。假如 $\sum_j^n \beta_j^0 \neq 1$,可以将 β_j^0 用下列标准化方程来调整:

$$\beta_j^1 = \frac{\beta_j^0}{\sum_i^n \beta_i^0} = \frac{e_j^0 s_j}{\sum_i^n e_i^0 s_i} \tag{9.4.12}$$

被调整后的参数值 $\sum_j \beta_j^1 = 1$,满足条件要求。本章最后一节演示如何用 GAMS 程序校调估算 LES 函数的参数值。

9.5　超越对数函数

如果商品之间的替代性对 CGE 模型研究很重要，那么 LES 函数是不合适的，因为它要求所有商品之间必须互补。这时我们需要用可包容不同替代性的效用函数。除了 CES 函数之外，超越对数函数也被经常使用。

微观经济学实证研究中还有一些可以捕捉商品之间各种不同替代性和弹性的多功能需求函数，如 AIDS（almost ideal demand system，几乎理想需求系统）函数、CDE（constant difference of elasticity，固定差异弹性）函数等。理论上，它们都可以作为 CGE 模型的需求函数。不过我们面临一个取舍问题。当需求函数形式变得复杂时，它需要更多的外部参数数据，需要更多的工作来校准估算和平衡参数。此外，当函数结构变得更复杂和非线性时，求解的结果对数据误差更敏感而造成模型收敛结果不稳健。毕竟，没有一个效用或需求函数可以完全捕捉人类偏好和行为的所有细节。因此，除非研究需要迫不得已，应该尽量采用相对简单的函数形式。

超越对数函数被广泛用于实证研究和 CGE 建模。超越对数函数灵活且相对简单，一个方程下包括多种商品。不同商品之间可以有不同的交叉价格弹性，因此商品可以互为替代品或补充品。超越对数函数包括几个变体。其中最简单的是位似超越对数函数（homothetic translog function），或称 HTL 函数。它的间接效用函数是：

$$V(\mathbf{p}, Y) = \ln Y - \sum_i \beta_i \ln p_i - \frac{1}{2} \sum_j \sum_i \lambda_{ij} \ln p_i \ln p_j \tag{9.5.1}$$

$$\text{s.t.} \ \lambda_{ij} = \lambda_{ji} \quad \forall i \quad \forall j \quad \sum_i \lambda_{ij} = 0 \quad \sum_i \beta_i = 1$$

方程中的限制条件源自数学和经济学原则。$\lambda_{ij} = \lambda_{ji}$ 是因为交叉价格弹性是对称的，$\sum_i \lambda_{ij} = 0$ 是因为效用函数对收入 Y 和价格向量 $\mathbf{p}$ 是个零阶齐次函数，$\sum_i \beta_i = 1$ 是因为所有支出份额汇总等于 1。

根据罗伊恒等式（Roy's identity）导出普通商品需求函数：

$$q_i = -\frac{\partial V/\partial p_i}{\partial V/\partial Y} = \underbrace{\frac{\beta_i Y}{p_i}}_{\text{柯布-道格拉斯部分}} + \frac{Y}{p_i} \sum_j \lambda_{ij} \ln p_j \tag{9.5.2}$$

可以看出此处 HTL 函数的第一项是独立于商品价格的柯布-道格拉斯需求形式。它的第二项反映商品需求量受各种商品价格的影响。如果 $\lambda_{ij} > 0$，商品 j 和商品 i 互为替代品；如果 $\lambda_{ij} < 0$，商品 j 和商品 i 互为补充品。λ_{ij} 是在商品 i 上支付额的交叉价格弹性：

$$\frac{\mathrm{d}(q_i p_i/Y)/1}{\mathrm{d}p_j/p_j} = \frac{\mathrm{d}(q_i p_i/Y)}{\mathrm{d}p_j} \frac{p_j}{1} = \lambda_{ij} \tag{9.5.3}$$

λ_{ij} 表示的是，如果商品 j 的价格增加 1 个百分点，消费者支付在商品 i 上的份额会变化多少百分点。这个参数数值必须从 SAM 表以外的数据中得到。一些重要商品的 λ_{ij} 数值可以在数据库和文献中找到，但要找到所有商品之间的 λ_{ij} 数值就不容易了。如果某些商品需求量变化在模型中并不重要,或者消费者在上面的支出份额是相对固定的,我们可以把这对 λ_{ij} 数值定为 0。在有很多商品的大型 CGE 模型里,各种合理简化常常是必要的。

在商品 i 上的支出份额 s_i 是:

$$s_i \equiv \frac{p_i q_i}{Y} = \beta_i + \sum_j \lambda_{ij} \ln p_j \tag{9.5.4}$$

如果在基准年把所有价格都标准化为 1,上述方程最后一项为 0,我们有

$$\beta_i = p_i q_i / Y \tag{9.5.5}$$

因此 β_i 等于在商品 i 上开支的份额。这样参数 β_i 可以直接在 SAM 表数据上通过校调估算获得。

获得各参数的原始数据后,还要对参数数值进行调整,使它们符合经济理论上的 3 个限制条件:

$$\lambda_{ij} = \lambda_{ji} \qquad \sum_i \lambda_{ij} = 0 \qquad \sum \beta_i = 1 \tag{9.5.6}$$

如果不符合,还需要用平衡法或其他技术去调整。譬如,用包括上述限制条件的最小二乘法的技术来调整参数值。

从 HTL 间接效用函数导出的支出函数是:

$$\ln e = \ln u + \sum_i \beta_i \ln p_i + \frac{1}{2} \sum_j \sum_i \lambda_{ij} \ln p_i \ln p_j \tag{9.5.7}$$

支出函数在 CGE 模型的政策模拟和评估中常常被用到。

9.6 线性超越对数函数

上面讨论的 HTL 函数是位似函数。位似函数是齐次函数单调变换后的形式,因此它保留了齐次函数的等值线形状。也就是说,HTL 效用函数的无差异曲线类似图 9.3.1 中 CES 函数的无差异曲线特征,消费者在各商品上的消费份额不受收入水平高低的影响,因此它不能捕捉恩格尔效应。

为了捕捉恩格尔效应,经济学家发展出线性超越对数函数(linear translog function),或称 LTL 函数。LTL 函数采用 LES 结构的想法,在 HTL 函数上添加了一个生存消费量 γ_i。生存消费量 γ_i 在图 9.3.1 中的消费扩张路径上加了一个虚拟截距,因此可以模拟恩格尔曲线扩张轨迹和捕捉恩格尔效应。HTL 函数是 LTL 函数与 LES 的合成产物。它的间接效用函数是:

$$V(\mathbf{p}, Y) = \ln\left(Y - \sum p_i \gamma_i\right) - \sum \beta_i \ln p_i - \frac{1}{2} \sum_i \sum_j \lambda_{ij} \ln p_i \ln p_j \tag{9.6.1}$$

$$\text{s.t.} \quad \lambda_{ij} = \lambda_{ji} \qquad \sum_i \lambda_{ij} = 0 \qquad \sum \beta_i = 1$$

其中,参数 β_i 和 λ_{ij} 的定义和 HTL 函数中的一样。参数 γ_i 和 LES 里的生存消费量概念一

样,所起的作用也类似。它的普通需求函数是:

$$q_i(\mathbf{p}, Y) = \underbrace{\gamma_i}_{\text{生存消费}} + \underbrace{\frac{1}{p_i}(\beta_i + \sum_j \lambda_{ij} \ln p_j)}_{\text{和HTL函数一样}} \underbrace{(Y - \sum_j p_j \gamma_j)}_{\text{可随意支配收入}} \quad (9.6.2)$$

LTL 函数是多功能的。改变 LTL 函数中的参数值,它可以变换成很多常用函数。假如 $\lambda_{ij}=0$,它变成了 LES 需求函数:

$$q_i(\mathbf{p}, Y) = \gamma_i + \frac{1}{p_i}(\beta_i + \sum_j \lambda_{ij} \ln p_j)(Y - \sum_j p_j \gamma_j) = \gamma_i + \frac{\beta_i}{p_i}(Y - \sum_j p_j \gamma_j)$$

$$(9.6.3)$$

假如 $\gamma_i=0$,它变成 HTL 需求函数。假如 $\lambda_{ij}=0$ 且 $\gamma_i=0$,它变成柯布-道格拉斯函数的需求函数: $q_i(p, Y) = \frac{\beta_i}{p_i} Y$。

下面讨论如何校调估算 LTL 函数的参数值。LTL 函数的平均预算份额 s_i 是:

$$s_i = \frac{p_i q_i}{Y} = \frac{p_i \gamma_i}{Y} + (\beta_i + \sum_j \lambda_{ij} \ln p_j)\left(1 - \frac{1}{Y}\sum_j p_j \gamma_j\right) \quad (9.6.4)$$

i 和 k 之间的交叉价格弹性系数 e_{ik} 可以用式(9.6.4)对 $\ln p_k$ 求导得出。为了简便起见,弗里希参数 φ 在 CGE 模型中被固定为常数,由此上述等式的最后一项 $\left(1 - \frac{1}{Y}\sum_j p_j \gamma_j\right)$ 在求导过程中被设定为常数,这样整个推导过程就简便了:

$$e_{ik} \equiv \frac{\mathrm{d}(p_i q_i/Y)/1}{\mathrm{d}p_k/p_k} = \frac{\mathrm{d}(p_i q_i/Y)}{\mathrm{d}\ln p_k} = \lambda_{ik}\left(1 - \frac{1}{Y}\sum_j p_j \gamma_j\right) \quad (9.6.5)$$

得出 $\lambda_{ik}\left(1 - \frac{1}{Y}\sum_j p_j \gamma_j\right)$ 为 i 和 k 之间的交叉价格弹性系数(或者直接称为交叉弹性系数)。如果知道了交叉弹性系数,加上弗里希参数,可以估计参数 λ_{ik}:

$$\lambda_{ik} = -e_{ik}\varphi \quad (9.6.6)$$

式(9.6.2)转换为:

$$p_i q_i = p_i \gamma_i - (\beta_i + \sum_j \lambda_{ij} \ln p_j)\frac{Y}{\varphi} \quad (9.6.7)$$

在校调估算参数值时,因为基准价格被标准化为1,所以上式圆括号里最后一项为0。上面的式子可转换为:

$$p_i q_i = p_i \gamma_i - \beta_i \frac{Y}{\varphi} \quad (9.6.8)$$

如何估算参数边际预算份额 β_j? 一般是先搜集获得支出收入弹性 e_j。 e_j 的定义是:

$$e_j \equiv \frac{\mathrm{d}(p_j q_j)}{p_j q_j} \bigg/ \frac{\mathrm{d}Y}{Y} = \frac{\mathrm{d}(p_j q_j)}{\mathrm{d}Y}\frac{Y}{p_j q_j} = -\frac{\beta_j}{\varphi}\frac{1}{s_j} \quad (9.6.9)$$

然后有估算边际预算份额的公式:

$$\beta_j = -e_j s_j \varphi \tag{9.6.10}$$

进而估算生存消费量:

$$\gamma_j = q_j + \frac{\beta_j}{p_j}\frac{Y}{\varphi} \tag{9.6.11}$$

和 HTL 函数的情况一样,估算完这些参数值后,还要检查它们是否符合限制条件:

$$\lambda_{ij} = \lambda_{ji} \qquad \sum_i \lambda_{ij} = 0 \qquad \sum \beta_i = 1$$

如果不符合,可以用平衡法或者其他技术调整参数值。否则,CGE 模型的结果就会和经济学预测相悖。

9.7 使用不同需求函数的 CGE 模型

第 8.2 节的 CGE 模型的居民商品需求函数是从柯布-道格拉斯函数导出的固定支出份额需求函数。如果研究需要其他的居民商品需求函数,如 CES 函数、LES 函数、HTL 函数或者 LTL 函数,一般情况下只需要将居民的需求函数改换既可。对模型的方程和 GAMS 程序的改动并不困难。困难的是要获取更多的参数数据和估算更多的参数值,还要根据限制条件的要求调整平衡这些数值。很多研究者事先在独立分开的 GAMS 程序上估算和调整这些参数值,然后让 CGE 模型核心程序读取这些数值。

下面将第 8.2 节的 CGE 模型的居民需求函数修改成 LTL 需求函数。可以看到,这个新模型仅仅把式(9.7.5)从原来的固定支出份额需求函数改成了 LTL 函数,其他式子和原来模型中的一样。如上节所述,在具体模拟的时候,要从外面获得弗里希参数和交叉弹性系数等信息,然后估计边际消费额 β_c 和生存消费量 γ_c 等参数。

$$A_c \left[\delta_c L_c^{\rho_c} + (1-\delta_c) K_c^{\rho_c} \right]^{1/\rho_c} = q_c \qquad c \in C \tag{9.7.1}$$

$$\frac{w_l}{w_k} = \frac{\delta_c}{(1-\delta_c)} \left(\frac{L_c}{K_c}\right)^{\rho_c - 1} \qquad c \in C \tag{9.7.2}$$

$$p_c q_c = w_l L_c + w_k K_c \qquad c \in C \tag{9.7.3}$$

$$w_l L^s + w_k K^s = Y \tag{9.7.4}$$

下式为居民商品需求函数。原来模型中的是 $p_c q_c^h = \alpha_c Y$,现在改成:

$$p_c q_c^h = p_c \gamma_c + \left(\beta_c + \sum_{c'} \lambda_{cc'} \ln p_{c'} \right) \left(Y - \sum_{c'} p_{c'} \gamma_{c'} \right) \qquad c \in C \quad c' \in C \tag{9.7.5}$$

$$q_c^h = q_c \qquad c \in C \tag{9.7.6}$$

$$\sum_c K_c = K^s \tag{9.7.7}$$

$$\sum_c L_c = L^s \tag{9.7.8}$$

9.8　LES 函数的 GAMS 程序演示

这里我们用 LES 函数作为居民消费的商品需求函数，练习相关的 GAMS 编程。

例 9.8.1　某个模型经济只有 3 个生产部门：农业、制造业和服务业。居民的所有收入都消费在商品上。居民对商品的需求由 LES 函数来表达。SAM 表中居民在各个商品上的消费分别为：$p_1 q_1 = 500$，$p_2 q_2 = 450$，$p_3 q_3 = 350$。另外从其他来源知道弗里希参数为 -2，3 个商品的支出收入弹性 e_i 分别为 0.5、1.0 和 1.2。

（1）用 GAMS 程序语言估算 LES 需求函数参数，并复制检验。

（2）假如居民消费额 EH 增长 20%，模拟计算各个商品的新的需求。

（3）假如价格也增长 20%，因为 LES 函数应该是零阶齐次的，所以居民对各个商品的需求应该回到原来的水平。求证确认。

解：具体 GAMS 程序如下所示。读者可以将程序语句与第 9.4 节的方程进行比较，特别是如何校调估算 β_i，然后通过规模调整 β_i 以满足限制条件 $\sum \beta_i = 1$。居民支出增长 20% 后，居民在农业、制造业和服务业上的消费量分别为 558、554 和 448。模拟也证实，如果价格也增长 20%，那么居民在各商品上的消费量会回到原来水平。

```
$title  例 9.8.1  LES 需求函数的参数校调估算、函数复制检验和模拟

*生产部门包括农业、制造业和服务业
set C 商品集/agri, manu, serv/;
set inst 居民为一个经济机构  /hh/;

alias (c, cp);

table sam(c, inst)       居民消费额
         hh
agri     500
manu     450
serv     350
;

*读取 LES 需求函数的支出收入弹性和弗里希参数数据
parameter  LESelas(c) /agri    0.5,   manu    1.0,   serv    1.2 /
           Frisch     /-2/;


parameters
PC0(c)              商品 c 的价格
```

151

QH0(c)	居民对商品 c 的需求
EH0	居民消费总额
bgtshare(c)	居民平均消费预算商品 c 的份额
bgtsharechk1	检查 LES 函数中消费预算商品 c 的份额和检验参数值加总是否等于 1
LESbeta(c)	LES 边际消费额 beta 值
LESbetachk1	检查 LES 边际消费额参数和检验参数值加总是否等于 1
LESsub(c)	LES 消费函数生存消费量

;

```
PC0(c)=1;
QH0(c)=sam(c, 'hh')/PC0(c);
EH0=sum(c, PC0(c)*QH0(c));
bgtshare(c)=SAM(c, 'hh')/EH0;
bgtsharechk1=sum(c, bgtshare(c));
```
*下面求 LES 边际消费额 beta 值
*为了符合 beta 值相加等于 1 的限制条件,要将 beta 值按规模调整
```
LESbeta(c)=LESelas(c)*bgtshare(c)/(sum(cp, LESelas(cp)*bgtshare(cp)));
LESbetachk1=sum(c, LESbeta(c));
LESsub(c)=sam(c, 'hh')/PC0(c)+ (LESbeta(c)/PC0(c))*(EH0/Frisch);

display
frisch, PC0, QH0, EH0, bgtshare, bgtsharechk1, LESbeta, LESbetachk1, LESsub,
LESelas;

variable
PC(c), QH(c), EH
;

equation
QHeq(c)
;

QHeq(c)..
PC(c)*QH(c)=e=PC(c)*LESsub(c)+LESbeta(c)*(EH-sum(cp, PC(cp)*LESsub(cp)));

PC.fx(c)=PC0(c);
QH.L(c)=QH0(c);
EH.fx=EH0;
```

```
*执行优化程序
model LES   /all/;
solve LES using mcp;

*复制检验
display PC.L, QH.L, EH.L;
```

*下面模拟居民消费额 EH 增长 20% 的结果
```
EH.fx=EH0*1.2;

model sim1   /all/;
solve sim1 using mcp;
display PC.L, QH.L, EH.L;
```

*下面模拟价格也增长 20% 的结果。如果实际需求和原来一样,那么证明函数是零阶齐次的。
```
PC.fx(c)=PC0(c)*1.2;

model sim2   /all/;
solve sim2 using mcp;
display PC.L, QH.L, EH.L;

*End
```

练　习

1. 某个模型经济有 3 个生产部门:农业、制造业和服务业。从 SAM 表中获知居民在各个商品上的消费分别为:$p_1q_1 = 500$,$p_2q_2 = 550$,$p_3q_3 = 450$。居民的所有收入都消费在商品上。假设效用函数为 CES 函数,各商品之间替代弹性为 0.3,用 GAMS 程序校调估算该 CES 效用函数的其他参数。

2. 和第 7 章的生产模块中对 CES 生产函数参数的校调估算不同,上一题并不需要校调估算规模因素 A,为什么?

3. 假设某经济 SAM 表上居民在各个商品上的消费分别为:$p_1q_1 = 500$,$p_2q_2 = 550$,$p_3q_3 = 450$。居民对商品的需求用 LES 函数来表达。另外从其他来源知道弗里希参数为 -3,3 个商品需求的收入弹性 e_j 分别为 0.4、1.2 和 1.5。用 GAMS 程序估算 LES 消费函数参数,并复制检验。假如居民收入增长 10%,模拟计算各个商品的新的需求。

附录 微观经济学复习(4)

9.A.1 推导斯通-吉尔里效用函数的支出函数

利用原始斯通-吉尔里效用函数:

$$u(\mathbf{q}) = \prod_{i=1}^{n} (q_i - \gamma_i)^{\beta_i} \tag{9.A.1.1}$$

设置给定效用水平 u 下选择变量 q 对支出最小化的拉格朗日函数:

$$L = \sum_i p_i q_i - \lambda \Big[\prod_j (q_j - \gamma_j)^{\beta_j} - u \Big] \tag{9.A.1.2}$$

得到一阶优化条件后,把最右一项乘积项替换为 u:

$$p_i - \lambda \beta_i (q_i - \gamma_i)^{-1} \prod_j (q_j - \gamma_j)^{\beta_j} = p_i - \lambda \beta_i (q_i - \gamma_i)^{-1} u = 0 \qquad i = 1, \cdots, n \tag{9.A.1.3}$$

移项后得到:

$$\lambda u = \frac{p_i}{\beta_i} (q_i - \gamma_i) \qquad i = 1, \cdots, n \tag{9.A.1.4}$$

因为 λu 独立于 i,所以下面等式成立,有

$$q_j - \gamma_j = \frac{p_i}{\beta_i} (q_i - \gamma_i) \frac{\beta_j}{p_j} \qquad j = 1, \cdots, n \tag{9.A.1.5}$$

把它代入效用函数(9.A.1.1):

$$u = \prod_j (q_j - \gamma_j)^{\beta_j} = \prod_j \Big[\frac{p_i}{\beta_i} (q_i - \gamma_i) \frac{\beta_j}{p_j} \Big]^{\beta_j} = \prod_j \Big[\frac{p_i}{\beta_i} (q_i - \gamma_i) \Big]^{\beta_j} \prod_j \Big(\frac{\beta_j}{p_j} \Big)^{\beta_j}$$

$$= \frac{p_i}{\beta_i} (q_i - \gamma_i) \prod_j \Big(\frac{\beta_j}{p_j} \Big)^{\beta_j} \tag{9.A.1.6}$$

上面最后一步推导是因为 $\sum_j \beta_j = 1$。于是有

$$p_i q_i = p_i \gamma_i + u \beta_i \prod_j \Big(\frac{p_j}{\beta_j} \Big)^{\beta_j} \tag{9.A.1.7}$$

对等式(9.A.1.7)相加,我们有支出函数:

$$e(\mathbf{p}, u) = \sum_i p_i q_i = \sum_i p_i \gamma_i + u \prod_j \Big(\frac{p_j}{\beta_j} \Big)^{\beta_j} \tag{9.A.1.8}$$

▶ 10

价格基准和宏观闭合

10.1 价格基准

第 6.4 节的一般均衡理论部分谈到,经典的一般均衡(也叫瓦尔拉斯均衡)模型对价格是零阶齐次的,因此,校准估算和复制的 CGE 模型导出的各种价格,虽然它们之间的比例是确定的,但是它们的绝对数值并没有确定。如果将求解出来的所有商品价格和要素价格按同一比例增加或减少,CGE 模型仍然是平衡的。这在具体的 CGE 模型模拟研究中,特别是对价格调整、财税政策、收入分配等涉及货币单位变量的研究,时常会给我们带来困惑。要解决这些问题,必须确定一个价格基准。其他商品和要素价格和这个基准相比较后能有特定的数值。理论上,任何一个价格都可以作为基准价格。实际运用中,总是用经济上比较通用流动的商品作为价格基准商品。CGE 模型中作为价格基准的通常有劳动价格、消费者价格指数、GDP 价格指数等。

按照惯例,价格基准将这个基准价格固定在某个常数,通常是 1,也可以是其他常数。因此它就成了参数,不再是内生变量。在 GAMS 模型编程中,或者把它直接定义和写成参数,或者先写成变量然后用后缀".fx"来把这个价格赋值固定。无论采用上述哪种方法,都会使模型的内生变量的数量比等式的数量少一个,从而破坏了方形条件。GAMS 程序的解算器算法(如 MCP)要求等式数量和内生变量数量相等,也就是满足方形条件,才能求解。要满足方形条件,我们需要减少一个等式或者增加一个变量。通常有三种处理方法,接下来举例说明。假设我们把劳动价格作为基准,固定了它的数值,$WL = 1$。

一是把和价格基准商品相关的商品或要素的市场均衡等式去掉。因为劳动价格是价格基准,那么就把劳动市场出清的等式 $QLD = QLS$ 去掉。这样等式少了一个。这是最简单的方法,但是也比较危险。如果出错,譬如模型本身设计有错误,或者去掉的等式不是相关的,结果就会不正确。

二是在和价格基准商品相关的商品或要素的市场均衡等式中加一个虚拟变量,譬如叫作 $WALRAS$。然后,把原来的等式 $QLD = QLS$ 改为:

$$QLD = QLS + WALRAS \tag{10.1.1}$$

以此增加一个内生变量使其数量等式数量相等。为了防止出错,程序最后要检验 *WALRAS* 的数值。如果模型设置正确的话,*WALRAS* 应该等于 0 或者几乎等于 0,如 1.2×10^{-10}。这个方法的好处是可以检验设置的正确性。如果 *WALRAS* 不是 0 或不接近 0,那么模型结果不应该被接受。

三是用其他的解算法,如非线性规划。设计一个目标函数,再加上要优化的目标变量。通常将相关商品或要素的市场均衡等式改变成一个超量需求的目标函数,在 *WL* 为基准价格的情况下,有下面的目标函数:

$$z = QLD - QLS \tag{10.1.2}$$

其中 z 是目标变量。在用非线性规划求解指令中,在满足模型的其他等式的限制条件下,将 z 最小化。

通常,这三种方法的结果是一样的。下面以例 8.2.1 的模型为例,介绍这三种方法。以劳动价格为价格基准,在程序中将指令 WL.L=WL0 换成 WL.fx=WL0,变量 WL 的数值被固定了。然后有三种可供选择的方法:

方法一是去掉劳动力市场均衡的等式 sum(c, QLD(c))=e=QLS;

方法二是定义增加虚拟变量 *WALRAS*,然后将劳动力市场均衡的等式改为 sum(c, QLD(c))=e=QLS+WALRAS,然后在后面设 display WALRAS 来检验 *WALRAS* 数值。

方法三是定义和加上目标变量 z,将劳动力市场均衡的等式改为 z=e=sum(a, QLD(a))-QLS,执行优化程序的指令改为 solve cge using nlp minimizing z。

本章最后的练习题让读者参照上面的说明和例 8.2.1 的 GAMS 程序,编制三个不同的方法,比较结果是否一样。

10.2　价格指数作为价格基准

在现实生活中,经济学家和统计部门常用各种价格指数来衡量整个经济的平均价格水平。在 CGE 模型中,我们也常用价格指数来作为价格基准。常用的一个价格指数是 GDP 价格指数。GDP 价格指数是把最终产品的产量作为权重加权后的平均价格。设各个商品 c 的最终产品(即不包括中间投入)的数量为 $QCFD_c$,其中 *FD* 是"final demand"(最终产品需求)的缩写。商品 c 的价格为 PC_c。$QCFD_c$ 可以用 SAM 表中居民、企业、政府、国外等账户的最终需求量相加获得。GDP 价格指数所用的权重 $gdpwt_c$ 为:

$$gdpwt_c = QCFD_c / \sum_{c' \in C} QCFD_{c'} \tag{10.2.1}$$

如此算出的 $gdpwt$ 在模型中是个常数。在 GAMS 程序里,它的性质是参数而不是变量。GDP 价格指数 *PGDP* 是如此加权的平均价格:

$$PGDP = \sum_{c \in C} PC_c \cdot gdpwt_c \tag{10.2.2}$$

在 CGE 模型中,*PGDP* 作为整个国民经济的价格指数被用来计算实际经济增长率或者整体经济的价格水平。如果 CGE 模型选择用劳动价格作为价格基准,那么 GDP 价格指数就是内生变量,按式(10.2.2)算出来即可。这时,$PGDP$ 数值变化反映了整体经济范围内价格水平的变化,即经济中的通货膨胀或通货紧缩。通过在 CGE 模型中使用 GDP 价格指数或其他经济范围的价格指数,我们可以更好地模拟现实世界的情况,以分析平均价格水平受到的外部影响。例如,如果油价上涨 30%,我们可以检查由此产生的 $PGDP$ 变化,推断整体经济的通货膨胀率是多少,并根据总体价格水平找出油价相对上涨的幅度。

CGE 模型也可以用 GDP 价格指数 $PGDP$ 作为价格基准。因为一个模型只能有一个价格基准,此时劳动价格或其他价格就不能再被用作价格基准。把 $PGDP$ 作为价格基准的做法是,把在初始年度的 $PGDP$ 赋值固定,通常固定为 1。初始年度也被称为基准年度或基期:

$$PGDP = 1 \tag{10.2.3}$$

一旦 $PGDP$ 数值被固定作为价格基准,那么其他商品和要素的价格可对照这个 $PGDP$ 基准来确定相应的唯一值。

把价格基准的数值设置为 1 只是为了方便。理论上,价格基准也可以被设置为其他数值,如此的做法并不会因此影响模型的平衡、复制和模拟结果,因为模型的模拟结果是以百分比变化来报告的。在本书后面讨论的包括购买者价格等更复杂的 CGE 模型中,有时为了便利要把生产者价格设置为 1,此时作为价格基准的 $PGDP$ 就不一定等于 1。这种情况后面章节会讨论。当前阶段读者必须清楚的是,不管价格基准是否被设置为 1,这个价格基准的数值需要被固定在某一常数值上,其他商品和要素价格与价格基准对照就能确定出它们各自的价格数值。

一旦 $PGDP$ 作为价格基准的数值被固定,式(10.2.2)与式(10.2.3)为 CGE 模型的商品价格 PC 增加了一个约束,作为独立变量的价格的数量减少了 1 个,系统不再满足方形条件。我们可以采用第 10.1 节提到的三种方法中的一种来解决内生变量数量少于等式数量的问题。可以将一个商品市场均衡的等式去掉,或者加个 $WALRAS$ 虚拟变量,或者设置一个市场的超额需求的目标函数,加个目标变量 z,然后用非线性规划来将目标值 z 最小化以求解模型。

CGE 模型中另外一个常用的价格指数是消费者价格指数。消费者价格指数是按照典型的城市居民家庭的消费数量加权的平均价格。对居民来说,消费者价格指数比 GDP 价格指数更能直接反映价格水平和生活成本的变化。国民经济核算账户和 SAM 表的一些单项数值,如美国对退休人员的社会保障转移支付,是按消费者价格指数调整的。这种情况下,该项条目的数值应该被设置为消费者价格指数和转移支付的乘积。

消费者价格指数的计算和 GDP 价格指数类似,但是权重的篮子不同。设居民对各个商品 c 的消费数量为 QH_c,价格为 PC_c。QH_c 数值可以从 SAM 表中居民的商品消费数量获得。CPI 的权重为 $cpiwt$,公式是:

$$cpiwt_c = QH_c / \sum_{c' \in C} QH_{c'} \tag{10.2.4}$$

该权重从 SAM 表数据中校调估算得到。然后有

$$CPI = \sum_{c \in C} PC_c \cdot cpiwt_c \qquad (10.2.5)$$

如果有其他价格被用作价格基准,这时消费者价格指数是一个内生变量,在 CGE 模型中它被用来计算通货膨胀率和居民生活成本的变化。

如果 CGE 模型用消费者价格指数作为价格基准,方法和前面用 GDP 价格指数类似。把消费者价格指数数值固定为 1 或者其他某个数值。在比较复杂的 CGE 模型中,初始年度的消费者价格指数不一定被固定在 1,但是这不影响它作为价格基准的本质。当消费者价格指数作为价格基准的数值被固定后,模型中作为独立变量的价格的数量减少了 1 个。类似地,可以采用前面提到的三种方法中的一种来满足方形条件。

10.3 货币和货币中性

货币和货币供给量是经济学特别是宏观经济学中的重要变量。不过,在大部分 CGE 模型里,货币的作用仅仅是交换媒介(medium of exchange)和记账单位。CGE 模型中没有显性的货币和货币供给量。理论上,如果实在必要,我们可以在 CGE 模型中把货币作为一个商品来设置货币,不过一般不需要这么麻烦。大部分情况下,在 CGE 模型中,特别是在新古典主义闭合的 CGE 模型中,价格基准可以作为货币供给量的代理变量。譬如,我们要研究货币供给量增加 20% 后经济受到的冲击,那么可以在模型中把价格基准提高 20% 来模拟这个冲击。

这样做的道理是什么? 这是基于经济学中的交易方程式(equation of exchange)理论。交易方程式是:

$$MV = PY \qquad (10.3.1)$$

其中 V 是货币流通速度(velocity), M 是货币存量即货币供给量, P 是价格即 GDP 价格指数, Y 是 GDP。假设 V 是固定的,对稍许的波动我们忽略不计。假设经济处于充分就业状态,因此实际 GDP 产出 Y 也是固定的。因为 V 和 Y 是常数,根据上面的交易方程式,不难推导出价格 P 的百分比变化等同于货币供给量 M 的百分比变化:

$$P = \frac{V}{Y} M \qquad (10.3.2)$$

因此,在 CGE 模型中我们可以用价格基准 P 来代理货币供给量 M 以研究货币政策,如中央银行的货币供给量变化对经济的影响。

古典主义的 CGE 模型是零阶齐次的,和这个性质一致的是货币中性(money neutrality)。货币中性指货币供给量的变化会带动所有名义变量(包括价格、GDP 名义产出等)按同比例变化,而实际变量(如去除通货膨胀影响的 GDP 实际产出、供给需求量等)不受影响。检验货币中性和检验模型的零阶齐次性质的一致方法是,将基准价格从 1 按某个比例增加(或减少),如增加 20% 到 1.2。在 GAMS 程序中,先让其他名义变量和实际变量的初始值仍然维持过去的数值,然后看模型最后是否收敛到预期的结果。如果货币中性存在,模型收敛的结果是所有名义变量都按同比例增加了 20%,而实际变量和以前一样维持不变。

理想的古典主义和新古典主义宏观闭合下的 CGE 模型应该符合货币中性。如果检验出来的结果不符合货币中性，那么，在这两种宏观闭合结构下，模型是有问题的。

不过，货币中性要在严格的古典主义经济闭合的条件下才能成立。古典主义假设价格是完全弹性的，居民或者其他经济人是理性的，没有货币幻觉的：除了从实体的经济活动中获得的货币收入外，货币本身并不被他们视作财富。因此，居民的消费函数中没有货币财富作为变量。凯恩斯经济学认为货币中性的假设在经济中并不严格成立，特别是在短期内。这是因为居民有货币幻觉，居民会把持有的名义货币视为财富，居民的消费和储蓄行为会受通货膨胀影响，等等。因此，货币供给量变化可以影响经济人行为和实体经济。大部分 CGE 模型研究基于古典主义理论，认为可以在模型中忽略这些因素，因为用 CGE 模型的研究项目关注的是国民经济中各商品部门和各国民账户的实体数量的联锁变化。假使这些凯恩斯理论提到的因素对研究课题实在重要，那么可以在 CGE 模型中对居民的商品需求函数做相应修改，譬如加上财富作为一个自变量，来模拟消费行为上的财富效应。

即使是古典主义的 CGE 模型，如果要真实地模拟现实世界的细节，也可能没有严格的货币中性。这是因为现实世界的一些名义变量并不和平均价格按同一比例变化。例如，养老金并非百分百和通货膨胀率挂钩，政府对企业的专项补助往往是固定金额的，美国的"parcel tax"是基于地块的固定房产税，某些商品或者要素的价格是刚性的，存在固定汇率体制，等等。在货币供给量或基准价格变化时，并非模型中所有的名义变量都会按同一比例增加减少。在这种情况下，货币不是绝对中性的。不过，上述这些交易一般在国民账户交易总额中并不占很大比重，因此影响比较有限。当 CGE 模型设置中包含这些情况时，通过变动价格基准也就是变动货币供给量来测试模型，虽然不符合严格的货币中性，但名义变量的变化结果应该非常接近货币中性的预期。这些微小偏差并不改变 CGE 模型的零阶齐次性质和货币中性的一般结论。

10.4 宏观闭合和新古典主义闭合

在设计 CGE 模型时，要根据研究的问题，针对经济体制、环境和现状，依据相应的宏观经济理论，设置特定的模型结构，其中包括设置什么函数，哪些是变量（内生变量），哪些是参数或外生变量，等等。这个依据宏观经济理论形成的结构被称为宏观闭合。

前面章节中我们已经多次用到了"闭合"这个术语。它最初指的是整个经济流程的循环完整性。第 6.6 节提到，里昂惕夫投入产出模型不是闭合的。后面章节中我们加了居民如何从提供要素到获得要素收入再到形成商品需求的环节后，这个模型就循环完整了，或者说，这就是闭合了。在不同宏观环境下经济完整循环的结构就是宏观闭合。不过，这个术语在 CGE 模型文献中后来被宽泛地使用了，很多模型的微观环境设置也被称为闭合。譬如，不同的汇率体制被称为固定汇率闭合或浮动汇率闭合等。这些闭合实质上是微观闭合。

CGE 模型最基本的环境设置是宏观闭合。譬如，新古典主义闭合、凯恩斯闭合、刘易斯闭合、约翰森闭合等。这些不同的宏观闭合是根据相应的经济学理论来命名的。但是，要了解一个 CGE 模型宏观闭合的特殊构造,必须参看模型的整个细节内容与函数和变量的设置组合,不能仅靠宏观闭合命名望文生义。因为同样的命名,如凯恩斯闭合或新古典主义闭合,内部可以有很大的差异。下面我们介绍要素市场结构的三个典型的宏观闭合。

第 8 章介绍的两个 CGE 模型属于新古典主义宏观闭合。目前学界和应用程序中,最流行的宏观闭合也是古典主义或新古典主义的。它的特征是,所有价格(包括要素价格和商品价格)都是完全弹性的,由模型内生决定。而要素(如劳动和资本)的现有实际供给量都充分就业,由外界给定的要素禀赋量来决定。相关变量和等式设置如下:

劳动和资本价格 WL 和 WK 为内生。劳动总需求 QLD 等于劳动总供给 QLS,资本总需求 QKD 等于资本总供给 QKS:

$$QLD(WL, WK, \mathbf{P}) = QLS(WL, WK, \mathbf{P}) \tag{10.4.1}$$

$$QKD(WL, WK, \mathbf{P}) = QKS(WL, WK, \mathbf{P}) \tag{10.4.2}$$

可以看到,上面两个式子与式(8.4.12)和式(8.4.13)的含义一样。

要素供给始终等于要素禀赋$\overline{QLS}$和$\overline{QKS}$,表示充分就业:

$$QLS(WL, WK, \mathbf{P}) = \overline{QLS} \tag{10.4.3}$$

$$QKS(WL, WK, \mathbf{P}) = \overline{QKS} \tag{10.4.4}$$

这两个式子与式(8.4.14)和式(8.4.15)的含义一样。

第 8 章式(8.4.1)—式(8.4.15)代表的 CGE 模型结构,就是这么一个新古典主义宏观闭合的要素市场结构,这里不再重复。除此之外,还必须加上第 10.1 节考虑的价格基准问题。譬如,以商品 1 的价格为价格基准:

$$PC_1 = 1 \tag{10.4.5}$$

或者,以劳动价格 WL 为价格基准:

$$WL = \overline{WL} = 1 \tag{10.4.6}$$

也可以用价格指数(如 GDP 价格指数或消费者价格指数)来作为价格基准。

如前所述,将 PC 或者 WL 固定作为价格基准后,内生变量少了一个。要满足方形条件,可以去掉商品 1 或者劳动力市场的均衡条件等式,或者在将劳动力市场平衡等式(10.4.3)里加上一个虚拟变量 $WALRAS$,如下:

$$QLS(WL, WK, \mathbf{P}) = \overline{QLS} + WALRAS \tag{10.4.3'}$$

用价格指数作为价格基准的话,可以在某个商品市场出清的等式里加个 $WALRAS$ 虚拟变量。用这几种方法都可以建立一个有唯一解的完整的新古典主义 CGE 模型。

新古典主义的宏观闭合的设置,经济学理论上叫作瓦尔拉斯一般均衡条件。目前大部分流行 CGE 模型的 GAMS 程序,基本是新古典主义的宏观闭合设置,再加上一些小变动。不过,现实世界里,很多时候经济并非处于瓦尔拉斯均衡状态。譬如,某西方国家的经济陷于持续萧条状态,那可能是凯恩斯均衡状态而不是瓦尔拉斯均衡状态。对很多发展中国家来说,或者是因为市场和价格机制不健全,或者是因为劳力无限制供给的两元经济,它们的经济也不在瓦尔拉斯均衡状态。这种情况下如果套用新古典主义的模型来模拟政策的效果,就会南辕北辙,得出错误的结论。

10.5　凯恩斯闭合

如果经济处在凯恩斯描述的萧条状况,那就不能用新古典主义闭合来模拟经济现状。新古典主义的经济结构假设的是劳动力充分就业,这和失业严重的经济萧条状态相悖,也无法模拟财政刺激政策如何增加就业。凯恩斯闭合在现有 CGE 模型文献和应用中比较少见,而现实应用中又经常需要。因此,我们后面对该模型设置和程序编写做更多的细节解释。

按照凯恩斯理论,在宏观经济萧条的状况下,劳动力大量失业,资本闲置,生产要素(劳动和资本)的供给量不受限制,因此要素的就业量是内生变量,由需求方面决定。凯恩斯理论描述的劳动和商品价格是刚性的。按照这个理论采取的 CGE 模型的宏观闭合,称为凯恩斯闭合。在大型完整的 CGE 模型框架下,凯恩斯闭合还可有其他细节的设置,如居民消费函数中的常数项和边际消费倾向、财富效应、企业投资行为等。

下面我们设置一个简单的通用 CGE 模型,然后在这个通用模型上加上不同的限制条件组合,就可形成新古典主义、凯恩斯等不同的宏观闭合,让读者能直观地理解和比较不同的宏观闭合。这个通用模型由式(10.5.1)—式(10.5.14)组成:

$$QC_c = \alpha_c^q \left[\delta_c^q QVA_c^{\rho_c} + (1 - \delta_c^q) QINTA_c^{\rho_c} \right]^{1/\rho_c} \qquad c \in C \tag{10.5.1}$$

$$\frac{PVA_c}{PINTA_c} = \frac{\delta_c^q}{(1 - \delta_c^q)} \left(\frac{QVA_c}{QINTA_c} \right)^{\rho_c - 1} \qquad c \in C \tag{10.5.2}$$

$$PC_c \cdot QC_c = PVA_c \cdot QVA_c + PINTA_c \cdot QINTA_c \qquad c \in C \tag{10.5.3}$$

$$QVA_c = \alpha_c^{va} \left[\delta_c^{va} QLD_c^{\rho_c^{va}} + (1 - \delta_c^{va}) QKD_c^{\rho_c^{va}} \right]^{1/\rho_c^{va}} \qquad c \in C \tag{10.5.4}$$

$$\frac{WL}{WK} = \frac{\delta_c^{va}}{(1 - \delta_c^{va})} \left(\frac{QLD_c}{QKD_c} \right)^{\rho_c^{va} - 1} \qquad c \in C \tag{10.5.5}$$

$$PVA_c \cdot QVA_c = WL \cdot QLD_c + WK \cdot QKD_c \qquad c \in C \tag{10.5.6}$$

$$QINT_{cc'} = ia_{cc'} \cdot QINTA_{c'} \qquad c \in C \quad c' \in C \tag{10.5.7}$$

$$PINTA_{c'} = \sum_{c \in C} ia_{cc'} \cdot PC_c \qquad c' \in C \tag{10.5.8}$$

$$YH = WL \cdot QLS + WK \cdot QKS \tag{10.5.9}$$

$$PC_c \cdot QH_c = PC_c \cdot \gamma_c + \beta_c \left(YH - \sum_{c' \in C} PC_{c'} \cdot \gamma_{c'} \right) \qquad c \in C \tag{10.5.10}$$

$$QC_c = \sum_{c' \in C} QINT_{cc'} + QH_c + WALRAS \qquad c \in C \tag{10.5.11}$$

$$\sum_{c \in C} QLD_c = QLS \tag{10.5.12}$$

$$\sum_{c \in C} QKD_c = QKS \tag{10.5.13}$$

$$CPI = \sum_{c \in C} PC_c \cdot cpiwt_c \tag{10.5.14}$$

可以看到,这个模型和式(8.4.1)—式(8.4.13)展现的基本一样。稍许变化的地方是:(1)居民商品需求等式从原来第 8 章的固定份额形式方程(8.4.10)改成本章的 LES 形式方程(10.5.10);(2)设置了 WALRAS 虚变量并被加在所有商品市场均衡等式中,而不是单放在劳动力市场均衡等式中;(3)增加了计算消费者价格指数的式(10.5.14)。在这个简单模型中,只有居民机构是最后商品的消费者,因此居民的消费总量就是 GDP。这种情况下,CPI 和 $PGDP$ 的数值是一样的。先从 SAM 表中获取居民的商品消费量 QH_c^0,然后 CPI 的权重 $cpiwt_c$ 按下面公式计算:

$$cpiwt_c = QH_c^0 \Big/ \sum_c QH_c^0 \qquad c \in C \tag{10.5.15}$$

上标 0 表示 SAM 表中的数据,即基准年度数据。

这个模型有式(10.5.1)—式(10.5.14)共 14 组等式。变量有 17 组,如下:QC_c、QVA_c、$QINTA_c$、$QINT_{cc'}$、QLD_c、QKD_c、QLS、QKS、YH、QH_c、PC_c、PVA_c、$PINTA_c$、WL、WK、CPI、$WALRAS$。为了使等式数量和变量数量相等,我们必须设置 3 个限制条件,把其中 3 个变量数值固定,从而把它们变为参数。

如果是新古典主义闭合,按上一节的讨论,我们加上以下 3 个限制条件:

$$QLS = \overline{QLS} \tag{10.5.16}$$

$$QKS = \overline{QKS} \tag{10.5.17}$$

$$CPI = \overline{CPI} = 1 \tag{10.5.18}$$

式(10.5.18)表示我们用 CPI 作为价格基准。这 3 个限制条件把模型中原来的 3 个变量 QLS、QKS、CPI 改成参数。这样等式和变量都为 14 组,满足方形条件。

如果是凯恩斯闭合,则要加上不同的限制条件。凯恩斯理论阐述的经济特征是,就业人数和 GDP 总量由市场的有效需求决定。也就是说,劳动的实际供给量 QLS 由企业需求决定,劳动需求量由模型内生决定。实际供给量 QLS 不等于劳动禀赋,其过剩就是经济萧条下存在的失业。要素和商品价格是刚性的,特别是,工人的名义和实际工资(去除商品价格上涨)是刚性的。实际工资等于名义工资 WL 除以商品价格水平 CPI。实际工资率的刚性维持了经济衰退中的高失业率。

这样,凯恩斯宏观闭合要让要素供给量作为变量,而对几个价格固定赋值以反映价格刚性。假设我们选择对劳动价格和平均商品价格固定赋值。让 $\overline{WL}$ 和 CPI 为外生给定的数值。式(10.5.19)表示名义工资是刚性的。式(10.5.20)表示商品的平均价格是刚性的。两个等式合在一起表示劳动的实际价格是刚性的,因此企业面临外界需求减少时的反应是减产裁员而不是削减工资。

除此之外,模型要有一个外生的控制规模总量的变量,不然系统无法确定经济规模的总量。这问题和第 7.4 节中生产函数模块系统确定变量值的问题一样。在第 7.4 节中提到,模块系统必须有一个外界给定的数量值,才能确定系统的规模。常见的规模决定形式有两种,供给驱动型和需求决定型。这个生产函数模块的理论同样适用于整个 CGE 模型系统。在新古典主义闭合中,由要素供给量也就是要素禀赋总量作为规模控制外生变量,决定整个经济的规模。这是供给驱动型的模式。凯恩斯状况的经济特点是有效总需求决定经济规模。因此,在凯恩斯闭合中,要由外生决定的需求总量作为规模总量变量。这是需求决定型的模式。

本模型的需求总量为居民总消费额,而总消费额等于总收入额 YH。因此,我们把 YH 作为规模控制总量,外生给定,于是有式(10.5.21)。

$$WL = \overline{WL} \tag{10.5.19}$$

$$CPI = \overline{CPI} = 1 \tag{10.5.20}$$

$$YH = \overline{YH} \tag{10.5.21}$$

上面的凯恩斯闭合固定了两个价格,劳动力价格 WL 和消费者价格指数 CPI。这里我们选择 CPI 为价格基准并赋值为 1,$CPI = \overline{CPI} = 1$。这样,所有商品和要素价格有了自己的特定值。式(10.5.19)—式(10.5.21)设置了 3 个限制条件,正好满足方形条件。注意,不能再加限制条件或对其他变量固定赋值,否则会造成等式数量多于待定变量数量,系统超定(overdetermined)无解的错误。

假设需要研究在经济萧条下资本价格刚性造成固定资本限制的情况,那么要加一个限制条件 $WK = \overline{WK}$,同时要修正上面的限制条件组合。新组合必须数学上可行,经济学上可以说通。譬如,可以删掉 CPI 的限制条件式(10.5.21),让 CPI 作为内生变量由模型系统计算决定。然后选择劳动价格为价格基准,有 $WL = \overline{WL} = 1$。这个新组合满足了方形条件,数学上可行。经济学上看,因为模型中的商品最终都由劳动和资本投入决定,因此劳动和资本价格也决定了商品价格。这也可以从价格函数中看到。

在式(10.5.1)—式(10.5.14)组成的模型中,我们加个虚拟变量 $WALRAS$ 来满足方形条件。在新古典主义闭合情况下,可以把 $WALRAS$ 加在劳动力市场的均衡等式里。但在凯恩斯闭合的劳动力市场等式中,QLS 的数值本来就是待定的。如果再加一个待定的 $WALRAS$,变成 $\sum_{c \in C} QLD_c = QLS + WALRAS$,这一个等式要确定两个待定变量,造成没有确切解的欠定(underdetermined)问题,$WALRAS$ 就不能起到检验模型是否收敛的作用。对此我们把 $WALRAS$ 加在商品部门的均衡等式里。理论上,把它加在某个商品市场上就可以了,但是在实际编写 GAMS 程序时要把这个个别部门挑出来,写出子集,程序表述上要麻烦些。这里我们就把 $WALRAS$ 加在所有商品部门均衡等式中,如式(10.5.11)。其效果是一样的。读者如果需要用子集分开的方式来编程,本节练习第 6 题有说明和提示。

另外要提到的是,在凯恩斯闭合的模型中,消费函数用 LES 函数更适合,因为 LES 函数包括了基本生存消费量,相当于凯恩斯模型中消费函数里的常数项。本节的凯恩斯闭合设置,虽然具有凯恩斯模型的价格刚性和要素未充分就业等主要特征,但是还不够完整。凯恩斯理论的另一部分描述了居民的消费和储蓄行为。在经济衰退时,居民减少消费增加储蓄,造成总需求不足和经济萧条。而在本章的简单模型中,居民行为中没有储蓄,居民收入全形成了消费,因此不能充分体现凯恩斯经济衰退过程的原因和乘数效果。在后面章节里,我们要引进储蓄和储蓄率,这样可以更好地模拟凯恩斯状态下的现实经济问题。

10.6　刘易斯闭合

诺贝尔经济学奖得主阿瑟·刘易斯(Arthur Lewis)描述了发展中国家常见的双元经济。它的特征是:资本要素供给稀缺,资本价格由市场决定。劳动供给不受限制,劳动市场上有大量剩余劳动力。劳动价格被固定在生存工资水平上。在生存工资水平上,农村可以源源不断地提供劳动,劳动供给量是无限制的。该理论被称为刘易斯无限制劳动力供给理论。

按照刘易斯理论设置的 CGE 模型的宏观闭合如下:劳动价格固定,为外生变量$\overline{WL}$;劳动供给量不受限制,为内生变量。而资本充分就业,资本供给量是受限制的,其数量等于资本禀赋$\overline{QKS}$;资本价格弹性,为内生变量。或者说,在劳动市场上,类似凯恩斯设置;而在资本市场上,类似新古典主义设置。刘易斯闭合中,由资本禀赋总量$\overline{QKS}$决定经济规模。

因此,刘易斯宏观闭合的模型的限制条件组合如下:

$$WL = \overline{WL} \qquad \text{生存工资固定,在这个水平上劳动力无限供给} \qquad (10.6.1)$$

$$CPI = \overline{CPI} = 1 \qquad \text{消费者价格指数固定,同时设置了价格基准} \qquad (10.6.2)$$

$$QKS = \overline{QKS} \qquad \text{资本供给量有限制,由禀赋决定} \qquad (10.6.3)$$

式(10.6.2)的 CPI 反映了生活成本。式(10.6.1)和式(10.6.2)一起固定了实际生存工资水平。刘易斯模型中传统部门(农业部门等)的实际工资被固定在该部门居民的生存水平上,因此名义工资和反映居民生活成本的商品价格的比例固定,即实际工资 WL/CPI 维持在固定的生存水平上。这里我们用 CPI 作为价格基准,不过换成用劳动价格 WL 做价格基准也是等价的。

刘易斯模型隐含的另一个假设是生产过程中劳动力和资本要素相互不可替代,或者替代弹性非常低。否则,我们将无法观察到资本的稀缺和劳动力的无限供给。因此,在增加值部分的生产函数模块中,如果使用 CES 生产函数,资本和劳动力之间的替代弹性应该设置得非常低。或者,我们可以在增加值模块中直接使用里昂惕夫生产函数,表示生产中劳动力和资本的使用为固定比例,相互不能替代。

10.7　凯恩斯闭合 CGE 模型的 GAMS 程序

例 10.7.1　利用第 8 章表 8.4.1 的 SAM 表数据。嵌套生产函数的参数数据如表 10.7.1 所示。生产区块底层增加值模块的 CES 生产函数的指数值为负数,意味着生产过程中劳动和资本要素互为补充品,替代弹性很低。居民的需求函数为 LES 函数,其参数数据和例 9.8.1 一样:弗里希参数为一2,3 个商品支出的收入弹性 e_j 分别为 0.5、1.0 和 1.2。

(1) 将第 10.5 节的凯恩斯闭合 CGE 模型编写成 GAMS 程序。设置消费者价格指数为价格基准,用加虚拟变量 WALRAS 的方法满足方形条件。

(2) 建模、校准估算参数,并复制检验。检验虚拟变量是否归零。

(3) 基于凯恩斯理论,模拟最终需求增加(如居民需求增加 20%)引起就业和资本利用量的增加。

表 10.7.1 CES 生产函数的指数值

	农 业	工 业	服务业
最高层的 CES 生产函数指数	0.2	0.3	0.1
第二层增加值模块的 CES 生产函数指数	—1	—2	—1.5

解:相应的 GAMS 程序如下所示。从程序运行结果中查验虚拟变量 WALRAS 为 0,由此可见模型在均衡点上满意地收敛。将居民收入增加 20% 来模拟外界冲击,结果劳动力就业从 850 增加到 1 020,资本要素利用量从 770 增加到 924,要素利用量也各自增加 20%。

```
$title   例 10.7.1   设置价格基准和凯恩斯宏观闭合
$ontext
凯恩斯宏观闭合:劳动力和资本要素供给内生决定,居民总需求金额 YH 外生决定,
固定劳动力价格和消费者价格指数,消费者价格指数为价格基准。
$offtext

set ac accounts   /agri, indu, serv, lab, cap, hh, total/;
set c(ac) commodities   /agri, indu, serv/;
set f(ac) factors   /lab, cap/;


alias (ac, acp), (c, cp), (f, fp);


table sam(ac, acp)
         agri    indu    serv    lab    cap    hh     total
agri     260     320     150                   635    1365
indu     345     390     390                   600    1725
serv     400     365     320                   385    1470
lab      200     250     400                          850
cap      160     400     210                          770
hh                               850    770           1620
total    1365    1725    1470    850    770    1620
;
```

```
parameter   rhoq(c)     /agri =  0.2,  indu = 0.3,  serv = 0.1 /
            rhoVA(c)    /agri     -1,  indu    -2,  serv -1.5 /
            LESelas(c) /agri      0.5, indu    1.0, serv  1.2 /;
```

*定义参数,参数名字最后有 0 表示该参数被固定在初始值上

Parameters

scaleAq(c)	最高层 CES 生产函数的规模参数 A
deltaq(c)	最高层 CES 生产函数的份额参数 δ
scaleAVA(c)	增加值模块 CES 生产函数的规模参数 A
deltaVA(c)	增加值模块 CES 生产函数的份额参数 δ
ia(c,cp)	中间投入模块的投入产出系数
PC0(c)	商品 c 的价格
QC0(c)	商品 c 的数量
PVA0(c)	增加值部分总价格
QVA0(c)	增加值部分总量
PINTA0(c)	中间投入总价格
QINTA0(c)	中间投入总量
QINT0(c,cp)	中间投入部分中为生产 cp 所用 c 的投入量
QLD0(c)	劳动需求量
QKD0(c)	资本需求量
QLS0	劳动供给量
QKS0	资本需求量
WL0	劳动价格
WK0	资本价格
cpiwt(c)	消费者价格指数权重
CPI0	初始期的消费者价格指数水平
YH0	居民收入,也等于总需求额
QH0(c)	居民对商品 c 的需求
bgtshare(c)	LES 函数中商品 c 的消费预算份额
bgtsharechk1	检验 LES 函数中商品 c 的消费预算份额参数值加总是否等于 1
LESbeta(c)	LES 边际消费额
LESbetachk1	检验 LES 边际消费额参数值加总是否等于 1
LESsub(c)	LES 消费函数生存消费量
frisch	弗里希参数

;

*参数(包括外生变量)赋值与精校

Frisch=-2;

```
PC0(c)=1;
PVA0(c)=1;
PINTA0(c)=1;
WK0=1;
WL0=1;
QC0(c)=sam('total', c)/PC0(c);
QVA0(c)=SUM(f, sam(f, c));
QINT0(c, cp)=sam(c, cp)/PC0(c);
QINTA0(c)=SUM(cp, QINT0(cp, c));
ia(c, cp)=QINT0(c, cp)/QINTA0(cp);
QLS0=sum(c, sam('lab', c))/WL0;
QKS0=sum(c, sam('cap', c))/WK0;
QLD0(c)=sam('lab', c)/WL0;
QKD0(c)=sam('cap', c)/WK0;
deltaq(c)=PVA0(c)*QVA0(c)**(1-rhoq(c))/(PVA0(c)*QVA0(c)**(1-rhoq(c))+
PINTA0(c)*QINTA0(c)**(1-rhoq(c)));
scaleAq(c)=QC0(c)/(deltaq(c)*QVA0(c)**rhoq(c)+(1-deltaq(c))*QINTA0(c)**
rhoq(c))**(1/rhoq(c));
deltaVA(c)=WL0*QLD0(c)**(1-rhoVA(c))/(WL0*QLD0(c)**(1-rhoVA(c))+WK0*QKD0(c)**
(1-rhoVA(c)));
scaleAVA(c)=QVA0(c)/(deltaVA(c)*QLD0(c)**rhoVA(c)+(1-deltaVA(c))*QKD0(c)**
rhoVA(c))**(1/rhoVA(c));
YH0=WL0*QLS0+WK0*QKS0;
QH0(c)=SAM(c, 'hh')/PC0(c);
cpiwt(c)=QH0(c)/sum(cp, QH0(cp));
CPI0=sum(c, PC0(c)*cpiwt(c));
*下面是 LES 函数模块
bgtshare(c)=SAM(c, 'hh')/YH0;
bgtsharechk1=sum(c, bgtshare(c));
LESbeta(c)=LESelas(c)*bgtshare(c)/(sum(cp, LESelas(cp)*bgtshare(cp)));
LESbetachk1=sum(c, LESbeta(c));
LESsub(c)=sam(c, 'hh')+(LESbeta(c)/PC0(c))*(YH0/frisch);

display
PC0, PVA0, PINTA0, QC0, QVA0, QINTA0, QINT0, rhoq, rhoVA, scaleAq, deltaq,
scaleAVA, deltaVA, ia, frisch, QLD0, QKD0, QLS0, QKS0, WL0, WK0, YH0, QH0, cpiwt,
bgtsharechk1, LESbetachk1, LESsub;
```

variable
PA(c), PVA(c), PINTA(c), WL, WK, QA(c), QVA(c), QINTA(c), QINT(c, cp), QLD(c),
QKD(c), QLS, QKS, YH, QH(c),
*瓦尔拉斯法则,这里用加一个虚拟变量的方法
CPI,WALRAS
;

*定义等式
equation
QAfn(c), QAFOCeq(c), PAeq(c), QVAfn(c), QVAFOC(c), PVAeq(c), QINTfn(c, cp),
PINTAeq(cp), YHeq, QHeq(c), ComEqui(c), Leq, Keq, CPIeq;

QAfn(c)..
QA(c)=e=scaleAq(c)*(deltaq(c)*QVA(c)**rhoq(c)+(1-deltaq(c))*QINTA(c)**
rhoq(c))**(1/rhoq(c));

QAFOCeq(c)..
PVA(c)/PINTA(c)=e=(deltaq(c)/(1-deltaq(c)))*(QINTA(c)/QVA(c))**(1-rhoq(c));

PAeq(c)..
PA(c)*QA(c)=e=PVA(c)*QVA(c)+PINTA(c)*QINTA(c);

QVAfn(c)..
QVA(c)=e=scaleAVA(c)*(deltaVA(c)*QLD(c)**rhoVA(c)+(1-deltaVA(c))*QKD(c)**
rhoVA(c))**(1/rhoVA(c));

QVAFOC(c)..
WL/WK=e=(deltaVA(c)/(1-deltaVA(c)))*(QKD(c)/QLD(c))**(1-rhoVA(c));

PVAeq(c)..
PVA(c)*QVA(c)=e=WL*QLD(c)+WK*QKD(c);

QINTfn(c, cp)..
QINT(c, cp)=e=ia(c, cp)*QINTA(cp);

PINTAeq(cp)..
PINTA(cp)=e=SUM(c, ia(c, cp)*PA(c));

```
YHeq..
YH=e=WL*QLS+WK*QKS;


QHeq(c)..
PA(c)*QH(c)=e=PA(c)*LESsub(c)+LESbeta(c)*(YH-sum(cp, PA(cp)*LESsub(cp)));


*Add WALRAS here
ComEqui(c)..
QA(c)=e=sum(cp, QINT(c, cp))+QH(c)+WALRAS;


Leq..
Sum(c, QLD(c))=e=QLS;


Keq..
Sum(c, QKD(c))=e=QKS;


CPIeq..
CPI=e=sum(c, PA(c)*cpiwt(c));
```

*赋予变量的初始值
```
PA.L(c)=PC0(c);
PVA.L(c)=PVA0(c);
PINTA.L(c)=PINTA0(c);
QA.L(c)=QC0(c);
QVA.L(c)=QVA0(c);
QINTA.L(c)=QINTA0(c);
QINT.L(c, cp)=QINT0(c, cp);
QLD.L(c)=QLD0(c);
QKD.L(c)=QKD0(c);
YH.L=YH0;
QH.L(c)=QH0(c);
QLS.L=QLS0;
QKS.L=QKS0;
WK.L=1;
WALRAS.L=0;
```

*凯恩斯闭合条件
```
WL.fx=1;
```

```
CPI.fx=CPI0;
YH.fx=YH0;

*运行模型
model cgeKeynes   /all/;
solve cgeKeynes using mcp;
*Check if WALRAS is zero
display WALRAS.L, QLS.L, QKS.L;

*模拟总需求增加 20%
YH.fx=YH0*1.2;
model checkKeynesYHup   /all/;
solve checkKEYnesYHup using mcp;
*检验是否收敛,WALRAS 是否等于零
display WALRAS.L, QLS.L, QKS.L;

*End
```

练   习

1. 学习设置价格基准。参照例 10.7.1 的 GAMS 程序。根据第 10.1 节有关设立价格基准和处理瓦尔拉斯线性相关问题的讨论,在以劳动力价格为价格基准的情况下,编制新古典主义闭合的 GAMS 程序。比较以下 3 种方法的结果:(1)删除劳动力市场均衡等式;(2)增加虚拟变量 $WALRAS$;(3)用非线性规划优化。

2. 检验货币中性和模型对价格的零阶齐次性质。在上述练习题 1 的基础上,将价格基准即劳动力价格增加 20%,其他价格的初始值不变,仍然为 1。检验是否所有价格最后都增长了 20%。

3. 例 10.7.1 模拟了居民收入也就是需求总额 YH 增加 20% 的情况。检查在这个冲击下,其他实物变量(如劳动力就业、GDP 及各部门商品产出)的变化。凯恩斯模型乘数的定义是 GDP 增长量和初始需求增长量之比,即"ΔGDP/Δ 初始需求"(符号 Δ 表示增长量)。计算这个乘数。

4. 在上述练习题 1 的基础上,将价格基准从劳动力价格改为 GDP 价格指数,用虚拟变量 $WALRAS$ 来处理瓦尔拉斯线性相关问题。GDP 价格指数增加 10% 或劳动力价格增加 10%,零阶齐次性质是否仍然存在?

5. 将例 10.7.1 的模型改为刘易斯闭合的 CGE 模型。刘易斯理论认为随着资本积累的增长,现代工业部门不断吸收传统农业部门的剩余劳动力。在资本增长 10% 的情况下,劳动力就业增加多少?

6. 在上述练习题 1 中，设置如下：仅在农业部门商品均衡等式中加虚拟变量 $WALRAS$，而制造业和服务业两个部门的等式仍然维持原均衡等式。写出 GAMS 程序。使用的方法是，将农业部门写成商品部门子集 1，将剩下的两个部门写成子集 2，用不同子集来设置这两个不同等式。即：

$$QA_a = \sum_{a' \in A} QINT_{aa'} + QH_a + WALRAS \qquad a = 'agri'$$

$$QA_a = \sum_{a' \in A} QINT_{aa'} + QH_a \qquad a = 'manu', 'serv'$$

提示：如果 SAM 表上有很多商品部门，在子集 2 中要一一列出所有非农业部门，比较繁琐。可以用下面的指令定义子集 1 和子集 2，比较简便。

set agr(a) "农业部门的子集" /agri/;

set Nagr(a) "除了农业之外的所有商品部门";

Nagr(a)=YES; Nagr('agri')=NO;

请注意 Nagr('agri')= NO 的用法。

▶11

政府、财税政策和价格

11.1 政府在经济中的作用

前面章节讨论的模型经济只有居民和企业两个经济机构。而现代经济中,政府这个经济机构扮演的角色非常重要。政府向居民和企业征税,然后开支,在市场上购买商品,提供公共物品和服务,譬如进行公共管理和投资基础设施建设,政府也对居民和企业做转移支付。本章介绍包括政府部分的 CGE 模型的设置。

自 20 世纪凯恩斯主义影响政策以来,西方各国政府在经济中的作用逐步上升,以政府支出占 GDP 的百分比来衡量,达到举足轻重的水平。以美国为例,过去 10 年美国政府在最终产品上的支出占 GDP 的 17%,与私人投资规模大致相当。如果包括社会保障等转移支付,政府总支出占 GDP 的比重超过 33%,远高于私人投资。

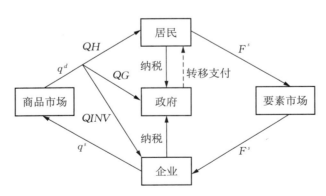

图 11.1.1 政府在国民经济流程图中的作用

图 11.1.1 显示了政府在国民经济流程图中的作用。政府从消费者和企业那里征税。这些税收包括所得税、增值税等。政府也从商品流通中征税,如销售税。一个经济通常都有很多税种,在表 4.1.1 的描述性 SAM 表显示了一些主要税种在国民账户中的位置。不过,表 4.1.1 是高度概括的。在具体研究中,往往要根据研究重点做进一步的归纳和分解,必要时要对研究的税种在 SAM 表中单独立项。譬如,为了研究增值税转型,往往要在

SAM 表中特别列出劳动增值税和资本增值税两个分别的账户。为了研究"营改增"(营业税改增值税),就要设置营业税账户。在 SAM 表和 CGE 模型设置中,对各个不同的税收和财政支出情况,既要灵活运用,又要符合经济学理论。

政府支出包括政府消费与对居民和企业的转移支付。政府收入和支出不一定要相等,其差额就是财政盈余或者赤字。下面我们从具体例子开始,介绍包括政府的 CGE 模型的设置。

图 11.1.1 中的 QG 表示政府购买的商品,包括政府的消费和公共资本形成。商品的最终需求包括居民消费 QH、企业投资和消费 $QINV$、政府消费 QG。最终需求的总和就是经济的 GDP,在宏观经济学中表示为:

$$GDP(Y) = 消费(C) + 投资(I) + 政府支出(G) \tag{11.1.1}$$

CGE 模型中对商品的需求方程,除了最终需求外还包括中间投入 $QINT$,为:

$$QC_c = \sum_{c' \in C} QINT_{cc'} + QINV_c + QH_c + QG_c \qquad c \in C \quad c' \in C \tag{11.1.2}$$

式(11.1.1)和式(11.1.2)的区别在于:(1)GDP 等式只包括最终产品,因此没有中间投入的使用;(2)GDP 等式是所有商品部门的综合数值,而没有细分到单个部门。

政府除了消费商品外,还对居民和企业进行货币转移支付。它包括社会保障、医疗保险、失业保险等。美国政府预算中转移支付的总和大致相当于政府对最终产品的消费。

为了资助其支出,政府向居民征税,其中包括所得税、销售税、财产税等。政府也向企业征税,其中包括增值税、企业所得税、工资税、消费税等。政府在对外部门收取关税、出口税和许多其他费用。政府不时向企业提供补贴,例如出口补贴。在大多数情况下,补贴可以被视为负税。表 4.1.1 的政府行账户中列出了政府征收的一系列税种。

政府收入 YG 和支出 EG 之间的差额是财政预算余额。在经济学和 CGE 模型中,财政预算余额也被称为公共储蓄或政府储蓄,用 $SAVEG$ 表示:

$$SAVEG = YG - EG \tag{11.1.3}$$

政府储蓄额为正数的话意味着财政预算盈余,负数意味着财政赤字。当政府储蓄不平衡时,其缺口必须由经济中其他经济机构(譬如居民或者企业)的储蓄来弥补。手段是政府发行债券,把它们卖给这些经济机构。在一些国家,也靠发行货币来弥补。政府通过发行货币获得的收入,也称为铸币收入(seigniorage income)或铸币税。虽然 CGE 模型文献中货币和债券很少直接出现,但是读者应该注意财政赤字和政府发行债券或者增发货币的相关关系。政府财政赤字和其他经济机构储蓄的关系在第 12 章中会详细讨论。

CGE 模型被广泛用于研究政府的财政政策并评估其对经济的影响。概括地说,政府的财政政策包括两部分:税收和政府支出。下面我们讨论 CGE 模型中政府的行为函数和财政部分的各种变量。

11.2 政府支出

我们先看 CGE 模型中的政府支出方面。政府支出包括政府对商品的消费和对居民或企业等其他机构的转移支付。政府对商品的消费包括公职人员的薪酬、采购商品和服务等。政府总支出额记为 EG。政府对商品 c 的实际消费量记为 QG_c。政府对居民的转移支付额在基准年度是 $transfer_{hg}$，假设转移支付额是完全按消费者价格指数调整的，那么模型中为 $transfer_{hg} \cdot CPI$。政府对企业的转移支付是 $transfer_{eg}$。通常，对企业的转移支付是固定的，不按价格指数调整。这样政府总支出额为：

$$EG = \sum_c PC_c \cdot QG_c + transfer_{hg} \cdot CPI + transfer_{eg} \tag{11.2.1}$$

下面我们要设置政府是如何决定其支出额 EG 的。这和政府的财政行为和政策有关。先考虑一个理想的情况。假设某个政府在财政上严格律己。它设定了严格的财政预算平衡目标，$SAVEG=0$。因此，EG 的总金额取决于财政收入。出于各种政治和经济原因，现阶段对居民和企业的转移支付额通常是确定的，遵循既有规定或者上一时期立法设定的指标。除去这些转移支付额的财政收入，政府遵循既定的规则在各商品 c 上消费。在这个经济里，一旦模型系统确定了财政收入，就内生确定了 EG。减去确定的转移支付额，按照现有的政府在各商品 c 上的消费规则，模型将自动求解出在各种商品上的政府消费量。

政府的消费规则可以从它的效用函数推导出来。首先我们要确定和设置政府的效用函数。假设政府的效用函数是柯布-道格拉斯函数，它面临的是硬预算约束。政府行为则是在预算约束下把效用最大化。和第 9.1 节对居民消费行为的数学推导类似，如此推导出政府对商品 c 的需求额是扣除转移支付额后的总支出的固定份额：

$$PC_c \cdot QG_c = shareg_c(EG - transfer_{hg} \cdot CPI - transfer_{eg}) \tag{11.2.2}$$

当然，根据经济现实我们也可设置其他的政府效用函数或者需求函数(譬如 LES 函数)。这与设置和推导居民消费需求的情况一样。

上述的严格自律平衡财政收支的政府在现实中很少见。政府通常有其他优先考虑的事项，使它不能严格遵循财政预算平衡的目标。这些优先考虑事项有些是合理的，例如，经济衰退状态下政府要增加支出来刺激经济；不过更多的情况是政府或政策决策者出于政治原因或集团利益来增加支出。在现实世界的大多数情况中，政府财政支出的很大部分是外生决定的和通过一些立法程序裁量决定的。在经济衰退期，这种酌情裁量决定和可自由支配的政府支出部分可以非常巨大，因为政府有需要刺激经济的充分理由来扩大财政赤字。在这些情况下，政府总支出 EG 是外生决定的，我们记为 $\overline{EG}$，符号的顶部横杠表示它是外生变量。

如果 $\overline{EG}$ 外生给定，那么模型中财政预算余额 $SAVEG$ 必须是变量被内生确定。政府支出 $\overline{EG}$ 可以超过或者低于财政收入 YG，即 $SAVEG$ 可为负数或正数。政府增加总支出 $\overline{EG}$ 时，如果仍沿袭式(11.2.2)的消费规则，则每一种商品的支出按比例增加，QG_c 在模型中被内生决定。

在现实世界中，财政支出中各商品的消费量通常并非按比例变化或者严格遵循已定公式来进行的。每年政府做预算支出，常常做得非常细，其包括在各个商品 c 上的预算支出额和购买数量与对各个经济机构的转移支付额等。或者在特定情况下，政府需要做专项开支，譬如地震后要增加开支修复各种设施，或者新冠肺炎疫情时期要大量购买疫苗。

这种情况下,政府在特定商品 c 上的消费量是外生决定的,记为 $\overline{QG_c}$。当 $\overline{QG_c}$ 为外生变量时,EG 则是内生决定的,否则模型系统会犯超定的错误,如下面不等式所示:

$$\sum_c PC_c \cdot \overline{QG_c} \neq \overline{EG} - transfer_{hg} \cdot CPI - transfer_{eg} \qquad (11.2.3)$$

假设价格 PC 和 CPI 是刚性的,式(11.2.3)左端的 $\overline{QG_c}$ 数值是自主确定的,式(11.2.3)右端的数值也是自主确定的,因为它包括了有确定值的 $\overline{EG}$ 和两个转移支付。式(11.2.3)左端的数值一般不等于式(11.2.3)右端的数值,除非出于巧合。因此,如果政府外生地决定个体商品的消费量 $\overline{QG_c}$,政府开支总额 EG 必须是由模型系统按 $\overline{QG_c}$ 计算决定的数值的变量。

以上列举了三种政府支出行为的设置。第一种是严格遵循既定财政规则没有自由裁量权的政府。其行为方式为:

$$SAVEG = YG - EG = 0 \qquad (11.2.4)$$

$$PC_c \cdot QG_c = shareg_c(EG - transfer_{hg} \cdot CPI - transfer_{eg}) \qquad (11.2.5)$$

式(11.2.4)是预算约束,该式右端也可以是非零的其他常数。式(11.2.5)可以用其他的需求函数代替。总之,这是一个严格遵循规则的财政行为设置。

第二种政府支出行为是混合型。政府裁量决定预算支出总额,因此支出总额 $\overline{EG}$ 外生,但政府按规则分配在各商品上的消费量。其行为方式为:

$$SAVEG = YG - \overline{EG} \qquad (11.2.6)$$

$$PC_c \cdot QG_c = shareg_c(\overline{EG} - transfer_{hg} \cdot CPI - transfer_{eg}) \qquad (11.2.7)$$

第三种政府支出行为是完全自由裁量的,它外生决定了政府在各商品部门 c 上的消费 $\overline{QG_c}$。其行为方式为:

$$SAVEG = YG - EG \qquad (11.2.8)$$

$$\sum_c PC_c \cdot \overline{QG_c} = EG - transfer_{hg} \cdot CPI - transfer_{eg} \qquad (11.2.9)$$

遵循规则型政府的所有支出变量都是内生的。在混合型或自由裁量型政府的设置里,有一个或一组外生变量,$\overline{EG}$ 或者 $\overline{QG_c}$,其他变量则是内生变量。遵循规则型政府在 CGE 建模和理论研究上有其价值,但现实世界中我们更常见的是自由裁量型或者混合型的政府财政行为。

在 CGE 建模中,要根据实际宏观经济状况和 CGE 模型的研究课题,设置不同的政府财政行为函数。设置函数的一般原则是,在允许的简化范围内模拟真实世界的情况。以美国为例。美国联邦政府预算非常详细。它由强制性部分和自由裁量部分两个主要部分组成。强制性部分包括社会保障、医疗保险、利息、失业补偿金等的支付,约占总支出的60%。这些是之前做出的承诺,因此无法在当前财政年度预算中真正改变。自由裁量部分包括军事、教育、科学和卫生研究、交通等方面的支出,由白宫和国会各政治集团协商调整。一般以每个部门的历史消费数量作为协商依据,从这个意义上说,能够变化的范围还是有限的。在经济衰退需要财政刺激等特殊情况下,裁量改变支出的规模可以非常大。

在正常年月,美国政府在制定财政预算方面也不算很律己的。预算赤字持续膨胀,支出上限被多次打破。因此,可以根据现实情况设置美国政府财政支出的行为方式。平常年月,美国政府是混合型,遵循规则部分包括强制性部分和由前期政府支出分配方式确定的,加上少量自由裁量部分。而在特殊年月,譬如新冠肺炎疫情期间和经济萧条时,可被设置为自由裁量型,$\overline{QG_c}$为外生给定的。譬如,假设研究课题是基础设施支出增加 1 万亿美元对各个部门的影响,那么模拟中的冲击是$\overline{QG_c}$增加 1 万亿美元,其中 c 为基础设施商品。

11.3 居民和直接税、所得税

政府的收入主要来自税收。纳税人因其收入或财产的原因直接向政府缴纳的税款称为直接税,例如个人所得税、企业所得税、财产税等。美国联邦收入的 50% 以上来自个人所得税。企业也要缴纳所得税,其数额在美国相对个人所得税要小很多。企业所得税仅占美国联邦税收的 6%。

居民缴纳的所得税额是其收入乘以所得税税率 ti_h。在单一税率制度下,ti_h 是一个常数。大多数国家采用累进所得税制,税率按居民收入水平的增加而增加。CGE 模型中如果要模拟累进所得税制,可以把居民按收入水平分组。每个收入组适用不同的税率。对只有一个居民组的简单 CGE 模型,我们可以使用整个经济的平均所得税率 ti_h。下面我们用例子来说明。

假设某国经济的 SAM 表如表 11.3.1 所示。这个 SAM 表有一个政府账户。企业在当期生产商品但不做固定资本投资。企业对要素的使用和对居民的支付都记录在劳动和资本账户中。政府对企业没有转移支付。因此,企业账户不需要在 SAM 表里显性展示。居民税前货币收入为 $YH = 360$,即要素收入 $190 + 165 = 355$,加上政府转移支付 $transfer_{hg} = 5$。SAM 表中,可以看到居民向政府缴纳的所得税为 36。因此,所得税税率校准估算为 $ti_h =$ 所得税/收入 $= 36/360 = 10\%$。居民缴纳的所得税是 $ti_h \cdot YH$。他们的税后可支配收入 $YDISPH$ 是:

$$YDISPH = (1 - ti_h)YH \tag{11.3.1}$$

$YDISH = (1 - ti_h)YH = (1 - 10\%) \cdot 360 = 324$。可支配收入用于购买商品。

表 11.3.1 有政府账户的某国经济 SAM 表

	商品 1	商品 2	要素(劳动)	要素(资本)	居 民	政 府	汇 总
商品 1					152	11	163
商品 2					172	20	192
要素(劳动)	110	80					190
要素(资本)	53	112					165
居 民			190	165		5	360
政 府					36		36
汇 总	163	192	190	165	360	36	

该国的政府收入 YG 完全来自居民的所得税，$YG = ti_h \cdot YH$。政府的财政制度是遵循既定规则，财政预算平衡是强制性的，因此 $SAVEG = 0$，即 $EG = YG$。

该国经济生产区块为 CES 生产函数。生产商品只需要基本要素投入，不需要中间投入。居民效用函数为柯布-道格拉斯函数。以下是该经济体的 CGE 模型。商品集合为 C。其生产区块只有一层，为一个 CES 生产函数模块方程组：

$$QC_c = \alpha_c^q [\delta_c^q QLD_c^{\rho_c} + (1 - \delta_c^q) QKD_c^{\rho_c}]^{1/\rho_c} \qquad c \in C \tag{11.3.2}$$

$$\frac{WL}{WK} = \frac{\delta_c^q}{(1 - \delta_c^q)} \left(\frac{QLD_c}{QKD_c}\right)^{\rho_c - 1} \qquad c \in C \tag{11.3.3}$$

$$PC_c \cdot QC_c = WL \cdot QLD_c + WK \cdot QKD_c \qquad c \in C \tag{11.3.4}$$

居民收入包括要素收入和政府的转移支付：

$$YH = WL \cdot QLS + WK \cdot QKS + transfer_{hg} \cdot CPI \tag{11.3.5}$$

居民缴纳所得税后的可支配收入全用来购买商品。从柯布-道格拉斯效用函数推导出，居民在各商品上的消费为其可支配收入的固定份额：

$$PC_c \cdot QH_c = shareh_c (1 - ti_h) YH \qquad c \in C \tag{11.3.6}$$

政府收入来自居民缴纳的所得税：

$$YG = ti_h \cdot YH \tag{11.3.7}$$

政府严格坚持预算平衡：

$$EG = YG \tag{11.3.8}$$

政府的各项支出严格遵循规则，没有可自由裁量的支出。政府对居民的转移支付是前期规定的，因此外界给定。与前面居民消费行为类似，政府的效用函数也是一个柯布-道格拉斯函数，因此，在各种商品上的支出占除去转移支付后的总支出预算的份额是固定的：

$$PC_c \cdot QG_c = shareg_c (EG - transfer_{hg} \cdot CPI) \qquad c \in C \tag{11.3.9}$$

市场出清方程为：

$$QC_c = QH_c + QG_c \qquad c \in C \tag{11.3.10}$$

$$\sum_{c \in C} QLD_c = QLS \qquad c \in C \tag{11.3.11}$$

$$\sum_{c \in C} QKD_c = QKS \qquad c \in C \tag{11.3.12}$$

政府按生活成本的通货膨胀率来调整对居民的转移支付。通货膨胀率是按消费者价格指数计算的：

$$CPI = \sum_{c \in C} PC_c \cdot cpiwt_c \tag{11.3.13}$$

式(11.3.2)—式(11.3.13)构成了该国的 CGE 模型。参数 α_c^q、$transfer_{hg}$、ti_h、$shareh_c$、

$shareg_c$、$cpiwt_c$ 可以从 SAM 表数据校准估算。模型共有 12 组等式和 14 组变量。变量为：QC_c、QLD_c、QKD_c、QLS、QKS、YH、QH_c、QG_c、YG、EG、PC_c、WL、WK、CPI。变量数超过等式数，不满足方形条件。我们需要添加约束条件来减少变量的数量。假设宏观经济闭合是新古典主义的，那么有要素充分就业和价格完全弹性。要素供给等于它们的禀赋：

$$QLS = \overline{QLS} \tag{11.3.14}$$

$$QKS = \overline{QKS} \tag{11.3.15}$$

上面两个约束条件迫使 QLS 和 QKS 数值被固定，它们成为参数。于是该模型有 12 组变量和 12 组等式，满足方形条件。

接下来，我们要设置价格基准。一个方案是使用劳动价格 WL 作为价格基准，有 $WL = 1$。也可以用消费者价格指数 CPI 作为价格基准：

$$CPI = 1 \tag{11.3.16}$$

式(11.3.16)设置了价格基准并确定数值，由此变量数减少到 11 组，系统不满足方形条件。于是，我们在劳动力市场出清方程中加入虚拟变量 $WALRAS$，即把式(11.3.11)改为：

$$\sum_{c \in C} QLD_c = QLS + WALRAS \tag{11.3.17}$$

如此我们有包括 $WALRAS$ 的 12 组变量和 12 组等式，模型可解。用第 10.1—10.2 节中其他的设置价格基准的方法也可以，这里就不赘述。

11.4 销售税、基价、基本价格和购买者价格

税种除了直接税之外，还有间接税。间接税是中间商(例如供应商或零售店)在交易时为政府向买方征收的税。间接税包括销售税、消费税、增值税、商品及服务税(goods and services tax, GST)等。

美国和世界上很多国家都有销售税。销售税是卖方为政府向买方收取的价外税，通常发生在零售部门向消费者出售商品的阶段。销售税一般是从价税，税率为销售价值或价格的某一百分比。销售税是挂牌价外的价外税，名义上由买方承担，税基是税前的销售金额。把卖方实际收入的价格记为 PC_c，把买方实际支付的价格记为 PQ_c，销售税税率记为 $tsale_c$。我们有

$$PQ_c = (1 + tsale_c)PC_c = tsale_c \cdot PC_c + PC_c \tag{11.4.1}$$

消费税也在销售的最后阶段征收，不过是包含在挂牌价格内的价内税，由卖方支付。由买方支付的销售税和由卖方支付的消费税在企业簿记和国民账户中分属不同的记录。不过，在经济学中它们的作用是一样的。销售税和消费税都是介于买方实际支付价格和卖方实际收到价格之间的楔子，称为税楔(tax wedge)。未有销售税之前，卖方价格 PC_c 和买方价格 PQ_c 等值。如上式显示，税楔压低了卖方价格，抬高了买方价格，两者相差为税

楔 $tsale_c \cdot PC_c$。不管是买方还是卖方名义上付税，买卖双方最后面临的实际价格一样。经济学证明，税楔造成的税负变化和买卖双方的相对供求弹性相关，实际税负会更多地落在供给需求弹性较小的一方，而和谁名义上支付无关。举例来说，如果供给弹性小于需求弹性，那么供给方即卖方最终将承担更多的销售税税负，尽管名义上是由买方（消费者）纳税。这个结论也适用于其他间接税，比如消费税或增值税。

现在我们引进国民账户体系中相关的价格术语和概念。上面的卖方价格 PC_c 被称为基本价格（basic price）。通俗粗略地说，基本价格就是产品出厂价。上面的买方价格 PQ_c 被称为购买者价格（purchaser's price）。这个价格包括产品出厂后要支付的各种产品税，以及商贸流通环节中的运输和批发零售费用。这是买方获取商品的实际支付价格。

在前面章节的简单 CGE 模型中，每一个商品只有一种价格。现在同一个商品有两种价格，基本价格和购买者价格。在建模中我们就面临选择哪一个价格作为基价（base price）的问题。基价的定义是 CGE 模型在开始设置阶段选择的数值设置在 1 的价格。这个术语和概念是在多重价格存在的情况下为了 CGE 模型建模的方便而创造的。注意：

（1）基价和基本价格字面上相似，但它们是不同的概念。基本价格是国民账户体系的专门名称，其概念有特定定义，下一节我们还要对此详细讨论。基本价格可以被选做基价，也可以不是基价。我们也可以选择购买者价格为基价。

（2）基价和价格基准两者是不同概念。基价等于 1 而价格基准不一定等于 1。譬如，某个 CGE 模型初始期把消费者价格指数选作价格基准，而这个指数不一定等于 1。

下面我们举例说明。假设前面模型经济中的政府现在开始征收销售税。表 11.4.1 描述了这个新经济状况，增加了一个销售税账户。

表 11.4.1　含销售税的 SAM 表

	商品 1	商品 2	要素（劳动）	要素（资本）	居　民	政　府	销售税	汇　总
商品 1					150	26.04		176.04
商品 2					190	28		218
要素（劳动）	110	70						180
要素（资本）	53	130						183
居　民			180	183		11		374
政　府					34		31.04	65.04
销售税	13.04	18						31.04
汇　总	176.04	218	180	183	374	65.04	31.04	

表 11.4.1 的模型经济中，商品 1 的生产成本，也就是税前产值，为 $110+53=163$。如果用基本价格作为基价，即 $PC_1=1$，那么商品 1 的数量是：

$$QC_1=163/PC_1=163 \tag{11.4.2}$$

从上面 SAM 表可以估算商品 1 的销售税率 $tsale_1$：

$$tsale_1 = 销售税/按基本价格计算的产值 = 13.04/163 = 8\% \tag{11.4.3}$$

可以验证，商品 2 的销售税率也是 8%。

付完销售税后的商品 1 的市场价值为 163+13.04=176.04。176.04 是买方购买商品 1 需要付的金额。以基本价格为基价，$PC_1 = 1$，可以推算购买者价格为：$PQ_1 = (1+8\%)PC_1 = 1.08$。商品 1 的数量没有变，还是 163，但是用不同价格算出的金额不同：

$$PC_1 \times QC_1 = 1 \times 163 = 163 \tag{11.4.4}$$

$$PQ_1 \times QC_1 = 1.08 \times 163 = 176.04 \tag{11.4.5}$$

SAM 表中最终使用项的数字，譬如居民和政府的消费，是按购买者价格计算的价值。理由是最终消费者在市场上购买商品时支付的是购买者价格。如果有销售税，购买者价格高于基本价格，购买支付额 176.04 比企业收入额 163 要大。如果已知消费价值要推算商品数量，则将该价值除以购买者价格 PQ。在上面的例子中，校准估算的商品 1 的数量是：

$$QC_1 = 商品 1 价值/PQ_1 = 176.04/(1+tsale_1) = 176.04/1.08 = 163 \tag{11.4.6}$$

在表 11.4.1 里其他最终消费价值也是以购买者价格 $PQ_c = 1.08$ 计算的，它们的物量可以通过式（11.4.6）的方法估算。例如，居民对商品 1 的实际消费量为：

$$QH_1 = 150/PQ_1 = 150/1.08 = 138.9 \tag{11.4.7}$$

对表 11.4.1 的模型经济建模，因为有销售税，在生产区块中，包括销售税在内的价格方程更改为：

$$\begin{aligned} PQ_c \cdot QC_c &= (1+tsale_c) \cdot PC_c \cdot QC_c \\ &= (1+tsale_c)(WL \cdot QLD_c + WK \cdot QKD_c) \qquad c \in C \end{aligned} \tag{11.4.8}$$

上式左边的价格改为购买者价格 PQ_c，右边包括了销售税。政府收入包括来自销售税的收入：

$$YG = ti_h \cdot YH + \sum_c tsale_c \cdot PC_c \cdot QC_c \tag{11.4.9}$$

居民和政府的消费额是按购买者价格计算的：

$$PQ_c \cdot QH_c = shareh_c(1-ti_h)YH \qquad c \in C \tag{11.4.10}$$

$$PQ_c \cdot QG_c = shareg_c(EG - transfer_{hg} \cdot CPI) \qquad c \in C \tag{11.4.11}$$

对消费税的设置类似。消费税是价内税，由企业支付，税基是含税销售额。消费税有从价税也有从量税。记消费税税率为 $texcise$。购买价格 PQ 与基本价格 PC 的关系为：

$$(1-texcise_c)PQ_c = PC_c \tag{11.4.12}$$

生产区块中的价格函数相应修改为：

$$(1-texcise_c)PQ_c \cdot QC_c = PC_c \cdot QC_c = WL \cdot QLD_c + WK \cdot QKD_c \tag{11.4.13}$$

上面的方程形式通常被用于 CGE 模型中的消费税。有些 CGE 模型中的销售税也用 $(1-tsale_c)PQ=PC_c$，这和美国等大部分国家销售税的实际计算方式 $PQ_c=(1+tsale_c)PC_c$ 不符。式(11.4.12)和式(11.4.1)的区别在于它们分别有含税和不含税的不同税基。如果这两种税率对经济产生的影响等同，它们需要满足以下等式：

$$1-texcise=\frac{1}{1+tsale} \tag{11.4.14}$$

也就是

$$texcise=\frac{tsale}{1+tsale} \tag{11.4.15}$$

从式(11.4.15)可以看到，$texcise$ 和 $tsale$ 的数值不是完全等同，但它们的差异很小。譬如，销售税税率为 5％时与消费税税率为 4.76％时形成的税楔相等。

11.5　多种价格下的基价选择和物量单位

上一节初步介绍了国民账户体系的几个价格术语，它们在以后处理数据、制作 SAM 表和建模中都很重要。SNA 体系中最常用的三种价格是基本价格、生产者价格和购买者价格。这三种价格的定义和关系归纳在表 11.5.1 中。以后章节中还要继续讨论一些相关细节。

表 11.5.1　基本价格、生产者价格和购买者价格之间的关系

基本价格＝生产成本＋某些生产税（如雇主支付的工资税）
生产者价格＝基本价格＋产品税（如消费税）
购买者价格＝生产者价格＋不能退税部分的增值税＋商贸和运输加价

注：读者可以在相关资料中查找更详细的归类、定义和解释。
资料来源：*System of National Accounts*，2008。

一张平衡的 SAM 表单元格里的数字代表该经济在初始期各条目的货币价值，同时也给定了相应的生产和交易的物量。如果 CGE 模型中有基本价格和购买者价格等多种价格存在的情况，在为初始期校准估算参数和数量时，我们就面临着多种可选的价格、相应的物量单位和数量。

建议读者先参看和复习第 3.2 节中关于价格、物量单位和数量的讨论。第 3.2 节把商品的物量单位比喻为该商品各种内部成分组成的一个标准"面团"。价格是这个"面团"的价值，数量则是"面团"的个数。价格乘以这个数量就是商品的价值。建模初始设置时可以对商品选择不同的物量单位，譬如选择的物量单位是原来的一半（即"面团"小一半），由于 SAM 表条目已经给定商品总物量，因此此"面团"的数量就多一倍。

给定某商品条目的价值，选择不同的价格作为基价，意味着确定不同的物量单位（也就是确定了"面团"的大小），和推算出不同的相应数量。不过，只要在模型后续工作中始终一致地使用同样的物量单位，模型的性质没有改变，模拟结果也不受影响。

理论上，表 11.5.1 中的任何一种价格都可以被作为基价（如前所述，基价的定义是数值被定为 1 的价格）。选择哪一个价格作为基价要根据模型的需要，并且要方便使用。

下面举例说明。首先，SAM 表条目中商品的数值是名义价值即金额，是价格和数量的乘积。譬如，该 SAM 表中商品 1 的总产值为 176.04。这个数值给定了初始期的商品 1 的总货币价值和总物量。建模开始时要设置商品的价格，这样才能确定商品的物量单位和数量。

假设在方案 1 中我们选择购买者价格为基价，$PQ_1 = 1$。价格的定义是一个物量单位的价值，一旦确定了商品 1 的价格，意味着确定了商品 1 的物量单位。按照这个物量单位计算的商品 1 的数量是：

$$QC_1 = 176.04/PQ_1 = 176.04/1 = 176.04 \tag{11.5.1}$$

假设在方案 2 中采用基本价格为基价，$PC_1 = 1$。这意味着采用的商品 1 的物量单位和方案 1 不同。相应的购买者价格为 $PQ_1 = (1+8\%)PC_1 = 1.08$，由此估算商品 1 的数量是：

$$QC_1 = 176.04/PQ_1 = 176.04/1.08 = 163 \tag{11.5.2}$$

数量从之前的 176.04 变为 163。这是因为采用了不同的基价，内含的商品 1 的物量单位变化了，相应的数量也变化了。但是，这个条目中商品的总物量没有变化。

方案 1 中的基本价格通过以下方式校准估算：

$$PC_1 = \frac{1}{1+tsale}PQ_1 = \frac{1}{1+8\%}PC_1 = \frac{1}{1.08} \times 1 = 0.926 \tag{11.5.3}$$

然后推算方案 1 中的商品 1 的数量。用基本价格来计算销售税前的商品 1 的价值：110＋53＝163。把这个价值除以基本价格获得商品 1 的数量：

$$QC_1 = 163/PC_1 = 163/0.926 = 176.04 \tag{11.5.4}$$

这和式（11.5.1）中的方案 1 的数量结果一致，可见使用的是同一物量单位。

在模型初始设置时，采用哪个价格作为基价是随意的。不过，一旦确定了哪个价格为基价，意味着确定了物量单位，在模型后期工作中就不能更改这个物量单位。在整个模型中必须始终一致地使用相同的物量单位。在模型的模拟阶段，政策冲击可以造成商品的价格变化或者数量变化，但是已经确定的商品物量单位必须维持不变。这样，不管开始采用哪个价格为基价，模型的模拟结果不受影响。

在实践中，使用基本价格作为基价的模型比较多。使用购买者价格作为基价的情况也有。因为众多的最终消费项，包括居民消费和政府的采购，在 SAM 表中都是按购买者价格计算的，有时会觉得用购买者价格作为基价比较便利。

11.6　增值税

世界上大多数国家采用的主要间接税是增值税。在另外一些国家和地区，它也被称为商品及服务税。美国没有增值税。增值税具有不少优点：管理简单、对所有经济部门和类型维持中性、扩大税基和减少逃税漏洞。联合国和世界银行特别向税收管理制度不完善的发展中国家推荐增值税税种。

增值税由卖方在交易时向买方收取。按 SNA 记账惯例，增值税包含在买方价格中，但不包含在卖方价格中。不过各国实践中有差异。具体实践中，在供应链中从生产到最后销售的每个环节，卖方向买方收取增值税并缴纳给政府，卖方然后要求政府把它在前期为生产而购买中间投入时向供应商支付过的增值税数额退还给它。一环一环，最终增值税的全额传递给最终买家。这个过程听起来似乎很复杂，但增值税的原始思想和性质非常简单。增值税的计税基础是企业在生产过程中的增加值，即企业收入减去中间投入成本的余额。现实世界中，由于中间投入退税率的差别和其他种种减免，在 CGE 模型中处理增值税有点复杂，我们将在第 15 章中进一步讨论。本章中我们尽量保持模型简单：模型的生产区块没有中间投入，因此也不用考虑中间投入的增值税退税问题。

假设某国经济的生产区块的要素投入为劳动和资本，总增加值等于劳动力和资本要素投入的价值。增值税税率记为 $tvat$。那么，增值税税额为：

$$VAT = tvat \cdot \sum_c (WL \cdot QLD_c + WK \cdot QKD_c) \tag{11.6.1}$$

增值税分为生产型、收入型和消费型三种。生产型增值税按式（11.6.1）对生产过程中所有增加值部分征税。这也是增值税的最初设想。收入型增值税允许企业每年纳税时按固定资本折旧的比例减免增值税。消费型增值税允许企业在购买固定资本当年在纳税时全额减免该固定资本中的增值税。在后两种情况下，政府实质上不对资本使用部分征收增值税。因此，企业缴纳的增值税为：

$$VAT = tvat \cdot \sum_c WL \cdot QLD_c \tag{11.6.2}$$

也就是说，在只有劳动和资本两个要素投入的经济中，政府只对劳动部分征收增值税。

理论上，生产型增值税对所有要素投入采用同样税率，因此是中性的。收入型和消费型增值税只减免资本使用部分的税收，因此鼓励使用资本，但歧视劳动就业。不过，也有学者争辩说资本投入应该被视为中间投入，因此收入型和消费型增值税是中性的。这种说法比较勉强，因为资本要素投入的定义和生产功能就是初始投入而不是中间投入。

下面讨论 CGE 模型中增值税的设置。假设模型经济有 SAM 表（表 11.6.1）。该 SAM 表有两个增值税账户，劳动增值税和资本增值税。它们的列账户里的数值是企业向政府缴纳的增值税税款。它们行账户里的数值是企业销售商品时向买方收取然后缴纳给政府的增值税税款。如果不可抵扣，这部分增值税直接由企业承担。从这个表可以估算劳动和资本投入的增值税税率均为 10%。譬如，在商品 1 部门，劳动的增值税税率 $tvat$ 为劳动增值税/劳动投入＝11/110＝10%。可以算出，其他商品部门的资本和劳动投入的增值税税率也是 10%。这个模型经济对所有要素使用按同等税率征收增值税，因此使用的是生产型增值税。

表 11.6.1　有增值税的模型经济的 SAM 表

	商品 1	商品 2	要素（劳动）	要素（资本）	居　民	政　府	劳动力增值税	资本增值税	汇　总
商品 1					150	29.3			179.3
商品 2					190	30			220
要素（劳动）	110	70							180
要素（资本）	53	130							183
居　民			180	183		11			374
政　府					34		18	18.3	70.3
劳动力增值税	11	7							18
资本增值税	5.3	13							18.3
汇　总	179.3	220	180	183	374	70.3	18	18.3	

下面展示如何设置带有增值税的 CGE 模型。在第 11.3 节的 CGE 模型中要做如下修改。生产区块中的生产函数维持原样。经济学中,无论名义上是否由买方支付,征收增值税导致企业的要素使用的成本增加。上面模型经济中用工成本因此增加了 10%,资本使用成本也增加了 10%。投入优化组合的一阶条件为:

$$\frac{(1+tvat) \cdot WL}{(1+tvat) \cdot WK} = \frac{\delta_c^q}{(1-\delta_c^q)}\left(\frac{QLD_c}{QKD_c}\right)^{\rho_c-1} \qquad c \in C \tag{11.6.3}$$

在生产型增值税下,因为劳动力和资本面临同等的增值税税率,上式的分子和分母取消一个公因数 $1+tvat$,因此一阶条件和原来模型中的一样。价格方程则要做调整,包含增值税对购买者价格的影响:

$$PQ_c \cdot QC_c = (1+tvat)(WL \cdot QLD_c + WK \cdot QKD_c) \qquad c \in C \tag{11.6.4}$$

政府部门的收入包含增值税收入:

$$YG = ti_h \cdot YH + tvat \cdot \sum_c (WL \cdot QLD_c + WK \cdot QKD_c) \tag{11.6.5}$$

居民和政府的消费额按购买者价格计算。消费者价格指数也基于购买者价格。下面这些方程被更新了:

$$PQ_c \cdot QH_c = shareh_c(1-ti_h)YH \qquad c \in C \tag{11.6.6}$$

$$PQ_c \cdot QG_c = shareg_c(EG - transfer_{hg} \cdot CPI) \qquad c \in C \tag{11.6.7}$$

$$CPI = \sum_{c \in C} PQ_c \cdot cpiwt_c \tag{11.6.8}$$

市场出清方程里的变量为实际数量,和原来一样。上面的 CGE 模型因为简单,只有购买者价格 PQ 显性出现,基本价格 PC 是隐含不露的。

下面我们对表 11.6.1 描述的模型经济设置 CGE 模型并列出所有方程。这是一个包含生产型增值税的 CGE 模型。假设宏观经济闭合为新古典主义：价格弹性，要素充分就业。假设政府支出的行为方式是遵循既定的固定份额规则和坚持财政预算平衡。$tvatl$ 和 $tvatk$ 分别是劳动投入和资本投入的增值税税率。PQ_c 是购买者价格，被用作基价。

$$QC_c = \alpha_c^q [\delta_c^q QLD_c^{\rho_c} + (1-\delta_c^q) QKD_c^{\rho_c}]^{1/\rho_c} \qquad c \in C \qquad (11.6.9)$$

$$\frac{(1+tvatl) \cdot WL}{(1+tvatk) \cdot WK} = \frac{\delta_c^q}{(1-\delta_c^q)} \left(\frac{QLD_c}{QKD_c}\right)^{\rho_c - 1} \qquad c \in C \qquad (11.6.10)$$

$$PQ_c \cdot QC_c = (1+tvatl) \cdot WL \cdot QLD_c + (1+tvatk) \cdot WK \cdot QKD_c \qquad c \in C \qquad (11.6.11)$$

$$YH = WL \cdot QLS + WK \cdot QKS + transfer_{hg} \cdot CPI \qquad (11.6.12)$$

$$YDISPH = (1-ti_h)YH \qquad (11.6.13)$$

$$PQ_c \cdot QH_c = shareh_c \cdot YDISPH \qquad c \in C \qquad (11.6.14)$$

$$YG = ti_h \cdot YH + tvatl_c \cdot WL \cdot \sum_c QLD_c + tvatk_c \cdot WK \cdot \sum_c QKD_c \qquad (11.6.15)$$

$$YG - EG = 0 \qquad (11.6.16)$$

$$PQ_c \cdot QG_c = shareg_c (EG - transfer_{hg} \cdot CPI) \qquad c \in C \qquad (11.6.17)$$

$$QC_c = QH_c + QG_c \qquad c \in C \qquad (11.6.18)$$

$$\sum_{c \in C} QLD_c = QLS \qquad (11.6.19)$$

$$\sum_{c \in C} QKD_c = QKS \qquad (11.6.20)$$

$$QLS = \overline{QLS} \qquad (11.6.21)$$

$$QKS = \overline{QKS} \qquad (11.6.22)$$

$$CPI = \sum_{c \in C} PQ_c \cdot cpiwt_c \qquad (11.6.23)$$

　　该模型由 15 个等式组组成。CPI 是需要模型系统计算的变量，它也被用作生活成本变化的指标来调整政府对居民的转移支付。从 SAM 表中可以校准估算的参数为：α_c^q、δ_c^q、$transfer_{hg}$、ti_h、$tvatl_c$、$tvatk_c$、$shareh_c$、$shareg_c$、$cpiwt_c$。幂指数 ρ_c 的值需要从外部信息中获取。校准估算参数的公式类似上面模型里的相应方程。例如，校准估算 $shareh_c$ 和 $shareg_c$ 值的公式与方程(11.6.14)和方程(11.6.17)一样。数据从 SAM 表里获取。

　　模型系统中有 15 个变量组：QC_c、QLD_c、QKD_c、QLS、QKS、YH、$YDISPH$、QH_c、QG_c、YG、EG、PQ_c、WL、WK、CPI。但还需要一个价格基准。假设这次选择劳动力价格 WL 作为价格基准：

$$WL = \overline{WL} = 1 \qquad (11.6.24)$$

这样变量 WL 的数值被固定了，变量组减少到 14 组但等式还有 15 组。为了让模型满足方形条件,可以在系统中增加一个虚拟变量 $WALRAS$,或者在系统中删除一个等式。虽然等式还是 15 组,但是等式总量因而减少了一个,因此等式总量等于变量总量,符合方形条件。作为演示这次方法,我们删除商品 1 部门的市场出清方程,所以商品市场出清的式(11.6.18)被下面的式(11.6.18')代替。商品的部门索引项只限用于部门 $2(c=2$,而不是原来的 $c=1$, 2):

$$QC_c = QH_c + QG_c \qquad c = 2 \qquad (11.6.18')$$

删除商品 1 的市场出清方程后,等式也少了一个,因此方形条件满足,系统可解。下面第11.8 节提供了上述模型的 GAMS 程序。可以验证,删除一个等式的结果与在模型系统中加虚拟变量 $WALRAS$ 的结果相同。

模型中只有包含增值税的购买者价格。如果研究还需要计算不含增值税的基本价格,可以在模型中包含以下价格方程:

$$PC_c \cdot QC_c = WL \cdot QLD_c + WK \cdot QKD_c \qquad c \in C \qquad (11.6.25)$$

如果经济体征收的是消费型增值税,如前所述,那是仅对劳动投入征收增值税,而资本投入免税。将劳动投入增值税税率仍然记为 $tvatl$。上面的式(11.6.10)、式(11.6.11)和式(11.6.15)要做相应修改,有

$$\frac{(1+tvatl) \cdot WL}{WK} = \frac{\delta_c^q}{(1-\delta_c^q)} \left(\frac{QLD_c}{QKD_c}\right)^{\rho_c-1} \qquad c \in C \qquad (11.6.26)$$

$$PQ_c \cdot QC_c = (1+tvatl) \cdot WL \cdot QLD_c + WK \cdot QKD_c \qquad c \in C \qquad (11.6.27)$$

$$YG = ti_h \cdot YH + tvatl_c \cdot WL \cdot \sum_c QLD_c \qquad (11.6.28)$$

注意收入型增值税改变了一阶优化条件,资本与劳动的比价降低,因此鼓励以资本替代劳动。从这个意义上说,收入型增值税不是中性的。

11.7　工资税和企业所得税

除了个人所得税、销售税和增值税外,各国政府还征收名目繁多的其他税,一些国家(譬如美国)的税收结构非常错综复杂。研究者构建有关税收问题的 CGE 模型时,必须集中在和研究主题相关的主要税种,而对其他税种和细节做简化。相关的税种可能还要细分,其他的则要合并和简化。

以美国为例。美国没有增值税,但联邦和地方政府征收许多其他税。除个人所得税外,联邦政府的第二大税收来源是工资税,也被译为薪酬税。它们约占税收总收入的35%。工资税是根据企业的工资单征收的。美国的工资税是个合成体,里面包含许多具体税种。它包括社会保障税、医疗税、失业保险税等。这些具体的成分税种的性质各不相同。工资税由企业征收并向政府提交,实际数额则在雇主和雇员之间分摊,有雇主承担的部分,也有雇员承担的部分。研究工资税的 SAM 表和 CGE 模型经常要根据研究课题细分工资税中的税种并且重组。美国国税局和商务会计的工资税中的一些税种的分类法和

SNA 体系不同。譬如,企业为职工支付的社会保障税在 SNA 体系中被归类为企业对职工的经济补偿而不是纳税。不过这些归类和术语不同不影响我们下面的经济学分析,因为它们都属于企业要增加支付的劳动成本。

假设在工资税中,企业作为雇主为工人支付工资单的 9% 的税额,工人作为雇员承担相当于工资单 8% 的税额。用 $tpayent$ 代表企业支付的工资税的税率。这样,雇主承担的工资税是:

$$\text{雇主支付的工资税} = tpayent \cdot WL \cdot \sum_c QLD_c \tag{11.7.1}$$

按照 SNA 体系的定义和规则,雇主支付的工资税是生产成本的一部分,包含在基本价格里。雇主使用劳动力要支付工资税,增加了劳动力的实际成本,会影响企业使用投入的决策,因此在生产区块里的相关函数要相应修改。在第 11.6 节里,如果模型经济没有增值税,但雇主对劳动力使用要付工资税,那么 CGE 模型的式(11.6.10)、式(11.6.11)和式(11.6.15)将修改为:

$$\frac{(1+tpayent) \cdot WL}{WK} = \frac{\delta_c^q}{(1-\delta_c^q)}\left(\frac{QLD_c}{QKD_c}\right)^{\rho_c-1} \qquad c \in C \tag{11.7.2}$$

$$PC_c \cdot QC_c = (1+tpayent)WL \cdot QLD_c + WK \cdot QKD_c \qquad c \in C \tag{11.7.3}$$

$$YG = ti_h \cdot YH + tpayent \cdot \sum_c WL \cdot QLD_c \tag{11.7.4}$$

和式(11.6.11)稍有不同,式(11.7.3)中的价格是基本价格 PC。因为按 SNA 规定,工资税包含在基本价格中。增值税和销售税则是在基本价格以外,包括在购买者价格里(见表 11.5.1)。假设这个经济体类似美国,没有增值税但有销售税,式(11.7.3)要按 $PQ_c = (1+tsale_c) \cdot PC_c$ 做进一步修改以达到购买者价格 PQ:

$$PQ_c \cdot QC_c = (1+tsale_c)\left[(1+tpayent)WL \cdot QLD_c + WK \cdot QKD_c\right] \qquad c \in C \tag{11.7.5}$$

然后在政府收入方程中把销售税的税收额包括进去。

现在来看企业内雇员承担的那部分工资税。假设在工资税中,雇员要向政府缴纳社会保障税和医疗保险税,税额为其工资单收入的 8%。这种雇员部分的工资税性质上类似于个人所得税。在 SAM 表中,该数额位于居民列账户支付给政府行账户的单元格里。令 $tpayhh$ 为居民从自己劳动收入中支付的工资税的税率,这个雇员部分的工资税为

$$\text{雇员支付的工资税} = tpayhh \cdot WL \cdot \sum_c QLD_c \tag{11.7.6}$$

由于这部分工资税相当于雇员的个人所得税,它不改变企业生产区块中的投入的相对价格,因此不改变生产模块中的方程。不过,它减少了居民的可支配收入,增加了政府的税收。如果雇员支付的工资税不能从居民所得税中抵扣(例如美国的情况),式(11.6.13)的居民可支配收入 $YDISPH$ 要减去这个数额,如下:

$$YDISPH = (1-ti_h)YH - tpayhh \cdot WL \cdot \sum_c QLD_c \tag{11.7.7}$$

而式(11.7.4)的政府收入则要增加这个数额：

$$YG = ti_h \cdot YH + tpayent \cdot WL \cdot \sum_c QLD_c + tpayhh \cdot WL \cdot \sum_c QLD_c \quad (11.7.8)$$

如果这部分雇员缴纳的工资税可以从他们要缴的所得税中完全抵扣,那么该经济中居民纳税的总数和政府税收的总数仍然是 $ti_h \cdot YH$,模型中相关方程里没有净变化。如果雇员支付的工资税只能在他们的所得税中被部分抵扣,那么做研究时我们还必须按抵扣比例分出相应的税额,在模型中做相应的设置。

在大多数国家,企业还须缴纳企业所得税。这些税是按企业账簿中记录的利润征收的。企业所得税是一种直接税。基于经济学理论,CGE 模型假设 SAM 表上的企业平均经济利润为零。经济利润和会计利润是不同的概念。在经济利润为零的情况下,企业的会计利润一般是正数。企业会计利润相当于 SNA 体系里的营业盈余净额(net operating surplus),是企业资本收益总额的一个组成部分。前面的简单 CGE 模型的设置隐含的是,企业的资本收益即企业从使用资本获得的报酬都转移给了居民。现在我们考虑更复杂的情况:企业的资本收益 $WK \cdot QKS$ 一部分自己留存,一部分转移给居民。令 $shareif_{hk}$ 为企业资本收益中转移给居民的份额。参数 $shareif$ 表示经济机构 i 从要素 f 获取收入的份额,它的下标表示具体的机构和要素。这样,企业资本收益分配给居民的部分如下:

$$shareif_{hk} \cdot WK \cdot QKS \quad (11.7.9)$$

令 $shareif_{ent\,k}$ 为企业资本收益中企业自己留存的份额,企业留存的自有收益为:

$$shareif_{ent\,k} \cdot WK \cdot QKS \quad (11.7.10)$$

这可被视为企业的资本收益净额或者会计利润。企业所得税税率记为 ti_{ent}。那么,企业缴纳的企业所得税税额为:

$$ti_{ent} \cdot shareif_{ent\,k} \cdot WK \cdot QKS \quad (11.7.11)$$

在 CGE 模型中,这个税额要包括在政府税收 YG 中。它是直接税,不会影响相对要素价格,因此不会改变生产区块中的方程。

近年来有人认为,减低企业所得税会鼓励企业使用固定资本和技术,刺激投资。他们的论点是:(1)减税给企业更多资金做投资和更新改造;(2)减税降低资本的价格。想要模拟这个理论,除了在模型中修改政府税收的税率外,还要更新生产函数模块中的企业行为的方程。该理论认为企业所得税是资本的额外成本,应包括在单位资本投入成本里,因此生产函数模块中原来的一阶条件要修改为:

$$\frac{WL}{(1 + ti_{ent} \cdot shareif_{ent\,k}) \cdot WK} = \frac{\delta_c^q}{(1 - \delta_c^q)} \left(\frac{QLD_c}{QKD_c}\right)^{\rho_c - 1} \quad c \in C \quad (11.7.12)$$

这样,降低企业所得税将降低 ti_{ent},从而降低单位资本价格,鼓励使用资本。

这一理论备受争议。批评者说,企业所得税是根据扣除劳动成本和固定资本使用成本(折旧)后的企业利润净额征收的,因此该税对劳动和固定资本的使用应该是中性的。

降低企业所得税税率不仅有利于资本使用,企业也可能将节省的税款用于增加劳动要素的使用,例如雇佣更多劳动力,改善管理,聘请更好的工程师,或为工人提供奖金以提高他们的生产力。减低企业所得税并不会倾斜地、专门地降低固定资本价格,而会为企业的整体增长提供资金。

考虑这些批评者论点的 CGE 模型结构可以对减低企业所得税做中性设置。很多 SAM 表区分折旧(固定资本消耗)和营业盈余净额两个账户。如前所述,后者可以作为企业会计利润的代理变量,是企业所得税的税基。CGE 模型使用的多是规模报酬不变的生产函数。要明确这种生产函数中营业盈余的贡献来源,可以在劳动力和资本这两个要素投入外,再增加一个"技术效率"要素投入。这个技术效率要素在经济学模型中有各种名称:技术、创业和管理(entrepreneurship and management)、全要素生产率、索洛剩余(Solow residual)等。营业盈余可以被设置为这个技术效率要素投入对产出的贡献。在 CGE 模型的增加值层次里,可以是这三个要素投入的生产函数嵌套结构。那么,企业所得税的削减可以被设置为降低技术效率要素成本,从而改善企业的管理、效率或技术。

上面讨论了在有争议问题上如何根据论点尝试不同模型结构的例子。在更复杂的情况下,我们可能要在模型中设置新的行为函数并更改模型结构。然而,所有更改必须有经济理论上的合理解释,使用的变量的概念和定义要符合国民账户体系的规范。

11.8 包括政府财税政策的 CGE 模型和 GAMS 编程

下面展示有政府和税收的 CGE 模型的 GAMS 程序。模型经济的 SAM 表为表 11.6.1。

例 11.8.1 基于第 11.6 节的 SAM 表,为有政府和税收的模型编写 GAMS 程序。宏观闭合是新古典主义的,要素充分就业且价格弹性。生产函数是 CES 函数,指数 ρ 为 0.6。劳动价格 WL 为价格基准。为满足方形条件,删除商品 1 的市场出清方程,而不是用虚拟变量 WALRAS。复制初始平衡。

(1) 通过把价格基准(劳动力价格)提高 10% 来检查模型的齐次性,并验证所有实际数量保持不变。

(2) 模拟部分。如果资本供给增加 10%。资本价格会发生什么变化?

(3) 如果资本乘数被定义为资本投入增加 1% 引起的 GDP 增加率,那么资本乘数是多少?

解:GAMS 程序如下所示。为计算 GDP 的变化,程序比第 11.6 节的模型增加了 GDP 变量和计算 GDP 的方程。本经济中,GDP 是居民和政府消费的最终商品的总和。模拟结果为:

(1) 价格基准提高 10% 后,模型中所有价格按相同比例增加,而所有实际数量维持不变。该模型在价格上是齐次的。注意,如果模型中政府对居民的转移支付不是百分之百挂钩消费者价格指数调整的,则齐次性不成立。

(2) 资本供给增加 10% 后,资本价格下降 4%,GDP 增加 5%。

(3) 资本供给乘数为 5%/10%=0.5。

$title   Example 11.8.1   CGE model with government and fiscal policy

*定义账户
set ac   /sec1, sec2, lab, cap, gov, hh, vatl, vatk, total/;
set c(ac)   /sec1, sec2/;

alias (ac, acp), (c, cp);

table sam(ac, acp)

	sec1	sec2	lab	cap	hh	gov	vatl	vatk	total
sec1					150	29.3			179.3
sec2					190	30			220
lab	110	70							180
cap	53	130							183
hh			180	183		11			374
gov					34		18	18.3	70.3
vatl	11	7							18
vatk	5.3	13							18.3
total	179.3	220	180	183	374	70.3	18	18.3	

Parameter
*定义参数,参数名字最后有 0 表示该参数被固定在初始值上

PQ0(c)	商品 c 的购买者价格
WL0	劳动价格
WK0	资本价格
QC0(c)	商品 c 的数量
QLD0(c)	劳动需求量
QKD0(c)	资本需求量
QLS0	劳动供给量
QKS0	资本供给量
QH0(c)	居民对商品 c 的消费量
YH0	居民收入额
YDISPH0	居民可支配收入额
EG0	政府支出总额
YG0	政府收入额
QG0(c)	政府对商品 c 的消费量
rho(c)	CES 生产函数指数

delta(c)　　　　　CES 生产函数的份额参数
scaleA(c)　　　　CES 生产函数的规模参数
shareh(c)　　　　居民收入中消费商品 c 的份额
shareg(c)　　　　政府消费商品总额中消费商品 c 的份额
tih　　　　　　　居民所得税率
tvatl(c)　　　　对劳动投入的增值税率
tvatk(c)　　　　对资本投入的增值税率
transferhg0　　　政府对居民的转移支付
CPI0　　　　　　消费者价格指数
cpiwt(c)　　　　消费者价格指数权重
GDP0　　　　　　实际国内生产总值
;

*赋值和校调估算参数
PQ0(c)= 1;
WK0=1;
WL0=1;
QC0(c)=sam('total', c)/PQ0(c);
QLD0(c)=(sam('lab', c))/WL0;
QKD0(c)=sam('cap', c)/wk0;
QLS0=sum(c, sam('lab', c))/WL0;
QKS0=sum(c, sam('cap', c))/WK0;
QH0(c) =SAM(c, 'hh')/PQ0(c);
transferhg0=sam('hh', 'gov');
cpiwt(c)=QH0(c)/sum(cp, QH0(cp));
CPI0=sum(c, PQ0(c)*cpiwt(c));
YH0=WL0*QLS0+WK0*QKS0+transferhg0*CPI0;
tih=sam('gov', 'hh')/YH0;
YDISPH0=(1-tih)*YH0;
YG0=tih*YH0+sam('gov', 'vatl')+sam('gov', 'vatk');
EG0=YG0;
QG0(c)=SAM(c, 'GOV')/PQ0(c);
rho(c)=0.6;
delta(c)=WL0*QLD0(c)**(1-rho(c))/(WL0*QLD0(c)**(1-rho(c))+WK0*QKD0(c)**(1-rho(c)));
scaleA(c)=QC0(c)/(delta(c)*QLD0(c)**rho(c)+(1-delta(c))*QKD0(c)**rho(c))**(1/rho(c));
shareh(c)=PQ0(c)*QH0(c)/((1-tih)*YH0);

```
shareg(c)=PQ0(c)*QG0(c)/(YG0-transferhg0*CPI0);
tvatl(c)=sam('vatl', c)/sam('lab', c);
tvatk(c)=sam('vatk', c)/sam('cap', c);
GDP0=sum(c, (sam(c, 'hh')+sam(c, 'gov'))/PQ0(c));

display
PQ0, WK0, WL0, QC0, QLD0, QKD0, QLS0, QKS0, QH0, transferhg0, YH0, tih,
YDISPH0, YG0, QG0, shareh, shareg, tvatl, tvatk, GDP0, cpiwt;

Variable
QC(c), QLD(c), QKD(c), YH, YDISPH, QH(c), QG(c), YG, EG, GDP, PQ(c), WL, WK, CPI
```
*下面两个变量在后面用后缀`.fx`改为参数
```
QLS, QKS
;
```

*设置方程
```
Equation
QCeq(c), FOCQCeq(c), PQeq(c), YHeq, YDISPHeq, QHeq(c), YGeq, QGeq(c), EGeq,
ComEqui2, Leq, Keq, GDPeq, CPIeq
;

QCeq(c)..
QC(c)=e=scaleA(c)*(delta(c)*QLD(c)**rho(c)+(1-delta(c))*QKD(c)**rho(c))**
(1/rho(c));

FOCQCeq(c)..
((1+tvatl(c))*WL)/((1+tvatk(c))*WK)=e=delta(c)/(1-delta(c))*(QKD(c)/
QLD(c))**(1-rho(c));

PQeq(c)..
PQ(c)*QC(c)=e=(1+tvatl(c))*WL*QLD(c)+(1+tvatk(c))*WK*QKD(c);

YHeq..
YH=e=WL*QLS+WK*QKS+transferhg0*CPI;

YDISPHeq..
YDISPH=e=(1-tih)*YH;
```

```
QHeq(c)..
PQ(c)*QH(c)=e=shareh(c)*YDISPH;


YGeq..
YG=e=tih*YH+sum(c, tvatl(c)*WL*QLD(c))+sum(c, tvatk(c)*WK*QKD(c));


QGeq(c)..
PQ(c)*QG(c)=e=shareg(c)*(EG-transferhg0*CPI);


EGeq..
YG=e=EG;
```

*劳动价格 WL 为价格基准,该变量成为参数。为满足方形条件,这里删除商品 1 的市场出清等式,因此只剩下商品 2 的市场出清等式。

```
ComEqui2..
QC('sec2')=e=QH('sec2')+QG('sec2');


Leq..
Sum(c, QLD(c))=e=QLS;


Keq..
Sum(c, QKD(c))=e=QKS;
```

*下面是计算 GDP 的方程

```
GDPeq..
GDP=e=sum(c, QH(c)+QG(c));


CPIeq..
CPI=e=sum(c, PQ(c)*cpiwt(c));


*Assign initial values
QC.L(c)=QC0(c);
QLD.L(c)=QLD0(c);
QKD.L(c)=QKD0(c);
YH.L=YH0;
QH.L(c)=QH0(c);
QG.L(c)=QG0(c);
YG.L=YG0;
```

```
EG.L=EG0;
GDP.L=GDP0;
PQ.L(c)=PQ0(c);
WL.L=WL0;
WK.L=WK0;
CPI.L=CPI0;
QLS.fx=QLS0;
QKS.fx=QKS0;
WL.fx=1;

*执行模型
model cge   /all/;
solve cge using mcp;

display PQ.L, WK.L, WL.L, QC.L, QLD.L, QKD.L, QLS.L, QKS.L, QH.L, transferhg0,
YH.L, YDISPH.L, tih, YG.L, EG.L, QG.L, shareh, shareg, tvatl, tvatk, GDP.L;

$title   模拟价格基准的数值被提高 10%
*WL 为价格基准,增加 10%
WL.fx=1.1

model sim1   /all/;
solve sim1 using mcp;

display PQ.L, WK.L, WL.L, QC.L, QLD.L, QKD.L, QLS.L, QKS.L, QH.L, transferhg0,
YH.L, tih, YG.L, EG.L, QG.L, shareh, shareg, tvatl, tvatk, GDP.L, CPI.L;

$title   模拟资本供给增加 10%

*资本供给量增加 10%
QKS.fx=QKS0*1.1;

*把前面的劳动价格恢复并固定在 1
WL.fx=1;

parameter
GDPold   Save the initial GDP value;
GDPold=GDP.L;
```

```
model sim2   /all/;
solve sim2 using mcp;

display
PQ.L, WK.L, WL.L, QC.L, QLD.L, QKD.L, QLS.L, QKS.L, QH.L, transferhg0, YH.L,
tih, YG.L, EG.L, QG.L, shareh, shareg, tvatl, tvatk, GDP.L, CPI.L;

Parameter
Multiplier;
Multiplier=(GDP.L-GDPold)/GDPold;

display  Multiplier;

*End
```

练   习

1. 某国经济的 SAM 表如表 11.E.1.1 所示,用 GAMS 编程,校调估算所得税税率、消费者和政府在各个商品上的消费份额。

表 11.E.1.1 某国经济的 SAM 表

	商品 1	商品 2	要素(劳动)	要素(资本)	居 民	政 府	汇 总
商品 1					280	45	325
商品 2					250	90	340
要素(劳动)	200	130					330
要素(资本)	125	210					335
居 民			330	335		10	675
政 府					145		145
汇 总	325	340	330	335	675	145	

2. 对第 11.6 节的 CGE 模型做政策模拟分析。仍然是新古典主义宏观闭合。假设现在政府将生产型增值税改变成收入型增值税,即 $tvak = 0$。或者说,在资本使用上的增值税税率降低为 0。修改第 11.6 节 CGE 模型和第 11.8 节的 GAMS 程序,检验结果。GDP 有什么变化? 为什么? 劳动和资本价格与这两个要素投入在各商品部门的使用量有什么变化? 为什么?

3. 现在假设这个经济处于经济萧条的状况。参考第 10 章的内容,将模型改为凯恩斯宏观闭合,固定劳动和资本价格,然后回答上面练习 2 中的同样问题,比较两种不同宏观闭合下的模拟结果差异并给出经济学解释。

提示:把要素价格固定,将 EG 作为外生;把要素供给 QLD 和 QKD 改为内生,将 $PGDP$ 放开(作为内生)。

4. 在第 11.8 节 CGE 模型的 GAMS 程序中,增加基本价格变量和相应的方程来计算基本价格。

5. 这个模型中没有私人储蓄,因此不管用哪一个宏观闭合,政府财政预算总是平衡的,即 $YG=EG$。为什么?

▶ 12

储蓄和投资

前面章节中我们研究的是简单经济。居民和政府把所有的收入都花在商品消费上，企业把所有的资本收入都转移给居民，企业自己不做投资。现实世界并没那么简单。出于各种原因居民从他们的可支配收入中拿出一部分钱来储蓄。政府支出可以大于或小于其收入。企业不但投资，还常常去金融市场融资借钱来弥补投资资金缺口。在现实经济中，一些经济机构储蓄，一些经济机构借钱弥补超支。经济体中某些机构的资金缺口必须由其他机构的储蓄来填补。这种全局下的储蓄和非储蓄的平衡关系在实体经济里和国民账户上都必须成立。本章中，我们将在 CGE 模型的框架中添加现实世界里重要的储蓄、投资及其相关函数之间的关系。

12.1　居民储蓄

居民为什么储蓄？储蓄意味着他们的消费少于可支配收入。经济学的解释是，居民为准备退休、预防收入和消费的不确定性、留给孩子财产等因素而储蓄。整个居民群体在总收入里分配消费总额和储蓄总额。在宏观经济学教科书中，这被写成：

$$C+S=Y-T \tag{12.1.1}$$

其中 C、S、Y、T 分别代表消费、储蓄、国民收入和税收。$Y-T$ 是居民纳税后的可支配收入。储蓄是从可支配收入中减去消费后的差额。用 CGE 模型符号是：

$$SAVEH=YDISPH-EH \tag{12.1.2}$$

其中 $SAVEH$ 为居民储蓄，EH 为居民的总消费支出。储蓄的变化则是消费变化和可支配收入变化的差。

在宏观经济周期繁荣和萧条交替的波动状况下，居民消费额相对地稳定不变，这是因为在短期内居民难以调整现存的基本需求和生活方式。影响居民消费额的主要因素是居民的可支配收入。其他影响因素包括利率 r、财富 A 和价格 P。因此，通常我们有消费函数：

$$C=C(Y-T, r, A, P) \tag{12.1.3}$$

如果用美国自 2002 年以来 18 年的宏观数据做个简单的储蓄回归分析,R 平方指标表明,仅可支配收入变量一项就解释了 91% 的消费量变化。因此,居民消费通常直接被写为可支配收入的函数。记 mpc 为边际消费倾向,用宏观经济学符号,消费函数为:

$$C=C_0+mpc(Y-T) \tag{12.1.4}$$

其中 C_0 为常数项。C_0 是生存消费水平,因此必须是正数。相应的储蓄函数是:

$$\begin{aligned} S &=(Y-T)-[C_0+mpc(Y-T)]=-C_0+(1-mpc)(Y-T) \\ &=-C_0+mps(Y-T) \end{aligned} \tag{12.1.5}$$

储蓄函数是消费函数的镜像。储蓄函数的斜率是边际储蓄倾向 mps,而 mps 和 mpc 互为镜像。储蓄函数的常数项 $-C_0$。这意味着居民的可支配收入是 0 的情况下,他们必须靠负储蓄,也就是从原有的储蓄中提取资金,来购买生存消费品。在经济周期波动状况下,居民储蓄比居民消费更不稳定,这是因为储蓄是被居民用来应付收入波动的缓冲机制。

根据上述讨论,用 CGE 模型符号的消费函数是:

$$EH=eho+mpc \cdot YDISPH \tag{12.1.6}$$

EH 是消费总量,eho 是常数项("o"是英文小写字母,表示常数项在"原点")。在阅读和编程中,读者应注意区分变量符号中的字母 o 和数字 0,因为它们看起来相似容易搞错。然后,居民把消费总额 EH 分配给各种商品消费。

CGE 模型中的储蓄方程可以是式(12.1.2)的形式,也可以是如下的直接函数形式:

$$SAVEH=-eho+(1-mpc)YDISPH=-eho+mps \cdot YDISPH \tag{12.1.7}$$

储蓄函数的截距 $-eho$ 为负。如前所述,当可支配收入为 0 时,居民必须靠负储蓄来购买生存品。

在宏观经济学入门教科书里,eho 和 mpc 是常数。照此,在 CGE 模型中它们可以被设置为参数,其值从外部获得或从现有数据校调估算。不过,在一些 CGE 模型宏观闭合中,mpc 或 mps 被设置为由模型系统确定的内生变量。有的 CGE 模型把它们设置为利率、财富或消费者信心指数的函数。在一些 CGE 模型中,为简单起见,把 eho 设置为 0。这时 mps 等于平均储蓄倾向,直接将储蓄除以可支配收入便可估算出来它。

当 CGE 研究项目需要把居民分解为多个收入群体时,每个居民群体可以设置各自的消费和储蓄函数,包括不同参数值。这时 CGE 模型里居民群体 h 的消费额和储蓄额为 EH_h 和 $SAVH_h$,下标 h 为群体索引项。也就是说,EH_h 和 $SAVH_h$ 是群体特定的。观察、数据和经济学理论都显示,mpc 和 mps 因收入群体而异,较高收入群体的边际消费倾向较低。

12.2　私人投资(企业投资)

宏观经济学上,投资指的是私人企业在新的实物资本上的支出,注意不能把它和日常生活中所说的金融投资（譬如股票投资等）搞混。国民账户中，它被称为资本形成总额（gross capital formation），定义是私人部门即私人企业的固定资本投资，也被称为企业投资。政府的固定资本形成，如修建高速公路等，则包含在政府支出中。

私人投资包括企业在新设备、厂房和结构、住宅、知识产权产品（通常是无形的）及存货变化上的支出。2018年美国的资本形成总额占其GDP的21%。东亚国家的投资占GDP的份额要高得多。例如，2018年中国的资本形成总额占其GDP的43%。虽然投资占GDP的份额小于消费，不过，在经济周期波动情况下，投资的波动比消费要大，投资比消费更不稳定。

企业投资是想追求更多的利润。企业投资决策的主要因素是对销售和利润前景的预期。企业投资的另一个决定因素是利率，也就是借贷投资的成本。企业可以从自己的营业净盈余中提取资金来投资，其本质是利用企业内部的储蓄。由于内部储蓄的资金往往不足，企业大多通过金融市场筹集资金进行投资。企业可以通过出售公司股权筹集资金，或者向银行和其他金融机构借款。从宏观上说，这些借款或者筹款必须来自经济中其他机构的储蓄。

在建模中设置投资函数时，由于难以量化企业对未来盈利能力的信心和预期，研究者常常使用其他各种可量化的代理变量。譬如，投资函数可以包括下面这些解释变量：(1)当期的资本存量；(2)现有资本的折旧量；(3)前期投资规模；(4)前期GDP增长率（增长惯性的代理变量）；(5)当期GDP增长率；(6)商业信心指数；(7)利率（即贷款成本）。在构建CGE模型时，解释变量(1)—(4)的数值来自历史数据，不难得到。后三个解释变量也容易得到，需要时可以包括在投资函数中。在实践中，除非研究一定需要，函数设置要尽可能简单，避免不必要的复杂化。

设 c 部门的投资额为 $QINV_c$。投资函数为：

$$QINV_c = \overline{QINVO_c} \cdot INVADJ_c \tag{12.2.1}$$

$\overline{QINVO_c}$ 是SAM表中的当期资本形成量。$INVADJ_c$ 是调整因子。调整因子可以是参数或自变量，也可以是有其他解释变量的函数的应变量。它的初始值通常定为1。

假设研究课题是模拟信心满满的企业主准备增加投资带来的外部冲击。我们可以先做一个独立的计量研究，来估计投资增加量的可能情景。然后，将这些投资增加量转换为 $INVADJ_c$ 值的变化。接着，把这个数值变化输入CGE模型去模拟这个外生冲击。在这个例子中，$INVADJ_c$ 被作为模型中的外生变量（即GAMS程序中的参数）。

假设在另一项研究课题中，外部冲击来自多重第三方因素，例如股市崩盘造成经济衰退。我们预见经济衰退将引起投资下降。为了抵消这个负面影响，政府准备降息以刺激投资。这个研究课题需要同时模拟经济低迷和降息对投资的影响。在这种情况下，$QINV$ 必须受这些相关变量的影响。由此 $INVADJ_c$ 在模型中是一个由这些相关变量决定的函数。譬如，我们可以设置下面的 $INVADJ_c$ 函数：

$$INVADJ_c = 1 + para1_c(\overline{INTRATE} - INTRATE0)$$
$$+ para2_c(\log QC_c - \log QC0_c) \tag{12.2.2}$$

其中 $para1$ 和 $para2$ 是系数,其值需通过独立研究从外部获得。$INTRATE$ 是利率。"0"代表当期或者基期的利率,$\overline{INTRATE}$ 是政府提出的新利率。在利率和产出 QC_c 水平维持基期水平的情况下,$INVADJ_c$ 等于 1,意味着投资水平 $QINV_c$ 维持当前水平。政府降息造成利率值 $\overline{INTRATE}$ 偏离初始值 $INTRATE0$。而经济衰退造成部门产出 QC_c 低于初始值 $QC0_c$,进而影响商业信心和投资意愿,从而影响投资调整因子 $INVADJ_c$。这两个因素通过调整因子 $INVADJ_c$ 影响投资量 $QINV_c$。

投资量 $QINV_c$ 是企业对最终产品 c 的"消费"需求。在 CGE 模型里,我们需在商品市场 c 的出清方程中添加这一消费量。包括 $QINV_c$ 在内的商品出清方程为:

$$QC_c = \sum_{c' \in C} QINT_{cc'} + QH_c + QINV_c + QG_c \qquad c' \in C \qquad (12.2.3)$$

12.3　总支出和凯恩斯均衡

居民决定要储蓄多少,企业决定要投资多少,两个群体在经济体内各自做自己的决定。于是我们遇到一个问题:市场机制能否协调储蓄和投资的供求关系? 凯恩斯理论的回答是否定的。这个市场机制失灵也给 CGE 建模带来了问题。

回顾我们前面证明一般均衡点存在时需要的瓦尔拉斯法则。瓦尔拉斯法则成立的一个必要条件是所有居民都用尽他们的预算。一旦居民储蓄,意味着他们没有用尽他们的预算,瓦尔拉斯法则就不成立,这个经济也就无法达到瓦尔拉斯均衡。早期,经济学对这个问题的回应是,居民的储蓄将通过金融市场被引导到企业成为资本投资。利率作为金融市场上价格,调节储蓄和投资的供求关系,最后出清储蓄-投资的市场,经济回归均衡状态。

凯恩斯理论认为,利率在金融市场上协调储蓄和投资之间供求的作用有限且不可靠,尤其是在经济低迷时期。居民储蓄的决定因素包括他们的可支配收入、财富和未来收入预期等。企业投资的主要决定因素是企业对销售和利润前景的预期。经济低迷时,企业因悲观而减少投资,居民因悲观而减少消费并增加预防性储蓄。这双重因素导致了储蓄超过投资。在商品市场上表现为需求不足,生产商品过剩卖不出去。企业随后减少生产,经济陷入进一步衰退。

我们用宏观经济学教科书中的变量符号来重温这个基本理论。为了简单起见,假设一个没有外贸的经济体。它的宏观经济收入-支出方程是:

$$Y = C + I + G \qquad (12.3.1)$$

上式左端的 Y 代表总产出 GDP,也是总收入。C、I、G 分别为消费、投资和政府开支。上式右端是总支出,也是总需求。

在不同场景下,取决于投资 I 的具体定义,式(12.3.1)可以代表不同的含义。式(12.3.1)可以是国民账户中的会计恒等式。这个含义下,等式左端的 Y 为 GDP 或国民收入;等式右端为居民、企业和政府在最终产品上支出的总和。投资 I 是国民账户中实际簿记的投资金额。一个国民账户的总收入等于总支出,总产出等于总需求,在实体经济、SAM 表、

CGE 模型中,任何时候这个会计恒等式必须成立。

在另外一个场景下,因为投资 I 的定义不同,式(12.3.1)代表的是凯恩斯均衡条件。在这个场景下,等式左端是国民收入,右端是计划的或意愿的总支出。它与前面的会计恒等式的主要区别在于,前面的 I 是事实投资,而这里的 I 是计划投资。事实投资是计划投资和非计划投资的总和。因为有非计划投资的存在,事实投资往往不等于计划投资。回顾我们前面所说的,投资包括存货变化。经济低迷时,因为企业卖不出商品,存货积压,造成企业仓库内的非计划存货,也就是非计划投资。非计划存货在账簿上也记录为企业投资,但这不是企业计划的或者意愿的投资。企业在下一个生产周期会通过减产来降低存货水平。这个减产过程会一直持续到实际存货下降到企业的计划存货水平,非计划存货等于 0,也就是达到凯恩斯均衡状态。

上面简述了凯恩斯理论的重要结论:在经济衰退时,经济体靠降低总产出量 Y 来调整到新的供求均衡,而不是像新古典主义经济学中描述的那样靠降低价格来调整供求关系。图 12.3.1 的经济学教科书中的总收入-总支出图阐明了这个过程。其中,AE 代表(意愿的)总支出:

$$AE = C(Y-T) + I(Y) + G \tag{12.3.2}$$

为了简单起见,假定税收 T 是固定的总量税(lump-sum tax),因此 T 是个常数。消费额 C 是可支配收入 $Y-T$ 的函数,投资 I 是 Y 的函数。Y_0 是当前状态,其特征是非计划存货积压和商品供给过剩。为了减少存货积压,企业削减生产,产量 Y 减少,在图中沿 AE 线向左移动。最终,经济达到凯恩斯均衡点 Y^*,实际存货达到计划存货水平,商品过剩消失,在图中和 45 度线相交。45 度线是凯恩斯均衡条件 $Y = AE$,即总产出等于意愿的总支出。不过,Y^* 是产出 Y 处于较低水平上达到的均衡。

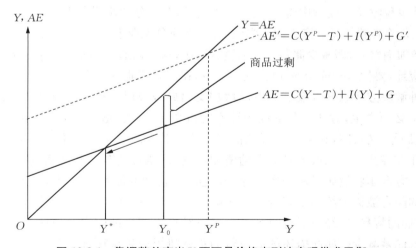

图 12.3.1　靠调整总产出 Y 而不是价格来到达宏观供求平衡

这个过程中储蓄和投资如何变化呢? 随着总收入 Y 下降,居民减少储蓄,但储蓄减少的程度低于收入下降的程度。最终,储蓄下降到凯恩斯均衡点 Y^* 处的投资水平,这时储蓄和投资平衡了,经济达到了一个新均衡状态。这个状态被称为凯恩斯均衡。注意,这时

的总产出 Y^* 低于 Y^P。Y^P 为潜在 GDP,潜在 GDP 定义为充分就业状态下的 GDP 水平。这意味在凯恩斯均衡点 Y^* 的经济状态是高失业率和经济衰退。由于 Y^* 是均衡态,是稳定的,除非外力干扰,它不会变化。这意味着经济陷入了长期衰退陷阱。凯恩斯理论据此建议政府要增加支出,用外部干扰力量来刺激经济。

基于上述宏观经济理论,我们在 CGE 模型建模时要正确设置宏观经济闭合。如上所述,总产出 Y 由总支出 AE 的水平内生决定。在图 12.3.1 中,CGE 模型求解出来的 Y 必须在 AE 线和 45 度线 $AE=Y$ 的交点处。于是,要素的就业量也被确定。这个就业量可以低于充分就业水平。如果 CGE 模型采用的是凯恩斯闭合,这不是问题,因为凯恩斯闭合允许要素不充分就业。

如果 CGE 模型是新古典主义的,要素被假设为充分就业的,那模型内就要设计一个机制保证模型求解出来的总产出 Y 等于潜在 GDP(Y^P)。CGE 模型的生产函数是规模报酬不变的生产函数,供给曲线在标准供求曲线图上是个水平线,因此由需求来决定产出量。而现在这个产出量必须达到 Y^P 水平。

直观地用图 12.3.1 解释,这就需要把总支出/总需求 AE 线上移到虚线 AE' 的位置,这样 AE 线与 45 度线的新交点才会等于潜在 GDP,$Y^*=Y^P$。因此,我们要设计一个宏观闭合,里面有个机制能自动调整总支出 AE 到图中虚线的位置。经济学家设计过各种宏观闭合来解决这个问题。从数学上讲,这些闭合都是可行的,但从经济理论或现实角度来严格审视,没有一个是非常令人信服的。下面我们讨论这些方案。

方案的目标是,设置一个能自动调整总支出 AE 以达到潜在 GDP 水平的机制。我们有 $AE=C(Y-T)+I+G$,那么,有以下四种选择来调整 AE:

(1)增加政府支出 G。将 G 设为内生变量,由模型系统求它在充分就业状态下的数值。

(2)减少税收 T。模型中将 T 设为内生变量,在充分就业下求值。

(3)增加企业投资 I。将 I 设为内生变量,在充分就业下求值。

(4)增加消费 C,即减少储蓄。在消费函数中,这可以通过调整 eho 或 mpc 的数值来实现。相应地,要把 eho 或 mpc 设为内生变量,在充分就业下求值。

前两种解决方案意味着政府会自动增加支出或减税以维持充分就业。因此,政府储蓄 $SAVEG$ 必须内生,意味着其财政预算不能被强制平衡。这两个方案要假设有个完全有效的凯恩斯主义政府,它可以无视政治阻力执行其财政政策。这不太现实。方案 3 假设私人企业在经济下行和低迷时会自动增加投资,而凯恩斯观点和现实世界的观察恰恰与此相反。方案 4 假设居民在经济下行和低迷时会自动增加消费并减少储蓄。储蓄驱动自动调整的闭合被称为约翰森闭合(Johansen,1960)。一些新古典主义理论模型给出类似设置,它们的解释是,经济下行时商品价格下跌产生积极的财富效应刺激消费,或者利率下降造成储蓄减少。如此描述的居民行为正是凯恩斯理论所怀疑和否定的,也和现实世界的观察相悖的。

总之,上述的宏观闭合方案在数学上可行,在模型中提供了机制使要素充分就业。不过它们的经济学理由很勉强,也常常不符合现实世界的观察,特别是在经济低迷时期。

12.4 储蓄-投资方程

凯恩斯均衡条件也可以用储蓄-投资方程表示,它是收入-支出方程的镜像。储蓄-投资方程通常直接被加进 CGE 模型,以便更直接和明确地观察 CGE 模型中的凯恩斯均衡条件。

从国民收入如何被分解使用的角度来看,有下面一个国民账户恒等式:

$$Y=C+S+T \tag{12.4.1}$$

它表示,居民获得收入 Y 后,他们缴税 T、储蓄 S、消费支出 C。结合式(12.3.1)的国民收入恒等式,有

$$I+G=S+T \tag{12.4.2}$$
$$I=S+(T-G) \tag{12.4.2'}$$

式(12.4.2′)被称为储蓄-投资方程,在文献中记为 S-I 方程。等式左边是企业投资,等式右边是国民储蓄,由私人储蓄 S 和政府储蓄(或公共储蓄)$SAVEG=T-G$ 组成。该方程表示,投资额必须等于国民储蓄总额:

$$投资=私人储蓄+政府储蓄 \tag{12.4.3}$$

因为储蓄-投资方程 $I=S+(T-G)$ 是收入支出方程 $Y=C+I+G$ 的替代形式,类似地,在不同上下文里储蓄-投资方程也有两种含义。它或者是国民账户恒等式,或者是凯恩斯均衡条件。在作为国民账户恒等式时,里面的 I 代表事实投资。该恒等式在 CGE 模型和 SAM 表中必须始终成立。在作为凯恩斯均衡条件时,I 代表的是计划投资。这个等式在对 CGE 模型成功求解后才能成立。

教科书中,用储蓄-投资方程表达的最简单的凯恩斯模型如下:

$$I(Y)=S(Y-T)+T-G \tag{12.4.4}$$

在储蓄函数 $S(Y-T)$ 中,通过边际储蓄倾向 mps,储蓄与收入 Y 相关。

我们可以用式(12.4.4)来解释凯恩斯模型。图 12.4.1 是图 12.3.1 的镜像。假设股市崩溃,这个冲击造成居民对经济前景悲观。他们采取预防保护措施,增加自发储蓄[①],减少消费,使得国民储蓄函数线 $S(Y-T)+T-G$ 向上移动。另一方面,企业对前景悲观,削减投资,造成投资线 I 向下移动。双方行为造成了图 12.4.1 中经济在 Y_0 的情况。

这时投资 I 小于国民储蓄 $S+T-G$,这导致市场上商品过剩。企业于是减产去库存,投资 I 下降,产出 Y 下降,沿投资线向左移动。产出 Y 下降也造成收入 Y 下降,结果居民的实际储蓄也被逼得下降,沿国民储蓄线相左移动。最终实际储蓄被降到如此之低,以至于它等于在 Y^* 处的计划投资水平,在那里储蓄线和投资线相交,达到凯恩斯均衡状态。

---

① 自发变动指的是独立于收入变化的变动。自发储蓄变化引起的是储蓄函数的垂直移动,而不是因为收入 Y 变化造成的储蓄点的横向移动。

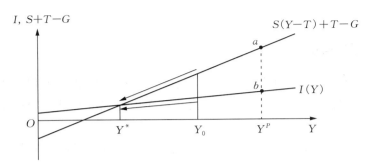

图 12.4.1　用储蓄-投资方程表达的凯恩斯模型

把储蓄-投资形式的凯恩斯均衡模型即式(12.4.4)用 CGE 模型变量符号表达,有

$$\sum_c QINV_c = SAVEH + SAVEG \tag{12.4.5}$$

其中 $SAVEG$ 是政府储蓄 $T-G$。在设置要素充分就业的新古典主义 CGE 模型时,因为储蓄-投资方程是收入-支出方程的镜像,上一节讨论的四个可选闭合相应的解释如下:假设经济目标是回复充分就业状态,那么就是要让凯恩斯均衡点回复到潜在 GDP 产量 Y^P。在图 12.4.1 中需要移动投资和国民储蓄两条线,以便它们在 Y^P 相交。四种可选的宏观闭合是:

(1) 增加政府支出 G,使国民储蓄线向下移动到 b 点。G 在模型中被设置为内生的。

(2) 减少税收 T,使国民储蓄线向下移动到 b 点。T 在模型中为内生变量。

(3) 增加私人投资 I,使投资线上移至 a 点。I 在模型中为内生变量。

(4) 减少自发储蓄 S,使国民储蓄线下移到 b 点。S 在模型中是内生的,通过在模型中把 eho 或 mpc(mps 的镜像)从参数改为内生变量来完成。

作为凯恩斯均衡条件的储蓄-投资方程为 CGE 建模和分析提供了便利。它使我们能够直接检验凯恩斯条件是否成立,并在 CGE 模型中直接观察投资、私人储蓄和政府储蓄这些变量,以及它们之间变动的关系。当我们想以收入-支出方程观察 CGE 模型中的凯恩斯均衡状况时,CGE 模型中没有直接提供这么一个 $Y=C+I+G$ 的简化方程,式(12.2.3)算最接近的了,但它还不是收入-支出方程。它多了一个中间投入部分,它是按部门的出清方程而不是宏观总量方程。式(12.2.3)里也没有显示税收变量,因此我们无法直接从中观察政府和私人储蓄行为。由于这些原因,CGE 研究中一般用 S-I 方程、储蓄和投资等概念来讨论凯恩斯均衡状况,而不是用收入-支出方程的框架概念。

前面我们用基础宏观经济学演示如何从收入-支出方程导出 S-I 方程。同样地,在 CGE 模型中,式(12.4.5)的 S-I 方程也可以从 CGE 模型的其他等式导出(本章附录将演示和证明如何从 CGE 模型的其他等式导出 S-I 方程)。这就表示,S-I 方程和 CGE 模型的其他等式是函数相关的(functionally dependent),其性质和线性相关类似。通俗地说,这个 S-I 方程在 CGE 模型系统中是"数学冗余的",删除这个 S-I 方程,不会影响模型系统的有效性和求解正确结果。事实上,不少 CGE 模型里没有 S-I 方程。当我们把 S-I 方程添加进 CGE 模型中时,为了满足 GAMS 程序要求的方形条件,也需要跟着添加一个

虚拟变量。又由于 S-I 方程的函数相关性,当模型求解收敛时,这个虚拟变量的值应该为零。

　　在以前没有储蓄的 CGE 模型里,我们添加一个虚拟变量 *WALRAS*,是因为所有经济人和机构穷尽预算时,瓦尔拉斯法则成立,CGE 模型里的等式线性相关。一旦居民开始储蓄,没有穷尽他们的预算,瓦尔拉斯法则不再有效,CGE 模型里的等式也不再线性相关。现在添加一个 S-I 方程,因为它和其他等式是函数相关的,我们需要再加个虚拟变量。这个虚拟变量一般加到 S-I 方程中,但也可以加到模型中的其他等式中。

　　很多 CGE 模型(包括 IFPRI 模型)仍然把这个虚拟变量命名为 *WALRAS*。严格地说,在这个新环境下,这个名称是有误导性的。S-I 方程和 CGE 模型其他等式的函数相关不是因为瓦尔拉斯法则成立,而是因为收入-支出方程和储蓄-投资方程之间的镜像关系。它们是相同的凯恩斯均衡条件方程,只是用不同的代数式表达而已。

　　这个虚拟变量用 *WALRAS* 名称还造成一个问题。假设我们构建一个完美的前瞻性新古典主义模型,其中居民储蓄被设置为他们对未来商品消费的需求,企业投资被设置为企业供给未来商品的优化选择。双方在市场上交易这些未来商品,市场则由未来商品的价格调节出清。在这个完美新古典主义模型里,各经济人和机构穷尽了预算,瓦尔拉斯法则得以恢复。这样我们需要一个虚拟变量 *WALRAS* 来解决瓦尔拉斯法则引起的相关关系,再加上另外一个由于 S-I 方程和其他等式函数相关而设置的虚拟变量,不能用同样的名称称呼它们。因此,为了概念上的清晰,在本书中,由于 S-I 方程的函数相关性而添加的虚拟变量,我们叫它"*DUMMYSI*"。把它放在 S-I 方程中,有

$$\sum_c QINV_c = SAVEH + SAVEG + DUMMYSI \qquad (12.4.6)$$

如果 CGE 模型设置是正确的,运行结果将显示虚拟变量 *DUMMYSI* 收敛为零,或接近零。反之则模型有问题,必须修正。

12.5　包括储蓄-投资方程的 CGE 模型

　　下面设置一个包括储蓄和投资的 CGE 模型。被研究的模型经济没有外贸,它的 SAM 表为表 12.5.1。从 SAM 表可以看到,政府对居民征收个人所得税 162,对企业征收企业所得税 40。政府也征收销售税。政府在各商品上的消费额是固定比例的。该 CGE 模型有个标准形式的消费函数。SAM 表中最后一个账户是储蓄-投资账户。

　　该 CGE 模型的生产区块为两层嵌套结构。顶层是个包括总增加值和总中间投入的 CES 生产函数模块。底层的增加值生产模块是个 CES 函数,包括劳动和资本两个要素的投入。底层的中间投入生产模块为一个将商品作为中间投入的里昂惕夫函数。

　　整个生产区块类似第 8 章中的模型,不过,顶层价格方程中多了个销售税,商品价格 *PQ* 是购买者价格。基本价格没有在模型里直接显示出来,但可以推算得到。

表 12.5.1　有私人投资和公共储蓄的模型经济 SAM 表

	农业	制造业	服务业	劳动	资本	居民	企业	政府	销售税	储蓄-投资	汇总
农业	260	320	150			500		71		155	1 456
制造业	345	390	390			450		65		150	1 790
服务业	400	365	320			350		48		48	1 531
劳动	200	250	400								850
资本	210	400	210								820
居民				850	770			17			1 637
企业					50			40			90
政府						162	40		167		369
销售税	41	65	61								167
储蓄-投资						175	50	128			353
汇总	1 456	1 790	1 531	850	820	1 637	90	369	167	353	8 896

$$QC_c = \alpha_c^q \left[\delta_c^q QVA_c^{\rho_c} + (1-\delta_c^q)QINTA_c^{\rho_c}\right]^{1/\rho_c} \qquad c \in C \qquad (12.5.1)$$

$$\frac{PVA_c}{PINTA_c} = \frac{\delta_c^q}{(1-\delta_c^q)}\left(\frac{QVA_c}{QINTA_c}\right)^{\rho_c-1} \qquad c \in C \qquad (12.5.2)$$

$$PQ_c \cdot QC_c = (1+tsale_c)(PVA_c \cdot QVA_c + PINTA_c \cdot QINTA_c) \qquad c \in C$$
$$(12.5.3)$$

$$QVA_c = \alpha_c^{va}\left[\delta_c^{va}QLD_c^{\rho_c^{va}} + (1-\delta_c^{va})QKD_c^{\rho_c^{va}}\right]^{1/\rho_c^{va}} \qquad c \in C \qquad (12.5.4)$$

$$\frac{WL}{WK} = \frac{\delta_c^{va}}{(1-\delta_c^{va})}\left(\frac{QLD_c}{QKD_c}\right)^{\rho_c^{va}-1} \qquad c \in C \qquad (12.5.5)$$

$$PVA_c \cdot QVA_c = WL \cdot QLD_c + WK \cdot QKD_c \qquad c \in C \qquad (12.5.6)$$

$$QINT_{cc'} = ia_{cc'} \cdot QINTA_{c'} \qquad c \in C \qquad c' \in C \qquad (12.5.7)$$

$$PINTA_{c'} = \sum_{c \in C} ia_{cc'} \cdot PC_c \qquad c' \in C \qquad (12.5.8)$$

居民收入包括他们的劳动收入、企业资本收益转移给居民的部分,以及从政府那里获取的按消费者价格指数调整的转移支付:

$$YH = WL \cdot QLS + shareif_{hk} \cdot WK \cdot QKS + transfer_{hgov} \cdot CPI \qquad (12.5.9)$$

居民需求是个 LES 函数:

$$PQ_c \cdot QH_c = PQ_c \cdot \gamma_c + \beta_c\left(EH - \sum_{c' \in C}PQ_c \cdot \gamma_{c'}\right) \qquad c \in C \qquad (12.5.10)$$

和前面章节的 CGE 模型的重要不同是,本模型添加了居民消费函数。这个居民消费函数表达了居民不在消费上花尽他们的预算——他们会储蓄。正因为居民会储蓄,瓦尔拉斯均衡的条件被破坏,我们需要凯恩斯均衡条件来设置 CGE 模型。模型中的消费函数取宏观经济学教科书中的标准形式:

$$EH = eho \cdot CPI + mpc(1-ti_h)YH \qquad (12.5.11)$$

上式中的常数项 $eho \cdot CPI$ 是根据在基期的 LES 函数的生存消费额 $\gamma \cdot PQ$ 校准估算的。然后估算边际消费倾向 mpc。这两个参数的估算公式稍后提供。

企业收入 $YENT$ 包括企业的留存收益,即企业资本收益内部留存的部分,此外还包括政府给企业的转移支付。政府对企业的转移支付是固定额,不按价格指数调整。我们得到:

$$YENT = shareif_{ent\,k}\,WK \cdot QKS + transfer_{ent\,gov} \tag{12.5.12}$$

企业向政府缴纳企业所得税,税率为 ti_{ent}。税后的企业储蓄 $SAVEENT$ 是:

$$SAVEENT = YENT - ti_{ent} \cdot YENT = (1 - ti_{ent})YENT \tag{12.5.13}$$

企业投资(固定资本形成)$QINV_c$ 由企业决定。企业根据对未来销售的预期,按调整因子 $INVADJ$ 调整投资水平。基期的企业投资额 $\overline{QINV_c}$ 可以从 SAM 表中估算出来,基期的调整因子 $INVADJ$ 等于 1:

$$QINV_c = \overline{QINV_c} \cdot INVADJ \tag{12.5.14}$$

政府收入包括间接税和直接税。因为用购买者价格 PQ,所以下面销售税项要做相应调整:

$$YG = \sum_c \left[tsale_c / (1 + tsale_c) \cdot PQ_c \cdot QC_c \right] + ti_h \cdot YH + ti_{ent} \cdot YENT \tag{12.5.15}$$

下面是政府储蓄函数 $SAVEG = YG - EG$ 的变体:

$$EG = YG - SAVEG \tag{12.5.16}$$

政府收入扣除转移支付后的余额用来购买消费品。在各个商品上的支出,政府遵循固定份额规则:

$$PQ_c \cdot QG_c = shareg_c(EG - transfer_{h\,g} \cdot CPI - transfer_{ent\,g}) \qquad c \in C \tag{12.5.17}$$

商品市场的出清方程为:

$$QC_c = \sum_{c'} QINT_{cc'} + QH_c + QINV_c + QG_c \qquad c \in C \tag{12.5.18}$$

要素市场的方程如下所示。要素供给等于事实供给,可以不等于要素禀赋。这意味着在经济衰退时期,该模型经济的要素未充分就业。这个设置可以模拟凯恩斯经济环境:

$$\sum_c QLD_c = QLS \tag{12.5.19}$$

$$\sum_c QKD_c = QKS \tag{12.5.20}$$

消费者价格指数为:

$$CPI = \sum_{c \in C} PC_c \cdot cpiwt_c \tag{12.5.21}$$

如果要计算经济的实际 GDP,我们有

$$GDP = \sum_{c \in C} (QH_c + QINV_c + QG_c) \qquad (12.5.22)$$

储蓄-投资方程为:

$$\sum_c PQ_c \cdot \overline{QINV_c} \cdot INVADJ = -eho \cdot CPI + (1 - mpc)(1 - ti_h)YH$$
$$+ SAVEENT + SAVEG + DUMMYSI$$

$$(12.5.23)$$

储蓄-投资方程左边是总投资额。方程右边包括来自各种经济机构的储蓄,前两项之和是居民储蓄,接下来两项是企业和政府储蓄。因为这个方程和系统函数相关,我们添加虚拟变量 $DUMMYSI$。

上述模型共有 23 个等式组和 27 个变量组,变量为 PQ_c、PVA_c、$PINTA_c$、WL、WK、QC_c、QVA_c、$QINTA_c$、$QINT_{cc'}$、QLD_c、QKD_c、QLS、QKS、YH、EH、QH_c、$YENT$、$QINV_c$、$INVADJ$、$SAVEENT$、YG、EG、QG_c、$SAVEG$、CPI、GDP、$DUMMYSI$。我们需要添加四个约束条件,把变量数减少到 23 组,以满足方形要求。如果模型采用的是凯恩斯宏观闭合,我们固定两个价格(任何其中之一兼作价格基准),投资和政府支出外生决定,有

$$WL = \overline{WL} = 1 \qquad (12.5.24)$$
$$WK = \overline{WK} = 1 \qquad (12.5.25)$$
$$INVADJ = 1 \qquad (12.5.26)$$
$$EG = \overline{EG} \qquad (12.5.27)$$

总支出函数需要在系统中被严格确定,方能确定这个模型经济的规模。直观解释就是,在图 12.3.1 中的总支出线 AE 线的位置必须被确定,方能确定它与 45 度线的交点及相应的 GDP 产量。要确定 AE 线的位置,必须确定 AE 方程内的所有组成部分即 C、I 和 G 的值。如果在 AE 方程中留下一个组成部分的值未被确定,那么 AE 线的位置就是不定的,模型将无法成功运行。

上面的 CGE 模型中,消费函数由式(12.5.10)确定。式(12.5.26)确定了投资调整因子的值,因此投资量也被确定。政府支出由式(12.5.27)确定。或者,政府支出可以通过固定 $SAVEG$ 来确定。在确定了所有这些 AE 的组成部分之后,总支出函数也被确定。在这个凯恩斯闭合中,控制经济规模的外生变量是政府支出 $\overline{EG}$。$\overline{EG}$ 在上面所述环境下决定总支出 AE。最后,由凯恩斯条件 $AE = Y$ 决定总产量 Y。

加上四个约束条件后,原来的变量 WL、WK、$QINV$ 和 EG 的数值被固定,成为参数。变量的数量减少到 23。系统满足方形条件,可解。

消费函数中参数的估算公式如下所示。常数项 eho 是 LES 函数的生存消费量:

$$eho \cdot CPI = \sum_{c' \in C} PQ_c \cdot \gamma 0_{c'} \qquad (12.5.28)$$

在符号中添加"0"表示变量的值已经被估算校准。估算完 eho 和 tih 的值后,边际消费倾

向 mpc 的数值可通过以下公式估算：

$$mpc = (EH0 - eho \cdot CPI)/[(1-ti_h) \cdot YH0] \tag{12.5.29}$$

注意，在这个凯恩斯闭合模型中，GDP 或总产出 Y 是由总支出 AE 决定的。下面我们为上述模型编写 GAMS 程序。该 GAMS 程序里包括一个上述变量的名称及其定义的列表。

12.6　包括储蓄–投资方程 CGE 模型的 GAMS 程序

例 12.6.1　模型经济的 SAM 表为表 12.5.1。另外从外界获得表 12.6.1 中显示的参数值。为第 12.5 节中的 CGE 模型编写 GAMS 程序，宏观闭合采用凯恩斯闭合。然后，(1) 估算参数 eho 和 mpc 并复制模型；(2)证明储蓄–投资方程在模型系统中的函数相关性；(3)模拟增加政府支出对整个经济的影响。政府支出乘数定义为政府支出增加 1 个单位导致的实际 GDP 增加量，计算本模型的政府支出乘数。

表 12.6.1　模型经济的参数值

参　　数	农　业	工　业	服务业
顶层 CES 函数指数	0.2	0.3	0.1
底层增加值模块的 CES 函数指数	0.25	0.5	0.8
LES 函数的弹性	0.5	1.0	1.2
弗里希参数		-2	

解：下面是编写的 GAMS 程序。要证明 S-I 方程的函数相关性，我们首先在没有 S-I 方程的情况下运行模型，然后在模型中添加带有虚拟变量 $DUMMYSI$ 的 S-I 方程。如果前者和后者的运行结果相同，并且 $DUMMYSI$ 收敛到 0，则表示模型中有无 S-I 方程不影响模型的运行和最后结果，以此证明 S-I 方程和模型系统中其他等式是函数相关的。

在这个模型里，我们采用购买者价格，并且把购买者价格 PQ 作为基价，设置为 1。这个做法的好处是，商品数量的数目等于它们在 SAM 表中的价值数目，因此比较方便。如果研究需要，基本价格 PC 可以用公式 $PC_c \cdot QC_c = (PVA_c \cdot QVA_c + PINTA_c \cdot QINTA_c)$ 或者 $PC_c = [1/(1+tsale_c)]PQ_c$ 来计算。3 个商品行账户中按基本价格计算的商品价值分别是 $PC_c \cdot QC_c$，$PC_c \cdot QH_c$ 等。显然，按基本价格计算的商品价值会小于 SAM 表中按购买者价格计算的价值。例如，按上述公式计算的工业商品的基本价格是 $PC_2=0.964$。工业部门按基本价格计算的总产值是 $PC_2 \cdot QC_2 = 1\,725$，而在 SAM 表中按购买者价格计算的总产值是 1 790。

本程序运行顺利。运行结果证实了 S-I 方程的函数相关性。计算结果为：消费函数里的常数项 eho 是 650，边际消费倾向 mpc 是 0.441，政府支出乘数是 1.539。

$title 例 12.6.1 包括储蓄和投资的 CGE 模型(用凯恩斯宏观闭合)

* 定义账户 ac,商品 c,价格 f
set ac   /agri, indu, serv, lab, cap, hh, ent, gov, saltx, invsav, total/;
set c(ac)   /agri, indu, serv/;
set f(ac)   /lab, cap/;

alias (ac, acp), (c, cp), (f, fp);

table sam(ac, acp)

	agri	indu	serv	lab	cap	hh	ent	gov	saltx	invsav	total
agri	260	320	150			500		71		155	1456
indu	345	390	390			450		65		150	1790
serv	400	365	320			350		48		48	1531
lab	200	250	400								850
cap	210	400	210								820
hh				850	770			17			1637
ent					50			40			90
gov						162	40		167		369
saltx	41	65	61								167
invsav						175	50	128			353
total	1456	1790	1531	850	820	1637	90	369	167	353	

;

*输入参数值
parameter rhoq(c)   /agri =   0.2,   indu = 0.3,   serv = 0.1 /
           rhoVA(c)   /agri   0.25, indu   0.5,   serv   0.8 /
           LESelas(c) /agri   0.5,   indu   1.0,   serv   1.2 /
           Frisch   /-2/;

parameters
scaleAq(c)   最高层 CES 生产函数的规模参数 A
deltaq(c)   最高层 CES 生产函数的增加值部分份额参数 δ
scaleAVA(c)   增加值模块 CES 生产函数的规模参数 A
deltaVA(c)   增加值模块 CES 生产函数的劳动要素份额参数 δ
ia(c, cp)   中间投入模块的投入产出系数
shareg(c)   政府开支中消费在商品 c 上的份额
tih   居民所得税税率

tiEnt	企业所得税税率
tsale(c)	商品 c 的销售税税率
transferHG0	政府对居民的转移支付
transferEntG0	政府对企业的转移支付
shareifhk	企业资本收入中分配给居民的份额
shareifentk	企业资本收入中内部留存的份额
eho	消费函数的常数项
mpc	边际消费倾向
bgtshare(c)	LES 函数中消费预算商品 c 的份额
bhtsharechk1	检查 LES 函数中消费预算商品 c 的份额和检验参数值加总后是否等于 1
LESbeta(c)	LES 边际消费额
Lesbetachk1	检查 LES 边际消费额参数和检验参数值加总后是否等于 1
LESsub(c)	LES 消费函数生存消费量
cpiwt(c)	消费者价格指数权重

*Variable name followed by 0 denotes the corresponding parameter at its initial level

PQ0(c)	商品 c 的购买者价格
QC0(c)	商品 c 的数量
PVA0(c)	总增加值价格
QVA0(c)	总增加值数量
PINTA0(c)	总中间投入价格
QINTA0(c)	总中间投入数量
QINT0(c, cp)	生产商品 cp 需要的中间投入 c
QLD0(c)	劳动需求
QKD0(c)	资本需求
WL0	劳动价格
WK0	资本价格
QLS0	劳动供给
QKS0	资本供给
YH0	居民收入
EH0	居民消费总支出
QH0(c)	居民对商品 c 的消费量
YENT0	企业收入
QINV0(c)	企业在商品 c 上的投资,也叫私人投资,固定资产形成
SAVEENT0	企业储蓄
YG0	政府总收入

EG0	政府总支出
QG0(c)	政府在商品 c 上的消费量
SAVEG0	政府储蓄,财政收支净额
CPI0	消费者价格指数
GDP0	实际国内生产总值 GDP
;	

*校调估算参数值

```
PQ0(c)=1;
PINTA0(c)=1;
WK0=1;
WL0=1;
CPI0=1;
tsale(c)=sam('saltx', c)/(sum(cp, sam(cp, c))+sum(fp, sam(fp, c)));
QLD0(c)=sam('lab', c)/WL0;
QKD0(c)=sam('cap', c)/WK0;
QVA0(c)=SUM(f, Sam(f, c));
PVA0(c)=(WL0*QLD0(c)+WK0*QKD0(c))/QVA0(c);
QC0(c)=sam('total', c)/PQ0(c);
QINT0(c, cp)=sam(c, cp)/PQ0(c);
QINTA0(c)=SUM(cp, QINT0(cp, c));
ia(c, cp)=QINT0(c, cp)/QINTA0(cp);
QLS0=sum(c, sam('lab', c))/WL0;
QKS0=sum(c, sam('cap', c))/WK0;
deltaq(c)=PVA0(c)*QVA0(c)**(1-rhoq(c))/(PVA0(c)*QVA0(c)**(1-rhoq(c))+PINTA0(c)
*QINTA0(c)**(1-rhoq(c)));
scaleAq(c)=QC0(c)/(deltaq(c)*QVA0(c)**rhoq(c)+(1-deltaq(c))*QINTA0(c)**rhoq(c))
**(1/rhoq(c));
deltaVA(c)=WL0*QLD0(c)**(1-rhoVA(c))/(WL0*QLD0(c)**(1-rhoVA(c))+WK0*QKD0
(c)**(1-rhoVA(c)));
scaleAVA(c)=QVA0(c)/(deltaVA(c)*QLD0(c)**rhoVA(c)+(1-deltaVA(c))*QKD0(c)**rhoVA
(c))**(1/rhoVA(c));
transferHG0=sam('hh', 'gov');
transferEntG0=sam('ent', 'gov');
shareifhk=sam('hh', 'cap')/(sam('hh', 'cap')+sam('ent', 'cap'));
shareifentk=sam('ent', 'cap')/(sam('hh', 'cap')+sam('ent', 'cap'));
YH0=WL0*QLS0+shareifhk*WK0*QKS0+transferHG0*CPI0;
tih=sam('gov', 'hh')/YH0;
```

```
EH0=sum(c, sam(c, 'hh'));
QH0(c)=SAM(c, 'hh')/PQ0(c);
```
*以下是 LES 函数模块,用公式调整 LES 边际消费额参数值使之符合经济理论设置的限制
条件
```
bgtshare(c)=SAM(c, 'hh')/EH0;
bhtsharechk1=sum(c, bgtshare(c));
LESbeta(c)=LESelas(c)*bgtshare(c)/(sum(cp, LESelas(cp)*bgtshare(cp)));
Lesbetachk1=sum(c, LESbeta(c));
LESsub(c)=sam(c, 'hh')/PQ0(c)+(LESbeta(c)/PQ0(c))*(EH0/frisch);
cpiwt(c)=QH0(c)/sum(cp, QH0(cp));
CPI0=sum(c, PQ0(c)*cpiwt(c));
eho=sum(c, PQ0(c)*LESsub(c))/cpi0;
mpc=(EH0-eho*cpi0)/((1- tih)*YH0);
YENT0=shareifentk*WK0*QKS0+transferEntG0;
QINV0(c)=sam(c, 'invsav')/PQ0(c);
tiEnt=sam('gov', 'ent')/YEnt0;
SAVEENT0=(1-tiEnt)*YENT0;
YG0=tih*YH0+tiEnt*YENT0+sam('gov', 'saltx');
EG0=sum(c, sam(c, 'gov'))+transferHG0*CPI0+transferEntG0;
SAVEG0=YG0-EG0;
QG0(c)=sam(c, 'gov')/PQ0(c);
shareg(c)=PQ0(c)*QG0(c)/(EG0-transferHG0*CPI0-transferEntG0);
GDP0=sum(c, (QH0(c)+QINV0(c)+QG0(c)));


display
LESbeta, LESsub, LESelas, rhoq, rhoVA, bhtsharechk1, Lesbetachk1, PQ0, WK0,
WL0, QC0, QLD0, QKD0, QLS0, QKS0, QH0, eho, mpc, EH0, transferhg0, YH0, tih,
tient, shareifhk, shareifentk, YG0, QG0, shareg, tsale, cpiwt, CPI0;


variable
PQ(c), PVA(c), PINTA(c), WL, WK, QC(c), QVA(c), QINTA(c), QINT(c, cp), QLD(c),
QKD(c), QLS, QKS, YH, EH, QH(c), YENT, QINV(c), INVADJ, SAVEENT, YG, EG, QG(c),
SAVEG, CPI, GDP;


equation
QCfn(c), QCFOCeq(c), PQeq(c), QVAfn(c), QVAFOC(c), PVAeq(c), QINTfn(c, cp),
PINTAeq(cp), YHeq, EHeq, QHeq(c), YENTeq, QINVeq(c), SAVEENTeq, YGeq, EGeq,
QGeq(c), ComEqui(c), Leq, Keq, CPIeq, GDPeq;
```

```
QCfn(c)..
QC(c)=e=scaleAq(c)*(deltaq(c)*QVA(c)**rhoq(c)+(1-deltaq(c))*QINTA(c)**rhoq
(c))**(1/rhoq(c));


QCFOCeq(c)..
PVA(c)/PINTA(c)=e=(deltaq(c)/(1-deltaq(c)))*(QINTA(c)/QVA(c))**(1-rhoq(c));


PQeq(c)..
PQ(c)*QC(c)=e=(1+tsale(c))*(PVA(c)*QVA(c)+PINTA(c)*QINTA(c));


QVAfn(c)..
QVA(c)=e=scaleAVA(c)*(deltaVA(c)*QLD(c)**rhoVA(c)+(1-deltaVA(c))*QKD(c)**rhoVA
(c))**(1/rhoVA(c));


QVAFOC(c)..
WL/WK=e=(deltaVA(c)/(1-deltaVA(c)))*(QKD(c)/QLD(c))**(1-rhoVA(c));


PVAeq(c)..
PVA(c)*QVA(c)=e=WL*QLD(c)+WK*QKD(c);


QINTfn(c, cp)..
QINT(c, cp)=e=ia(c, cp)*QINTA(cp);


PINTAeq(cp)..
PINTA(cp)=e=SUM(c, ia(c, cp)*PQ(c));


YHeq..
YH=e=WL*QLS+shareifhk*WK*QKS+transferHG0*CPI;


QHeq(c)..
PQ(c)*QH(c)=e=PQ(c)*LESsub(c)+LESbeta(c)*(EH-sum(cp, PQ(cp)*LESsub(cp)));


EHeq..
EH=e=eho*cpi+mpc*(1-tih)*YH;


YENTeq..
YENT=e=shareifentk*WK*QKS+transferentg0;
```

```
SAVEENTeq..
SAVEENT=e=(1-tiEnt)*YENT;

QINVeq(c)..
QINV(c)=e=QINV0(c)*INVADJ;

YGeq..
YG=e=sum(c, PQ(c)*QC(c)*tsale(c)/(1+tsale(c)))+tih*YH+tiEnt*YENT;

EGeq..
EG=e=YG-SAVEG;

QGeq(c)..
PQ(c)*QG(c)=e=shareg(c)*(EG-transferHG0*CPI-transferEntG0);

ComEqui(c)..
QC(c)=e=sum(cp, QINT(c, cp))+QH(c)+QINV(c)+QG(c);

Leq..
Sum(c, QLD(c))=e=QLS;

Keq..
Sum(c, QKD(c))=e=QKS;

CPIeq..
CPI=e=sum(c, PQ(c)*cpiwt(c));

GDPeq..
GDP=e=sum(c, (QH(c)+QINV(c)+QG(c)));

*Assign initial values of variables
PQ.L(c)=PQ0(c);
PVA.L(c)=PVA0(c);
PINTA.L(c)=PINTA0(c);
QC.L(c)=QC0(c);
QVA.L(c)=QVA0(c);
QINTA.L(c)=QINTA0(c);
QINT.L(c, cp)=QINT0(c,cp);
```

```
QLD.L(c)=QLD0(c);
QKD.L(c)=QKD0(c);
QLS.L=QLS0;
QKS.L=QKS0;
YH.L=YH0;
EH.L=EH0;
QH.L(c)=QH0(c);
YENT.L=YENT0;
QINV.L(c)=QINV0(c);
INVADJ.L=1;
SAVEENT.L=SAVEENT0;
YG.L=YG0;
EG.L=EG0;
QG.L(c)=QG0(c);
QLS.L=QLS0;
QKS.L=QKS0;
WL.L=1;
WK.L=1;
CPI.L=CPI0;
GDP.L=GDP0;

*凯恩斯闭合限制条件
WL.fx=1;
WK.fx=1;
INVADJ.fx=1;
EG.fx=EG0;

*执行模型(模型系统中没有 S-I 方程情况下)
model cge   /all/;
solve cge using mcp;

*在模型中添加 S-I 方程,并检查结果是否和前面一样

variable
DUMMYSI;
equations
SIeq;
SIeq..
```

```
sum(c,PQ(c)*QINV(c))=e=-eho*cpi+(1-mpc)*(1-tih)*YH+SAVEENT+SAVEG+DUMMYSI;

model cgewithSI /all/;
solve cgewithSI using mcp;
display DUMMYSI.L;

*模拟增加政府支出,计算乘数
EG.fx=EG0+1;

*执行模型
model sim1   /all/;
solve sim1 using mcp;

Parameter
Multiplier government expenditure multiplier;
Multiplier=(GDP.L-GDP0)/1;
display   GDP0, GDP.L, Multiplier;

*end
```

12.7　政府支出闭合

　　上面模型的设置可以描述经济衰退时的凯恩斯均衡状态。然而,大多数 CGE 模型按照新古典主义模型假设要素始终充分就业。这样的话,如第 12.3 节所讨论的,在 CGE 模型中我们要设置个机制自动调整总支出 AE 的水平使其达到潜在 GDP 即充分就业水平。第 12.3 节中列举了几个可供选择的方案,其中假设政府能自动调整其支出以确保充分就业的机制,被称为政府支出闭合。

　　如果在第 12.5 节的数学模型中采用政府支出闭合,我们要采用和凯恩斯闭合不同的一组约束条件。在第 12.5 节的模型里,删除式(12.5.24)—式(12.5.27)的约束集,把它们替换为下面四个约束条件。设置闭合的思路是,首先要保证要素充分就业。假设 SAM 表数据代表充分就业状态,那么初始数据 $QLS0$ 和 $QKS0$ 等于要素禀赋。要素的事实供给等于要素禀赋:

$$QLS = QLS0 \tag{12.7.1}$$

$$QKS = QKS0 \tag{12.7.2}$$

私人投资即企业投资是外生的,简单化设置为:

$$INVADJ = 1 \tag{12.7.3}$$

消费者价格指数为价格基准:

$$CPI = 1 \tag{12.7.4}$$

在这个政府支出闭合下,政府支出 EG 为内生变量。CGE 模型系统对 EG 求解,以满足式 (12.7.1)和式(12.7.2)设置的充分就业条件。

例 12.7.1 将第 12.6 节 GAMS 程序中的宏观闭合改为政府支出闭合,要素始终充分就业。模拟私人投资下降了 20% 的冲击,估算它对 GDP、政府支出和私人投资的影响。

解:解答上面问题的新 GAMS 程序大部分重复第 12.6 节中的代码,为简洁起见不再重复,下面只展示程序中的主要新代码。依据下面的新代码,读者可以把它当作练习来完成整个模型。模拟私人投资下降造成的结果见表 12.7.1。可以看到,在这个闭合下,政府支出 EG 会自动调整以填补私人投资下降造成的总需求缺口,最后总产出 GDP 维持不变。

新约束条件的 GAMS 代码是:

```
QLS.fx=QLS0;
QKS.fx=QKS0;
CPI.fx=CPI0;
INVADJ.fx=1;
```

模拟部分的 GAMS 代码是:

```
*模拟私人投资下降 20%
INVADJ.fx= 0.8;
*执行模型
model simfallinvest  /all/;
solve simfallinvest using mcp;
display  GDP0, GDP.L, EG0, EG.L, QINV0
```

表 12.7.1   模拟投资下降的结果

	实际 GDP	政府开支 EG	农业部门投资	工业部门投资	服务业部门投资
初始状态	1 837.000	241.000	155	150	48
私人投资下降 20%	1 836.998	311.592	124	120	38.4

12.8   约翰森闭合

约翰森闭合的特点是让消费或者储蓄的数额自动调节来保证充分就业。直观地用图 12.4.1 解释,国民储蓄线会自动垂直移动,直到与投资线相交于潜在 GDP 水平。或者,在图 12.3.1 中,消费会自动调整,总支出 AE 线垂直地移动,直到与 45 度线相交于潜在 GDP 水平。在现实经济中,这意味着经济下行时,居民会自动削减自发储蓄并增加自发消费,从而增加有效需求使经济回归充分就业。凯恩斯理论描述的和现实中观察到的居民行为并非如此,特别是在经济萧条时期。作为辩护,有些新古典主义模型通过设置特别的价格和利率调整机制(譬如财富效应)来表明这种行为和结果是可能的。一般来说,在充分就业状态附近,或者在经济过热的情况下,约翰森闭合的经济理由能说通。譬如在通货膨胀时期,居民可能会在通货膨胀压力下减少消费。不过在经济萧条时期,这种设置背后的经济解释不令人信服。

为了让储蓄能自动调整以使总产出达到潜在 GDP 水平,我们在 CGE 模型中把边际消费倾向 $mpc(=1-mps)$ 从参数改为内生变量。这样,随着 mpc 调整,总消费量也相应调整,进而图 12.3.1 中的 AE 线会上下移动,直到和 45 度线相交于潜在 GDP 水平。如果在第 12.5 节的 CGE 模型中采用约翰森闭合,我们对前面的政府支出闭合做修改,新变量是边际消费倾向 mpc 而不是政府支出 EG。

总结起来,是在第 12.5 节的模型中,首先把 mpc 从参数改成变量,然后删除式 (12.5.24)—式(12.5.27)的约束条件,用下面五个方程来替换它们:

$$QLS=QLS0 \tag{12.8.1}$$

$$QKS=QKS0 \tag{12.8.2}$$

$$INVADJ=1 \tag{12.8.3}$$

$$EG=EG0 \tag{12.8.4}$$

$$CPI=1 \tag{12.8.5}$$

另外一个可替代方案是让 eho 而不是 mpc 作为内生变量。经济学上起到的功能是一样的,eho 自动调整从而调整居民消费,引起 AE 线上下移动,直到和 45 度线相交于潜在 GDP 水平。

例 12.8.1 把第 12.6 节中的 GAMS 程序改为约翰森闭合。模拟政府支出 EG 增加 50% 的情况。估算相应的实际 GDP、mpc、政府支出 EG、家庭消费 EH 的变化。政府支出是否挤出了居民消费?

解:解答上述问题的 GAMS 程序的大部分代码和第 12.6 节的原程序重复,这里只展示新代码。

首先,在 GAMS 程序把参数 mpc 改为变量。然后,把约束条件改为下面五行代码:

```
QLS.fx=QLS0;
QKS.fx=QKS0;
INVADJ.fx=1;
EG.fx=EG0;
CPI.fx=CPI0;
```

模拟政府支出增加 50% 部分的代码如下:

```
EG.fx=EG0*1.5;
model sim2 /all/;
solve sim2 using mcp;
```

运行模型后的模拟结果见表 12.8.1。消费从 1 300 减少到 1 179.5,确认政府开支增加挤出居民消费。

表 12.8.1 约翰森闭合下模拟政府开支增加的结果

	实际 GDP	mpc	EG	EH
初始状态	1 837.000	0.441	241	1 300
政府开支增加 50%	1 837.001	0.359	361.5	1 179.5

12.9　模拟货币供给冲击和模型的齐次性

第 12.6 节中的凯恩斯均衡模型并不是严格齐次的，这是因为模型中的一些交易价值被设定为独立于价格或价格指数的固定额。譬如，政府对企业的转移支付被设置为固定额。这样设置是为了更好地模拟现实世界的情况。政府对居民的转移支付（如社会保障支付）是按消费者价格指数调整的，但是对企业的补贴往往是一次性的固定额，不按价格指数调整。由于模型中有这些固定额交易，模型不再是严格齐次的。

如果 CGE 模型不是齐次的，价格基准变化可以引起模型中的实际数量变化。一般来说，这些实际数量变化不应很大，因为固定额交易量在模型中整体交易中只占很小比例。如前所述，CGE 模型中的价格基准可以作为货币供给量的代理外生变量。因此，如果要研究货币供给量变化对经济中实际数量的影响，可以通过改变模型中的价格基准来研究。

举例说明。在第 12.7 节的政府支出闭合的 CGE 模型中让价格基准（消费者价格指数）增加 20%，模型成功收敛。检查结果，所有价格都上涨了 20%，这符合模型的齐次性质。不过，我们也看到实际数量有所变化，这不符合模型的齐次性质。表 12.9.1 显示了模型运行后的部分结果。其中的实际数值是把名义价值 *SAVEG*、*EH* 和 *YENT* 除以价格因子 1.2 后获得的基于不变价格的可比实际数值。可以看到，因为消费者价格指数变化前后整个经济都是充分就业，实际 GDP 维持不变。居民的实际支出和实际消费保持不变，因为他们的收入是完全按消费者价格指数调整的，而消费函数在价格和收入上是齐次的。但是，有些实际数值变化了。政府储蓄按不变价格计算增加了，而企业的收入按不变价格计算减少了。原因是政府对企业的转移支付是名义价值，是固定的，不随消费者价格指数调整。这样，货币供给量的变化通过通货膨胀引起了政府和企业之间的再分配。

表 12.9.1　价格基准增加后对实际价值的影响

	实际 GDP	*SAVEG*（初始价格）	*EH*（初始价格）	*YENT*（初始价格）	*QH*（服务业）
初始状态	1 837.000	128	1 300	90	350
价格基准增加 20%	1 837.001	131.7	1 300	83.33	350

练　习

1. 例 12.7.1 没有提供整个 GAMS 程序。用第 12.6 节提供的数据信息，完成政府支出闭合的 CGE 模型的 GAMS 程序，并模拟企业投资下降 20% 的情况。检查和验证运行结果，用经济学来解释主要变量的变化。

2. 例 12.8.1 没有提供整个 GAMS 程序。用第 12.6 节提供的数据信息，完成约翰森闭合的 CGE 模型的 GAMS 程序，并模拟政府支出增加 50% 的情况。检查并验证结果，用经济学来解释主要变量的变化。

3. 第 12.9 节建议用价格基准作为货币供给量的代理变量。使用政府支出闭合的 CGE 模型，模拟价格基准（消费者价格指数）增加 20％ 的情况。运行后，实际数量有什么变化？如何解释在政府支出、居民支出和各种储蓄等方面的变化？

4. 增减税率也会改变总支出。修改第 12.6 节中的 GAMS 程序，把居民所得税税率 ti_h 设置为确保充分就业的内生变量。假设私人投资下降 10％，那么所得税税率需要降低多少才能恢复充分就业？

附录　储蓄-投资方程和总收入-总支出方程互为镜像

12.A.1　推导过程

由于一个 CGE 模型包括很多方程，因此很难看出高度总计的宏观经济学中的收入-支出方程是如何隐含在 CGE 模型体系中的。与此相关的问题是：按照宏观经济学理论，总收入-总支出方程和 S-I 方程互为镜像，可以相互推导出来。那么，S-I 方程能否从模型系统的其他等式中推导出来？下面我们用一个完整的 CGE 模型展示，S-I 方程确实是收入-支出方程的镜像，可以在 CGE 模型系统中推导出来，也就是说，S-I 方程和模型的其他等式是函数相关的。

这个 CGE 模型有一个商品 Q 与两个投入 L 和 K。它们的价格是 PQ、WL、WK。商品总供给量为 QS。商品总需求量为 QD。劳动力的需求量和供给量是 QLD 和 QKD。要素禀赋是 $\overline{QLS}$ 和 $\overline{QKS}$。决定商品供给函数和要素需求函数的生产区块如下：

$$QS = \alpha[\delta \cdot QLD^\rho + (1-\delta)QKD^\rho]^{1/\rho} \tag{12.A.1.1}$$

$$\frac{WL}{WK} = \frac{\delta}{(1-\delta)}\left(\frac{QLD}{QKD}\right)^\rho \tag{12.A.1.2}$$

$$PQ \cdot QS = WL \cdot QLD + WK \cdot QKD \tag{12.A.1.3}$$

居民收入是：

$$YH = WL \cdot QLD + WK \cdot QKD \tag{12.A.1.4}$$

居民的所得税税率是 ti_h。居民消费函数是：

$$QH = \frac{1}{PQ}mpc(1-ti_h)YH \tag{12.A.1.5}$$

企业投资 $QINV$ 和政府消费 QG 为外生变量。总需求是：

$$QD = \overline{QINV} + QH + \overline{QG} \tag{12.A.1.6}$$

要素禀赋为 $\overline{QLS}$ 和 $\overline{QKS}$。假设要素充分就业。商品和要素市场出清条件是：

$$QS = QD \tag{12.A.1.7}$$

$$QLD = \overline{QLS} \tag{12.A.1.8}$$

$$QKD = \overline{QKS} \tag{12.A.1.9}$$

式(12.A.1.1)—式(12.A.1.9)组成了一个完整的 CGE 模型,有 9 个等式和 9 个变量,变量为 PQ、WL、WK、QLD、QKD、QS、QD、YH、QH。外生变量或参数是 $\overline{QLS}$、$\overline{QKS}$、$\overline{QINV}$、$\overline{QG}$、mpc 和 ti_h。合并式(12.A.1.6)和式(12.A.1.7):

$$QS=\overline{QINV}+QH+\overline{QG} \tag{12.A.1.10}$$

可以看出,上面的方程就是我们熟知的宏观经济学中的收入-支出方程 $Y=C+I+G$。S-I 方程应该是:

$$\overline{QINV}=\frac{1}{PQ}(1-mpc)(1-ti_h)YH+\frac{1}{PQ}ti_h \cdot YH-\overline{QG} \tag{12.A.1.11}$$

上式左边是投资。上式右边第一项是居民储蓄,第二项是政府收入,第三项是政府支出。因此,它是 S-I 方程 $I=(1-mpc)(Y-T)+T-G$。下面我们证明式(12.A.1.11)可以从模型系统[式(12.A.1.1)—式(12.A.1.9)]导出。因为收入-支出方程(12.A.1.10)和 S-I 方程(12.A.1.11)都可以从同一个系统中导出,可以得出,它们两个只是同一个方程系统的不同简化式。

证明:合并式(12.A.1.5)和式(12.A.1.6),移项,有

$$\overline{QINV}=QD-QH-\overline{QG}=QD-\frac{1}{PQ}mpc(1-ti_h)YH-\overline{QG} \tag{12.A.1.12}$$

因为 $PQ \cdot QD=PQ \cdot QS=WL \cdot \overline{QLS}+WK \cdot \overline{QKS}=YH$,可得 $\frac{1}{PQ}YH=QD$。把它替换到式(12.A.1.12)里面,有

$$\begin{aligned}
\overline{QINV}&=QD-\frac{1}{PQ}mpc(1-ti_h)YH-\overline{QG}\\
&=\frac{1}{PQ}YH-\frac{1}{PQ}mpc(1-ti_h)YH-\overline{QG}\\
&=\frac{1}{PQ}YH(1-mpc+mpc \cdot ti_h)-\overline{QG}\\
&=\frac{1}{PQ}(1-mpc)YH+\frac{1}{PQ}mpc \cdot ti_h \cdot YH-\frac{1}{PQ} \cdot ti_h \cdot YH+\frac{1}{PQ}ti_h \cdot YH-\overline{QG}\\
&=\frac{1}{PQ}(1-mpc)YH-\frac{1}{PQ}(1-mpc)ti_h \cdot YH+\frac{1}{PQ}ti_h \cdot YH-\overline{QG}\\
&=\frac{1}{PQ}(1-mpc)(1-ti_h)YH+\frac{1}{PQ}ti_h \cdot YH-\overline{QG}
\end{aligned} \tag{12.A.1.13}$$

最后一步的数学表达式正是式(12.A.1.11)的 S-I 方程。

活动、价格和行销加价

13.1 活动和商品账户

随着我们讨论的 CGE 模型结构越来越复杂,我们需要更详细地审视每个部门的商品从生产到分销的细节过程。为了在国民账户研究中更好地处理这些问题,SNA 规范把生产活动与商品两类账户分开。这样 SAM 表中部门账户就有两大类:活动和商品。活动账户包括的是参与生产过程的生产部门。商品账户包括的是从生产部门接收产品后递送给最终购买者的商品部门。商品部门的流通过程包括商品运输、批发和零售。表 13.1.1 是区分活动和商品账户的描述性 SAM 表。譬如,账户组 1 是活动账户部门,账户组 2 是商品账户部门。表 13.1.2 是有数据的模型经济的 SAM 表示例。

在第 4 章中,我们简要讨论了为什么要区分活动和商品。一个生产活动可以生产多种商品,例如,煤炭部门的生产活动可以生产化工品、电力和建筑商品。或者,一种商品可能由不同的活动来生产,例如,燃气可以由石油、煤炭和农业部门的活动来生产。假如要研究这些多活动多商品交叉的细节,我们需要区分活动和商品。如果在经济中一个活动恰好只生产一种商品,那么活动与相应商品的数量相等,否则它们可能不相等。本章要讨论把活动和商品分开的另外一个理由,这就是可以更好地处理商品在批发、零售和运输等流通环节的成本、价格和交易细节等问题。

表 13.1.1 的 SAM 表中的条目和账户看起来不陌生。活动的列账户记录了从增加值到中间输入到最后产出的生产活动中的交易。商品的行账户记录了各账户对商品的消费,包括企业购买商品作为中间投入和投资,居民和政府购买商品作为消费。

现在我们要更新一下变量符号。整个生产活动部门的集合为 A。集合 A 中的个别活动部门索引项为 a。QA_a 和 PA_a 分别是活动 a 生产的产品的数量和价格。

商品的集合仍然记为 C。集合 C 中的个别商品索引项为英文小写字母 c。在商品部门,QQ_c 是商品 c 的总量,PQS_c 是商品 c 的供给价格,PQ_c 是商品 c 的购买者价格。PQS_c 和 PQ_c 之间的区别在于,PQ_c 包括从供给者到购买者的传递过程中的销售税、增值税、商贸和运输加价,而 PQS_c 则不包括这些费用。在商品的行账户条目中,作为消费者购买商品的有居民、政府和企业。他们购买商品时支付的是购买者价格,因此这些条目里

表 13.1.1　没有外贸的经济的描述性 SAM 表

		1 活动	2 商品	3 要素	4 居民	5 企业	6 政府	7 储蓄-投资	总收入
1	活动		活动到商品 $QA \cdot PA = QQ \cdot PQS$						总产出 $QA \cdot PA$
2	商品	中间投入 $QINT \cdot PQ$	商贸和运输加价		居民消费 $QH \cdot PQ$		政府消费 $QG \cdot PQ$	投资 $QINV \cdot PQ$	总需求 $QQ \cdot PQ$
3	要素	增加值							要素收入
4	居民			居民要素收入	居民之间的转移支付	企业对居民的转移支付	政府对居民的转移支付		居民总收入
5	企业			企业要素收入			政府对企业的转移支付		企业总收入
6	政府	生产税	销售税、营业税	要素税、政府要素收入	直接税、所得税	企业直接税、企业向政府缴纳盈余			政府总收入
7	储蓄-投资				居民储蓄	企业储蓄	政府储蓄		总储蓄
	总支出	总投入	总供给	要素支出	居民支出	企业支出	政府支出	总投资	

224

表13.1.2 有商贸和运输加价的模型经济的 SAM 表

	活动1（农业）	活动2（工业）	活动3（服务业）	商品1（农业）	商品2（工业）	商品3（服务业）	运输	批发	零售	劳动	资本	居民	企业	政府	销售税	投资	汇总
活动1（农业）				1 897													1 897
活动2（工业）					2 900												2 900
活动3（服务业）						2 355											2 355
商品1（农业）	280	420	270									834		178		143	2 125
商品2（工业）	377	520	380									1 450		230		273	3 230
商品3（服务业）	220	260	250				130	112	145			983		250		200	2 550
运输				60	50	20											130
批发				30	60	22											112
零售				40	80	25											145
劳动	650	700	800														2 150
资本	370	1 000	655														2 025
居民										2 150	1 725			293			4 168
企业											300						300
政府												515	100		366		981
销售税				98	140	128											366
储蓄												386	200	30		616	616
汇总	1 897	2 900	2 355	2 125	3 230	2 550	130	112	145	2 150	2 025	4 168	300	981	366	616	

的价值按购买者价格来计算。例如,居民在商品 c 上的消费额是 $PQ_c \cdot QH_c$。

13.2　从活动账户到商品账户的映射

在 SAM 表和 CGE 模型中活动与商品的关系可以用图 13.2.1 的流程图来说明。

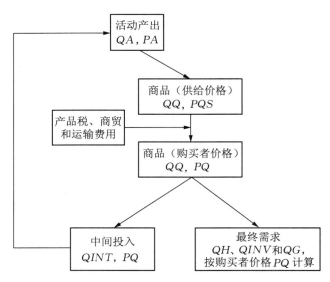

图 13.2.1　从活动到商品的流程

图 13.2.1 中首先要解决产品从最高层的活动区块流转到第二层的商品区块中的问题。最高层活动区块的 PA 和 QA 变量的域是 A,而第二层的 PQS 和 QQ 变量的域是商品集合 C。它们各自有不同的域。为了把它们联系起来,我们需要确定从活动到商品的映射。也就是说,我们需要从 QA_a 映射到 QQ_c,从 PA_a 映射到 PQS_c。为了简单起见,假设一个生产活动仅生产一种商品,那么活动与商品之间存在一对一的对应关系。相应的 a 和 c 两者的价格和数量完全等值:

$$
\begin{aligned}
&QA(活动\ 1)=QQ(商品\ 1) \qquad PA(活动\ 1)=PQS(商品\ 1) \\
&QA(活动\ 2)=QQ(商品\ 2) \qquad PA(活动\ 2)=PQS(商品\ 2) \\
&QA(活动\ 3)=QQ(商品\ 3) \qquad PA(活动\ 3)=PQS(商品\ 3) \\
&\cdots\cdots \qquad\qquad\qquad\qquad\quad \cdots\cdots
\end{aligned}
\tag{13.2.1}
$$

简洁写成:

$$
\begin{aligned}
QA_a &= QQ_c \qquad \forall\, a=c \\
PA_a &= PQS_c \qquad \forall\, a=c
\end{aligned}
\tag{13.2.2}
$$

在模型中,这个映射关系的数学运算可利用单位矩阵 $\mathbf{I}$:

$$
\mathbf{QQ(c)} = \mathbf{I} \times \mathbf{QA(a)} \qquad \mathbf{PQS(c)} = \mathbf{I} \times \mathbf{PA(a)}
\tag{13.2.3}
$$

其中,$\mathbf{QQ}$、$\mathbf{QA}$、$\mathbf{PA}$ 和 $\mathbf{PQS}$ 为具有 n 个元素的向量。$\mathbf{I}$ 为维度 $n \times n$ 的单位矩阵:

$$\mathbf{I} = \begin{bmatrix} 1 & 0 & \cdots & 0 \\ 0 & 1 & \cdots & 0 \\ \vdots & \vdots & \ddots & \vdots \\ 0 & 0 & \cdots & 1 \end{bmatrix} \tag{13.2.4}$$

CGE 模型中从活动 QA 和 PA 映射到商品 QQ 和 PQS 的方程如下所示。其中，$IDENT_{ac}$ 是个 $n \times n$ 的单位矩阵，矩阵里的元素也记为 i_{ac}。

$$QQ_c = \sum_a IDENT_{ac} \cdot QA_a \qquad c \in C \tag{13.2.5}$$

$$PQS_c = \sum_a IDENT_{ac} \cdot PA_a \qquad c \in C \tag{13.2.6}$$

以上两个方程建立了活动 a 和商品 c 的一对一相应关系。

13.3　商贸和运输加价

将生产活动和商品在国民账户上分开的好处之一是我们可以更好地研究商品的行销流通过程中的成本。这些成本包括商品在市场供给过程中的运输、批发、零售和税收成本。这些成本不改变商品的物理性质和商品数量，但是提高了商品价格。在 SAM 账户条目和 CGE 建模数据中把这些成本和加价与生产区块分开，有利于明确概念和进行计算。

商品被生产出来后，在市场上从生产者传递到最后购买者的过程中还需要很多其他服务。这些服务的费用在 SNA 体系中的英文为"margin"，直译是"边际"，中文版《国民账户体系》的翻译为"加价"。这包括批发、零售和运输服务的相应费用。批发和零售服务的费用被称为"商贸加价"（trade margins）。商品运输服务的费用被称为"运输加价"（transport margins）。所有这些商贸和运输服务的费用统称为"行销加价"（marketing margins）或"交易加价"（transaction margins）。在表 13.1.1 的商品列账户中，我们看到"商贸和运输加价"记录在中间条目中。在表 13.1.2 中，工业商品即商品 2 的运输加价为 50。

在行销加价领域里，读者在阅读英文文献和检索数据时，不能按一些技术术语的英文字面意思去想象它们的实际定义，从而产生误解，比如上文提到的"margin"一词。"trade margins"中的"trade"仅指国内贸易，而非国际贸易。中文版《国民账户体系》将它直译为"贸易加价"容易引起误解。本书中把这个"trade"译为"商贸"，意思更为精确，也不容易被误解为国际贸易。

读者也许想知道，为什么这些批发、零售和运输服务的投入不包括在生产区块的中间投入中？SNA 规范的解释是，国民账户统计部门希望获得有关居民和政府等购买每个特定商品及其数量的详细信息，否则就有下面的总计问题：

> （在国民账户上）如果批发商和零售商处理的所有货物都显示为被交付给批发商或零售商的，然后由它们提供给购买者，那么（经济体中）几乎所有货物都被批发商和零售商使用，几乎没有任何货物被供应给其他生产单位、居民或政府。居民消费模式

显示的是从批发商和零售商处购买的一个大项商品,而没有从任何制造业或农业那里购买(特定商品)。(*System of National Accounts*,*2008*,14.128)

此外,SNA规范认为,在商品行销和流通过程中的这些服务(运输、批发、零售)不改变商品的物理性质,因此商品还保留同样的物量单位。但由于这些额外成本,商品价格提高了,从而提高了商品的价值。商品的价值被提升为购买者价格。购买者价格是购买者获取商品时需要支付的实际价格。经济学上,它体现了购买者对该商品愿意支付的以货币单位衡量的边际效用。

购买者价格除了包含生产者价格,还包含传递商品中的行销加价和不能退税部分的增值税(见表11.5.1)。各国在征收增值税时,常常按特殊情况允许纳税者部分免税或者部分退税。不能退税部分的增值税是指买方必须承担(不可抵扣或者退税)的那部分增值税。假设下面的增值税率指的是不可退税部分的增值税,购买者价格可以用下列等式来概括:

$$PQ_c = PQS_c + 产品税率 + 单位行销加价 + 单位运输加价 + 增值税率 \quad (13.3.1)$$

13.4 行销加价和 CGE 建模

在表13.1.2中,行销加价分为三个账户:运输、批发和零售。它们在行销过程中提供运输、批发和零售服务。这些服务可以看成是为了将商品递送到购买者手上所需要的"中间投入"。在SAM表上,这些服务投入也应属于某种服务业商品。行销服务投入的集合记为 CTT。集合 CTT 的元素,即个别投入,记为 ct。在表13.1.2中,CTT 包括三种投入:运输(transp)、批发(wholes)和零售(retail)。

变量符号 $QCTT_{ct,c}$ 为行销商品 c 中所需要使用的 ct 的服务投入量,这类似于生产活动部分的中间投入模块里的投入-产出关系。假设需要的行销服务投入量与商品 QQ_c 的数量成正比,有

$$QCTT_{ct,c} = ictt_{ct,c} \cdot QQ_c \qquad ct \in CTT \qquad c \in C \qquad (13.4.1)$$

其中 $ictt_{ct,c}$ 为比例。$ictt_{ct,c}$ 在概念上就是一个投入产出系数,它是行销一个单位的商品 c 所需要的 ct 的投入量。式(13.4.1)将用于参数估算和 CGE 模型系统。

商品部门以购买者价格来支付所需要的行销服务。这和在生产活动中企业以购买者价格支付中间投入一样。表13.1.2的简单经济中只有三个高度总计的商品账户——农业、工业和服务业,没有进一步细分的运输、批发和零售的服务业商品账户。按常规来说,行销服务投入都属于服务业商品,即商品3,由服务业部门提供。因此,这些行销投入的价格也应是服务业商品的购买者价格 PQ_3。校调估算这些行销投入的数量,可以将 SAM 表商贸和运输加价条目中的名义价值除以购买者价格 PQ_3:

$$QCTT_{ct,c} = SAM_{ct,c}/PQ_3 \qquad (13.4.2)$$

其中 $SAM_{ct,c}$ 是 SAM 表条目(ct,c)的数值。例如,假设 $PQ_3 = 1.083$,那么在表13.1.2

中,工业商品中使用的运输服务的实际数量是:

$$QCTT_{transport, 2} = \text{SAM}_{transport, 2} / PQ_3 = 50/1.083 = 46.168 \tag{13.4.3}$$

可以看到,当购买者价格大于 1 时,数量小于价值数目。

产品税是基本价格和购买者价格之间的税楔。销售税是从价税,其税基包括供给价格 PQS_c 和行销加价。销售税率可由下面公式校准估算:

$$tsale_c = \text{销售税} / (PQS_c \cdot QQ_c + \sum_{ct} QCTT_{ct, c} \cdot PQ_3) \tag{13.4.4}$$

关于购买者价格 PQ_c 的方程如下:

$$PQ_c \cdot QQ_c = (1 + tsale_c)(PQS_c \cdot QQ_c + PQ_3 \sum_{ct} ictt_{ct.c} \cdot QQ_c) \tag{13.4.5}$$

商贸和运输加价被视为交付商品所需的中间投入。根据会计复式记账原则,SAM 表中还应记录哪些账户提供了这些投入。表 13.1.2 显示这些投入由服务业商品即商品 3 的行部门提供。商贸和运输加价投入的总量 $QCTTA$ 为:

$$QCTTA = \sum_{ct} \sum_c QCTT_{ct, c} = \sum_{ct} \sum_c ictt_{ct} \cdot QQ_c \tag{13.4.6}$$

因为这些投入的价格都是 PQ_3,物量单位一致,所以它们的数量可以直接相加。这些投入的总值是 $PQ_3 \cdot QCTTA$。在服务业商品的行账户的使用中,$QCTTA$ 是中间投入而不是最终消费品。因此,它不是按最终使用价值计算的 GDP 的一部分。

13.5 生产者价格指数和基本价格

生产者价格指数(producer price index,PPI)是研究和预测经济的重要经济指标,美国和其他许多国家每月发布一次。生产者价格指数对应的是在国内生产者缴纳产品税前的商品的销售价格。SNA 体系容易误导人的是:生产者价格指数的字面意思和其定义并不一致。和生产者价格指数相对应的是 SNA 体系中的基本价格,而不是其中的"生产者价格"(*System of National Accounts*,2008,14.139)。这是因为,基本价格和生产者价格指数都不包括行销加价、销售税、消费税、其他产品税和增值税,而 SNA 体系定义的"生产者价格"却包括了消费税和价内产品税。在本书的 CGE 模型中,生产活动后的产品价格 PA_a 满足生产者价格指数的定义。因此,生产者价格指数可以被设置为 PA_a 的加权平均价格,其权重为:

$$ppiwt_a = QA_a / \sum_{a' \in A} QA_{a'} \tag{13.5.1}$$

生产者价格指数为:

$$PPI = \sum_{a \in A} PA_a \cdot ppiwt_a \tag{13.5.2}$$

生产者价格指数可以用作价格基准,在 CGE 模型中通常设置为 1。虽然消费者价格指数也可以作为价格基准,但是在复杂的 CGE 模型中用生产者价格指数比消费者价格指数有优势。这是因为,消费者价格指数是加权的购买者价格,而生产者价格指数是加权的基本价格。当生产者价格指数设置为 1 时,由于存在行销加价和产品税等的缘故,消费者价格指数大于 1。在模型计算时,在基本价格上加上行销加价和产品税来计算购买者价格比较便利,而不用反过来倒推计算。此外,用于计算生产者价格指数权重的商品范围比消费者价格指数更广泛,因此此能更好地代表了经济中的整体生产状况。再有,一般地,在模型中初始时期的 PA_a 常被选作基价,其加权平均数也就是生产者价格指数自然等于 1。这样,模型的价格基准因为是生产者价格指数也等于 1。

13.6 CGE 模型设置阶段对价格、数量和物量单位的选择

在第 3.2 节和第 11.5 节中我们已经初步讨论了价格、数量和物量单位的关系。本节将对在 CGE 模型的活动和商品账户上相关价格、数量和物量单位关系的设置做进一步说明。

SAM 表账户中所有的数值都是以货币衡量的价值,它们是价格和数量的乘积。给定账户中的价值,更改该值的价格设置将对其对应的物量单位和数量产生相反的影响。在价值给定的情况下,价格和数量两者之间我们只能选一个来设置,另外一个则被推导确定。假设 SAM 表中钢铁生产总值条目上是 1 200。如果我们首先设置钢铁价格,那么钢铁的物量单位就被内生确定,产量也由此估算出来。譬如,我们设置钢铁价格为 1.2,那么推导出来的钢铁产量就是 1 000。如果我们首先设置数量,那么价格就被推导确定。譬如,我们设置钢铁产量为 1 200,那么由此被推导确定的钢铁价格就是 1。给定价值下,不能同时自由设置价格和物量单位。

在 CGE 建模中,了解何种情况下允许或不允许更改或重新定义物量单位是非常重要的。基本守则是,有相同物理性质的活动或商品的物量单位必须前后保持一致。譬如,在 CGE 模型中模拟政策冲击(如提高税率),因为这不会改变活动或者商品的物理性质,所以模拟前后状态下物量单位必须保持一致。再譬如,为某一商品征收销售税或关税或出口税,税前税后这商品的物理性质没有变化,因此物量单位必须一致。

在建模的最初设置和校准估算时,我们可以对有同一物理性质的活动或者商品根据我们的偏好自由选择一个物量单位。但是,一旦它的物量单位被选择设置好,在模型后续阶段(如复制或模拟)中不能更改这个物量单位。下面举例说明。表 13.6.1 描述一个假想经济的 SAM 表中的钢铁生产活动部分。

表 13.6.1 某经济的 SAM 表中的钢铁生产活动部分

	初始状态	增税后状态
钢铁产出	1 800	2 000
工资税	200	400
劳动	1 000	1 000
资本	600	600

在这个模型经济中,生产钢铁只需要劳动和资本要素的投入,不需要中间投入。政府对企业雇用的劳动征收工资税。劳动、资本和钢铁三者在物理性质上肯定是不同的,所以在初始状态的设置中,我们可以通过设置初始价格来自由选择劳动、资本和钢铁各自的物量单位。选择的原则一般是,计算便利和符合经济学解释。假如我们选择设置要素价格 WL 和 WK 为 1,然后劳动力和资本的数量就被确定了,从 SAM 表数据中推导出 $QL = 1\ 000$ 和 $QK = 600$。此时我们也确定了劳动和资本的物量单位,相等于初始状态即基期中的一个货币单位。因为有工资税,所以包括工资税在内的钢铁总产值是 $1\ 000 + 600 + 200 = 1\ 800$。那么钢铁的物量单位是什么呢?在初始状态中,我们可以通过设置钢铁价格 PA 来自由选择钢铁的物量单位。举例如下。

选项 1:选择钢铁价格 $PA = 1$。这个选择对计算钢铁产量比较便利。如此确定钢的物量单位,推导出钢铁产量 $QA = 1\ 800$。按照定义,基价 PB 是设置为 1 的价格,选项 1 把 PA 作为基价 PB。这个钢铁基价包括了初始状态的工资税。钢铁产量 QA 由此推导为 $1\ 800$。然后,在生产函数 $QA = \alpha_a [\delta_a QL^\rho + (1 - \delta_a) QK_a^\rho]^{1/\rho}$ 中校准估算规模参数 α_a,以满足 QL、QK 和 QA 之间的关系。

选项 2:选择钢铁价格 $PA = 1.125$。这个选择的好处是让价格 PA 反映工资税 200 对价格的影响,而基价 PB 里剔除工资税。因为价格设置不同,所以选项 2 确定的物量单位和选项 1 确定的物量单位不同,被推算出来的钢铁产量 $QA = 1\ 600$。可见,基价 PB 剔除了工资税:$PB \times QA = 1 \times 1\ 600 = 1 \times (1\ 000 + 600)$。而且,校调估算的生产函数中的规模参数 α_a 和选项 1 中的会不同。活动价格 PA 包括工资税:$PA = 1\ 800/1\ 600 = 1.125$。因为内含的物量单位不同,所以选项 2 的钢铁产量是 $1\ 600$,选项 1 的是 $1\ 800$,尽管它们的物理产量即物量是一样的。

一旦商品的物量单位被选定,在模型运行(譬如政策模拟)中就不能更改这个物量单位。无论用哪个物量单位,最后模拟结果都是一样的。譬如,在上面例子中,假设工资税税率增加了,现在企业需要为同样数量的要素投入缴纳工资税 400。这个新情况显示在表 13.6.1 的右栏中。因为生产函数和要素投入量都没有变化,所以钢材产出量 QA 保持不变。而钢铁总产值从原来的 $1\ 800$ 变成了 $1\ 000 + 600 + 400 = 2\ 000$。我们知道这个价值变化是由工资税增加引起的,因此它应该反映在钢铁价格而不是数量上。让我们来看看在上述两个选项下钢铁价格的百分比变化:

选项 1:$QA = 1\ 800$,新价格 PA 为 $2\ 000/1\ 800 = 1.11$。与原价 $PA = 1$ 相比,钢铁价格上涨 11%。

选项 2:$QA = 1\ 600$,新价格 PA 为 $2\ 000/1\ 600 = 1.25$。与原价 $PA = 1.125$ 相比,钢铁价格上涨 $1.25/1.125 - 1 \approx 11\%$。

由此可见,两种不同价格和物量单位的选项的模拟结果是一样的,钢铁价格上涨 11%。这说明,初始价格设置和模拟结果的百分比变化无关。原因很简单:我们在政策冲击前后使用的商品物量单位维持不变。

在表 13.1.2 的商品列账户上,征收销售税及加上商贸和运输加价并不改变商品的物理性质,因此商品的物量单位应保持不变。这些税收和加价造成的变化是商品最终价格的改变。在 SAM 表商品列账户和 CGE 模型中,当我们在基本价格上增加税收和行销加价以达到购买者价格时,应注意到商品的物理性质未变,物量单位未变,商品的数量前后一致,变化的只是货币价值。

13.7 CGE 模型的中间投入按购买者价格计算

根据 SNA 规范,投入产出表里的中间投入按购买者价格计算。这意味着企业以购买者价格购买用来作为中间投入的商品,也意味着企业要承担这些中间投入中包含的零售、批发和运输成本及产品税和不可抵扣的增值税等费用。这样计算中间投入考虑的是企业购买中间投入的实际成本。同样商品的购买者价格可能因购买者身份而异。根据 SNA 规范,购买者价格包括购买者要付的不可抵扣的增值税和产品税,但剔除购买者可抵扣的增值税和类似税费。对此举例说明。假设一个欧洲居民以 10 欧元加 1 欧元增值税的价格购买了一袋面粉,居民不能免增值税,那么对居民来说这袋面粉的购买者价格为 11 欧元。假设一家欧洲餐馆以 10 欧元加 1 欧元增值税的价格购买了一袋面粉,但餐厅可以向政府申请增值税退税 1 欧元,那么对餐馆而言这袋面粉的购买者价格为 10 欧元。

根据 SNA 规范,尽管生产活动中使用的中间投入是按购买者价格支付的,但生产活动最后的产出价格还是基本价格。大部分投入产出表,如 OECD 等编制的投入产出表,遵循这一定义。在表 13.1.2 的活动列账户上的数值内含的价格如下:

$$增加值(基本价格) + 中间投入(购买者价格) = 产出(基本价格) \qquad (13.7.1)$$

也就是说,在这个模型经济中沿着活动列账户,中间投入以购买者价格 PQ 计算,产出的价格 PA 仍然是基本价格。这意味着,活动生产的产品的基本价格,虽然不包括该产品本身的产品税和行销加价,但包括企业购买的中间投入中包含的税收和各种加价。基本价格是企业生产该产品所要支付的生产成本。

大多数实施增值税的国家里,企业可以对其购买的中间投入申请增值税退税,但最终消费者必须为其购买的商品缴纳全额增值税。因此,如前所述,对不同购买者而言,同一商品的购买者价格可以不同。这个退税问题在第 15 章还将进一步详细讨论。这里我们先简单化地假设没有增值税退税,因此企业购买中间投入时和最终消费者一样支付购买者价格 PQ。任选一个特定部门,如果活动价格 PA 被设置为 1,加上产品税和行销加价后,购买者价格 PQ 将大于 1。该部门的中间投入模块比以前 CGE 的模型复杂,因为中间投入 $QINT$ 的数量数值不再等于 SAM 表中条目上的价值数值。我们需要做校调估算,把这些数值除以价格 PQ 来得到实际数量。令 $SAM_{i,j}$ 表示 SAM 表中单元格 (i,j) 的值。活动 a 账户中使用的中间投入 c 的数量用下面公式计算:

$$QINT_{ca} = SAM_{ca} / PQ_c \qquad (13.7.2)$$

总中间投入的数量是中间投入量之和:

$$QINTA_a = \sum_c QINT_{ca} \qquad (13.7.3)$$

投入产出系数 ica_{ca} 为:

$$ica_{ca}=QINT_{ca}/QINTA_a \qquad (13.7.4)$$

总中间投入的价格 $PINTA_a$ 是中间投入品购买者价格的加权平均数：

$$PINTA_a = \sum_c PQ_c \cdot ica_{ca} \qquad (13.7.5)$$

因为购买者价格 PQ_c 一般不等于1，因此中间投入量、居民、政府的消费商品量也与 SAM 表中商品价值的数值不同。如式(13.7.2)所示，这些数量要通过对 SAM 表的价值除以购买者价格 PQ_c 来获得。CGE 模型的其他参数，又要靠这些数量来估算。因此在 GAMS 程序中，我们首先要估算出 PQ_c 的数值。

以前的 CGE 模型中，因为购买者价格 PQ_c 被设置为1，所以不需要估算。有了行销加价和产品税，PQ_c 不再等于1，而要按照 SAM 表上的数据直接估算，办法是用 SAM 表中商品列账户的信息。假设我们设置活动价格为基价，$PA_a=1$，通过映射到商品，有供给价格 $PQS_c=1$。SAM 表的商品列账户上直接有数据 $PQ_c \cdot QQ_c$ 和 $PQS_c \cdot QQ_c$，这两者的比例就是购买者价格：

$$(PQ_c \cdot QQ_c)/(PQS_c \cdot QQ_c)=PQ_c/PQS_c=PQ_c/1=PQ_c \qquad (13.7.6)$$

现在，生产活动的中间投入的价格 PQ_c 大于1，我们还能把生产活动的产出价格 PA_a 设置为1吗？答案是肯定的，因为生产活动的产品和中间投入的商品的物理性质不同，如前所述，在初始阶段，可以通过调整产品的物量单位来设置活动价格 PA_a。我们设置 PA_a 为1，如此推算出的活动产量和价值是同一个数字，里面隐含了相应的物量单位。

以表 13.1.2 模型经济的 CES 生产模块顶层的校准估算参数为例。因为所有中间投入的价格 PQ_c 都大于1，所以总中间投入的价格大于1。假设总增加值的价格也被设置成1。那么在顶层模块中，两个投入(总中间投入和总增加值)的平均价格大于1。到了最后生产出产品后，我们仍然可以把最后产品的价格设置为1，即 $PA_a=1$，因为最后产品和两个投入品的物理性质是不一样的。在 $PA_a=1$ 下被推算出来的产出数量是：

$$QA_a=SAM_{total,a}/PA_a=SAM_{total,a}/1=SAM_{total,a} \qquad (13.7.7)$$

例如，在活动3部门，$QA_3=2\,355/1=2\,355$。产出数量和原来的价值是一个数值 2 355。

为了让产出数量达到 2 355，要在生产函数 $QA_a=\alpha_a[\delta_a QVA_a^{\rho_a}+(1-\delta_a)QINTA_a^{\rho_a}]^{1/\rho_a}$ 中校调估算规模参数 α_a。此外，投入总值和活动产出总值的价格方程必须成立，而且和 SAM 表的价值一致：

$$PA_a \cdot QA_a=PVA_a \cdot QVA_a+PINTA_a \cdot QINTA_a \qquad (13.7.8)$$

给定 SAM 表中的数值，如果总中间投入价格 $PINTA_a>1$，那么总中间投入的数量 $QINTA_a$ 将小于 SAM 表中中间投入价值数值的总和。例如，活动3的中间投入价值的数值总和为 $270+380+250=900$。如果 $PINTA_3=1.1$，那么总中间投入量是 $QINTA_3=900/1.1=818$，小于价值数值 900。投入数量的数值小了，我们怎么达到产出量 2 355 呢？方法是调整 CES 生产函数中的规模参数 α_3 使下面等式成立(假设我们也设置 $PVA_3=1$，因此 $QVA_3=1$)：

$$2\,355 = \alpha_3[\delta_3 QVA^{\rho_3} + (1-\delta_3^q)QINTA_3^{\rho_3}]^{1/\rho_3}$$

$$= \alpha_3[\delta_3 \cdot 1\,455^{\rho_3} + (1-\delta_3^q) \cdot 818^{\rho_3}]^{1/\rho_3} \qquad (13.7.9)$$

多层嵌套中的个别生产函数模块中的合成产出与其投入的物理性质不同,因此,初始校调估算时可以按偏好或者其他规定设置合成产出的价格和物量单位。譬如,在两层嵌套的生产区块中,初始校调估算时我们可以自由设置总增加值价格 PVA 和总增加值投入 QVA 的物量单位。以表 13.6.1 为例,把钢铁产出改为总增加值产出,成为第二层的增加值模块。初始状态下校调估算数值,表中的总增加值价格 PVA 可以定为 1,或者 1.25,或者其他数值,然后推算相应的 QVA 数量为 1 800,或者 1 600,或者其他。之后,校准估算生产函数中的规模参数 α,再利用这些价格和物量单位来校调估算上面一层的合成产出的价格和物量单位。

13.8 具有规模参数的通用里昂惕夫生产函数

如果生产函数的规模参数被固定,那么合成产出的数量被固定了,合成产出的价格就不能被任意设置。这个情况发生在上面的中间投入模块中。式(13.7.3)的计算总中间投入量(即合成产出)的代数式,把总中间投入量 $QINTA$ 和各项中间投入量 $QINT$ 的比例固定了。因为总中间投入的数量 $QINTA$ 被固定,所以其价格 $PINTA$ 只能被估算确定,不能自由设置。下面用例子说明。

表 13.8.1 是假想的模型经济 SAM 表中活动部门 3 的中间投入部分。活动 3(价值)列账户的条目是生产需要的中间投入商品,是 SAM 表上展现的数据。购买者价格 PQ 列是从模型其他部分校调估算出来的中间投入商品的购买者价格。活动 3(数量)列是按式(13.7.2)把价值除以购买者价格得出的数量。

表 13.8.1 活动部门 3 生产过程中的中间投入部分的校调估算

	活动 3(价值)	购买者价格 PQ	活动 3(数量)
商品 1(农业)	270	1.12	241
商品 2(工业)	380	1.114	341
商品 3(服务业)	250	1.083	231
合 计	900		813

迄今为止,在中间投入模块我们采用的里昂惕夫生产函数里没有规模参数。这个简单里昂惕夫生产函数的形式同式(13.7.4),我们将它重复如下:

$$QINT_{ca} = ica_{ca} \cdot QINTA_a \qquad c \in C \qquad (13.8.1)$$

同样,总中间投入的数量是中间投入量直接相加之和:

$$QINTA_a = \sum_c QINT_{ca} \qquad (13.8.2)$$

由此,活动 3 的总中间投入量 $QINTA_3 = \sum_c QINT_{c,3} = 813$。估算的总中间投入价格为

$PINTA_3 = 900/813 \approx 1.11$。

假设建模需要设置一个其他的总中间投入价格，譬如，我们要设置 $PINTA_3^* = 1$，由此估算的总中间投入量为 $QINTA_3^* = 900/1 = 900$。为了完成这个设置，我们可以利用一个具有规模参数 α_a 的通用里昂惕夫线性方程：

$$QINTA_a^* = \alpha_a \sum_c QINT_{ca} \qquad (13.8.3)$$

规模参数 α_a 是根据确定的数量 $QINTA_a^*$ 和已知的 $QINT_{ca}$ 按下面公式校调获得的：

$$\alpha_a = QINTA_a^* / \sum_c QINT_{ca} \qquad (13.8.4)$$

可以算出活动 3 的规模参数是 $\alpha_3 = 900/813 \approx 1.11$。新的投入产出系数 ica_{ca}^* 为：

$$ica_{ca}^* = QINT_{ca}/QINTA_a^* \qquad (13.8.5)$$

新的投入产出系数和原来的投入产出系数的比例关系是规模因子 α_a 的倒数：

$$ica_{ca}^* = (1/\alpha_a)ica_{ca} \qquad (13.8.6)$$

因为规模参数 $\alpha_a \neq 1$，新投入产出系数 ica_{ca}^* 的按部门合计数值不等于 1。这看上去和常规的投入产出模型的结果不一样。其实，新系数是更通用的里昂惕夫生产函数下的情况（即允许规模系数 α_a 为任意正实数）。

式（13.8.4）和式（13.8.5）完成了校调估算规模参数和新投入产出系数的工作。用新的投入产出系数 ica_{ca}^*，在 CGE 模型系统的中间投入模块中把原来的生产函数和价格方程替换为下面两个方程，这个模块的设置价格 $PINTA_a^* = 1$ 和相应物量单位的工作就完成了：

$$QINT_{ca} = ica_{ca}^* \cdot QINTA_a^* \qquad (13.8.7)$$

$$PINTA_a^* = \sum_c PQ_c \cdot ica_{ca}^* \qquad (13.8.8)$$

在多层嵌套的生产区块和进出口区块中，或者在第 16.2 节的 QX 区块中，我们有时需要在里昂惕夫生产函数模块中为产出设置一个特定价格，这时可以利用上述具有规模参数的里昂惕夫线性方程。

13.9 包括商贸和运输加价的 CGE 模型

下面我们为表 13.1.2 描述的经济体构建 CGE 模型。这个模型包括运输、批发和零售的加价，以及销售税。这些行销加价和产品税在基本价格和购买者价格之间插入成本楔子。模型的生产区块和第 12 章中的模型类似，为两层的嵌套结构。生产活动的域为活动集 A，其元素索引项为 a。顶层是 CES 生产函数模块：

$$QA_a = \alpha_a^a [\delta_a^a QVA_a^{\rho_a^a} + (1-\delta_a^a)QINTA_a^{\rho_a^a}]^{1/\rho_a^a} \qquad a \in A \qquad (13.9.1)$$

$$\frac{PVA_a}{PINTA_a} = \frac{\delta_a^a}{(1-\delta_a^a)}\left(\frac{QVA_a}{QINTA_a}\right)^{\rho_a^a-1} \qquad a \in A \qquad (13.9.2)$$

$$PA_a \cdot QA_a = PVA_a \cdot QVA_a + PINTA_a \cdot QINTA_a \qquad a \in A \qquad (13.9.3)$$

第二层的增加值模块为：

$$QVA_a = \alpha_a^{va} \left[\delta_{La}^{va} QLD_a^{\rho_a^{va}} + (1-\delta_{La}^{va}) QKD_a^{\rho_a^{va}} \right]^{1/\rho_a^{va}} \qquad a \in A \qquad (13.9.4)$$

$$\frac{WL}{WK} = \frac{\delta_a^{va}}{(1-\delta_a^{va})} \left(\frac{QLD_a}{QKD_a} \right)^{\rho_a^{va}-1} \qquad a \in A \qquad (13.9.5)$$

$$PVA_a \cdot QVA_a = WL \cdot QLD_a + WK \cdot QKD_a \qquad a \in A \qquad (13.9.6)$$

第二层的中间投入模块为里昂惕夫生产函数。活动 a 购买中间投入 c 应付购买者价格 PQ_c：

$$QINT_{ca} = ica_{ca} \cdot QINTA_a \qquad a \in A \qquad c \in C \qquad (13.9.7)$$

$$PINTA_a = \sum_{c \in C} ica_{ca} \cdot PQ_c \qquad a \in A \qquad (13.9.8)$$

每个活动只生产一个对应商品。$IDENT_{ac}$ 为单位矩阵，从活动的数量映射到商品的数量有下面方程：

$$QQ_c = \sum_a IDENT_{ac} \cdot QA_a \qquad c \in C \qquad (13.9.9)$$

$$PQS_c = \sum_a IDENT_{ac} \cdot PA_a \qquad c \in C \qquad (13.9.10)$$

商品账户需要商贸和运输服务投入 $QCTT_{ct,c}$ 以行销商品。商贸和运输投入的集合是 CTT，里面的具体服务项为 ct：

$$QCTT_{ct,c} = ictt_{ct,c} \cdot QQ_c \qquad ct \in CTT \qquad c \in C \qquad (13.9.11)$$

其中 $ictt_{ct,c}$ 是投入产出系数。所有的行销服务投入都由服务业提供，因此它们的价格都是 PQ_3。行销服务投入的总量为 $QCTTA$：

$$QCTTA = \sum_{ct} \sum_c QCTT_{ct,c} \qquad (13.9.12)$$

政府对商品征收销售税。销售税是从价的，税基包括供给者成本和行销成本，税率为 $tsale$。以下价格方程表示购买者价格的形成：

$$PQ_c \cdot QQ_c = (1+tsale_c)(PQS_c \cdot QQ_c + PQ_3 \cdot \sum_{ct} QCTT_{ct,c}) \qquad (13.9.13)$$

居民收入包括劳动收入、企业资本获益中转移给居民的部分，以及政府给居民的以消费者价格指数调整的转移支付。$shareif_{hk}$ 是企业资本获益中支付给企业主的份额。

$$YH = WL \cdot QLS + shareif_{hk} \cdot WK \cdot QKS + transfer_{hgov} \cdot CPI \qquad (13.9.14)$$

居民的效用函数是柯布-道格拉斯函数，他们的可支配收入中用于每种商品的份额是固定的：

$$PQ_c \cdot QH_c = shareh_c \cdot mpc(1-ti_h)YH \qquad c \in C \qquad (13.9.15)$$

这里的消费函数中没有常数项，所以 mpc 等于平均消费率。

企业收入包括留存的资本收入。在这个模型经济中，企业没有来自其他方面的转移

支付,企业收入是:

$$YENT = shareif_{ent\,k} \cdot WK \cdot QKS \tag{13.9.16}$$

企业向政府缴纳企业所得税,税率为 ti_{ent}。企业储蓄是:

$$SAVEENT = (1 - ti_{ent})YENT \tag{13.9.17}$$

企业投资也即资本形成是 $\overline{QINV}_c \cdot INVADJ$。$\overline{QINV}_c$ 是基期的投资,调整因子 $INVADJ$ 可以内生也可以外生决定,取决于采取哪种宏观经济闭合:

$$QINV_c = \overline{QINV}_c \cdot INVADJ \tag{13.9.18}$$

政府财政收入来自居民所得税、企业所得税,以及销售税:

$$YG = ti_h \cdot YH + ti_{ent} \cdot YENT + \sum_c tsale_c \cdot (PQS_c \cdot QQ_c + PQ_3 \cdot \sum_{ct} QCTT_{ct,\,c}) \tag{13.9.19}$$

政府总支出为 EG,其财政预算余额为 $SAVEG$,它们的关系是:

$$EG = YG - SAVEG \tag{13.9.20}$$

政府支出扣除转移支付后,在每种商品上的支出为固定份额:

$$PQ_c \cdot QG_c = shareg_c(EG - transfer_{h\,g} \cdot CPI) \qquad c \in C \tag{13.9.21}$$

商品市场出清方程和 SAM 表中商品行账户数据的情况一致。商贸和运输加价服务品 $QCTTA$ 由服务业(即商品部门 3)提供。不过在其他商品部门,市场出清方程和以前一样:

$$QQ_c = \sum_a QINT_{ca} + QCTTA + QH_c + \overline{QINV}_c \cdot INVADJ + QG_c \qquad c = 3 \tag{13.9.22}$$

$$QQ_c = \sum_a QINT_{ca} + QH_c + \overline{QINV}_c \cdot INVADJ + QG_c \qquad c \in C \qquad c \neq 3 \tag{13.9.22'}$$

要素市场出清方程为:

$$\sum_a QLD_a = QLS \tag{13.9.23}$$

$$\sum_a QKD_a = QKS \tag{13.9.24}$$

消费者价格指数和生产者价格指数分别是:

$$CPI = \sum_{c \in C} PQ_c \cdot cpiwt_c \tag{13.9.25}$$

$$PPI = \sum_{a \in A} PA_a \cdot ppiwt_a \tag{13.9.26}$$

储蓄-投资方程包括虚拟变量 $DUMMYSI$:

$$\sum_c PQ_c \cdot QINV_c = (1-mpc) \cdot (1-ti_h) \cdot YH + SAVEENT + SAVEG + DUMMYSI$$

$$(13.9.27)$$

式(13.9.1)—式(13.9.27)共 27 个等式组,构成了包括行销加价的 CGE 模型。里面的变量为 PA_a、PVA_a、$PINTA_a$、QA_a、QVA_a、$QINTA_a$、$QINT_{ca}$、QLD_a、QKD_a、QLS、QKS、WL、WK、PQS_c、PQ_c、QQ_c、$QCTT_{ct,c}$、$QCTTA$、YH、QH_c、$YENT$、$QINV_c$、$INVADJ$、$SAVEENT$、YG、EG、QG_c、$SAVEG$、CPI、PPI、$DUMMYSI$,共 31 个变量。

本模型中我们采取政府支出闭合,意味着政府自动调整其支出以确保充分就业。这个闭合需要增加以下 4 个约束条件:

$$QLS = \overline{QLS} \qquad\qquad (13.9.28)$$

$$QKS = \overline{QKS} \qquad\qquad (13.9.29)$$

$$INVADJ = 1 \qquad\qquad (13.9.30)$$

$$PPI = 1 \qquad\qquad (13.9.31)$$

其中 PPI 的功能是价格基准。这 4 个约束把变量的数量减少到 27 组。模型满足方形条件,可以求解。

13.10 包括商贸和运输加价的 CGE 模型的 GAMS 程序

例 13.10.1 为第 13.9 节中带有商贸和运输加价的 CGE 模型编写 GAMS 程序。SAM 表为表 13.1.2。一些参数的值如表 13.10.1 所示。GDP 定义为以购买者价格计算的最终使用总额。校准参数并复制模型。假设劳动禀赋 QLS 增加 10%,计算由此造成的 GDP 百分比变化。

表 13.10.1 参数值

	农 业	工 业	服务业
顶层 CES 生产函数指数	0.2	0.3	0.1
增加值模块 CES 生产函数指数	0.3	0.2	0.5

解:GAMS 程序如下所示。模拟劳动禀赋增加 10% 的结果显示,GDP 增加 5.1%。

```
$title  例 13.10.1  带有商贸和运输加价的 CGE 模型

*定义集合和子集
set ac
/act1, act2, act3, com1, com2, com3, transp, wholes, retail, lab, cap, hh, ent,
gov, saletx, tariff, invsav, total/;
```

```
set a(ac)    /act1, act2, act3/;
set c(ac)    /com1, com2, com3/;
set f(ac)    /lab, cap/;
```
*定义 ct 为行销加价账户集合
```
set ct(ac) /transp, wholes, retail/;
set acnt(ac)除了总计外的所有账户集合,用来检查 SAM 表是否平衡;
acnt(ac)=YES;
acnt('total')=NO;
set cns(c)除了服务业外的所有商品账户集合;
cns(c)=YES;
cns('com3')=NO;

alias (ac, acp), (a, ap), (c, cp), (f, fp), (ct, ctp), (acnt, acntp);
```

*如果账户太多超过页面横幅,可把多余账户移到下面,用"+"继续,示例如下

```
table sam(ac, acp)
```

	act1	act2	act3	com1	com2	com3	transp	wholes	retail
act1				1897					
act2					2900				
act3						2355			
com1	280	420	270						
com2	377	520	380						
com3	220	260	250				130	112	145
transp				60	50	20			
wholes				30	60	22			
retail				40	80	25			
lab	650	700	800						
cap	370	1000	655						
hh									
ent									
gov									
saletx				98	140	128			
invsav									
total	1897	2900	2355	2125	3230	2550	130	112	145

	+lab	cap	hh	ent	gov	saletx	invsav	total
act1								1897

act2								2900
act3								2355
com1			834	178		143		2125
com2			1450	230		273		3230
com3			983	250		200		2550
transp								130
wholes								112
retail								145
lab								2150
cap								2025
hh	2150	1725		293				4168
ent		300						300
gov			515	100		366		981
saletx								366
invsav			386	200	30			616
total	2150	2025	4168	300	981	366	616	

```
;


table Identac(a, c)
        com1    com2    com3
act1     1
act2             1
act3                     1
;
```

*核查 SAM 表是否平衡
```
parameters
samchk(ac);
samCHK(acnt)=sum(acntp, SAM(acntp, acnt))-sum(acntp, SAM(acnt, acntp));

display samchk, acnt, cns, sam;
```

*输入参数数据
```
parameter   rhoAa(a)    /act1 =   0.2,   act2 = 0.3,   act3 = 0.1/
            rhoVA(a)    /act1    0.3,   act2   0.2,   act3   0.5/;


parameters
scaleAa(a)              活动 a 最高层 CES 生产函数的规模参数 A
```

deltaAa(a)	活动 a 最高层 CES 生产函数的增加值部分份额参数 δ
scaleAVA(a)	活动 a 增加值模块 CES 生产函数的规模参数 A
deltaVA(a)	活动 a 增加值模块 CES 生产函数的劳动要素份额参数 δ
ica(c, a)	活动 a 中间投入模块的投入产出系数
shareh(c)	居民收入消费在商品 c 上的份额
shareg(c)	政府收入消费在商品 c 上的份额
tih	居民所得税税率
tiEnt	企业所得税税率
transferhg0	政府对居民的转移支付
shareifhk	企业资本收入中分配给居民的份额
shareifentk	企业资本收入中内部留存的份额
mpc	边际消费倾向
tsale(c)	商品 c 的销售税税率
QCTT0(ct, c)	商品 c 使用的行销服务 ct
ictt(ct, c)	一个数量单位的商品 c 使用的行销服务 ct
QCTTA0	商品部门所有行销服务投入的总量
PA0(a)	活动 a 的价格
QA0(a)	活动 a 的数量
PVA0(a)	总增加值价格
QVA0(a)	总增加值数量
PINTA0(a)	总中间投入价格
QINTA0(a)	总中间投入数量
QINT0(c, a)	生产活动 a 需要的中间投入 c
QLD0(a)	活动 a 的劳动需求
QKD0(a)	活动 a 的资本需求
WL0	劳动价格
WK0	资本价格
PQ0(c)	商品 c 的购买者价格
PQS0(c)	商品 c 的供给价格
QQ0(c)	商品 c 的数量
QLS0	劳动供给
QKS0	资本供给
YH0	居民收入
EH0	居民消费总支出
QH0(c)	居民对商品 c 的消费量
YENT0	企业收入
QINV0(c)	企业在商品 c 上的投资
INVADJ0	投资调整因子

SAVEENT0	企业储蓄
YG0	政府总收入
EG0	政府总支出
QG0(c)	政府在商品 c 上的消费量
SAVEG0	政府储蓄,财政收支净额
GDP0	实际国内生产总值 GDP
EG0chk	核查 EGO 的一致性
cpiwt(c)	消费者价格指数权重
CPI0	消费者价格指数
ppiwt(a)	生产者价格指数权重
PPI0	生产者价格指数
;	

*校准估算参数,首先确定基价为 PA,然后估算购买者价格 PQ,后面的代数式要依赖这些数值

```
PA0(a)=1;
PQ0(c)=sam('total', c)/(sum(a, sam(a, c)));
QQ0(c)=sam(c, 'total')/PQ0(c);
QINT0(c, a)=SAM(c, a)/PQ0(c);
QINTA0(a)=sum(c, QINT0(c, a));
ica(c, a)=QINT0(c, a)/QINTA0(a);
PINTA0(a)=SUM(c, ica(c, a)*PQ0(c));
WK0=1;
WL0=1;
PQS0(c)=1;
QA0(a)=sam('total', a)/PA0(a);
QVA0(a)=sum(f, sam(f, a));
PVA0(a)=sum(f, sam(f, a))/QVA0(a);
QLD0(a)=sam('lab', a)/WL0;
QKD0(a)=sam('cap', a)/WK0;
QLS0=sam('total', 'lab')/WL0;
QKS0=sam('total', 'cap')/WK0;
INVADJ0=1;
```

*行销加价和销售税
```
tsale(c)=sam('saletx', c)/(sum(a, sam(a, c))+sum(ct, sam(ct, c)));
QCTT0(ct, c)=sam(ct, c)/PQ0('com3');
ictt(ct, c)=QCTT0(ct, c)/(sum(a, sam(a, c)/PA0(a)));
```

```
QCTTA0=sum(ct, sum(c, QCTT0(ct, c)));
```

*生产活动区块
```
deltaAa(a)=PVA0(a)*QVA0(a)**(1-rhoAa(a))/(PVA0(a)*QVA0(a)**(1-rhoAa(a))+
PINTA0(a)*QINTA0(a)**(1-rhoAa(a)));
scaleAa(a)=QA0(a)/(deltaAa(a)*QVA0(a)**rhoAa(a)+(1-deltaAa(a))*QINTA0(a)**rhoAa
(a))**(1/rhoAa(a));
deltaVA(a)=WL0*QLD0(a)**(1-rhoVA(a))/(WL0*QLD0(a)**(1-rhoVA(a))+WK0*QKD0
(a)**(1-rhoVA(a)));
scaleAVA(a)=QVA0(a)/(deltaVA(a)*QLD0(a)**rhoVA(a)+(1-deltaVA(a))*QKD0(a)**rhoVA
(a))**(1/rhoVA(a));

QH0(c)=SAM(c, 'hh')/PQ0(c);
cpiwt(c)=QH0(c)/sum(cp, QH0(cp));
CPI0=sum(c, PQ0(c)*cpiwt(c));
transferhg0=sam('hh', 'gov')/cpi0;
shareifhk=sam('hh', 'cap')/(WK0*QKS0);
shareifentk=sam('ent', 'cap')/(WK0*QKS0);
YH0=WL0*QLS0+shareifhk*WK0*QKS0+transferhg0*cpi0;
tih=sam('gov', 'hh')/YH0;
mpc=sum(c, sam(c, 'hh'))/((1-tih)*YH0);
EH0=mpc*(1-tih)*YH0;
shareh(c)=(PQ0(c)*QH0(c))/EH0;
YENT0=shareifentk*WK0*QKS0;
QINV0(c)=sam(c, 'invsav')/PQ0(c)/INVADJ0;
tiEnt=sam('gov', 'ent')/YEnt0;
SAVEENT0=(1-tiEnt)*YENT0;
YG0=tih*YH0+tiEnt*YENT0+sam('gov', 'saletx');
QG0(c)=sam(c, 'gov')/PQ0(c);
SAVEG0=sam('invsav', 'gov');
EG0=YG0-SAVEG0;
shareg(c)=PQ0(c)*QG0(c)/(EG0-transferhg0*cpi0);
ppiwt(a)=QA0(a)/sum(ap, QA0(ap));
PPI0=sum(a, PA0(a)*ppiwt(a));
GDP0=sum(c, PQ0(c)*(QH0(c)+QINV0(c)+QG0(c)));

display
deltaAa, scaleAa, deltaVA, scaleAva, PA0, QA0, PQS0, PQ0, QQ0, PINTA0, QINT0,
```

QINTA0, ica, PVA0, QVA0, QCTT0, ictt, QCTTA0, EH0, EG0, identac, shareh, shareg,
CPI0, PPI0, GDP0;

variable
PA(a), PVA(a), PINTA(a), QA(a), QVA(a), QINTA(a), QINT(c, a), QLD(a), QKD(a),
QLS, QKS, WL, WK, QQ(c), PQS(c), PQ(c), QCTT(ct, c), QCTTA, YH, QH(c), YENT,
QINV(c), INVADJ, SAVEENT, YG, EG, QG(c), SAVEG, CPI, PPI, GDP, DUMMYSI;

equation
QAfn(a), QAFOCeq(a), PAeq(a), QVAfn(a), QVAFOC(a), PVAeq(a), QINTfn(c, a),
PINTAeq(a), QQQAeq(c), PQSPAeq(c), QCTTeq(ct, c), QCTTAeq, PQSPQeq(c), Yheq,
QHeq(c), YENTeq, QINVeq(c), SAVEENTeq, YGeq, SAVEGeq, QGeq, ComEqui(c),
ComEquiNoQTT(c), Leq, Keq, CPIeq, PPIeq, GDPeq, SIeq;

*Production block
QAfn(a)..
QA(a)=e=scaleAa(a)*(deltaAa(a)*QVA(a)**rhoAa(a)+(1-deltaAa(a))*QINTA(a)**
rhoAa(a))**(1/rhoAa(a));

QAFOCeq(a)..
PVA(a)/PINTA(a)=e=(deltaAa(a)/(1-deltaAa(a)))*(QVA(a)/QINTA(a))**(rhoAa(a)-1);

PAeq(a)..
PA(a)*QA(a)=e=(PVA(a)*QVA(a)+PINTA(a)*QINTA(a));

QVAfn(a)..
QVA(a)=e=scaleAVA(a)*(deltaVA(a)*QLD(a)**rhoVA(a)+(1-deltaVA(a))*QKD(a)**
rhoVA(a))**(1/rhoVA(a));

QVAFOC(a)..
WL/WK=e=(deltaVA(a)/(1-deltaVA(a)))*(QLD(a)/QKD(a))**(rhoVA(a)-1);

PVAeq(a)..
PVA(a)*QVA(a)=e=WL*QLD(a)+WK*QKD(a);

QINTfn(c, a)..
QINT(c, a)=e=ica(c, a)*QINTA(a);

```
PINTAeq(a)..
PINTA(a)=e=SUM(c, ica(c, a)*PQ(c));
```

*从活动映射到商品
```
QQQAeq(c)..
QQ(c)=e=sum(a, identac(a, c)*QA(a));
```

```
PQSPAeq(c)..
PQS(c)=e=sum(a, identac(a,c)*PA(a));
```

*商贸和运输模块
```
QCTTeq(ct, c)..
QCTT(ct, c)=e=ictt(ct, c)*QQ(c);
```

```
QCTTAeq..
QCTTA=e=sum(c, sum(ct, QCTT(ct, c)));
```

```
PQSPQeq(c)..
PQ(c)*QQ(c)=e=(1+tsale(c))*(PQS(c)*QQ(c)+sum(ct, QCTT(ct, c)*PQ('com3')));
```

*居民
```
YHeq..
YH=e=WL*QLS+shareifhk*WK*QKS+transferhg0*CPI;
```

```
QHeq(c)..
PQ(c)*QH(c)=e=shareh(c)*mpc*(1-tih)*YH;
```

*企业
```
YENTeq..
YENT=e=shareifentk*WK*QKS;
```

```
SAVEENTeq..
SAVEENT=e=(1-tiEnt)*YENT;
```

```
QINVeq(c)..
QINV(c)=e=QINV0(c)*INVADJ;
```

*政府
```
YGeq..
```

```
YG=e=tih*YH+tiEnt*YENT+sum(c, tsale(c)*(PQS(c)*QQ(c)+sum(ct, QCTT(ct, c)*PQ
('com3'))));

SAVEGeq..
EG=e=YG-SAVEG;

QGeq(c)..
PQ(c)*QG(c)=e=shareg(c)*(EG-transferhg0*CPI);
```

*服务业商品市场出清
```
ComEqui('com3')..
QQ('com3')=e=sum(a, QINT('com3', a))+QH('com3')+QINV('com3')+QG('com3')+
QCTTA;
```

*除服务业以外的商品市场出清
```
ComEquiNoQTT(cns)..
QQ(cns)=e=sum(a, QINT(cns, a))+QH(cns)+QINV(cns)+QG(cns);
```

*要素市场出清
```
Leq..
Sum(a, QLD(a))=e=QLS;

Keq..
Sum(a, QKD(a))=e=QKS;
```

*价格指数
```
CPIeq..
CPI=e=sum(c, PQ(c)*cpiwt(c));

PPIeq..
PPI=e=sum(a, PA(a)*ppiwt(a));
```

*计算GDP
```
GDPeq..
GDP=e=sum(c, PQ(c)*(QH(c)+QINV(c)+QG(c)));

SIeq..
sum(c, PQ(c)*QINV(c))=e=(1-mpc)*(1-tih)*YH+SAVEENT+SAVEG+dummysi;
```

*初始值赋值

```
PA.L(a)=PA0(a);
PVA.L(a)=PVA0(a);
PINTA.L(a)=PINTA0(a);
QA.L(a)=QA0(a);
QVA.L(a)=QVA0(a);
QINTA.L(a)=QINTA0(a);
QINT.L(c, a)=QINT0(c, a);
QLD.L(a)=QLD0(a);
QKD.L(a)=QKD0(a);
QLS.L=QLS0;
QKS.L=QKS0;
WL.L=WL0;
WK.L=WK0;
PQS.L(c)=PQS0(c);
PQ.L(c)=PQ0(c);
QQ.L(c)=QQ0(c);
QCTT.L(ct, c)=QCTT0(ct, c);
QCTTA.L=QCTTA0;
YH.L=YH0;
QH.L(c)=QH0(c);
YENT.L=YENT0;
QINV.L(c)=QINV0(c);
INVADJ.L=1;
SAVEENT.L=SAVEENT0;
YG.L=YG0;
EG.L=EG0;
QG.L(c)=QG0(c);
SAVEG.L=SAVEG0;
CPI.L=CPI0;
PPI.L=PPI0;
GDP.L=GDP0;
```

*政府闭合约束条件

```
ppi.fx=1;
QLS.fx=QLS0;
QKS.fx=QKS0;
INVADJ.fx=1;
```

```
*运行模型
model cge   /all/;
solve cge using mcp;

display QINT.L, QINTA.L, QINT0;

*模拟劳动禀赋增加
QLS.fx=QLS0*1.1;

model sim   /all/;
solve sim using mcp;

Parameter
Multiplier labor multiplier;
Multiplier=GDP.L/GDP0;

display   Multiplier;

*End
```

练　　习

1. 复制例 13.10.1 的 GAMS 程序,并成功运行它。

2. 修改例 13.10.1 中的 GAMS 程序,把购买者价格设置为基价。也就是说,模型开始把所有商品的价格设置为 $PQ_c=1$。在这个模型中,你需要使用商品账户列上的数据信息来校准估算供给价格 PQS_c,然后活动价格 PA_a,它们不再等于 1。在整个模型中,因为设置价格变化了,商品和活动的物量单位发生了变化,其数量也相应地发生了变化。用消费者价格指数作价格基准。将这个模型的运行结果和例 13.10.1 的结果进行比较,然后验证模拟的结果是相同的。

3. 假设第 13.9 节的模型经济的政府现在向企业雇用的劳动征收工资税。表 13.E.3.1 描述了这个新情况。有关生产函数弹性的数据不变,除了工资税外,模型的其他结构相同。为这个经济体编写 GAMS 程序,然后模拟劳动禀赋增加 10% 的情况。

表 13.E.3.1　有工资税的模型经济的 SAM 表

	活动1(农业)	活动2(工业)	活动3(服务业)	商品1(农业)	商品2(工业)	商品3(服务业)	运输	批发	零售	劳动	资本	居民	企业	政府	工资税	销售税	投资	汇总
活动1(农业)				1 962														1 962
活动2(工业)					2 970													2 970
活动3(服务业)						2 435												2 435
商品1(农业)	280	420	270									833		178			209	2 190
商品2(工业)	377	520	380									1 450		300			273	3 300
商品3(服务业)	220	260	250				130	112	145			1 200		250			63	2 630
运输				60	50	20												130
批发				30	60	22												112
零售				40	80	25												145
劳动	650	700	800															2 150
资本	370	1 000	655															2 025
居民										2 150	1 725			193				4 068
企业											300							300
政府												300	100		215	366		981
工资税	65	70	80															215
销售税				98	140	128												366
储蓄												285	200	60				545
汇总	1 962	2 970	2 435	2 190	3 300	2 630	130	112	145	2 150	2 025	4 068	300	981	215	366	545	

开放经济的宏观 CGE 模型

14.1　开放经济

为了简便,前面章节的 CGE 模型基于的是没有外贸的封闭经济。本章我们将扩展视野,研究从事国际贸易的开放经济。相应地,SAM 表和 CGE 模型要增加一个对外贸易和资金交流的部门账户,它被称为"国外"或者"世界其他地区"(rest of the world,ROW)。由此增加的商品账户包括进口、出口、国产内销商品,以及和它们供求相关的变量。表 14.1.1 是开放经济的描述性 SAM 表。该 SAM 表把活动和商品分开。表 14.1.2 是一个被称为奥兰国的假想国家的"真实"SAM 表,SAM 表条目中有交易数值。

这个开放经济里有三类商品:出口商品、进口商品和国产内销商品。从表 14.1.1 可以看到,活动列账户与第 13 章的封闭经济中的安排基本相同。条目中记录生产活动过程中的交易包括要素投入和生产税的增加值部分、中间投入。按 SNA 定义,企业缴纳的工资税等生产税部分计入增加值。如何在 SAM 表中安排增值税比较棘手。根据 SNA 定义,增值税不是生产税,而是类似行销加价,介于生产者价格和购买者价格之间,因此增值税应在商品列账户产品税上面的位置。不过,企业缴纳的不可抵扣的增值税部分会影响企业的投入决策。因此,从经济学研究角度看,这部分增值税类似生产税,应该安排在 CGE 模型中活动列账户的增加值部分。而增值税中由最后购买者承担的部分,则应该放在商品列账户中。因此,在表 14.1.1 中,增值税被分成两部分,分别记入活动账户和商品账户。这个增值税问题将在第 15.3 节中进一步讨论。如果活动价格 PA 中包含了一些增值税,按照 SNA 定义,PA 就不能被称为基本价格。在这种情况下,PA 还是活动产出价格或活动价格。活动价格 PA 是企业的生产成本。如果没有增值税在里面,活动价格等于基本价格。

在活动行账户中,活动产出在国内销售(内销)和出口之间分配。产品有的内销,有的出口。出口商品没有批发零售环节,因此没有商贸加价。

在商品列账户中,国内市场上供给的商品包括国产内销商品和进口商品。商品列账户还记录了运输、批发和零售加价,以及产品税。商品行账户中记录了商品是如何使用的,如被企业用作中间投入和投资,被居民和政府用作消费。

表 14.1.1　开放经济描述性 SAM 表

	活　动	商　品	生产要素	居　民	企　业	政　府	国　外	储蓄-投资	汇　总
活　动		国产国内销售 $QA·PA=QD·PD$				出口税、出口补贴	出口 $QE·PE$		产出 $QA·PA$
商　品	中间投入 $QINT·PQ$	商贸和运输加价		居民消费 $QH·PQ$		政府消费 $QG·PQ$		投资 $QINV·PQ$	需求 $QQ·PQ$
生产要素	增加值						国外支付的要素收入		要素收入
居　民			居民要素收入	居民之间的转移支付	企业向居民的转移支付	政府向居民的转移支付	国外对居民的转移支付		居民收入
企　业			企业要素收入			政府向企业的转移支付	国外对企业的转移支付		企业收入
政　府		增值税'、进口税、销售税	要素税	居民所得税、直接税	企业所得税		国外对政府的转移支付		政府收入
国　外		进口 $QM·PM$	对国外要素的支付		企业向国外支付盈余	政府对国外的支付			外汇支出
储蓄-投资				居民储蓄	企业储蓄	政府储蓄	国外净储蓄		总储蓄
汇　总	投入 $QA·PA$	供给 $QQ·PQ$	要素支出	居民支出	企业支出	政府支出	外汇收入	总投资	

251

表14.1.2　奥兰国的SAM表

	活动1(农业)	活动2(工业)	活动3(服务业)	商品1(农业)	商品2(工业)	商品3(服务业)	行销加价	劳动	资本	居民	企业	政府	工资税	销售税	关税	国外	投资	汇总
活动1(农业)				1872												90		1962
活动2(工业)					2750											260		3010
活动3(服务业)						2494										80		2574
商品1(农业)	280	420	240							900		170					209	2219
商品2(工业)	377	520	380							1381		340					213	3211
商品3(服务业)	220	300	540							1111		257					213	2714
行销加价				20	35	18												73
劳动	650	700	690															2040
资本	370	1000	655															2025
居民								2040	1725			450						4215
企业									300									300
政府										473	100		204	310	30			1117
工资税	65	70	69															204
销售税				90	120	100												310
关税				7	16	7												30
国外				230	290	95												615
储蓄										350	200	−100				185		635
汇总	1962	3010	2574	2219	3211	2714	73	2040	2025	4215	300	1117	204	310	30	615	635	

下面给出开放经济模型的一些重要变量符号和定义:

QE_a 和 PE_a:活动 a 的出口数量和价格。

QM_c 和 PM_c:进口商品 c 的数量和价格。

QD_a 和 PD_a:活动 a 的国产内销商品的数量和价格。

QD_c 和 PD_c:国产内销商品 c 的数量和价格。

活动 a 和商品 c 的数量和价格的变量符号和第 13 章的相同,但它们的部分含义被更新了:

QA_a 和 PA_a:活动 a 生产的产品的数量和价格。

QQ_c:国内市场供给的商品 c 的数量,商品 c 是包括国产品和进口品的合成商品。

PQS_c 和 PQ_c:(合成)商品 c 的供给价格和购买者价格。

活动产出 QA_a 在内销 QD_a 和出口 QE_a 之间分配。商品 QQ_c 包括国产内销 QD_c 和进口 QM_c。PQS_c 是 QQ_c 的供给价格。PQ_c 是 QQ_c 的购买者价格,是 CGE 模型中最常用的价格。开放经济 CGE 模型常用到这些变量,读者要记住这些变量符号和定义。

14.2　产出在国内市场和出口之间分配

活动生产出的产品在国内和国外市场(出口)之间分配销售,其数据记录在表 14.1.1 的活动行账户中。企业或者经济体是如何决定分配的呢?下面讨论出口模块的设置。

假如历史数据显示出口量占产出量的比例很稳定,模型中我们可以设置成内销和出口占产出的固定份额:

$$QE_a = shareea_a \cdot QA_a \tag{14.2.1}$$

$$QD_a = (1 - shareea_a) \cdot QA_a \tag{14.2.2}$$

其中 $shareea_a$ 是出口 QE_a 在活动产出 QA_a 中的份额。给定产出 QA_a 的数量,上述两个方程确定了 QE_a 和 QD_a 的数量。

此外,出口模块还需要价格方程来确定价格关系:

$$PA_a \cdot QA_a = PD_a \cdot QD_a + PE_a \cdot QE_a \tag{14.2.3}$$

将上面的价格方程两边除以 QA_a,显示 PA_a 是 PD_a 和 PE_a 的加权价格。式(14.2.1)—式(14.2.3)组成了出口模块的方程组。出口价格 PE_a 要根据有外贸环境的闭合和汇率体制来确定。这里假设奥兰国是一个商品 a 的出口"小国",汇率体制是固定汇率。

这里我们需要解释一下国际经济学中的术语和定义。外贸闭合涉及一国在其商品进出口上是"小国"还是"大国"。国际经济学中,"小国"的某商品的出口量或者进口量在国际市场上占的份额很小,以至于变动进出口量不能影响这个商品的国际价格,或者说,该国面临的该商品的国际价格是外界给定的。而"大国"的某商品的进出口量变动则会影响其国际价格。这个大国、小国的定义和 GDP 规模并非一回事。譬如,中国是石油出口的小国,科特迪瓦是可可豆出口的大国。汇率体制在现实世界中有多种。为了简便起见,把模型中的汇率体制归类为固定汇率和浮动汇率两种,前者汇率固定为常数,后者汇率弹性,因此在模型中为变量。

因为奥兰国是出口小国,所以商品价格由国际市场给定。加上汇率是固定的,那么出口价格 PE_a 已被确定。PA_a 和 QA_a 在生产区块中确定。式(14.2.1)—式(14.2.2)确定了 QE_a 和 QD_a 的数量,再通过价格方程(14.2.3),PD_a 被确定。这个出口模块中所有的变量由此确定。虽然商品是同一的,但价格 PE_a 和 PD_a 可以不相等,这是因为企业可能在销售上对不同市场采取价格歧视政策。经济学上已证明,如果国外市场的需求弹性大于国内市场,企业会降低出口价格,抬高国内价格。

大部分情况下,商品出口量会根据外界因素调整,并非固守相对于产出的比例。对企业销售产品来说,国内市场和国外市场是非完全替代的。经济学术语非完全替代的定义为:两个市场或商品之间相互可替代但不是完全可替代的。企业比较两个市场的相对价格和生产组成调整成本来决定两个市场之间的销售量。为了体现国内外市场的非完全替代性,可以用类似生产可能性边界的曲线来描述企业对 QE 和 QD 的产量决策,如图 14.2.1 所示(为了简便起见,在含义清楚时,该图示省略了变量的下标)。该曲线使用了 CET 函数。CET 函数的数学形式与 CES 函数相同,只是指数 ρ 的数值必须大于 1,这样等值线形状是外凸的,如图 14.2.1 所示。等值线弯曲意味着 QE 和 QD 为非完全替代品。

用 CET 函数来描述的出口和内销之间如何分配活动产出 a 的出口模块也被称为 CET 模块。它由下面 3 个方程组成,数学上类似于 CES 生产函数模块。第一个方程是 CET 函数:

$$QA_a = \alpha_a^t [\delta_a^t QD_a^{\rho_a^t} + (1-\delta)QE_a^{\rho_c^t}]^{1/\rho_a^t} \qquad \rho_a^t > 1 \qquad (14.2.4)$$

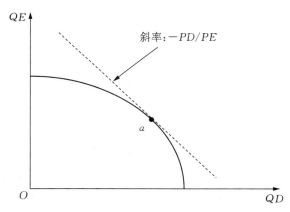

图 14.2.1　CET 函数描述的出口 QE 和内销 QD 之间的分配决策

给定产出 QA_a,最优分布组合的一阶条件是:

$$\frac{PD_a}{PE_a} = \frac{\delta_a^t}{(1-\delta_a^t)}\left(\frac{QD_a}{QE_a}\right)^{\rho_a^t - 1} \qquad (14.2.5)$$

PD_a、PE_a 和 PA_a 分别是 QD_a、QE_a 和 QA_a 的价格。加上价格方程:

$$PA_a \cdot QA_a = PD_a \cdot QD_a + PE_a \cdot QE_a \qquad (14.2.6)$$

CET 模块由上述 3 个方程和 6 个变量组成,变量为 QA_a、PA_a、QD_a、PD_a、QE_a 和

PE_a。我们需要在模块外确定 3 个变量的值,然后模块内剩余的 3 个变量的值就能被确定。QA_a 和 PA_a 已由生产区块确定。假设该国是个小国并且汇率是固定的,那么出口价格 PE_a 也确定了。在模块外确定这 3 个变量值后,模块系统可以求解其余 3 个变量(QD_a、PD_a 和 QE_a)的值。

与 CES 生产函数模块类似,CET 函数的指数值要从外界获取,其他参数可从 SAM 表中校准估算。外部文献中不难找到有关指数值的相关数据信息,一般找到的是转换弹性或者替代弹性的绝对值数据,因此做校准估算时要注意正负符号。设转换弹性为 ε_a^t。表 14.2.1 是文献中提供的估计值,表中展示的转换值是绝对值。将它们转换为指数 ρ_a^t 时可用下面公式,注意公式中正负符号的使用:

$$\rho_a^t = 1 - \frac{1}{-\varepsilon_a^t} = 1 + \frac{1}{\varepsilon_a^t} \tag{14.2.7}$$

例如,农业中 CET 函数的指数 $\rho = 1 - \frac{1}{-3.9} = 1.256$。

表 14.2.1　国产内销和出口的转换弹性

商品部门	国产内销和出口之间的转换弹性(绝对值)
农　业	3.90
矿产业	2.90
制造业	2.90
服务业	0.70

资料来源:De Melo, Jamie and David Tarr, 1992, *A General Equilibrium Analysis of US Foreign Trade Policy*, Cambridge, MA: MIT Press.

14.3　国内市场上的进口和国产商品

国内市场上供给的商品 QQ_c 包括国产品 QD_c 和进口品 QM_c,它们记录在表 14.1.1 的商品列账户上。如果我们认为进口品在国内市场商品的总供给中所占的份额非常稳定,那么在 CGE 模型的进口模块中可以设置一个固定比例关系:

$$QM_c = sharemc_c \cdot QQ_c \tag{14.3.1}$$

$$QD_c = (1 - sharemc_c)QQ_c \tag{14.3.2}$$

其中 $sharemc_c$ 是 QM_c 在国内市场供给 QQ_c 中的份额。模块中还要加上价格方程:

$$PQS_c \cdot QQ_c = PD_c \cdot QD_c + PM_c \cdot QM_c \tag{14.3.3}$$

其中 PQS_c 是 QQ_c 的供给价格。QD_c 和 PD_c 在从活动映射到商品后已经由生产区块和 CET 模块确定(如前所述)。PM_c 是进口品付完关税后的到岸价格,这和国产内销品价格 PD_c 的价格水平相当。假设奥兰国是一个固定汇率的进口小国,那么进口价格 PM_c 由外界给定。这样按照价格方程可以确定商品 c 的国内市场价格 PQS_c。

上述进口品在市场上为固定份额的设置常常不能反映实际情况。市场上同类的国产品和进口品通常是可替代但不是可完全替代的。居民、企业和政府的国内需求者通过比较价格和可替代性来选择购买国产品或者进口品。QM_c 和 QD_c 之间的这种非完全替代性可用 CES 函数来描述,它在 CGE 模型中也被称为阿明顿函数(Armington function)。出口模块也被称为阿明顿模块,由下面 3 个方程组成。国内市场供给的合成商品 QQ_c 的阿明顿函数是:

$$QQ_c = \alpha_c^q \left[\delta_c^q QD^{\rho_c^q} + (1-\delta_c^q) QM^{\rho_c^q} \right]^{1/\rho_c^q} \tag{14.3.4}$$

因为阿明顿函数是常规的 CES 函数类型,等值线形状和无差异曲线一样是内弯的,所以指数值小于 1。另外,按照常识,进口品和国产同款商品一般互为替代品而不是互补的,因此 $0 < \rho_c^q < 1$。最优组合的一阶条件为:

$$\frac{PD_c}{PM_c} = \frac{\delta_c^q}{(1-\delta_c^q)} \left(\frac{QD_c}{QM_c}\right)^{\rho_c^q - 1} \tag{14.3.5}$$

进口品和国产品在市场上结合成为合成商品 QQ_c。因为它们不是可完全替代的,所以合成商品 QQ_c 在模型中可以被视为和进口品、国产品物理性质类似但不完全相同的商品,即非完全替代品,可以在限度范围内设置其价格和物量单位。这和生产活动的情况不一样。生产活动的产品和生产中各种投入商品或要素的物理性质完全不同,因此产品的物量单位可以自由设置。而合成商品 QQ_c 与国产品 QD_c 及进口品 QM_c 互为替代品,物理性质相似,因此物量单位不能相差太大。在设置价格 PQS_c 方程时要注意物量单位的设置。

合成商品的价格 PQS_c 由价格方程导出:

$$PQS_c \cdot QQ_c = PD_c \cdot QD_c + PM_c \cdot QM_c \tag{14.3.6}$$

上述阿明顿模块由 3 个方程和 6 个变量组成,变量为 QQ_c、PQS_c、QD_c、PD_c、QM_c 和 PM_c。模块外部需要确定 3 个变量值,这样模块系统可以确定剩余的 3 个变量的值。和固定比例模式的情况类似,QD_c 和 PD_c 已经由生产区块和 CET 模块确定。假设该国是一个固定汇率的进口小国,那么进口价格 PM_c 也被外界确定。这样其余 3 个变量 QQ_c、PQS_c 和 QM_c 的值由模块系统求解出来。

阿明顿函数的指数 ρ_c^q 要从外界获取,其他参数从 SAM 表中校准估算。经济学文献中不难找到国产内销品和进口之间替代弹性 ε_a^q 的相关数据和信息,由此可以推算指数 ρ_c^q。表 14.3.1 引用了一些发表的阿明顿函数替代弹性的估计值。阿明顿函数是一个常规的 CES 函数,指数值由公式 $\rho_c^q = 1 - 1/\varepsilon_a^q$ 校准估算。

表 14.3.1 国产内销品和进口品之间的替代弹性

商品部门	阿明顿函数替代弹性
农　业	1.42
矿产业	0.50
制造业	3.55
服务业	2.00

资料来源:De Melo, Jamie and David Tarr, 1992, *A General Equilibrium Analysis of US Foreign Trade Policy*, Cambridge, MA: MIT Press.

14.4　从活动账户到商品账户：映射关系和加价

上面讨论了进口、出口和国产内销商品之间关系的相关方程的设置。图 14.4.1 直观地描述了包括进口和出口的从活动到商品的流程。

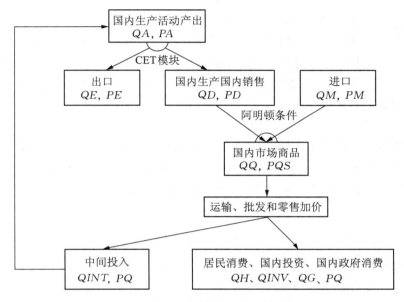

图 14.4.1　开放国家的从活动到商品的流程

开放经济的 CGE 模型中，根据从 CET 模块到阿明顿模块的流程关系和从活动到商品的映射关系编写 GAMS 程序时，会遇到一些技术问题。在活动和 CET 模块中，部门集是活动 A；而在商品和阿明顿模块中，部门集是商品 C。它们的域是不同的。同一个国产内销商品 QD 同时出现在 CET 和阿明顿两个模块中，但分别有不同的域集 A 和 C。为了把它们关联起来，需要从活动映射到商品。也就是说，如第 13 章所述，我们需要从 QD_a 映射到 QD_c，从 PD_a 映射到 PD_c。为了简单起见，假设一个活动只生产一种商品，因此相对应的活动 a 和商品 c 的价格和数量完全相同：

$$QD_a = QD_c \qquad \forall a = c$$
$$PD_a = PD_c \qquad \forall a = c \qquad (14.4.1)$$

映射关系的数学运算是利用单位矩阵 $\mathbf{I}$：

$$\mathbf{QD(c)} = \mathbf{I} \times \mathbf{QD(a)} \qquad \mathbf{PD(c)} = \mathbf{I} \times \mathbf{PD(a)} \qquad (14.4.2)$$

其中 $\mathbf{QD}$ 和 $\mathbf{PD}$ 为向量。

GAMS 程序不允许对不同的域集使用相同的变量名。如果同一变量名有不同的域集，GAMS 程序运行时会采用新定义的变量域集，摒弃旧的变量域集。为了避免这个问题，我们需要给它们取不同的变量名称。我们在原来变量名称后面加个域集的首字母，如下：PD_a 更改为 PDA_a，PD_c 更改为 PDC_c，QD_a 更改为 QDA_a，QD_c 更改为 QDC_c。

设立一个 $n \times n$ 单位矩阵,称为 $IDENT_{ac}$,里面元素也记为 i_{ac}。变量 QD 和 PD 的从活动映射到商品的 CGE 模型方程是:

$$QDC_c = \sum_a IDENT_{ac} \cdot QDA_a \qquad c \in C \qquad (14.4.3)$$

$$PDC_c = \sum_a IDENT_{ac} \cdot PDA_a \qquad c \in C \qquad (14.4.4)$$

上面两个方程建立了活动 a 与商品 c 的一对一关系。

下面我们讨论开放经济中行销加价的问题。在出口方面,本章从简假设生产活动后,企业直接把产品整批运输到港口,就像运到仓库一样。这样,大宗运输成本已包含在活动生产中。出口品不涉及国内的批发和零售加价,也不涉及销售税、营业税。因此,出口价格与活动价格相当。

国内市场供给的商品 QQ_c 需要行销加价投入才能交付给最终消费者。行销加价投入包括批发和零售等商贸服务,以及将商品交付给居民和其他最终用户过程中的运输服务。在奥兰国中,所有的行销加价被合计到 SAM 表上的商贸和运输加价账户中。$QCTT_c$ 是商品 c 中使用的商贸和运输服务的物量,假设它和国内商品供给量 QQ_c 的关系为固定比例 $ictt_c$,有

$$QCTT_c = ictt_c \cdot QQ_c \qquad (14.4.5)$$

奥兰国没有增值税,但有从价的销售税。销售税基是供给者价格 PQS_c 和行销加价投入的单位成本。即,销售税税率 $tsale_c$ 是:

$$tsale_c = 销售税 / (PQS_c \cdot QQ_c + PQ_3 \cdot ictt_c \cdot QQ_c) \qquad (14.4.6)$$

行销加价投入由奥兰国的服务业部门提供,因此其价格为 PQ_3。

购买者价格 PQ_c 下的商品 c 的价格方程是:

$$PQ_c \cdot QQ_c = (1 + tsale_c)(PQS_c \cdot QQ_c + PQ_3 \cdot ictt_c \cdot QQ_c) \qquad (14.4.7)$$

所有行销加价投入的总量为 $QCTTA$:

$$QCTTA = \sum_c QCTT_c = \sum_c ictt_c \cdot QQ_c \qquad (14.4.8)$$

这个行销加价总量 $QCTTA$ 由服务业部门提供,因此服务业部门的商品市场出清方程($c=3$)是:

$$QQ_c = \sum_a QINT_{ca} + QCTTA + \sum_h QH_{ch} + \overline{QINV_c} \cdot INVADJ + QG_c$$

$$(14.4.9)$$

其他商品的市场出清方程和上面等式一样,但没有 $QCTTA$ 项。

14.5 汇率和外汇体制

商品的进出口价格是如何确定的? 第 14.2 节和第 14.3 节提到需要考虑进出口是大

国还是小国的情况,以及采用什么汇率体制。本节将详细讨论汇率体制和相关问题。

一国与其他国家贸易时,交易支付中需要用汇率来换算商品的本外币价值。汇率 EXR 定义为一单位外汇的本币价格。假设英镑和美元之间的汇率是 0.5 英镑兑 1 美元。如果本国是美国,那么英镑是外汇。1 英镑的美元价格就是 2,即英镑的汇率 $EXR=2$。EXR 增加表示外币升值,本币贬值;EXR 降低表示外币贬值,本币升值。

在 CGE 模型中,为了简便起见,初始状态的汇率标准化为 1。让 $EXR0$ 表示初始状态下的汇率值:

$$EXR0=1 \tag{14.5.1}$$

在上面的英镑示例中,汇率标准化意味着模型中使用的英国货币单位仅为市面上英镑的二分之一。汇率标准化的做法和价格标准化类似,它简便了计算,但不会改变模型的分析和结论,因为模拟结果的百分比变化不受影响。

在 SAM 表中,国外账户条目上的价值是按本币计算的外国商品或资本。这些商品或资本原来用外币报价,但在 SAM 表上通过汇率换算成本币计值。国外账户条目中的价值用汇率 EXR 作为价格,即"国外账户价值=外币计算的价值×EXR"。下面举例说明。

假设奥兰国的本国货币(见表 14.1.2)是比索。国外企业、政府和其他机构使用的是美元,美元是外汇。美元兑比索的汇率 EXR 校准为 1。奥兰国的工业部门向国外出口 260。注意 SAM 表中的所有账户都必须使用当地货币比索计值。这意味着奥兰国从国外赚取 260 比索。该账户单元格内的价值为:

$$260 \text{ 比索} = 260 \text{ 美元} \times EXR = 260 \text{ 美元} \times 1。 \tag{14.5.2}$$

国外对奥兰国的工业出口支付了 260 美元,然后奥兰国将其兑换为 260 比索。现在假设比索贬值了,1 美元要兑 2 比索,那么 $EXR=2$。假设贬值后奥兰国的工业出口量保持不变,那么工业出口值是 520 比索=260 美元×EXR=260 美元×2。

如果 SAM 表中有从国外向奥兰国政府的转移支付 $transfer_{g\,row}$,这个转移支付原来是外汇,用美元计算的,在 SAM 表上要转换为本币比索来计值,即 SAM 条目中的价值是转移支付和汇率的乘积($tranfer_{g\,row} \times EXR$)。

总而言之,SAM 表的国外账户中的所有条目都是外汇转换为本币的价值。它们是外汇价值与汇率 EXR 的乘积。一旦这些价值用本币计值,它们可以和同行或者同列账户的其他条目数值汇总计算。

CGE 模型中常用的汇率制度是固定汇率制和浮动汇率制。在固定汇率制下,汇率 EXR 是固定的。在固定汇率制下,国际经济学理论指出,该国会失去对贸易差额或经常账户差额的控制。国际收支(balance of payment,BOP)包括经常账户和资本账户。(这里我们沿用国际经济学教科书上的术语"资本账户",这和 SNA 体系的规范名称和范围不同,SNA 体系把它基本归于"金融账户"下。)国际收支赤字意味着该国要动用外汇储备或者向国外借外汇填补这个差额。换言之,该国要靠国外的储蓄来满足其国内需求缺口。例如,美国每年有巨额的国际收支赤字,这意味着美国每年依赖国外储蓄来弥补国内储蓄缺口。国外储蓄记为 $SAVEF$:

$$SAVEF＝国际收支赤字＝经常账户赤字＋资本账户赤字 \qquad (14.5.3)$$

奥兰国是个简单经济体,在国际来往中它没有资本账户交易,因此贸易逆差(盈余)也就是国际收支逆差(盈余)。设 pwe_a 为出口的活动产品 a 的国际价格,设 pwm_c 为进口的商品 c 的国际价格,这两者都是用外币标价的。这样,奥兰国以外币计值的贸易逆差即外国储蓄是:

$$SAVEF = \sum_c pwm_c \cdot QM_c - \sum_a pwe_a \cdot QE_a \qquad (14.5.4)$$

在 SAM 表或者 CGE 模型中,我们把它们用汇率来兑换成本币价值:

$$SAVEF \cdot EXR = \sum_c pwm_c \cdot QM_c \cdot EXR - \sum_a pwe_a \cdot QE_a \cdot EXR \qquad (14.5.5)$$

在浮动汇率制下,汇率 EXR 是弹性的,是变量,而国际收支或 $SAVEF$ 是平衡的:

$$SAVEF＝0 \qquad (14.5.6)$$

总结一下,CGE 模型中常用的外汇和汇率制度为两个可选闭合:(1)固定汇率制下,汇率 EXR 固定为参数,国外储蓄 $SAVEF$ 是变量;(2)浮动汇率制下,EXR 是变量,$SAVEF$ 则需要被固定。

14.6　国内和国际价格

国际经济学中,小国的外贸商品在国际市场上的占有份额很小,其贸易量的变化对该商品的国际市场价格没有影响。小国面临的国际价格是给定的,在这个价格上,小国面临着一条水平的需求或供给曲线,该商品的国外需求或供给数量不受限制。对于出口活动产品 a 的小国来说,国际价格 pwe_a 是固定的。设 te_a 为从价 PE_a 的出口税率,出口价格和国际价格的关系是:

$$(1＋te_a)PE_a = pwe_a \cdot EXR \qquad (14.6.1)$$

或者

$$PE_a＝[1/(1＋te_a)]pwe_a \cdot EXR \qquad (14.6.1')$$

在有出口补贴的情况下,te_a 是负值。很多国家对出口给予增值税退税,可视为出口补贴。如果是固定汇率制,EXR 固定,那么出口价格 PE_a 被式(14.6.1$'$)内生确定。

如前所述,出口品不需要批发和零售服务,但可能涉及从生产商到边境的一些不可忽视的运输成本,譬如,加拿大的煤炭出口到港口有较大的内陆运输成本。假如研究需要考虑这些运输成本的话,可以在 PE_a 价格和离岸价 FOB 之间加上单位运输成本:

$$PE_a＝[1/(1＋te_a)]pwe_a \cdot EXR－transport_a \qquad (14.6.2)$$

换言之,PE_a 是产品未启程运送到边境之前的价格。这个定义基于这样的考虑:PE_a 应与 PDA_a 可比,它们和活动价格 PA_a 在同一水平线上,是刚从生产活动过程出来的产品价格。关于出口税、出口补贴和出口过程中国内运输加价的问题在第 15 章中将进一步详细讨论。

小国进口商品 c，面临给定的国际价格 pwm_c。设 tm_c 为进口商品 c 的关税税率，进口价格 PM_c 由下式确定：

$$PM_c = pwm_c(1+tm_c)EXR \qquad (14.6.3)$$

这里 PM_c 定义为完税后的到岸价，即商品到岸价再加上关税与所有其他海关和边境清关费用。这个 PM_c 的定义和国内产品价格 PD_c 的水平相当。两者都是商品从国内的供给地点起始的价格，都是商品购买者价格中减去销售税、商贸加价和行销过程中运输加价的价格。本书中的进口品价格 PM_c 的定义和 IFPRI 模型有所不同，IFPRI 模型中的进口价格 PM_c 包括行销加价。

大国被定义为其进出口量变化会影响商品的国际价格的经济体。对一个出口大国来说，它出口面临的国外购买者的需求曲线是向右下倾斜的。出口商品的国际价格 pwm_c 是个变量，是该国出口量 QE_a 的函数：

$$pwe_a = f^a(QE_a) \qquad (14.6.4)$$

其中 $f^a(\cdots)$ 为出口品 a 的国外购买者的逆需求函数。

假设我们要研究外部冲击对一个出口大国的国际贸易变量的影响，在 CGE 模型中就需要设置具体的国外购买者的需求函数，并将 pwm_c 设为要求解的内生变量。一个候选的函数形式是：

$$pwe = \lambda QE^{-1/\varepsilon} \qquad (14.6.5)$$

其中 λ 是常数，ε 是需求的价格弹性。这个函数称为恒价格弹性需求函数，在第 17 章的出口大国案例的相关练习中还会讨论它。

同样，一个进口大国面临的国外供给者的供给曲线是向右上倾斜的。其进口品的国际价格 pwm_c 是个变量，受该国进口量影响。进口品 c 的国外供给函数 $g^c(\cdots)$ 是：

$$pwm_c = g^c(QM_c) \qquad (14.6.6)$$

如果 CGE 模型研究需要具体设置供给函数 $g^c(\cdots)$，一个候选函数形式是恒价格弹性供给函数：

$$pwm = \mu QM^{1/\varepsilon} \qquad (14.6.7)$$

其中 μ 是常数，ε 是供给的价格弹性。这个函数形式在要素供给函数中也常应用，第 17 章中我们会继续讨论它。

国外的供给或需求曲线有时可能没有上述的常规形状，譬如国际经济学中提到的向左上倒弯（backward bending）的供给曲线的特殊情况。在 CGE 研究中，国外需求或供给函数的具体形状将取决于基于数据的实证研究估计与研究人员基于理论和数据的判断。

由于开放经济的 CGE 模型中涉及了更多的价格，建模时需要仔细选择基价，使模型简洁而又符合经济学理论和 SNA 规范。譬如，QA_a、QD_a 和 QE_a 都是活动 a 的相同产品，它们的价格 PA_a、PD_a 和 PE_a 都不包括行销加价和产品税，因此 PA_a、PD_a 和 PE_a 本质相同，在一个价格水平线上。如果 PA_a 被作为基价在模型初始状态下设置为 1，那么

PD_a 和 PE_a 也跟着设置为1。根据式(14.6.1)，出口品的国际价格 pwe_a 由以下公式校准估算：

$$pwe_a = PE_a(1+te_a)/EXR \qquad (14.6.8)$$

在小国情况下，pwe_a 是个参数，一旦根据上面公式校准估算后其值就被固定。当 PE_a 等于1且出口税率 te_a 为正时，校准估算的国际价格 pwe_a 将大于1。在有出口补贴或增值税退税的情况下，出口税率 te_a 为负，估算的国际价格 pwe_a 小于1，即低于国内价格。在大国情况下，pwe_a 是变量。

进口方面的情况类似，但方向相反。如前所述，进口价格 PM_c 和 PD_c 与供给价格 PQS_c 处在同一价格水平线上，它们都等于扣除行销加价和产品税后的同一购买者价格。如果 PD_c 被设置为1，PM_c 也等于1。根据式(14.6.3)，进口品的国际价格 pwm_c 按下列公式校准估算：

$$pwm_c = PM_c / [(1+tm_c)EXR] \qquad (14.6.9)$$

当 PM_c 等于1且关税税率 $tm_c > 0$ 时，校准估算的国际价格 PM_c 将小于1。在小国情况下，估算得到的国际价格 pwm_c 是固定参数。在大国情况下，pwm_c 是变量。

14.7 开放经济的 CGE 模型

现在我们建立一个开放经济的 CGE 模型。模型经济是表14.1.2描述的奥兰国。生产区块域集为活动集 A，具有两层嵌套结构。顶层是个 CES 生产函数模块：

$$QA_a = \alpha_a^a \left[\delta_a^a QVA_a^{\rho_a^a} + (1-\delta_a^a)QINTA_a^{\rho_a^a} \right]^{1/\rho_a^a} \qquad a \in A \qquad (14.7.1)$$

$$\frac{PVA_a}{PINTA_a} = \frac{\delta_a^a}{(1-\delta_a^a)} \left(\frac{QVA_a}{QINTA_a} \right)^{\rho_a^a - 1} \qquad a \in A \qquad (14.7.2)$$

$$PA_a \cdot QA_a = PVA_a \cdot QVA_a + PINTA_a \cdot QINTA_a \qquad a \in A \qquad (14.7.3)$$

底层有两个模块。增加值模块中，企业为雇用的劳动缴纳工资税。工资税税率是 $tpayent$。国民账户体系中企业缴纳的工资税归类于其他生产税项，包含在基本价格中。

$$QVA_a = \alpha_a^{va} \left[\delta_{La}^{va} QLD_a^{\rho_a^{va}} + (1-\delta_{La}^{va})QKD_a^{\rho_a^{va}} \right]^{1/\rho_a^{va}} \qquad a \in A \qquad (14.7.4)$$

$$\frac{(1+tpayent)WL}{WK} = \frac{\delta_a^{va}}{(1-\delta_a^{va})} \left(\frac{QLD_a}{QKD_a} \right)^{\rho_a^{va} - 1} \qquad a \in A \qquad (14.7.5)$$

$$PVA_a \cdot QVA_a = (1+tpayent)WL \cdot QLD_a + WK \cdot QKD_a \qquad a \in A \qquad (14.7.6)$$

底层的另外一个模块是中间投入模块。活动 a 购买商品 c 作为投入时支付的是购买者价格 PQ_c。

$$QINT_{ca} = ica_{ca} \cdot QINTA_a \qquad a \in A \qquad c \in C \qquad (14.7.7)$$

$$PINTA_a = \sum_{c \in C} ica_{ca} \cdot PQ_c \qquad a \in A \qquad (14.7.8)$$

活动产出 QA_a 在出口 QE_a 和内销 QDA_a 之间分配。其优化分配决策由下面的 CET

模块的 3 个方程描述：

$$QA_a = \alpha_a^t \left[\delta_a^t QDA_a^{\rho_a^t} + (1-\delta)QE_a^{\rho_a^t} \right]^{1/\rho_a^t} \qquad \rho_a^t > 1 \qquad a \in A \qquad (14.7.9)$$

$$\frac{PDA_a}{PE_a} = \frac{\delta_a^t}{(1-\delta_a^t)} \left(\frac{QDA_a}{QE_a} \right)^{\rho_a^t - 1} \qquad a \in A \qquad (14.7.10)$$

$$PA_a \cdot QA_a = PDA_a \cdot QDA_a + PE_a \cdot QE_a \qquad a \in A \qquad (14.7.11)$$

奥兰国是个出口小国，它的出口品只能接受给定的国际市场价格。奥兰国采取固定汇率制。在 SAM 表中可看出奥兰国没有出口税，$te_a = 0$。它的出口价格由下面方程决定：

$$PE_a = pwe_a \cdot EXR \qquad a \in A \qquad (14.7.12)$$

进口品 QM_c 和国产品 QDC_c 合成了国内市场的商品供给 QQ_c。其合成关系由下面阿明顿模块中的 3 个方程描述：

$$QQ_c = \alpha_c^q \left[\delta_c^q QDC_c^{\rho_c^q} + (1-\delta_c^q)QM_c^{\rho_c^q} \right]^{1/\rho_c^q} \qquad c \in C \qquad (14.7.13)$$

$$\frac{PDC_c}{PM_c} = \frac{\delta_c^q}{(1-\delta_c^q)} \left(\frac{QDC_c}{QM_c} \right)^{\rho_c^q - 1} \qquad c \in C \qquad (14.7.14)$$

$$PQS_c \cdot QQ_c = PDC_c \cdot QDC_c + PM_c \cdot QM_c \qquad c \in C \qquad (14.7.15)$$

奥兰国也是个进口小国，它的进口量变动不会影响国际价格 pwm_c。它对进口征收关税，税率是 tm_c。进口商品的价格 PM_c 由下面方程决定：

$$PM_c = pwm_c(1+tm_c)EXR \qquad c \in C \qquad (14.7.16)$$

奥兰国经济中每个生产活动只生产一种对应商品。从活动到商品的映射是：

$$QDC_c = \sum_a IDENT_{ac} \cdot QDA_a \qquad c \in C \qquad (14.7.17)$$

$$PDC_c = \sum_a IDENT_{ac} \cdot PDA_a \qquad c \in C \qquad (14.7.18)$$

商品 c 行销过程中的商贸和运输服务被合计在行销加价投入 $QCTT_c$ 中。$QCTT_c$ 与商品数量 QQ_c 成正比，比例是类似投入产出系数的 $ictt_c$：

$$QCTT_c = ictt_c \cdot QQ_c \qquad (14.7.19)$$

所有商品部门的行销加价投入总计数量为 $QCTTA$：

$$QCTTA = \sum_c QCTT_c \qquad (14.7.20)$$

行销加价投入由服务业部门（商品 3）提供，因此它们的价格是服务业商品的购买者价格 PQ_3。奥兰国还征收销售税，税率为 $tsale$。在商品列账户中，供给价格与购买者价格的关系为：

$$PQ_c \cdot QQ_c = (1+tsale_c)(PQS_c \cdot QQ_c + PQ_3 \cdot QCTT_c) \qquad c \in C \quad (14.7.21)$$

上面 21 个等式完成了从生产活动到商品供给的流程。奥兰国的经济机构包括居民、企业、政府和国外。居民的劳动禀赋为 QLS。居民收入为：

$$YH = WL \cdot QLS + shareif_{hk} \cdot WK \cdot QKS + transfer_{h\,gov} \cdot CPI \qquad (14.7.22)$$

其中 $transfer_{h\,gov}$ 是政府对居民的转移支付，根据消费者物价指数调整。$shareif_{hk}$ 是企业所有者(他们也是居民)在企业资本收入中的份额。

居民的效用函数是柯布-道格拉斯函数。居民可支配收入中用于每个商品的份额是固定的：

$$PQ_c \cdot QH_c = shareh_c \cdot mpc(1 - ti_h)YH \qquad c \in C \qquad (14.7.23)$$

居民的消费函数中没有常数项即生存消费额，因此边际消费倾向 mpc 等于平均消费倾向。

企业的收入包括其资本收入中的留存部分，以及来自政府和国外的转移支付。奥兰国的企业没有这些转移支付，因此它的企业收入很简单：

$$YENT = shareif_{ent\,k} \cdot WK \cdot QKS \qquad (14.7.24)$$

企业向政府支付企业所得税，税率为 ti_{ent}。企业储蓄是：

$$SAVEENT = (1 - ti_{ent})YENT \qquad (14.7.25)$$

企业投资(即资本形成)为 $\overline{QINV}_c \cdot INVADJ$。$\overline{QINV}_c$ 是企业在商品 c 部门的基期投资，可从 SAM 表上校准估算。除了企业自动投资闭合外，调整因子 $INVADJ$ 在大多数宏观闭合中是外生确定的：

$$QINV_c = \overline{QINV}_c \cdot INVADJ \qquad (14.7.26)$$

政府收入来自工资税、居民所得税、企业所得税、销售税和关税：

$$\begin{aligned} YG = &\sum_a tpayent_a \cdot WL \cdot QLD_a + ti_h \cdot YH + ti_{ent} \cdot YENT \\ &+ \sum_c tsale_c(PQS_c \cdot QQ_c + PQ_3 \cdot QCTT_c) + \sum_c tm_c \cdot pwm_c \cdot QM_c \cdot EXR \end{aligned}$$

$$(14.7.27)$$

上式的最后一项是关税收入。

奥兰国的政府支出是 EG。它的财政预算余额即政府储蓄是 $SAVEG$：

$$EG = YG - SAVEG \qquad (14.7.28)$$

政府总支出扣除转移支付后，消费在商品 c 上的份额是固定的：

$$PQ_c \cdot QG_c = shareg_c(EG - transfer_{hg} \cdot CPI) \qquad c \in C \qquad (14.7.29)$$

商品市场出清方程基于 SAM 表中商品行账户平衡，即商品 c 在国内市场上总供给等于总需求。方程中包括进口品但不包括出口品。在服务业部门即商品账户3的出清方程中，使用需求方面有特别一项，即商品行销过程中的加价投入 $QCTTA$：

$$QQ_c = \sum_a QINT_{ca} + QH_c + \overline{QINV}_c \cdot INVADJ + QG_c + QCTTA \qquad c = 3$$

$$(14.7.30)$$

在其他商品部门,市场出清等式和以前的模型中的形式一致:

$$QQ_c = \sum_a QINT_{ca} + QH_c + \overline{QINV_c} \cdot INVADJ + QG_c \qquad c \in C \qquad c \neq 3$$

$$(14.7.30')$$

要素市场出清等式为:

$$\sum_a QLD_a = QLS \qquad (14.7.31)$$

$$\sum_a QKD_a = QKS \qquad (14.7.32)$$

消费者价格指数是:

$$CPI = \sum_{c \in C} PQ_c \cdot cpiwt_c \qquad (14.7.33)$$

奥兰国没有增值税。活动账户中包括的税只有企业缴纳的工资税。按照 SNA 规范,企业支付的工资税计入基本价格。因此,在奥兰国,活动价格 PA_a 是基本价格。生产者价格指数是 PA_a 的加权价格:

$$PPI = \sum_{a \in A} PA_a \cdot ppiwt_a \qquad (14.7.34)$$

奥兰国和国外交易中没有资本账户,因此其国际收支仅包括经常账户项,即贸易平衡项。奥兰国的外贸赤字,也就是以本币计算的国外储蓄为:

$$SAVEF \cdot EXR = \sum_c pwm_c \cdot QM_c \cdot EXR - \sum_a pwe_a \cdot QE_a \cdot EXR \quad (14.7.35)$$

和以前的封闭经济不同,开放经济的储蓄-投资方程中有国外储蓄 $SAFEF$ 一项,在方程中还要用汇率 EXR 把它换成本币计算值。另外,因为储蓄-投资方程和模型系统中其他等式函数相关,所以要加上虚拟变量 $DUMMYSI$:

$$\sum_c PQ_c \cdot QINV_c = (1 - mpc)(1 - ti_h)YH + SAVEENT + SAVEG$$
$$+ SAVEF \cdot EXR + DUMMYSI \qquad (14.7.36)$$

上面式(14.7.1)—式(14.7.36)共 36 个等式构成了开放经济奥兰国的 CGE 模型。变量是 PA_a、PVA_a、$PINTA_a$、QA_a、QVA_a、$QINTA_a$、$QINT_{ca}$、QLD_a、QKD_a、QLS、QKS、WL、WK、PDA_a、QDA_a、PDC_c、QDC_c、PE_a、QE_a、EXR、PQS_c、PQ_c、QQ_c、PM_c、QM_c、$QCTT_c$、$QCTTA$、YH、QH_c、$YENT$、$QINV_c$、$INVADJ$、$SAVEENT$、YG、EG、QG_c、$SAVEG$、$SAVEF$、CPI、PPI、$DUMMYSI$,总共 41 个变量。

奥兰国政府追随凯恩斯理论,它不断调整政府支出 EG 以确保要素充分就业。因此,模型中的政府支出 EG 和财政预算 $SAVEG$ 是变量。企业投资外生决定。奥兰国是固定汇率体制。我们用生产者价格指数作为价格基准。这样,我们组成了下面 5 个约束条件:

$$QLS = \overline{QLS} \qquad (14.7.37)$$

$$QKS = \overline{QKS} \tag{14.7.38}$$

$$INVADJ = 1 \tag{14.7.39}$$

$$EXR = \overline{EXR} \tag{14.7.40}$$

$$PPI = 1 \tag{14.7.41}$$

模型中加进 5 个约束条件后,模型中变量减为 36 组,和等式组数量一样,模型可解。

14.8　开放经济 CGE 模型的 GAMS 程序

例 14.8.1　为开放经济奥兰国的 CGE 模型编写 GAMS 程序。奥兰国的 SAM 表为表 14.1.2,其 CGE 模型结构可见第 14.7 节。除了 SAM 表中的数据外,表 14.8.1 提供了其他有关参数的信息。在 GAMS 程序成功运行和复制模型后,模拟汇率 EXR 上升 5%(即本币贬值)的情况。检查这个冲击后奥兰国进口和出口的变化。这些变化和经济学理论预期一致吗?

表 14.8.1　开放经济奥兰国的一些参数值

	农　业	工　业	服务业
活动的顶层 CES 生产函数指数	0.2	0.3	0.1
增加值部分 CES 生产函数指数	0.3	0.2	0.5
CET 函数指数	1.4	1.4	2.0
阿明顿函数指数	0.4	0.6	0.4

解:下面是 GAMS 程序。我们用模型中的活动价格(也是基本价格)作为基价,将基准状态下的活动价格 PA 设为 1。表 14.8.2 中报告的模拟结果表明,本币贬值 5% 后推动了出口和减少了进口,国际收支逆差也大幅缩小。这些模拟结果符合经济学理论的一般预期。

表 14.8.2　本币贬值对进出口和国际收支的影响

进　口			出　口			国际收支赤字($SAVEF$)	
农　业	工　业	服务业	农　业	工　业	服务业	本币计算	外币计算
−8.7%	−13.0%	−9.5%	13.1%	13.8%	3.6%	−61.6%	−63.4%

```
$title  例 14.8.1  开放经济奥兰国的 GAMS 程序

*定义集合和子集
set ac
/act1, act2, act3, com1, com2, com3, margin, lab, cap, hh, ent, gov, emptx,
saletx, tariff, row, invsav, total/;
set a(ac)  /act1, act2, act3;
```

```
set c(ac)   /com1, com2, com3/;
set f(ac)   /lab, cap/;
*子集 cns 用来选择性地设置商品市场出清方程
set cns(c)   除了服务业外的所有商品账户集合;
cns(c)=YES;
cns('com3')=NO;


alias (ac, acp), (a, ap), (c, cp), (f, fp);


table sam(ac, acp)
```

	act1	act2	act3	com1	com2	com3	margin	lab	cap
act1				1872					
act2					2750				
act3						2494			
com1	280	420	240						
com2	377	520	380						
com3	220	300	540				73		
margin				20	35	18			
lab	650	700	690						
cap	370	1000	655						
hh								2040	1725
ent									300
gov									
emptx	65	70	69						
saletx				90	120	100			
tariff				7	16	7			
row				230	290	95			
invsav									
total	1962	3010	2574	2219	3211	2714	73	2040	2025

	+hh	ent	gov	emptx	saletx	tariff	row	invsav	total
act1							90		1962
act2							260		3010
act3							80		2574
com1	900		170					209	2219
com2	1381		340					213	3211
com3	1111		257					213	2714
margin									73

lab								2040
cap								2025
hh		450						4215
ent								300
gov	473	100		204	310	30		1117
emptx								204
saletx								310
tariff								30
row								615
invsav	350	200	-100				185	635
total	4215	300	1117	204	310	30	615	635

```
;

table Identac(a, c)
          com1    com2    com3
act1       1
act2               1
act3                       1
;
```

*输入参数数据

```
parameter   rhoAa(a)    /act1 =   0.2,   act2 = 0.3,   act3 = 0.1/
            rhoVA(a)    /act1     0.3,   act2   0.2,   act3   0.5/
            rhoCET(a)   /act1     1.4,   act2   1.4,   act3   2.0/
            rhoQq(c)    /com1     0.4,   com2   0.6,   com3   0.4/;

parameters
```

scaleAa(a)	活动 a 的最高层 CES 生产函数的规模参数 A
deltaAa(a)	活动 a 最高层 CES 生产函数的增加值部分份额参数 δ
scaleAVA(a)	活动 a 增加值模块 CES 生产函数的规模参数 A
deltaVA(a)	活动 a 增加值模块 CES 生产函数的劳动要素份额参数 δ
ica(c,a)	活动 a 中间投入模块的投入产出系数
scaleCET(a)	活动 a 的 CET 函数的规模参数
deltaCET(a)	活动 a 的 CET 函数的内销部分份额
scaleQq(c)	商品 c 的阿明顿 CES 函数的规模参数
deltaQq(c)	商品 c 的阿明顿 CES 函数的国产部分份额
shareh(c)	居民收入消费在商品 c 上的份额
shareg(c)	政府收入消费在商品 c 上的份额

tih	居民所得税税率
tiEnt	企业所得税税率
tpayent(a)	企业支付的工资税税率
transferhg0	政府对居民的转移支付基准
shareifhk	企业资本收入中分配给居民的份额
shareifentk	企业资本收入中内部留存的份额
mpc	边际消费倾向
tm(c)	商品 c 的关税税率
tsale(c)	商品 c 的销售税税率
QCTT0(c)	商品 c 使用的行销服务 ct
QCTTA0	商品部门所有行销服务投入的总量
ictt(c)	一个单位的商品 c 使用的行销服务
PA0(a)	活动 a 的价格
QA0(a)	活动 a 的数量
PVA0(a)	总增加值价格
QVA0(a)	总增加值数量
PINTA0(a)	总中间投入价格
QINTA0(a)	总中间投入数量
QINT0(c, a)	生产活动 a 需要的中间投入 c
QLD0(a)	活动 a 的劳动需求
QKD0(a)	活动 a 的资本需求
WL0	劳动价格
WK0	资本价格
PQ0(c)	商品 c 的购买者价格
PQS0(c)	商品 c 的供给价格
QQ0(c)	国内市场上进口品和国产品的合成商品 c 的总供给量
PM0(c)	商品 c 的进口价格
QM0(c)	商品 c 的进口量
PE0(a)	活动 a 产品出口价格
QE0(a)	活动 a 产品出口量
PDA0(a)	活动 a 国产内销产品的价格
QDA0(a)	活动 a 国产内销产品的数量
PDC0(c)	商品 c 国产内销的价格
QDC0(c)	商品 c 国产内销的数量
EXR0	汇率
pwm(c)	外币计算的进口商品 c 的国际价格
pwe(a)	外币计算的活动出口产品 a 的国际价格
QLS0	劳动总供给

QKS0	资本总供给
YH0	居民收入
EH0	居民消费总支出
QH0(c)	居民对商品 c 的消费量
YENT0	企业收入
QINV0(c)	企业在商品 c 上的投资
INVADJ0	投资调整因子
SAVEENT0	企业储蓄
YG0	政府总收入
EG0	政府总支出
QG0(c)	政府在商品 c 上的消费量
SAVEG0	政府储蓄,财政收支净额
SAVEF0	国外储蓄,本国的国际收支赤字
cpiwt(c)	消费者价格指数权重
CPI0	消费者价格指数
ppiwt(a)	生产者价格指数权重
PPI0	生产者价格指数

;

*校准估算参数

```
PA0(a)=1;
PQ0(c)=sam('total', c)/(sum(a, sam(a, c))+sam('row', c)+sam('tariff', c));
QINT0(c, a)=SAM(c, a)/PQ0(c);
QINTA0(a)=SUM(c, QINT0(c, a));
ica(c, a)=QINT0(c, a)/QINTA0(a) ;
PINTA0(a)=SUM(c, ica(c, a)*PQ0(c));
WK0=1;
WL0=1;
PE0(a)=1;
PM0(c)=1;
PDA0(a)=1;
PDC0(c)=1;
EXR0=1;
PQS0(c)=1;
QA0(a)=sam('total', a)/PA0(a);
QVA0(a)=SUM(f, sam(f, a));
PVA0(a)=(SUM(f, sam(f, a))+sam('emptx', a))/QVA0(a);
QLD0(a)=sam('lab', a)/WL0;
```

```
QKD0(a)=sam('cap', a)/WK0;
QLS0=sam('total','lab')/WL0;
QKS0=sam('total','cap')/WK0;
INVADJ0=1;
tpayent(a)=sam('emptx', a)/sam('lab', a);
*Exports and imports
tm(c)=sam('tariff', c)/sam('row', c);
pwm(c)=PM0(c)/((1+tm(c))*EXR0);
QM0(c)=(sam('row', c)+sam('tariff', c))/PM0(c);
pwe(a)=PE0(a)/EXR0;
QE0(a)=sam(a, 'row')/PE0(a);
QDA0(a)=sum(c, sam(a, c))/PDA0(a);
QDC0(c)=sum(a, sam(a,c))/PDC0(c);
QQ0(c)=QDC0(c)+QM0(c);

*行销加价和销售税
tsale(c)=sam('saletx', c)/(sum(a, sam(a, c))+sam('row', c)+sam('tariff', c)
+sam('margin', c));
QCTT0(c)=sam('margin', c)/PQ0('com3');
ictt(c)=QCTT0(c)/QQ0(c);
QCTTA0=sum(c, QCTT0(c));

display WL0, WK0, PQ0, PINTA0, PVA0, QQ0, QINTA0, QVA0, QDA0, QDC0, QQ0,
pwm, QM0;

deltaAa(a)=PVA0(a)*QVA0(a)**(1-rhoAa(a))/(PVA0(a)*QVA0(a)**(1-rhoAa(a))+
PINTA0(a)*QINTA0(a)**(1-rhoAa(a)));
scaleAa(a)=QA0(a)/(deltaAa(a)*QVA0(a)**rhoAa(a)+(1-deltaAa(a))*QINTA0(a)**rhoAa
(a))**(1/rhoAa(a));
deltaVA(a)=((1+tpayent(a))*WL0)*QLD0(a)**(1-rhoVA(a))/((((1+tpayent(a))*WL0)*QLD0
(a)**(1-rhoVA(a))+WK0*QKD0(a)**(1-rhoVA(a))));
scaleAVA(a)=QVA0(a)/(deltaVA(a)*QLD0(a)**rhoVA(a)+(1-deltaVA(a))*QKD0(a)**rhoVA
(a))**(1/rhoVA(a));
*CET function parameter calibration
deltaCET(a)=PDA0(a)*QDA0(a)**(1-rhoCET(a))/(PDA0(a)*QDA0(a)**(1-rhoCET(a))
+PE0(a)*QE0(a)**(1-rhoCET(a)));
scaleCET(a)=QA0(a)/(deltaCET(a)*QDA0(a)**rhoCET(a)+(1-deltaCET(a))*QE0(a)
**rhoCET(a))**(1/rhoCET(a));
```

```
*Arminton function parameter calibration
deltaQq(c)=PDC0(c)*QDC0(c)**(1-rhoQQ(c))/(PDC0(c)*QDC0(c)**(1-rhoQq(c))+
PM0(c)*QM0(c)**(1-rhoQq(c)));
scaleQQ(c)=QQ0(c)/(deltaQq(c)*QDC0(c)**rhoQq(c)+(1-deltaQq(c))*QM0(c)**rhoQq
(c))**(1/rhoQq(c));
*Calibration of other parameters
QH0(c)=SAM(c, 'hh')/PQ0(c);
cpiwt(c)=QH0(c)/sum(cp, QH0(cp));
CPI0=sum(c, PQ0(c)*cpiwt(c));
transferhg0=sam('hh', 'gov')/cpi0;
shareifhk=sam('hh', 'cap')/(WK0*QKS0);
shareifentk=sam('ent','cap')/(WK0*QKS0);
YH0=WL0*QLS0+shareifhk*WK0*QKS0+transferhg0*cpi0;
tih=sam('gov', 'hh')/YH0;
mpc=sum(c, sam(c, 'hh'))/((1-tih)*YH0);
EH0=mpc*(1-tih)*YH0;
shareh(c)=(PQ0(c)*QH0(c))/EH0;
YENT0=shareifentk*WK0*QKS0;
QINV0(c)=sam(c, 'invsav')/PQ0(c);
tiEnt=sam('gov', 'ent')/YEnt0;
SAVEENT0=(1-tiEnt)*YENT0;
YG0=tih*YH0+tiEnt*YENT0+sum(a,tpayent(a)*WL0*QLD0(a))+sum(c, sam('saletx',
c))+sam('gov','tariff');
QG0(c)=sam(c, 'gov')/PQ0(c);
SAVEG0=sam('invsav', 'gov');
EG0=YG0-SAVEG0;
shareg(c)=PQ0(c)*QG0(c)/(EG0-transferhg0*cpi0);
SAVEF0=sam('invsav', 'row');
ppiwt(a)=QA0(a)/sum(ap, QA0(ap));
PPI0=sum(a, PA0(a)*ppiwt(a));

display ica, ictt, tsale, PA0, QA0, PQ0, EG0, identac, shareg;

variable
PA(a), PVA(a), PINTA(a), QA(a), QVA(a), QINTA(a), QINT(c, a), QLD(a), QKD(a),
QLS, QKS, WL, WK, PDA(a), QDA(a), PDC(c), QDC(c), PE(a), QE(a), EXR, QQ(c), PQS
(c), PQ(c), PM(c), QM(c), QCTT(c), QCTTA, YH, QH(c), YENT, QINV(c), INVADJ,
SAVEENT, YG, EG, QG(c), SAVEG, SAVEF, CPI, PPI, DUMMYSI;
```

equation
QAfn(a), QAFOCeq(a), PAeq(a), QVAfn(a), QVAFOC(a), PVAeq(a), QINTfn(c, a),
PINTAeq(a), CETfn(a), CETFOC(a), PCETeq(a), PEeq(a), QQfn(c), QQFOC(c), PQSeq
(c), PMeq(c), QDCQDA(c), PDCPDA(c), QCTTeq, QCTTAeq, PQSPQeq(c), Yheq, QHeq
(c), YENTeq, QINVeq(c), SAVEENTeq, Ygeq, QGeq, SAVEGeq, ComEquiNoQTT(c), Leq,
Keq, FEXeq, CPIeq, PPIeq, ComEqui(c), SIeq;

*生产区块
QAfn(a)..
QA(a)=e=scaleAa(a)*(deltaAa(a)*QVA(a)**rhoAa(a)+(1-deltaAa(a))*QINTA(a)**
rhoAa(a))**(1/rhoAa(a));

QAFOCeq(a)..
PVA(a)/PINTA(a)=e=(deltaAa(a)/(1-deltaAa(a)))*(QVA(a)/QINTA(a))**(rhoAa
(a)-1);

PAeq(a)..
PA(a)*QA(a)=e=PVA(a)*QVA(a)+PINTA(a)*QINTA(a);

QVAfn(a)..
QVA(a)=e=scaleAVA(a)*(deltaVA(a)*QLD(a)**rhoVA(a)+(1-deltaVA(a))*QKD(a)**
rhoVA(a))**(1/rhoVA(a));

QVAFOC(a)..
((1+tpayent(a))*WL)/WK=e=(deltaVA(a)/(1-deltaVA(a)))*(QLD(a)/QKD(a))**
(rhoVA(a)-1);

PVAeq(a)..
PVA(a)*QVA(a)=e=(1+tpayent(a))*WL*QLD(a)+WK*QKD(a);

QINTfn(c, a)..
QINT(c, a)=e=ica(c, a)*QINTA(a);

PINTAeq(a)..
PINTA(a)=e=SUM(c, ica(c, a)*PQ(c));

*CET 模块
CETfn(a)..

QA(a)=e=scaleCET(a)*(deltaCET(a)*QDA(a)**rhoCET(a)+(1-deltaCET(a))*QE(a)**
rhoCET(a))**(1/rhoCET(a));

CETFOC(a)..
PDA(a)/PE(a)=e=(deltaCET(a)/(1-deltaCET(a)))*(QDA(a)/QE(a))**(rhoCET(a)-1);

PCETeq(a)..
PA(a)*QA(a)=e=PDA(a)*QDA(a)+PE(a)*QE(a);

PEeq(a)..
PE(a)=e=pwe(a)*EXR;

*阿明顿模块
QQfn(c)..
QQ(c)=e=scaleQq(c)*(deltaQq(c)*QDC(c)**rhoQq(c)+(1-deltaQq(c))*QM(c)**
rhoQq(c))**(1/rhoQq(c));

QQFOC(c)..
PDC(c)/PM(c)=e=(deltaQq(c)/(1-deltaQq(c)))*(QDC(c)/QM(c))**(rhoQq(c)-1);

PQSeq(c)..
PQS(c)*QQ(c)=e=PDC(c)*QDC(c)+PM(c)*QM(c);

PMeq(c)..
PM(c)=e=pwm(c)*(1+tm(c))*EXR;

*活动到商品的映射
QDCQDA(c)..
QDC(c)=e=sum(a,identac(a, c)*QDA(a));

PDCPDA(c)..
PDC(c)=e=sum(a, identac(a, c)*PDA(a));

*行销加价
QCTTeq(c)..
QCTT(c)=e=ictt(c)*QQ(c);

```
QCTTAeq..
QCTTA=e=sum(c, QCTT(c));

PQSPQeq(c)..
PQ(c)*QQ(c)=e=(1+tsale(c))*(PQS(c)*QQ(c)+QCTT(c)*PQ('com3'));
```

*居民
```
YHeq..
YH=e=WL*QLS+shareifhk*WK*QKS+transferhg0*CPI;

QHeq(c)..
PQ(c)*QH(c)=e=shareh(c)*mpc*(1-tih)*YH;
```

*企业
```
YENTeq..
YENT=e=shareifentk*WK*QKS;

QINVeq(c)..
QINV(c)=e=QINV0(c)*INVADJ;

SAVEENTeq..
SAVEENT=e=(1-tiEnt)*YENT;
```

*政府
```
YGeq..
YG=e=sum(a,tpayent(a)*WL*QLD(a))+tih*YH+tiEnt*YENT+sum(c,tsale(c)*(PQS(c)
*QQ(c)+QCTT(c)*PQ('com3'))+tm(c)*pwm(c)*QM(c)*EXR);

SAVEGeq..
EG=e=YG-SAVEG;

QGeq(c)..
PQ(c)*QG(c)=e=shareg(c)*(EG-transferhg0*CPI);
```

*服务业商品市场出清
```
ComEqui('com3')..
QQ('com3')=e=sum(a, QINT('com3', a))+QH('com3')+QINV('com3')+QG('com3')+QCTTA;
```

*除服务业以外的商品市场出清

ComEquiNoQTT(cns)..

QQ(cns)=e=sum(a, QINT(cns,a))+QH(cns)+QINV(cns)+QG(cns);

*要素市场出清

Leq..

Sum(a, QLD(a))=e=QLS;

Keq..

Sum(a, QKD(a))=e=QKS;

*价格指数

CPIeq..

CPI=e=sum(c, PQ(c)*cpiwt(c));

PPIeq..

PPI=e=sum(a, PA(a)*ppiwt(a));

*国际收支方程

FEXeq..

SAVEF*EXR=e=sum(c, pwm(c)*QM(c)*EXR)-sum(a, pwe(a)*QE(a)*EXR);

*储蓄-投资方程

SIeq..

sum(c, PQ(c)*QINV(c))=e=(1-mpc)*(1-tih)*YH+SAVEENT+SAVEG+SAVEF*EXR+dummysi;

*初始值赋值

PA.L(a)=PA0(a);

PVA.L(a)=PVA0(a);

PINTA.L(a)=PINTA0(a);

QA.L(a)=QA0(a);

QVA.L(a)=QVA0(a);

QINTA.L(a)=QINTA0(a);

QINT.L(c,a)=QINT0(c, a);

QLD.L(a)=QLD0(a);

QKD.L(a)=QKD0(a);

QLS.L=QLS0;

QKS.L=QKS0;

```
WL.L=1;
WK.L=1;
PDA.L(a)=1;
QDA.L(a)=QDA0(a);
PDC.L(c)=1;
QDC.L(c)=QDC0(c);
PE.L(a)=1;
QE.L(a)=QE0(a);
EXR.L=1;
PQS.L(c)=1;
PQ.L(c)=PQ0(c);
QQ.L(c)=QQ0(c);
PM.L(c)=1;
QM.L(c)=QM0(c);
QCTT.L(c)=QCTT0(c);
QCTTA.L=QCTTA0;
YH.L=YH0;
QH.L(c)=QH0(c);
YENT.L=YENT0;
QINV.L(c)=QINV0(c);
INVADJ.L=1;
SAVEENT.L=SAVEENT0;
YG.L=YG0;
EG.L=EG0;
QG.L(c)=QG0(c);
SAVEG.L=SAVEG0;
SAVEF.L=SAVEF0;
CPI.L=CPI0;
PPI.L=PPI0;
DUMMYSI.L=0;
```

*加上政府支出闭合的 5 个约束条件,EG 为变量,生产者价格指数为价格基准

```
QLS.fx=QLS0;
QKS.fx=QKS0;
INVADJ.fx=INVADJ0;
EXR.fx=EXR0;
PPI.fx=1;
```

*运行模型
```
model cge   /all/;
solve cge using mcp;
```

```
display QINT.L, QINTA.L, QINT0, qda.L, qdc.L, qm.L, qe.L, qq.L, tm, pwm, pwe,
tpayent;
```

*模拟本币贬值,即汇率 EXR 增加 5%

```
parameter
QMbase(c), QEbase(a), SAVEFbase;
QMbase(c)=QM.L(c);
QEbase(a)=QE.L(a);
SAVEFbase=SAVEF.L;
EXR.fx=1.05;
```

```
model sim   /all/;
solve sim using mcp;
```

*本币贬值后的百分比变化
```
Parameter
QMchange(c), QEchange(a), SAVEFcgLCU, SAVEFcgFCU;
QMchange(c)=QM.L(c)/QMbase(c)-1;
QEchange(a)=QE.L(a)/QEbase(a)-1;
SAVEFcgLCU=SAVEF.L*EXR.L/SAVEFbase*EXR0-1;
SAVEFcgFCU=SAVEF.L/SAVEFbase-1;
```

```
Display QMchange, QEchange, SAVEFcgLCU, SAVEFcgFCU;
```

*END

练　　习

1. 表 14.E.1.1 是模型经济的 SAM 表的一部分。它处在初始期的一般均衡状态。价格 PD、PM 和汇率 EXR 都等于 1。用 Excel 或用手工计算,校调估算以下参数和变量在初始期的数值:QD、QE、PQ、tm 和 pwm。

表 14.E.1.1　模型经济的 SAM 表的商品列账户部分

	商品 1(农业)	商品 2(工业)	商品 3(服务业)
活动 1(农业)	1 872		
活动 2(工业)		2 750	
活动 3(服务业)			2 494
商品 1(农业)			
商品 2(工业)			
商品 3(服务业)			
商贸和运输加价	20	35	18
销售税	18	30	23
关　税	7	16	7
国　外	230	290	95
总　计	2 147	3 121	2 637

2. 抄写和复制例 14.8.1 的奥兰国经济的 GAMS 程序,并成功运行模型。

3. 奥兰国政府计划采用浮动汇率制。在原来程序中把汇率制度改为浮动汇率制。也就是说,在模型中把贸易赤字即国外储蓄 SAVEF 固定在初始期水平,然后把汇率 EXR 改成变量。运行模型和复制初始状态。为消除贸易逆差,即让 SAVEF 为 0,汇率要做多少调整?

4. 修改例 14.8.1 的模型和 GAMS 程序,将 CET 模块替换为固定比例模式,将阿明顿模块替换为固定比例模式。运行模型并成功复制基态后,模拟汇率增加 5% 的情况。汇率增加引起的进口和出口的变化是什么?比较例 14.8.1 中的变化结果,解释它们为什么不同。

5. 在例 14.8.1 的模型中把居民的需求函数改为 LES 函数。

数据和账户的不规则和复杂情况

第 14 章提供了一个开放经济的完整的基本 CGE 模型。说它是完整的,因为它包含大多数 CGE 模型中的所有核心变量、机构和账户。说它是基本的,因为在做具体研究时,通常要在这模型基础上增加细节、修改闭合和进行设置以满足研究目的和要求。譬如,在研究能源和环境时,你可能需要在生产活动区块中设置多层嵌套结构。在研究收入分配时,你需要将居民细分成很多收入组。在研究财政政策和公共事务时,你需要添加更多税收细节,并细分政府支出的类别和项目。对于特殊的经济环境和体制,你可能需要修改模型结构或者闭合。在本章中,我们将讨论建模和实践中涉及的一些常见问题,以及处理这些问题的方法。

15.1 输入数据和文件

为了保证简洁和易学,前面示例中的模型经济只列出 3 个部门。不过在 CGE 模型,譬如第 14 章的奥兰国基本模型里,我们可以轻松地加入更多活动和商品部门,扩展为大型模型。美国经济分析局定期发表具有 15 个、71 个和 405 个部门的 3 种规模不同的投入产出表。理论上,将活动和商品的部门数量从 3 个扩大到 405 个甚至更多并不构成问题。但在实践中,因为数据、模型和软件的限制和缺陷,太大的模型可能会引起些麻烦。因此,建模时应该将部门数量在研究目的允许的情况下尽可能精简。譬如,把那些对研究来说不太重要的部门和账户合并起来,这样简化后的模型和 GAMS 程序就更有效、更可靠,也更突出重点。

当 SAM 表变得很大,如账户增加到几百个时,在模型的 GAMS 主程序中直接写 SAM 表数据既不实用也不有效。虽然我们可以在程序里使用"+"的格式添加更多页面来继续 SAM 表格,但主程序变得冗长繁琐容易出错。比较好的方法是用 Excel 或其他电子表格准备 SAM 数据,然后把电子表格转换为独立的数据文件让 GAMS 核心程序读取。

GAMS 软件包里有一个很实用的软件,叫 XLS2GMS。首先在 Excel 电子表格中准备好 SAM 表,包括 SAM 表的行表头和列表头。假如有一个叫"欧利国"(Euriland)的模型经济。它的 SAM 表为表 15.1.1。你在 Excel 做好电子表格并把文件命名为 EurilandSAM.

xls。检查并确保行表头和列表头中的账户名称与 GAMS 程序里账户集合中的名称一致。打开 XLS2GMS,软件弹出一个窗口,在"input file"(输入文件)栏里填好电子表格文件名 EurilandSAM.xls 及文件夹地址,点"range"(范围)后软件打开 Excel 电子表格,然后在电子表格中选择 SAM 表的数据范围,注意要包括行和列的表头。在 XLS2GMS 窗口的"output file"(输出文件)栏里填写输出数据文件的名字和地址。假设输出数据文件的名称为 sam.inc。按下"OK"键后软件会生成这个数据文件 sam.inc。这个文本数据符合 GAMS 程序语法,可以直接被 GAMS 程序读取。图 15.1.1 是 XLS2GMS 从文件 EurilandSAM.xls 生成的表 15.1.1 的数据文件内容的截图,文件名为 EurilandSAM.inc。数据文件前面有星号的几行是该软件打印出来的文字说明,并非 GAMS 指令。

在 GAMS 主程序中,用代码"`$include`"后面跟数据文件名和文件夹地址来输入数据文件,如:

`$include D:\GAMS programs\EurilandSAM.inc`

GAMS 程序可读取在"`$include`"位置插入的文件内容。例如,在例 14.8.1 中,上述数据文件可插入在 GAMS 主程序语句"`table sam(ac, acp)`"之后,即原来 SAM 表所在的位置,GAMS 程序会像以前一样成功运行。

代码"`$include`"可用来输入其他文件(包括子程序),输入文件的内容被插入在主程序中用"`$include`"指明的位置上。实践中,如果整个 GAMS 程序很长,可以把部分程序写成子程序或者数据文件,让主程序读取它们。例如,能源模型中生产区块的程序可能很长,可以为此做个子程序文件,供主程序读取。输入文件中还可用"`$include`"进一步嵌套读入其他输入文件。

15.2 数据缺失的情况

在 CGE 建模和编程中,SAM 表上和 CGE 模型中要处理的数据常常是不规则的。根据经济体的实际情况,SAM 表中的有些条目没有数据,譬如该国的服务业没有进口品。遇到数据缺失的条目,GAMS 程序就将其数值设置为 0。此外,SAM 表的有些条目数值是负数,譬如补贴被记录为负税。这两者都可能导致 CGE 模型运行时出问题。从数学上我们知道,分式的分母不能为 0,指数函数的底数或对数函数的真数不能为 0 或负值。当 CGE 模型方程中遭遇这些问题时,GAMS 程序将停止运行。另外,幂函数的底数为 0 或负值的话也可能带来潜在问题。如果 CGE 模型有这些问题,就需要用各种方法来解决。针对数据缺失造成的问题,下面我们介绍方程替换法和小值法两种解决方法。

模型经济欧利国的 SAM 表和第 14 章奥兰国模型的结构类似,但数据不同。服务业部门(商品 3,Com3)没有进口品,因此条目"`sam('row', 'Com3')`"为 0。数据缺失的情况在现实世界中常见,譬如一些部门没有进口或者出口。问题是,这些数据缺失导致了原来的 GAMS 程序不能正常运行。譬如,对进口关税税率的校调估算方程是:

$$tm_c = 商品\ c\ 的进口关税/商品\ c\ 的进口额 \tag{15.2.1}$$

表 15.1.1　欧利国的 SAM 表

	Act1	Act2	Act3	Com1	Com2	Com3	VATR	Margin	VATQ	Txtraf	Lab	Cap	VATL	VATK	HH	Ent	Gov	Tariff	Subex	ROW	Invsav	total
Act1				1 513															-15	135		1 633
Act2					2 284														13	247		2 544
Act3						1 967													10	90		2 067
Com1	280	433	300												836		221				200	2 270
Com2	380	520	380												1 250		500				300	3 330
Com3	220	300	540					350							700		224				143	2 477
VATR	-147	-209	-203																			-559
Margin				120	150	80																350
VATQ				400	580	430																1 410
Txtraf	-255	-510	-300										440	625								0
Lab	650	800	750																			2 200
Cap	250	700	300																			1 250
VATL	130	160	150																			440
VATK	125	350	150																			625
HH											2 200	950					400					3 550
Ent												300										300
Gov							-559		1 410						514	100		23	-8			1 480
Tariff				7	16																	23
Subex																						0
ROW				230	300																	530
Invsav															250	200	135			58		643
total	1 633	2 544	2 067	2 270	3 330	2 477	-559	350	1 410	0	2 200	1 250	440	625	3 550	300	1 480	23	0	530	643	

注:行表头和列表头中的账户是一一对应的,它们的中文名称,依次为:活动1、活动2、活动3,商品1、商品2、商品3,中间投入退税、行销加价、最终销售增值税、税赋转嫁,劳动、资本、劳动使用增值税、资本使用增值税,居民、企业、政府、关税、出口补贴、国外、储蓄、总计。

```
*
*   XLS2GMS 2.8        Feb 14, 2009 23.0.2 WIN 5776.9411 VIS x86/MS Windows
*   Erwin Kalvelagen, GAMS Development Corp.
*
*   Application: Microsoft Excel
*   Version:     15.0
*   Workbook:    D:\GAMS program\EurilandSAM.xls
*   Sheet:       SAM
*   Range:       $B$35:$X$57
*
```

	Act1	Act2	Act3	Com1	Com2	Com3	VATR	Margin	VATQ	Txtraf	Lab	Cap	VATL	VATK	HH	Ent	Gov	Tariff	Subex	ROW	Invsav	total
Act1				1513															-15	135		1633
Act2					2284														13	247		2544
Act3						1967													10	90		2067
Com1	280	433	300												836		221				200	2270
Com2	380	520	380												1250		500				300	3330
Com3	220	300	540					350							700		224				143	2477
VATR	-147	-209	-203																			-559
Margin				120	150	80																350
VATQ				400	580	430																1410
Txtraf	-255	-510	-300										440	625								0
Lab	650	800	750																			2200
Cap	250	700	300																			1250
VATL	130	160	150																			440
VATK	125	350	150																			625
HH											2200	950					400					3550
Ent												300										300
Gov							-559		1410						514	100		23	-8			1480
Tariff				7	16																	23
Subex																						0
ROW				230	300																	530
Invsav															250	200	135			58		643
total	1633	2544	2067	2270	3330	2477	-559	350	1410	0	2200	1250	440	625	3550	300	1480	23	0	530	643	

图 15.1.1　XLS2GAMS 生成的可供 GAMS 程序读取的 SAM 表

其 GAMS 程序语句是"tm(c)=sam('tariff', c)/sam('row', c)"。因为商品 3 没有进口,所以上述方程的分母在商品 c=3 时为 0。碰到这种情况 GAMS 程序会停止运行。

解决的方法是用条件指令"$"来控制。在 GAMS 程序中,条件指令"$"意为"在……的条件情况下,该程序语句有效"。它放置在某程序语句的第一个定义参数之后,表示这个参数要在符合条件的情况下才给予赋值。例如,在解决上面分母进口额为 0 的问题时,我们设置"$"条件指令如下:

    tm(c)$sam('row', c)=sam('tariff', c)/sam('row', c);

这个条件指令意为,在 SAM 表上,当商品 c 的进口条目"sam('row', c)"中有数据即数值不是 0 时,本程序才执行,不然就不执行。这样避免了分母为 0 致使程序运行停止的情况。换句话说,程序会跳过没有进口量的服务业部门,只有在进口量不是 0 的情况下才计算税率的参数值。

在阿明顿模块中也会遇到问题。模块里有两个方程:

$$QQ_c = \alpha_c^q [\delta_c^q QDC_c^{\rho_c^q} + (1-\delta_c^q) QM_c^{\rho_c^q}]^{1/\rho_c^q} \tag{15.2.2}$$

$$\frac{PDC_c}{PM_c} = \frac{\delta_c^q}{(1-\delta_c^q)} \left(\frac{QDC_c}{QM_c}\right)^{\rho_c^q-1} \tag{15.2.3}$$

如果进口数据缺失,QM_c 为 0,或者进口价格缺失,PM_c 为 0,因为它们在上面第二个 FOC 方程中是分母,所以 GAMS 程序就不能运行。上面第一个方程是 CES 生产函数,其中 QM_c 是幂函数 $QM_c^{\rho_c^q}$ 的底数。当幂函数底数为 0 时,很多情况下 GAMS 程序的解算器也不能顺利求解。为了应对这些问题,需要在阿明顿函数模块中跳过没有进口量的部门 c 的 CES 和 FOC 方程。在模型中这两个方程的程序语句加上"$"条件指令如下:

    QQfn(c)$sam('row', c)..

    QQ(c)=e=scaleQq(c)* (deltaQq(c)*QDC(c)**rhoQq(c)+(1-deltaQq(c))*QM(c)**rhoQq(c))**(1/rhoQq(c));

    QQFOC(c)$sam('row', c)..

    PDC(c)/PM(c)=e=(deltaQq(c)/(1-deltaQq(c)))*(QDC(c)/QM(c))**(rhoQq(c)-1);

这样,GAMS 程序求解运行时会跳过进口量为 0 的部门(譬如商品 3 部门)的 FOC 和 CES 方程。

不过这引起另外一个问题。因为跳过/删除了两个方程,模型系统中少了两个等式,等式数量和变量数量不相等,方形条件无法满足。如何解决呢?注意到阿明顿模块的功能是要确定 QM、PM、QDC、PDC、QQ 和 PQS 之间的关系。在无进口量的商品 3 模块中,QM 和 PM 的数据缺失,QDC 和 PDC 的数值由上游的 CET 模块给定,模块中靠这两个信息确定 QQ 和 PQS 的值。为此我们添加了以下 GAMS 程序语句:

    QQfnNoImport(c)$(sam('row', c)=0)..

    QQ(c)=e=QDC(c);

    PQPDCNoImportfn(c)$(sam('row', c)=0)..

    PQS(c)=e=PDC(c);

它们意为,如果部门 c 没有进口量和进口价格,那么,$QQ=QDC$,$PQS=PDC$。经过这些修改,方形条件得到满足,模型正常可解。

在上面设置中,无进口的部门(商品 3)的进口物量 QM_3 被 GAMS 程序内部默认为 0,但是它的价格 PM_3 还是有数值的。这是因为,在参数阶段,国际价格 pwm_3 已经被 "pwm(c)=PM0(c)/((1+tm(c))*EXR0)" 赋值为 1,然后在方程阶段由 "PM(c)=e=pwm(c)* (1+tm(c))*EXR" 确定价格 PM_3。其中,tm_3 因为数据缺失被程序默认为 0,初始汇率 EXR 被设置为 1,所以价格 PM_3 等于 1。因为价格 PM_3 是个正实数,所以方程中有 PM_3 不会再产生上面担忧的数值为 0 的问题。

假设在另外一个模型结构中,对外贸易闭合改为进口大国的情况,进口面对的是恒价格弹性供给函数,国际价格 pwm 从参数成为变量。这样,作为变量的进口价格 PM 的数值未确定,在模拟中可以自由浮动到 0,这就可能造成问题。一般均衡理论指出,一个商品的数量变量的数值为 0 尚可,但是它价格变量的数值不能为 0。这会造成对该商品的需求无穷大,导致模型不能收敛,因此在 CGE 建模中要始终牢记不能让价格为 0 的规则。即使商品 3 部门无进口,我们还是要对价格 PM_3 配置一个正数。根据不同的闭合考虑,可以有不同设置方式。假设模型经济虽然是个常规经济大国,但是在无进口部门不能左右国际价格,把国际价格 pwm_3 固定为 1,程序语句为:

```
pwm.fx(c)$(NOT sam('row', c))=1;
```
这个条件指令意为,如果商品 3 部门无进口的话,进口商品的国际价格 pwm_3 等于常数 1。不过这个 pwm_3 固定价格减少了模型中的变量,为满足方形条件,需要减少相同数量的等式。我们用 "$" 条件指令让国外恒价格弹性供给函数的程序跳过无进口部门,从而减少相同数量的等式:

```
QMsupply(c)$sam('row', c)..  QM(c)=e=QMscale(c)*pwm(c)**QMelas(c)
```
经过这些修改,模型满足方形条件可解。读者可以按这些提示修改和设置相应的 CGE 模型。"格致云课堂"提供的电子文件的"欧利国模型 2"GAMS 程序包括了上述的不规则情况的处理。

上述是针对进口数据缺失解决方法的示例。如果其他变量的数据缺失,也可以通过类似方法处理。在能源或碳中和模型中,生产区块往往有很多嵌套层次的 CES 生产函数模块。各生产函数模块中经常有缺失的数据,从而导致类似的麻烦,这时我们可以通过上面的方法来解决。

上面用条件指令和替换方程来对付数据缺失的方法比较复杂,容易出错。有一种处理 0 值或数据缺失问题的小值法,其设置和操作要简单容易得多。这就是在 SAM 表中在缺失数据的相关条目中填入个很小的正数(譬如 0.1)来替换 0 值。这方法表面上听起来有些草率,但非常实用。事实上,很多严肃的 CGE 研究也采用这种方法。小值法的好处是简单易学,可避免修改原来程序的麻烦,也避免了可能导致的 GAMS 程序错误。它的缺点是结果可能不太精确。如果模型里无数值的相关条目不多,这些小值相比 SAM 表中其他的数据值又很小,那么该方法引起的偏差非常小,常常可以忽略不计。譬如,我们把欧利国的 SAM 表中的服务业部门进口量从 0 改为 0.1,0.1 仅为 SAM 表中其他数据值的 1/200 到 1/20 000 之间,非常小。用欧列国模型的 GAMS 程序运行后,小值法在复制和模拟中的数值结果与前面的方程替换法相比几乎没变化。两种方法之间的偏差在任何变量上均小于 0.01％。

用小值法运行模型后,那些原先缺失数据的变量(譬如服务业部门的进口)的复制结果还是会显示 0.1 左右的数值,而我们知道这些变量的数值实际是 0。因此,在最后复制或模拟结果报告时,这些数值需要被清除。可以用手动方法删除,或者用个小程序将数字四舍五入为整数,让这些小值自动为 0。例如,使用小值法运行 GAMS 程序后,GAMS 输出报告显示服务业的进口为 0.1。删除这个数据,最终报告中的服务业进口仍然为 0。

本节介绍的"$"条件指令在 CGE 程序中非常有用。譬如,例 14.8.1 中的商品市场出清方程在服务业部门($c=3$)中要加一个行销加价项 $QCTTA$。第 14 章中的处理方法是为 $QCTTA$ 增加一个子集,并且设置两个不同的市场出清方程来处理有无 $QCTTA$ 的不同市场,如下:

$$QQ_c = \sum_a QINT_{ca} + QH_c + \overline{QINV}_c \cdot INVADJ + QG_c + QCTTA \qquad c=3$$

$$QQ_c = \sum_a QINT_{ca} + QH_c + \overline{QINV}_c \cdot INVADJ + QG_c \qquad c \in C \qquad c \neq 3$$

相应地,GAMS 程序要增加一个子集,写两个方程的程序语句。如果用"$"条件指令,不用增设子集,市场出清条件可以共用一个紧凑的程序语句:

```
ComEqui(c)..
QQ(c)=e=sum(a, QINT(c, a))+QH(c)+QINV(c)+QG(c)+QCTTA$sam(c, 'margin'));
```
此处最后一项的条件控制指令的意思是,各商品部门的市场出清方程只有在该部门有 $QCTTA$ 数据时,才会加上 $QCTTA$ 项。于是,一个 GAMS 程序就包括了不同情况下的不同相应设置,简洁方便。

本章最后有使用方程替换法和小值法的习题。读者可以参照上面的讨论修改 GAMS 程序,练习应对 SAM 表中数据缺失问题的方法。数据缺失或条目缺值是 SAM 表中常见的情况,虽然它们会导致建模和编程上的问题,但是可以通过各种技术和方法来解决。

15.3　增值税

第 14 章中的模型经济奥兰国和美国没有增值税。世界上大多数国家征收增值税,而且增值税是政府的主要税收来源。如何在 CGE 模型中处理增值税是个棘手问题。这是因为增值税的征收方式与各种退税和免税规则错综复杂,以及增值税在 SNA 体系中的安置方式和其在 CGE 模型中的经济学功能范围存在冲突。设置模型时既要符合经济学理论又要考虑 SNA 的定义和规范,模型结构需要创新和变通。

增值税的原始思路很简单。在从生产到销售的供应链中,各个环节的企业基于自己生产活动的增加值(即本书示例 SAM 表中的增加值部分)按固定税率缴税。在商品产销过程的最终点,整个经济的产品总增加值等于最终产品总值,因此在整个过程中积累的增值税税额,也正好等于以最终产品总值为基数乘以增值税税率的税额之和。这个税额称为最终销售增值税。

增值税的实际操作过程则要复杂得多,牵涉到很多收税和退税的步骤。在从生产到销售的供应链中的每个环节,卖家企业向买方按卖价收取增值税,卖家企业然后向政府要求退返自己支付给上游中间投入供应商的增值税。企业收取的税和退税之间的差额,就是企业自己承担的增加值部分的纳税。在产销链的最终点,卖家向最终消费者以最终成品价值乘以增值税税率的税额收取增值税,然后缴纳给政府。这个税额也就是上面提到的最终销售增值税。用 $tvatq$ 记最终点适用的增值税税率,有

$$最终销售增值税＝税前最终成品价值 \times tvatq \qquad (15.3.1)$$

现实世界中,政府还常常按生产中的不同部门、环节和投入规定不同的增值税税率和不同的退税率。很多欧洲国家的做法是设一个标准税率,然后按具体部门和环节做些税率调整。中国则有众多不同的增值税税率,政府每年会发布一个按部门和环节进行规定的详细增值税税率表。这些增值税差异政策,不仅会影响最后各个机构的收入和支出,还会影响企业在生产活动中的决策。

按 SNA 规定,增值税不是生产税,而是生产者价格和购买者价格之间的税楔,类似于行销加价和销售税,在 SAM 表中被完全归类在生产活动结束后的商品列账户中,安置在 SAM 表的行销加价的位置上。这个 SNA 定义和归类给 CGE 模型中的经济学建模和分析造成了麻烦。如果增值税和销售税一样仅仅是卖家和买家之间的税楔,不管定义是哪边支付税收,经济学性质是一样的。举例来说,假设增值税税率是 20%。在商品 1 的供应链最终点,企业 A 向居民 B 出售值 100 元的商品时收增值税 20 元。这 20 元中包括企业 A 在中间投入部分先支付后退税的 14 元,还有企业 A 自己增加值部分的增值税 6 元。按设计增值税的思路,这 6 元性质上是企业 A 自己承担的增加值部分的增值税,14 元是转嫁的供应链上游企业增加值部分的增值税。整个 20 元增值税应该是这些企业生产者承担的税负的累积。如果这 20 元是税楔,会计制度规定把它定义为由购买者居民 B 在最后阶段支付,或者把它定义为所有生产企业为其增加值部分支付的税额的累积,那么经济学上都可以接受。因为这不影响经济学分析出来的双方的税负、各种价格和实际物量。

如果某种税收的变化会影响投入的相对价格,进而影响经济机构的经济行为方式,那么这个税收和被影响的机构在模型中就必须正确指定和设置,否则不能模拟经济冲击结果。增值税按 SNA 规定不能算入生产成本,因此不安置在活动区块,这种做法就和经济学建模冲突。因为,增加值部分增值税的税率,以及中间投入增值税的退税率,它们的变化会影响不同投入的相对成本,从而影响企业在生产活动区块的投入决策。譬如,2007 年中国提高了企业资本使用退税率,以鼓励资本使用和产业升级(Chen et al.,2010),就是基于这个考虑。因此,这些增值税应包括在影响企业生产决策的生产活动账户中。

图 15.3.1 表示各环节的增值税税率如何影响生产决策中的最佳投入组合的。"Δ"表示"变化"。最底层两个横向箭头表示,劳动使用和资本使用的增值税税率变化,将影响劳动和资本投入的最佳组合。上面一层的两个箭头表示,总增加值价格变化或者中间投入退税率变化,会影响总增加值和总中间投入之间的最佳组合。这从企业行为方程也可以看出。记劳动使用增值税税率为 $tvatl$ 和资本使用增值税税率为 $tvatk$,在 CES 函数的增加值模块中,FOC 如下:

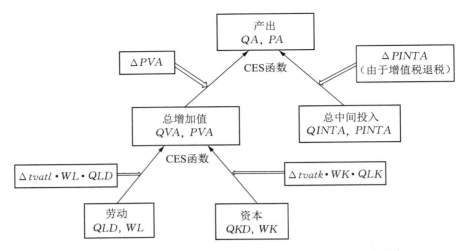

图 15.3.1　增值税税率变化对生产活动区块各级投入组合的影响

$$\frac{(1+tvatl)WL}{(1+tvatk)WK}=\frac{\delta_a^q}{(1-\delta_a^q)}\left(\frac{QLD_a}{QKD_a}\right)^{\rho_a-1} \qquad a\in A \qquad (15.3.2)$$

价格方程也包括增值税税率:

$$PVA_a \cdot QVA_a=(1+tvatl)WL \cdot QLD_a+(1+tvatk)WK \cdot QKD_a \qquad a\in A$$

$$(15.3.3)$$

上面的企业行为方程显示,增值税税率 $tvatl$ 和 $tvatk$ 的变化会影响投入组合,而这些方程在生产活动区块中。以图 15.3.1 进行说明。假设政府减低资本使用的增值税税率 $tvatk$,从而减低了企业的单位资本成本,减低总额是 $\Delta tvatk \cdot WK \cdot QKD$。企业应对的是调整劳动 QLD 和资本 QKD 之间的最佳投入组合。由于 $\Delta tvatk \cdot WK \cdot QKD$ 也降低了总增加值价格 PVA,企业还将调整总增加值 QVA 和总中间投入 $QINTA$ 之间的最佳投入组合。

另外,企业要对之前支付给中间投入品供应商的增值税税额申请退税。因此,中间投入增值税退税政策会影响中间投入品价格,进而影响总中间投入价格 $PINTA$,最后在活动区块影响总增加值 QVA 和总中间投入 $QINTA$ 之间的最佳投入组合。

上面这些企业行为都发生在生产活动区块中。这些投入组合不可能在产品已经出厂后的商品列账户阶段来调整,因此我们需要把影响生产决策的那些增值税安置在 SAM 表和 CGE 模型的活动区块中。

不过,也不是所有的增值税都应放在活动区块中。在复杂的增值税税率和政策下,部分增值税在最后消费时才产生,或者在供应链过程中被层层传递给最终消费者。假设政府规定厂商之间买卖中间投入的增值税税率为 20％,而卖给最终消费者的商品的增值税税率为 25％,那么这超额的 5％只有在最后销售成品时才发生,这部分增值税的性质类似销售税的税楔,应该放在商品列账户中。此外,如果供应链的上游企业没有全额支付自身增加值部分的增值税,这些应缴未缴的余额会层层传递给商品的最终消费者。

在商品区块的商品列账户上,最终消费者支付全额的最终销售增值税。这个交易记录要在账户上显示出来。因此,如何在 SAM 表和 CGE 模型拆分和记录国民账户条目的增值税流量,兼顾 SNA 定义规范,又能模拟增值税政策变化下的企业经济行为,是个复杂问题。下面用具体例子说明有增值税的 CGE 模型结构和相应方程。[1]

表 15.3.1 是某模型经济的活动 1 列账户,最右边两列和表中括号里的数字是用来帮助解释的,正式的 SAM 表中没有这些数字。假设这个模型经济的所有环节和部门适用统一的标准增值税税率 20%,唯有资本使用享受优惠增值税税率 8%。

从表中数据可以校调估算各个税率,譬如劳动投入增值税税率为 50/250＝20%,资本投入增值税税率为 12/150＝8%。企业增加值部分的要素成本为 250＋150＝400,劳动力使用增值税为 50,资本使用增值税为 12,一共是 50＋12＝62。这 62 是企业在增加值上自行承担的增值税,我们称之为企业部分增值税。

按增值税的原来设计,企业对其整个增加值部分的所有要素使用都要支付增值税。不过,大部分国家采取消费型增值税体制,对固定资产购买减免税或给予退税,因此资本使用的实际税率要低。而劳动使用部分等的增值税是不能退免的。如果按标准税率 20%,企业本来应该付资本使用增值税 150×20%＝30,因为优惠税率现在实际支付 12,缺口 30－12＝18。这个缺口在向下游买方收税时转嫁给了买方。层层传递后由最终消费者来承担,包括在最终销售增值税中。

表 15.3.1　消费型增值税体制下的活动 1 列账户

	活动 1 货币额(不含税净额)	居民购买者价格 (企业购买者价格)	活动 1 物量
商品 1	360(300)	1.2(1)	300
商品 2	264(220)	1.32(1.1)	200
中间投入的增值税退税	－104		
劳　　动	250		
资　　本	150		
劳动使用增值税	50		
资本使用增值税	12		
总　　计	982		

企业购买中间投入商品 1 和商品 2 时支付的是和居民消费者一样的居民购买者价格 PQH。价格 PQH 从 SAM 表的其他数据校调估算出来,假设它们分别为 1.2 和 1.32。据此,从表 13.5.1 中可以校调估算中间投入物量为 360/1.2＝300 和 264/1.32＝200。

$$QINT_c = SAM_c / PQH_c \tag{15.3.4}$$

企业按居民购买者价格 PQH 购买商品 1 和商品 2 作为中间投入时支付金额 360＋

---

① 见 Chang 和 Chang(2022)。

264＝624,其中包含中间投入商收取的增值税 104。因为是用来作为中间投入的,企业于是向政府申请这笔税 104 的退税。注意,居民购买者价格是最终消费者价格,里面包含了政府已经收取的最终销售增值税。因为现在这部分商品变成了中间投入,政府于是从它的税收中拿出 104 来补给企业作为退税。因此,中间投入退税的 104 等同于政府从已经完成的税收中拿出来给企业购买中间投入的补贴。

表 15.3.1 中有劳动使用和资本使用增值税的条目。它们增加了企业使用要素劳动或者资本的成本。如前所述,这两个增值税税率变化将影响生产过程中企业对要素投入组合的决策,因此活动账户中需要记录这两个增值税金额。它们总值就是企业部分增值税。SNA 规定,增值税不能包括在生产成本中,活动账户总产值用基本价格计算,而基本价格里不能含增值税。这个 SNA 规范和我们的经济学建模在这里冲突了。变通处理的方法是,我们设置一个虚拟账户税楔转嫁。在生产活动完成后的总产值金额里减去一个等于企业部分增值税金额的税楔,然后把这部分税楔转嫁给商品账户中的最终消费者。这个虚拟账户和其中的借贷交易在现实中并不存在,在 SAM 表中创设这个税楔和转移是为了和 SNA 规范接轨,可以简化在商品账户的记账和 CGE 模型方程。下面用表 15.3.2 举例说明。

表 15.3.2　消费型增值税体制下的活动 1 和商品 1 列账户

	活动 1	商品 1
活动 1		920
商品 1	360	
商品 2	264	
中间投入的增值税退税	−104	
税楔转嫁	−62	62
最终销售增值税		184
劳　动	250	
资　本	150	
劳动使用增值税	50	−50
资本使用增值税	12	−12
总　计	920	1 104

表 15.3.2 展示了该模型经济的活动 1 和商品 1 列账户,包括相关的行账户条目和数据。SNA 规定活动部门产出值按基本价格算,而基本价格中不包括增值税。活动 1 部门中间投入退税后的实际成本是 624−104＝520,不含增值税的总产出值即总成本是 400＋520＝920。这个 920 是活动 1 按基本价格计算的总产值。不过,活动 1 的生产过程中有劳动和资本使用的增值税,这样活动账户上的总值增加了 50＋12＝62。为了和 SNA 规范数值接轨,我们创造虚拟账户税楔转嫁,在活动 1 生产活动完成后的产值上加上负税楔 −62,然后转嫁到右边的商品列账户。这就是税楔转嫁账户上的两个数字的来源。你也许可以把这个转嫁理解为在活动生产结束时政府暂时补贴了 62 元,等到了后面商品流通

阶段,政府又追加回来这 62 元。因为存在这个负税楔,所以活动 1 的生产总产值为 920 元,即 SNA 规定的没有增值税的总产值。

在产销最终阶段,企业向最终消费者收取全额增值税 920×20％＝184,这笔记录在最终消费增值税账户上。因为这增值税总额已经包括了先前企业在增加值部分支付的劳动和资本使用增值税,所以商品账户中要扣去从活动账户中转嫁来的这两笔增值税,这就是商品列账户有－50 和－12 两个数值的来源。在劳动增值税行账户上,可以这么理解,企业作为生产者和卖方在生产过程中支付劳动部分的增值税 50,这样最终消费者作为买方就在增值税总额上少付这 50。同理,资本使用增值税行账户上的 12 和－12 也是这样来的。

活动 1 总产值 920 映射到商品 1 列账户上,即商品 1 按基本价格计算的总产值为 920。税楔转嫁账户的 62 与劳动和资本增加值部分转嫁总值－62 相互抵消,剩下的是购买者支付的最终销售增值税,920×20％＝184。加上这个税楔后,按购买者价格计算的总产值为 1 104。

表 15.3.2 的商品列账户上的税楔转嫁和增值税转嫁相互抵消,在模型方程中可以省略掉它们,我们甚至可以在 SAM 表上把它们省略掉。活动账户中仍然保留要素增值税 50 和 12,以及税楔转嫁－62 的条目。对此你也许可以这么想,政府在生产过程中增收了增值税 50 和 12,等到产品完成后,又在总额上补贴了 62。虽然这个直观的解释比较勉强,但这个简化对保持 SAM 表的简洁和 CGE 建模很有帮助。原来的欧利国 SAM 表如表 15.3.3 所示。用加粗字体标出的税楔转嫁账户数值,与劳动力和资本增值税数值相互冲销,因此商品账户上这三行加粗字体的数值可以简化去掉。简化后的欧利国 SAM 表为表 15.1.1。注意,在表 15.1.1 里,在 SAM(税楔转嫁,VATL)和 SAM(税楔转嫁,VATK)两个单元格里,还要记录税楔转嫁账户和这两个要素增值税之间的交易,即表中用加粗字体标出的数值,以平衡 SAM 表。

还是回到表 15.3.2,也许有读者要问,活动部门的其他增值税都有转嫁记录到商品账户上,为什么中间投入退税的－104,没有在商品账户上的转嫁记录呢? 如前面解释过的,因为企业购买中间投入的商品时用的是居民购买者价格,这些是产销过程完成的商品,里面包含了政府已收取的最终销售增值税 104。政府从国库税收中拿出 104 以退税名义补贴给企业,这 104 并非从部门 1 的现有产销过程中补贴出来的。

下面以表 15.3.2 为例设置模型中的相关方程。因为只有一个活动账户,为了方便起见,下面变量省略了活动 1 的下标。在建模中,因为种种技术、定义和数据上存在差异,所以按 SAM 表上的实际数据校调估算出来的增值税税率和官方规定的税率会不同。模型中必须以估算的税率为准。活动区块中增加值部分的增值税税率估算公式为:

$$tvatl = VATL/QLD \tag{15.3.5}$$

$$tvatk = VATK/QKD \tag{15.3.6}$$

一阶导数方程和价格方程分别为:

$$\frac{(1+tvatl)WL}{(1+tvak)WK} = \frac{\delta^{va}}{(1-\delta^{va})}\left(\frac{QLD}{QKD}\right)^{\rho^{va}-1} \tag{15.3.7}$$

表 15.3.3　原来的欧利国 SAM 表

	Act1	Act2	Act3	Com1	Com2	Com3	VATR	Margin	VATQ	Txtraf	Lab	Cap	VATL	VATK	HH	Ent	Gov	Tariff	Subex	ROW	Invsav	total
Act1				1 513															−15	135		1 633
Act2					2 284														13	247		2 544
Act3						1 967													10	90		2 067
Com1	280	433	300												836		221				200	2 270
Com2	380	520	380												1 250		500				300	3 330
Com3	220	300	540					350							700		224				143	2 477
VATR	−147	−209	−203																			−559
Margin				120	150	80																350
VATQ				400	580	430																1 410
Txtraf	−255	−510	−300	**255**	**510**	**300**																0
Lab	650	800	750																			2 200
Cap	250	700	300																			1 250
VATL	130	160	150	**−130**	**−160**	**−150**																0
VATK	125	350	150	**−125**	**−350**	**−150**																0
HH											2 200	950					400					3 550
Ent												300										300
Gov							−559		1 410						514	100		23	−8			1 480
Tariff				7	16																	23
Subex																						0
ROW				230	300																	530
Invsav															250	200	135			58		643
total	1 633	2 544	2 067	2 270	3 330	2 477	−559	350	1 410	0	2 200	1 250	0	0	3 550	300	1 480	23	0	530	643	

注:此表的表头信息与表 15.1.1 相同,此处不再重复相应的中文名称,可参见表 15.1.1 的注释。

$$PVA \cdot QVA = (1+tvatl)WL \cdot QLD + (1+tvatk)WK \cdot QKD \qquad (15.3.8)$$

设要素价格 WL 和 WK 为1。以表中数据为例,总增加值投入和总增加值价格分别为: $QVA = 250 + 150 = 400$, $PVA = (400 + 50 + 12)/400 = 1.155$。

在生产区块的顶层,有一阶导数方程:

$$\frac{PVA}{PINTA} = \frac{\delta^q}{(1-\delta^q)}\left(\frac{QVA}{QINTA}\right)^{\rho-1} \qquad (15.3.9)$$

如果增值税率 $tvatl$ 和 $tvatk$ 变化,除了会影响劳动和资本的最佳组合外,还会影响总增加值价格 PVA,从而在上式中影响总增加值投入 QVA 和总中间投入的组合。

中间投入部分。增值税退税总额记为 $VATRI$,假设所有中间投入采用同样的退税率 $rvati$。那么,$rvati$ 校准估算公式为:

$$-rvati = VATRI \Big/ \sum_c \text{SAM}_c = -104/(360+264)) = -0.167 \qquad (15.3.10)$$

企业的购买者价格 $PQENT$ 需要减去增值税退税,可用式(15.3.11)计算:

$$PQENT_c = (1-rvati)PQH_c = (1-0.167)PQH_c \qquad (15.3.11)$$

因为退税政策,同样商品的企业的购买者价格 $PQENT$ 低于居民的购买者价格 PQH。由此计算出商品1和商品2的企业购买者价格 $PQENT$ 分别为1和1.1,展示在表15.3.1的第三列账户的括号里。需要解释一下:上述定义的退税率 $rvati$ 以购买者价格 PQH 为基数,这个退税率的优点是方程简洁。现实簿记中的增值税税率 $tvati$ 是以剔除退税的净额($=360+264-104$)为基数的,税率和基数一起计算时用的是加法公式 $1+tvati$。两个税率之间的关系是 $(1+tvati)(1-rvati)=1$,它们相互推导公式如下:

$$tvati = \frac{1}{1-rvati} - 1 \text{ 或 } rvati = 1 - \frac{1}{1+tvati} \qquad (15.3.12)$$

可以算出,退税率 $rvati$ 约为 16.7%,等同于 20% 的增值税税率 $tvati$。

用 $PQENT$ 校准估算的中间投入物量和前面用 SAM 表数据直接估算的结果是一致的:

$$QINT_c = (1-rvati)\text{SAM}_c/PQENT_c$$
$$= (1-rvati)\text{SAM}_c/[(1-rvati)PQH_c] = \text{SAM}_c/PQH_c$$
$$(15.3.13)$$

总中间投入值和投入产出系数公式分别为:

$$QINTA = \sum_c QINT_c \qquad (15.3.14)$$

$$ica_c = QINT_c/QINTA \qquad (15.3.15)$$

从表15.3.2的数据可算出,$QINTA = 300 + 200 = 500$,投入产出系数分别为0.6和0.4。总中间投入的价格 $PINTA$ 为:

$$PINTA = \sum_c (1-rvati)PQH_c \cdot ica_c = (1-rvati)\sum_c PQH_c \cdot ica_c \qquad (15.3.16)$$

按表中数据可算出 $PINTA=1.039\,6$。$\sum_c PQH_c \cdot ica_c$ 是以前没有增值税时的 $PINTA$ 的代数项,现在式子里乘上了 $(1-rvati)$,增值税退税率 $rvati$ 的变化会影响总中间投入价格 $PINTA$,进而影响企业对 QVA 和 $QINTA$ 的组合决策,如图 15.3.1 所示。

在生产区块的顶层,税楔转嫁的金额和价格方程分别是:

$$Txtraf = -(tvatl \cdot WL \cdot QLD + tvatk \cdot WK \cdot QKD) \tag{15.3.17}$$

$$PA \cdot QA = Txtraf + PVA \cdot QVA + PINTA \cdot QINTA \tag{15.3.18}$$

因为活动产出 QA 在物理性质上与投入 QVA 和 $QINTA$ 完全不同,我们可以重新定义 QA 的物量单位,让 $PA=1$,相应地有 $QA=920$。以表 15.3.2 为例,价格方程各项的数值为:$1 \times 920 = -62 + 1.155 \times 400 + 1.039\,6 \times 500$。

在顶层模块的生产函数中校调估算规模参数 α^a,使下面方程满足 $QA=920$:

$$QA = \alpha^a [\delta^a QVA^{\rho^a} + (1-\delta^a)QINTA^{\rho^a}]^{1/\rho^a} = \alpha^a [\delta^a 400^{\rho^a} + (1-\delta^a)500^{\rho^a}]^{1/\rho^a} \tag{15.3.19}$$

从活动一对一映射到商品,$QA=QQ$,$PA=PQS$,活动价格等于商品供给价格。于是,在商品区块有

$$PQH \cdot QQ = (1+tvatq)PQS \cdot QQ \tag{15.3.20}$$

上面例子中的模型经济没有外贸。大部分开放经济国家里,进口商品缴纳关税出关后,在商品流通阶段仍需和国内产品一样缴纳增值税。除了特殊情况外,进口品的增值税税率与国内产品的增值税税率相同。仍然令 PM 为进口品的到岸价格与关税之和,但不包括后面流通阶段的产品税和行销加价。阿明顿模块中的国内市场商品的供给价格 PQS 由进口品价格 PM 和国产内销品价格 PD 合成:

$$PQS_c \cdot QQ_c = PM_c \cdot QM_c + PD_c \cdot QD_c \tag{15.3.21}$$

消费者部分支付的增值税的税基也包括行销服务成本。购买者价格由以下等式构成:

$$PQ_c = (1+tvatq)(PQS_c + 行销加价服务单位成本_c) \tag{15.3.22}$$

这些式子与例 14.8.1 奥兰国模型中的式子相同,只是销售税税率 $tsale$ 被这里的 $tvatq$ 替代。$tvatq$ 可以从 SAM 表的数据校准估算。如果进口品适用的增值税税率与国产品不同,而且这种差异对 CGE 模型研究项目非常重要,那么模型在阿明顿模块里要为进口品和国产内销品设置不同的增值税税率。

15.4 出口税和出口补贴

现实世界中的出口和进口情况不同。大多数国家对进口征收进口税即关税,但对出口征税并不常见。有些国家对本国矿产和农业等商品出口征收出口税,例如印度尼西亚对棕榈油征收出口税。很多国家对出口实施补贴。以前很多发达国家对农业出口实施补

贴,直到 2018 年被世界贸易组织规则制止。现在很多国家仍然为制造业产品出口直接或暗中提供各种激励措施,这些激励措施本质上是出口补贴。世界贸易组织中各国常常为出口补贴问题争论不休。

大部分实施增值税制度的国家对工业出口给予增值税退税。欧洲、韩国、中国等对出口给予增值税退税,虽然名称有所不同。出口退税率会有所差异,但一般情况是,退税额上限是 100% 的(能提供增值税兑证的)中间投入品的 VAT 金额。增值税退税被有些人认为是一种出口补贴,不过,SNA 规范中把出口退税排除在出口补贴之外。

出口补贴是负出口税。在 CGE 模型中,出口补贴可被视为负出口税。在 CGE 建模中,要注意在方程中出口税和补贴项的符号差别,这在编写 GAMS 程序时容易犯错。生产活动出口企业收到的税后价格记为 PE。重复出口税的公式 (14.6.1):

$$(1+te_a)PE_a = pwe_a \cdot EXR \tag{15.4.1}$$

移项,出口价格是:

$$PE_a = \frac{1}{1+te_a}pwe_a \cdot EXR \tag{15.4.2}$$

在 IFPRI 模型中,出口税在方程中被设置为带有负号的因子:

$$PE_a = (1-te_a^*)pwe_a \cdot EXR \tag{15.4.3}$$

式 (15.4.2) 和式 (15.4.3) 都指出,征收出口税将使产品的国际价格高于国内价格,尽管两个税率的幅度略有不同,即

$$te_a^* = \frac{1}{1+te_a}te_a \tag{15.4.4}$$

式 (15.4.1) 的出口税率以国内价格为基数,这是大多数国家海关的做法。式 (15.4.3) 的税率以国际价格为基数,在现实中比较少见。不过,有时式 (15.4.3) 可能更直观。例如,比较进口税率的式 (14.6.3) 与出口税率的式 (15.4.3),我们看到与税率相关的正负号在出口和进口的情况下是相反的。因为商品税是买卖双方价格之间的税楔,卖方收入的价格低于买方支付的价格,在进口和出口两个不同情况下,国外和国内商家的买方卖方角色相互转换,所以有税率正负符号的差别。

如果出口税率 $te_a > 0$,则出口商的销售收入为:

$$PE_a \cdot QE_a = pwe_a \cdot QE_a \cdot EXR - \frac{te_a}{1+te_a}pwe_a \cdot QE_a \cdot EXR \tag{15.4.5}$$

在等式右端,第一项是国外买方为出口品支付的金额,第二项是本国的出口税。出口税有负号,是因为出口税会降低国内企业收入的价格。政府税收收入 YG 应包括下列税收额:

$$出口税总额 = \sum_a te_a \cdot PE_a \cdot QE_a \tag{15.4.6}$$

如果是出口补贴的话,那么 $te_a < 0$,这个负值的 te_a 可以直接输入到 CGE 模型方程中。例如,假设该国给予相当于出口价值 10% 的补贴,那么 $te_a = -10\%$。然而,在统计数据和

CGE 建模中,公众更喜欢直接用简单易懂的术语"补贴"而不是"负税"。用 $sube$ 表示补贴率,即负出口税率,有

$$sube_a = -te_a \tag{15.4.7}$$

CGE 模型的出口品价格的方程为:

$$PE_a = \frac{1}{1-sube_a} pwe_a \cdot EXR \tag{15.4.8}$$

或

$$PE_a \cdot QE_a = pwe_a \cdot QE_a \cdot EXR + \frac{sube_a}{1-sube_a} pwe_a \cdot QE_a \cdot EXR \tag{15.4.9}$$

式(15.4.9)表明出口补贴会使国内价格高于世界价格。这可以被理解为政府补贴国外买家来采购本国产品。这个补贴来自政府预算,因此从政府收入 YG 中减去以下金额:

$$补贴总额 = \sum_a sube_a \cdot PE_a \cdot QE_a = \sum_a \frac{sube_a}{1-sube_a} \cdot pwe_a \cdot QE_a \cdot EXR \tag{15.4.10}$$

在欧利国的 SAM 表结构中,出口项在活动行账户上,如表 15.1.1 所示。与国内市场销售的商品不同,出口品不需要也没有批发和零售服务,没有销售税,也没有快递送货上门费用。出口品是生产后的"裸产品",因此它们更接近于活动产品而不是商品。出口品价格 PE 与 PA 和 PDA 可比,它们都是生产活动后、行销加价和产品税前的价格。如果设置出口品价格 PE 和活动品价格 PA 相同,那么出口品与活动品使用的是同一物量单位。在 SAM 表中的活动行账户里,出口补贴会提高出口品的企业收入价格 PE。

以欧利国活动 2 部门(工业)出口品为例。同样数量的出口,国外买家支付 247,政府以增值税退税名义补贴 13,国内生产者获得 $247+13=260$。补贴率为

$$sube_2 = \frac{补贴价值}{生产者销售收入} = \frac{13}{247+13} = 5\% \tag{15.4.11}$$

在 GAMS 程序中,设出口补贴值为"$subex$",补贴率的校准估算代码如下:

```
sube(a)=sam(a,'subex')/(sam(a,'row')+sam(a,'subex'));
```

注意校准估算时出口补贴率和进口税率的区别。前者是基于国内企业出口品销售价格的百分比,因此补贴计入分母。后者是基于国外卖方价格的百分比,所以分母中没有关税额。

假设选择活动价格 PA 为基价,因此等于 1,PE 又与 PA 可比,那么有 $PE=1$。在活动 2 部门,校准估算 $QE_2=260$。国际价格的方程是:

$$pwe_a = (1-sube_a)PE_a/EXR \tag{15.4.12}$$

如果汇率 EXR 设置为 1,活动 2 部门产品的国际价格为:

$$pwe_2 = (1-0.05)PE_2/EXR = 0.95 \tag{15.4.13}$$

欧利国的补贴总额为一8,记录在 SAM 表上政府行账户和出口补贴列账户相交的条目里。负值意味着政府由于补贴而减少了税收收入。

15.5 数值为负的情况

制作 SAM 表时,一些账户条目可能是负值,譬如价格补贴或者经济机构的账户赤字。一般情况下,SAM 表中的负值并不造成问题。例如,在表 15.1.1 里政府行账户和出口补贴列账户之间的数值一8 不会对 GAMS 程序运行造成任何问题。再举个例子,在奥兰国的 SAM 表中,如果销售税改为价格补贴,那么销售税条目数值变为负数,模型的 GAMS 程序仍然可以正常运行并报告实施价格补贴后的结果。

有时 SAM 表中的负值会造成问题。因为对数函数中的真数不能为 0 或负数,所以平衡 SAM 表的交叉熵法就不能允许 SAM 表条目存在负值。第 4.2 节里介绍过一种解决方法。将负值从它原来的单元格地址 $SAM_{i,j}$ 转置到对应单元格地址 $SAM_{j,i}$,然后把它的符号改为正值。等到用交叉熵法平衡了 SAM 表后,再把平衡后的数值转置回原始单元格地址,同时再更改符号。这个"数值地址转置法"也可用于 CGE 建模,但可能造成新问题,我们稍后讨论。

欧利国的 SAM 表的活动行账户上的出口补贴为正值 13。为什么它是正值? 你可以理解为,本国政府补贴外国人购买国产品,从而提高了国产外销品的销售价格 PE。反之,如果出口补贴账户中的数值为负,则代表了政府征收出口税。这和常规表述似乎不同,在建模和解释中要特别注意。下面举例解释。表 15.5.1 复制了欧利国 SAM 表右上部分的数据。

表 15.5.1 的活动 1 即农业部门里,出口补贴值为一15。这个负值代表政府对国内生产商征收出口税 15。出口补贴率是负值,一15/(135一15)=一15/120=一12.5%,等同于出口税率为正值 12.5%。出口值 $PE_1 \cdot QE_1$ 为 120,政府加上 12.5% 的出口税,国外买家支付 135。负值一15 也意味着国内出口商收取的比外国买家支付的少,因为政府征收了 15 的出口税。

表 15.5.1　欧利国的出口税和出口补贴

	出口补贴	国　外
活动 1(农业)	一15 (出口税)	135
活动 2(工业)	13 (出口补贴)	247
活动 3(服务业)	10 (出口补贴)	90

上面条目中的负值一15 不会导致 GAMS 程序运行问题。不过,有个要注意的原则,那就是任何补贴政策的力度不能太大,否则会使得价格为负,这样模型和 GAMS 程序就不能收敛。商品负价格违反了一般均衡存在的条件,它导致需求无限大,因此均衡不存在。如果出现这种情况,那一定是 SAM 表或模型中包含错误,需要修正。

假设我们希望把出口税记为正数,把出口补贴记为负数。也许是因为这样按常规正负符号记看起来比较顺眼,也许是因为出口税单元格的负值导致 GAMS 程序运行困难。我们可以把出口补贴条目数值从原来的 SAM 表右上角的列账户转置到 SAM 表左下角的行账户上,更改账户名称为"出口税",同时颠倒数值的正负符号。表 15.5.1 中出口补贴列账户数值经过如此转置后,有表 15.5.2 中的出口税行账户。

表 15.5.2　出口税行账户

	活动 1(农业)	活动 2(工业)	活动 3(服务业)
出口税	15 (出口税)	−13 (出口补贴)	−10 (出口补贴)

表 15.5.2 中的数值正负符号看上去很直观,因为它们与产品税和补贴的常规正负符号表述一致。然而,这个转置造成了其他问题。这个出口税被安置在活动区块的列账户上,活动部门的列账户的总值被更改了。现在活动部门的总值包括了出口税,经济上很难说明这个活动总值的定义,活动价格 PA 也不是基本价格。此外,校准估算出口税率时,我们需要把 SAM 表左下角行账户的出口税除以 SAM 表右上角列账户的出口值,再计算两个对角位置之间的出口价格 PE,这不方便而且容易出错。因此,还是欧利国 SAM 表把出口补贴作为列账户,把相应的数值放置在 SAM 表右上角其与活动行账户相交的位置更为方便。

出口品的运输加价可以类似出口补贴那样在 SAM 表右上角安置一个列账户。大部分情况下,我们认为出口品的运输加价可以忽略不计。这是因为,出口品的运输常常是整批货物从工厂直接到边境码头,运输成本相比出口价值比例很小。也可以认为,出口品从工厂运到边境,等于把内销品从工厂运到批发商仓库,这里的大宗运输成本已经包括在活动价格 PA 里。因此,出口品 QE 和内销品 QD 的成本基础相当。

如果出口品的运输加价即运输成本对于 CGE 模型研究课题非常重要,譬如研究加拿大的出口煤炭从内陆煤矿运到港口,我们可以在 SAM 表中添加一个运输加价账户。表 15.5.3 展示了欧利国 SAM 表出口部门包括运输加价的假设情况。

表 15.5.3　包括运输加价的出口部门账户

	运输加价	出口补贴	国　外
活动 1(农业)	−9	−15	135
活动 2(工业)	−2	13	247
活动 3(服务业)	0	10	90
活动 4(煤炭)	−10	−5	55

注意,在运输加价列账户里,运输成本在条目中始终是负值(或 0)。这和前面讨论的出口税情况类似,运输增加了中间成本,如果商品的国际价格 pwe 给定,那么国内出口企业只能吞进运输成本,从而降低了国内企业收取的价格 PE。这就是为什么运输加价在列账户中是负值(或 0)。出口的运输加价的设置理论上与商品账户中的行销加价的设置类似,但在 SAM 表上因为是列账户,所以正负符号相反,这在估算参数和建模时要注意。

我们仍然把 PE 定义为生产企业净收取的价格。设 $iett_a$ 为运输服务投入占出口额的比例。假设运输服务投入都由服务业部门提供，有价格方程：

$$(1-sube_a)(PE_a \cdot QE_a + PQ_3 \cdot iett_a \cdot QE_a) = pwe_a \cdot EXR \cdot QE_a \quad (15.5.1)$$

此价格方程解释了活动产品 a 的价格和成本在从国内卖方到国外买方的过程中是如何逐步累加的。在整个过程中，出口品 QE_a 的数量保持不变，国内卖方的产品销售收入是 $PE_a \cdot QE_a$，到边境的运费是 $PQ_3 \cdot iett_a \cdot QE_a$。出口补贴按到边境码头的总成本的百分比计算。国外买方支付的是 $pwe_a \cdot EXR \cdot QE_a$。在上式两边除以 QE_a，更直接的价格方程形式是：

$$(1-sube_a)(PE_a + PQ_3 \cdot iett_a) = pwe_a \cdot EXR \quad (15.5.2)$$

下面举例说明如何从 SAM 表数据中校准估算有关参数和变量的初始值。以表 15.5.3 中的煤炭出口为例，下标 $a=4$ 代表煤炭出口。首先，我们校准估算出口物量 QE_4。用 SAM 表行账户上的数据来估算出口企业的销售收入：

$$PE_4 \cdot QE_4 = 55 - 5 - 10 = 40 \quad (15.5.3)$$

因为价格 PE_a 与活动价格 PA_a 相当，所以基期价格 PE_a 设置为 1，有 $PE_4=1$，从而估算出出口数量 $QE_4=40$。因为运输服务投入是服务部门提供的，所以先通过 SAM 表其他部分数据估算服务业部门商品价格 PQ_3。有了 PQ_3 后，运输加价投入与出口量的比例可用下面公式估算：

$$iett_4 = 10/(PQ_3 \cdot QE_4) = 10/(PQ_3 \cdot 40) \quad (15.5.4)$$

出口品在边境的价值，即包括运输加价但是未被征税（或补贴）前，是 $40+10=50$。政府的出口补贴率 $sube_4$ 校准估算为：

$$sube_4 = 补贴/(PE_4 \cdot QE_4 + PQ_3 \cdot iett_4 \cdot QE_4) = -5/(40+10) = -10\% \quad (15.5.5)$$

$sube_4$ 的负值意味着它实际上是一个正出口税。

汇率设置为 $EXR=1$。国外买方对出口品的支付金额是 $pwe_4 \cdot EXR \cdot QE_4 = 55$。出口商品的国际价格是：

$$pwe_4 = (pwe_4 \cdot EXR \cdot QE_4)/(EXR \cdot QE_4) = 55/40 = 1.375 \quad (15.5.6)$$

下式描述了国内卖方价格与国际价格的关系：

$$(1-sube_a)(PE_a + PQ_3 \cdot iett_a) = pwe_a \cdot EXR \quad (15.5.7)$$

表 15.5.3 中所有出口品的运输加价总额为 $-9-2+0-10=-21$。假设运输服务投入都由服务业部门提供。根据复式记账原则，在 SAM 表中要记录哪个部分提供这个运输服务。假设商品 3 部门提供这个运输服务，那么在 SAM 表的条目地址和记录为：SAM('com3', 'export transport margin')=21。21 是出口运输服务的费用金额，其物量是 $21/PQ_3$。在 CGE 模型中，这个物量 $21/PQ_3$ 包括在服务业部门商品的出清方程里。

15.6 有增值税的综合 CGE 模型

下面我们为表 15.1.1 描述的欧利国构建 CGE 模型。欧利国的经济结构比奥兰国要复杂。其一是 SAM 数据复杂且不规则。如上所述,有些条目数值为 0,例如服务业部门没有进口。其二是采取复杂的增值税制度。其三是有出口税和出口补贴。模型的宏观结构包括消费函数,居民的商品需求函数为 LES 函数。下面是整个模型的方程和简短注解,和第 14 章奥兰国模型一样的方程就不再重复说明了。

欧利国的生产区块与奥兰国的大致类似,差异是要考虑到增值税对企业生产决策的影响。为了说明方便,我们从生产区块的底层开始设置。

在增加值部分,劳动使用和资本使用的增值税税率 $tvatl$ 和 $tvatk$ 被设置在相应的方程内。

$$QVA_a = \alpha_a^{va} \left[\delta_{La}^{va} QLD_a^{\rho_a^{va}} + (1-\delta_{La}^{va}) QKD_a^{\rho_a^{va}} \right]^{1/\rho_a^{va}} \qquad a \in A \qquad (15.6.1)$$

$$\frac{(1+tvatl)WL}{(1+tvatk)WK} = \frac{\delta_a^{va}}{(1-\delta_a^{va})} \left(\frac{QLD_a}{QKD_a} \right)^{\rho_a^{va}-1} \qquad a \in A \qquad (15.6.2)$$

$$PVA_a \cdot QVA_a = (1+tvatl_a)WL \cdot QLD_a + (1+tvatk_a)WK \cdot QKD_a \qquad a \in A$$
$$(15.6.3)$$

在中间投入部分,要考虑到中间投入的增值税退税。企业购买中间投入商品时支付的是居民消费者价格,然后申请退返其中的增值税。退税率是 $rvati_a$。

$$QINT_{ca} = ica_{ca} \cdot QINTA_a \qquad a \in A \qquad c \in C \qquad (15.6.4)$$

$$PINTA_a = (1-rvati_a) \sum_{c \in C} ica_{ca} \cdot PQ_c \qquad a \in A \qquad (15.6.5)$$

在生产区块的顶层部分,要融入税楔转嫁账户,把前面支付过的增加值部分的增值税总额放在顶层,用负税楔冲销。

$$QA_a = \alpha_a^a \left[\delta_a^a QVA_a^{\rho_a^a} + (1-\delta_a^a) QINTA_a^{\rho_a^a} \right]^{1/\rho_a^a} \qquad a \in A \qquad (15.6.6)$$

$$\frac{PVA_a}{PINTA_a} = \frac{\delta_a^a}{(1-\delta_a^a)} \left(\frac{QVA_a}{QINTA_a} \right)^{\rho_a^a-1} \qquad a \in A \qquad (15.6.7)$$

$$Txtraf_a = -(tvatl_a \cdot WL \cdot QLD_a + tvatk_a \cdot WK \cdot QKD_a) \qquad a \in A \quad (15.6.8)$$

$$PA_a \cdot QA_a = Txtraf_a + PVA_a \cdot QVA_a + PINTA_a \cdot QINTA_a \qquad a \in A$$
$$(15.6.9)$$

在 CET 模块,欧利国出口品从工厂直接整批送到港口,这大宗运输费用已经包括在企业的出口品价格里。出口品享受 100% 的增值税退税。另外,政府对出口品征收出口税或者给予出口补贴,出口补贴率 $sube_a$ 的基数是出口商价格 PE_a。因此,欧利国的 CET 模块除了出口补贴外,其他和奥兰国类似。

$$QA_a = \alpha_a^t \left[\delta_a^t QDA_a^{\rho_a^t} + (1-\delta) QE_a^{\rho_a^t} \right]^{1/\rho_a^t} \qquad \rho_a^t > 1 \qquad a \in A \qquad (15.6.10)$$

$$\frac{PDA_a}{PE_a} = \frac{\delta_a^t}{(1-\delta_a^t)} \left(\frac{QDA_a}{QE_a} \right)^{\rho_a^t-1} \qquad a \in A \qquad (15.6.11)$$

$$PA_a \cdot QA_a = PDA_a \cdot QDA_a + PE_a \cdot QE_a \qquad a \in A \qquad (15.6.12)$$

$$PE_a = \frac{1}{1 - sube_a} pwe_a \cdot EXR \qquad a \in A \qquad (15.6.13)$$

然后有从活动到商品的映射：

$$QDC_c = \sum_a IDENT_{ac} \cdot QDA_a \qquad c \in C \qquad (15.6.14)$$

$$PDC_c = \sum_a IDENT_{ac} \cdot PDA_a \qquad c \in C \qquad (15.6.15)$$

阿明顿模块的方程类似，不过，在 GAMS 程序中因为有数据缺失存在，所以需要设置"\$"条件指令的相关程序。通过阿明顿模块，国内市场供给商品 c 的供给量 QQ_c 和供给价格 PQS_c 确定了。

$$QQ_c = \alpha_c^q \left[\delta_c^q QDC_c^{\rho_c^q} + (1 - \delta_c^q) QM_c^{\rho_c^q} \right]^{1/\rho_c^q} \qquad c \in C \qquad (15.6.16)$$

$$\frac{PDC_c}{PM_c} = \frac{\delta_c^q}{(1 - \delta_c^q)} \left(\frac{QDC_c}{QM_c} \right)^{\rho_c^q - 1} \qquad c \in C \qquad (15.6.17)$$

$$PQS_c \cdot QQ_c = PDC_c \cdot QDC_c + PM_c \cdot QM_c \qquad c \in C \qquad (15.6.18)$$

$$PM_c = pwm_c (1 + tm_c) EXR \qquad c \in C \qquad (15.6.19)$$

在商品列账户中，商品到达最终消费者前有行销服务投入，因此有行销加价。行销服务投入由服务业部门供给，价格为 PQ_3。最终消费则要支付最终销售增值税，其税率就是全额增值税税率 $tvatq_c$：

$$QCTT_c = ictt_c \cdot QQ_c \qquad c \in C \qquad (15.6.20)$$

$$QCTTA = \sum_c QCTT_c \qquad (15.6.21)$$

$$PQ_c \cdot QQ_c = (1 + tvatq_c)(PQS_c \cdot QQ_c + PQ_3 \cdot QCTT_c) \qquad c \in C \qquad (15.6.22)$$

居民区块的方程和奥兰国有差异。这里为消费函数、储蓄函数和 LES 商品需求函数。

$$YH = WL \cdot QLS + shareif_{hk} \cdot WK \cdot QKS + transfer_{hg} \cdot CPI \qquad (15.6.23)$$

$$EH = eho \cdot CPI + mpc(1 - ti_h)YH \qquad (15.6.24)$$

$$PQ_c \cdot QH_c = PQ_c \cdot \gamma_c + \beta_c \left(EH - \sum_{c' \in C} PQ_c \cdot \gamma_{c'} \right) \qquad c \in C \qquad (15.6.25)$$

$$SAVEH = (1 - ti_h)YH - EH \qquad (15.6.26)$$

企业区块的方程和奥兰国一样：

$$YENT = shareif_{entk} \cdot WK \cdot QKS \qquad (15.6.27)$$

$$SAVEENT = (1 - ti_{ent})YENT \qquad (15.6.28)$$

$$QINV_c = \overline{QINV}_c \cdot INVADJ \qquad (15.6.29)$$

政府收入包括最终销售增值税收入。政府收入中有两个负税，一个是企业中间投入退税，还有一个是对出口的补贴。要素增值税 $tvatl$、$tvatk$ 与负税楔转嫁到最终消费增值税后相互冲销，简化后不必包括在内。

$$YG = ti_h \cdot YH_h + ti_{ent} \cdot YENT + \sum_c tvatq_c (PQS_c \cdot QQ_c + PQ_3 \cdot QCTT_c)$$

$$- \sum_a rvati_a (\sum_c PQ_c \cdot QINT_{c,a}) + \sum_c tm_c \cdot pwm_c \cdot QM_c \cdot EXR$$

$$- \sum_a sube_a \cdot PE_a \cdot QE_a \tag{15.6.30}$$

$$EG = YG - SAVEG \tag{15.6.31}$$

$$PQ_c \cdot QG_c = shareg_c (EG - transfer_{hg} \cdot CPI) \qquad c \in C \tag{15.6.32}$$

商品和市场出清方程为:

$$QQ_c = \sum_a QINT_{ca} + QH_c + \overline{QINV}_c \cdot INVADJ + QG_c + QCTTA \qquad c = 3 \tag{15.6.33}$$

$$QQ_c = \sum_a QINT_{ca} + QH_c + \overline{QINV}_c \cdot INVADJ + QG_c \qquad c \in C \qquad c \neq 3 \tag{15.6.33'}$$

$$\sum_a QLD_a = QLS \tag{15.6.34}$$

$$\sum_a QKD_a = QKS \tag{15.6.35}$$

消费者价格指数和活动价格指数 API 的方程如下。在这个模型设置中,活动价格就是基本价格,活动价格指数也是生产者价格指数,因为生产者价格指数是基于基本价格的。

$$CPI = \sum_{c \in C} PC_c \cdot cpiwt_c \tag{15.6.36}$$

$$API = \sum_{a \in A} PA_a \cdot apiwt_a \tag{15.6.37}$$

国际收支方程为:

$$SAVEF \cdot EXR = \sum_c pwm_c \cdot QM_c \cdot EXR - \sum_a pwe_a \cdot QE_a \cdot EXR \tag{15.6.38}$$

储蓄-投资方程为:

$$\sum_c PQ_c \cdot QINV_c = SAVEH + SAVEENT + SAVEG + SAVEF \cdot EXR$$
$$+ DUMMYSI \tag{15.6.39}$$

上述欧利国模型包括了 39 组方程,其中有 44 组变量: PA_a、PVA_a、$PINTA_a$、QA_a、QVA_a、$QINTA_a$、$QINT_{ca}$、QLD_a、QKD_a、QLS、QKS、WL、WK、$Txtraf_a$、PDA_a、QDA_a、PDC_c、QDC_c、PE_a、QE_a、EXR、PQS_c、PQ_c、QQ_c、PM_c、QM_c、$QCTT_c$、$QCTTA$、YH、EH、$SAVEH$、QH_c、$YENT$、$QINV_c$、$INVADJ$、$SAVEENT$、YG、EG、QG_c、$SAVEG$、$SAVEF$、CPI、API、$DUMMYSI$。

我们需要对变量设置 5 个限制条件,使变量数量减少到 39,以满足方形条件。假如用政府支出宏观闭合,那么有以下 5 个限制条件:

$$QLS = \overline{QLS} \tag{15.6.40}$$

$$QKS = \overline{QKS} \tag{15.6.41}$$

$$INVADJ = 1 \tag{15.6.42}$$

$$EXR=\overline{EXR} \tag{15.6.43}$$
$$API=1 \tag{15.6.44}$$

加入这 5 个条件,方形条件得到满足,模型可解。

15.7 欧利国模型的 GAMS 程序

例 15.7.1 欧利国的经济模型如第 15.6 节所述。该国的 SAM 表为表 15.1.1,相关参数值见表 15.7.1。为欧利国编写 GAMS 程序,复制检验模型。假设政府取消农产品出口税,那么,三个产业部门的总活动产出、国内销售和出口有什么变化?

表 15.7.1　欧利国经济的参数值

	农　业	工　业	服务业
顶层 CES 生产函数指数	0.2	0.3	0.1
增加值 CES 生产函数指数	0.3	0.2	0.5
阿明顿函数指数	0.4	0.6	0.4
CET 函数指数	1.4	1.4	2.0
LES 弹性	0.5	1.0	1.2
弗里希参数		−2	

解:下面是 GAMS 的核心程序。SAM 表数据存放在单独文件 EriclandSAM.inc 中,由程序中的指令"$include"调用。模拟结果见表 15.7.2,与经济学预期一致。取消农产品出口税后,农产品出口增长 37.6%,由此也刺激了农业部门的生产。由于部门之间的资源重新分配,其他部门的产出和出口减少了。

表 15.7.2　取消农业出口税后的模拟结果

	农　业	工　业	服务业
QE	38.2%	−0.8%	−0.6%
QD	0	−0.8%	−0.6%
QA	3%	−0.8%	−0.6%

```
$title　例 15.7.1　欧利国的经济模型

*包括增值税的通用模型,SAM 表数据由外界导入,展示如何应对进口数值为 0 的情况
*定义集合
set ac
/act1, act2, act3, com1, com2, com3, VatR, margin, VatQ, Txtraf, lab, cap,
VatL, VatK, hh, ent, gov, tariff, subex, row, invsav, total/;
set a(ac)　/act1, act2, act3/;
set c(ac)　/com1, com2, com3/;
```

```
set f(ac)   /lab, cap/;
```
*下面的 acnt 是用来检验 SAM 表的平衡情况的
```
set acnt(ac)   all accounts excluding total;
acnt(ac)=YES;
acnt('total')=NO;


alias (ac, acp), (a, ap), (c, cp), (f, fp), (acnt, acntp);


table sam(ac, acp)
$include D:\GAMS programs\EurilandSAM.inc


table Identac(a, c)
          com1    com2    com3
act1       1
act2               1
act3                       1
;
```

*检查 SAM 表是否平衡
```
parameters
samchk0(ac);
samchk0(acnt)=sum(acntp, SAM(acntp, acnt))-sum(acntp, SAM(acnt, acntp));


display samchk0, acnt, sam;
```

*输入模型需要的外来参数值
```
parameter   rhoAa(a)     /act1 = 0.2,   act2 = 0.3,   act3 = 0.1/
            rhoVA(a)     /act1   0.3,   act2   0.2,   act3   0.5/
            rhoCET(a)    /act1   1.4,   act2   1.4,   act3   2.0/
            rhoQq(c)     /com1   0.4,   com2   0.6,   com3   0.4/
            LESelas(c)   /com1   0.5,   com2   1.0,   com3   1.2/
            Frisch       /-2/;


parameters
scaleAa(a)          活动 a 的最高层 CES 生产函数的规模参数 A
deltaAa(a)          活动 a 最高层 CES 生产函数的增加值部分份额参数 δ
scaleAVA(a)         活动 a 增加值模块 CES 生产函数的规模参数 A
deltaVA(a)          活动 a 增加值模块 CES 生产函数的劳动要素份额参数 δ
```

ica(c, a)	活动 a 中间投入模块的投入产出系数
scaleCET(a)	活动 a 的 CET 函数的规模参数
deltaCET(a)	活动 a 的 CET 函数的内销部分份额
scaleQq(c)	商品 c 的阿明顿 CES 函数的规模参数
deltaQq(c)	商品 c 的阿明顿 CES 函数的国产部分份额
bgtshare(c)	LES 函数中消费预算商品 c 的份额
bhtsharechk1	检查 LES 函数中消费预算商品 c 的份额和检验参数值加总后是否等于 1
LESbeta(c)	LES 边际消费额
Lesbetachk1	检查 LES 边际消费额参数和检验参数值加总后是否等于 1
LESsub(c)	LES 消费函数生存消费量
shareifhk	企业资本收入中分配给居民的份额
shareifentk	企业资本收入中内部留存的份额
shareg(c)	政府支出中使用在消费商品 c 上的份额
tih	居民所得税税率
tiEnt	企业所得税税率
tvatl(a)	企业为劳动投入支付的增值税率
tvatk(a)	企业为资本投入支付的增值税率
rvati(a)	企业购买中间投入的增值税退税率
tvatq(c)	最终消费者支付的全额增值税率
transferhg0	政府对居民的转移支付的初始期的金额
eho	消费函数的常数项
mpc	边际消费倾向
QCTT0(c)	商品 c 使用的行销服务量 ct
QCTTA0	商品部门所有行销服务投入的总量
ictt(c)	一个数量单位的商品 c 需要使用的行销服务量
PA0(a)	活动 a 的价格
QA0(a)	活动 a 的数量
PVA0(a)	总增加值价格
QVA0(a)	总增加值数量
PINTA0(a)	总中间投入价格
QINTA0(a)	总中间投入数量
QINT0(c, a)	生产活动 a 需要的中间投入 c
TXTRAF0(a)	从活动转移到商品账户的税楔
QLD0(a)	活动 a 的劳动需求
QKD0(a)	活动 a 的资本需求
WL0	劳动价格
WK0	资本价格

PQ0(c)	商品 c 的购买者价格
PQS0(c)	商品 c 的供给价格
QQ0(c)	国内市场上进口品和国产品的合成商品 c 的总供给量
PM0(c)	商品 c 的进口价格
QM0(c)	商品 c 的进口量
PE0(a)	活动 a 产品出口价格
QE0(a)	活动 a 产品出口量
PDA0(a)	活动 a 国产内销产品的价格
QDA0(a)	活动 a 国产内销产品的数量
PDC0(c)	商品 c 国产内销的价格
QDC0(c)	商品 c 国产内销的数量
EXR0	汇率
pwm(c)	外币计算的进口商品 c 的国际价格
pwe(a)	外币计算的活动出口产品 a 的国际价格
tm(c)	商品 c 的关税税率
sube(a)	出口产品 a 的出口补贴率
QLS0	劳动总供给
QKS0	资本总供给
YH0	居民收入
EH0	居民消费总支出
QH0(c)	居民对商品 c 的消费量
YENT0	企业收入
QINV0(c)	企业在商品 c 上的投资
INVADJ0	投资调整因子
SAVEENT0	企业储蓄
YG0	政府总收入
EG0	政府总支出
QG0(c)	政府在商品 c 上的消费量
SAVEH0	居民储蓄
SAVEG0	政府储蓄,财政收支净额
SAVEF0	国外储蓄,本国的国际收支赤字
cpiwt(c)	消费者价格指数权重
CPI0	消费者价格指数
apiwt(a)	活动价格指数权重
API0	活动价格指数

;

*参数赋值或校调估算

PA0(a)=1;

```
PQ0(c)=sam('total', c)/(sum(a, sam(a, c))+sam('row', c)+sam('tariff', c));
QINT0(c, a)=SAM(c, a)/PQ0(c);
QINTA0(a)=SUM(c, QINT0(c, a));
ica(c, a)=QINT0(c, a)/QINTA0(a) ;
PINTA0(a)=(SUM(c, sam(c, a))+sam('VATR', a))/QINTA0(a);
TXTRAF0(a)=sam('Txtraf', a);
WK0=1;
WL0=1;
PE0(a)=1;
PM0(c)=1;
PDA0(a)=1;
PDC0(c)=1;
EXR0=1;
PQS0(c)=1;
QA0(a)=sam('total', a)/PA0(a);
QVA0(a)=SUM(f, sam(f, a));
PVA0(a)=(SUM(f, sam(f, a))+sam('VATL', a)+sam('VATK', a))/QVA0(a);
QLD0(a)=sam('lab', a)/WL0;
QKD0(a)=sam('cap', a)/WK0;
QLS0=sam('total', 'lab')/WL0;
QKS0=sam('total', 'cap')/WK0;
tvatl(a)=sam('VATL', a)/sam('lab',a);
tvatk(a)=sam('VATK', a)/sam('cap', a);
rvati(a)=(-1)*sam('VATR', a)/sum(c, sam(c, a));
*tm(c)方程基于条件$sam('row', c)，即只有进口项有数值时才运行这个方程
*这样就避免了分式中分母为 0 的情况
tm(c)$sam('row', c)=sam('tariff', c)/sam('row', c);
pwm(c)=PM0(c)/((1+tm(c))*EXR0);
QM0(c)=(sam('row', c)+sam('tariff', c))/PM0(c);
sube(a)=sam(a, 'subex')/(sam(a, 'row')+sam(a, 'subex'));
pwe(a)=((1-sube(a))*PE0(a))/EXR0;
QE0(a)=(sam(a, 'row')+sam(a, 'subex'))/PE0(a);
QDA0(a)=sum(c, sam(a, c))/PDA0(a);
QDC0(c)=sum(a, sam(a, c))/PDC0(c);
QQ0(c)=QDC0(c)+QM0(c);
tvatq(c)=sam('VATQ', c)/(sum(a, sam(a, c))+sam('row', c)+sam('tariff', c)+
sam('margin', c));
QCTT0(c)=sam('margin', c)/PQ0('com3');
```

```
ictt(c)=QCTT0(c)/QQ0(c);
QCTTA0=sum(c, QCTT0(c));
deltaAa(a)=PVA0(a)*QVA0(a)**(1-rhoAa(a))/(PVA0(a)*QVA0(a)**(1-rhoAa(a))+
PINTA0(a)*QINTA0(a)**(1-rhoAa(a)));
scaleAa(a)=QA0(a)/(deltaAa(a)*QVA0(a)**rhoAa(a)+(1-deltaAa(a))*QINTA0(a)**rhoAa
(a))**(1/rhoAa(a));
deltaVA(a)=((1+tvatl(a))*WL0*QLD0(a)**(1-rhoVA(a)))/((1+tvatl(a))*WL0*QLD0
(a)**(1-rhoVA(a))+(1+tvatk(a))*WK0*QKD0(a)**(1-rhoVA(a)));
scaleAVA(a)=QVA0(a)/(deltaVA(a)*QLD0(a)**rhoVA(a)+(1-deltaVA(a))*QKD0(a)**rhoVA
(a))**(1/rhoVA(a));
*CET 函数参数估算
deltaCET(a)=PDA0(a)*QDA0(a)**(1-rhoCET(a))/(PDA0(a)*QDA0(a)**(1-rhoCET(a))
+PE0(a)*QE0(a)**(1-rhoCET(a)));
scaleCET(a)=QA0(a)/(deltaCET(a)*QDA0(a)**rhoCET(a)+(1-deltaCET(a))*QE0(a)
**rhoCET(a))**(1/rhoCET(a));
*阿明顿函数参数估算
deltaQq(c)=PDC0(c)*QDC0(c)**(1-rhoQQ(c))/(PDC0(c)*QDC0(c)**(1-rhoQq(c))+PM0(c)
*QM0(c)**(1-rhoQq(c)));
scaleQQ(c)=QQ0(c)/(deltaQq(c)*QDC0(c)**rhoQq(c)+(1-deltaQq(c))*QM0(c)**rhoQq
(c))**(1/rhoQq(c));
*估算其他参数
QH0(c)=SAM(c, 'hh')/PQ0(c);
cpiwt(c)=QH0(c)/sum(cp,QH0(cp));
CPI0=sum(c, PQ0(c)*cpiwt(c));
transferhg0=sam('hh', 'gov')/cpi0;
shareifhk=sam('hh', 'cap')/(WK0*QKS0);
shareifentk=sam('ent', 'cap')/(WK0*QKS0);
YH0=WL0*QLS0+shareifhk*WK0*QKS0+transferhg0*cpi0;
tih=sam('gov', 'hh')/YH0;
SAVEH0=sam('invsav', 'hh');
YENT0=shareifentk*WK0*QKS0;
QINV0(c)=sam(c, 'invsav')/PQ0(c);
INVADJ0=1;
tiEnt=sam('gov', 'ent')/YEnt0;
SAVEENT0=(1-tiEnt)*YENT0;
YG0=sam('gov', 'total');
QG0(c)=sam(c, 'gov')/PQ0(c);
SAVEG0=sam('invsav', 'gov');
```

```
EG0=sam('gov', 'total')-sam('invsav', 'gov');
shareg(c)=PQ0(c)*QG0(c)/(EG0-transferhg0*cpi0);
SAVEF0=sam('invsav', 'row');
apiwt(a)=QA0(a)/sum(ap, QA0(ap));
API0=sum(a, PA0(a)*apiwt(a));
EH0=sum(c, sam(c, 'hh'));
bgtshare(c)=SAM(c, 'hh')/EH0;
bhtsharechk1=sum(c, bgtshare(c));
LESbeta(c)=LESelas(c)*bgtshare(c)/(sum(cp, LESelas(cp)*bgtshare(cp)));
LESsub(c)=sam(c, 'hh')/PQ0(c)+(LESbeta(c)/PQ0(c))*(EH0/frisch);
LESbetachk1=sum(c, LESbeta(c));
eho=sum(c, PQ0(c)*LESsub(c))/cpi0;
mpc=(EH0-eho*cpi0)/((1-tih)*YH0);


variable
PA(a), PVA(a), PINTA(a), QA(a), QVA(a), QINTA(a), QINT(c, a), QLD(a), QKD(a),
QLS, QKS, WL, WK, TXTRAF(a), PDA(a), QDA(a),
PDC(c), QDC(c), PE(a), QE(a), EXR, QQ(c), PQS(c), PQ(c), PM(c), QM(c), QCTT(c),
QCTTA, YH, EH, QH(c), SAVEH, YENT, QINV(c), INVADJ, SAVEENT, YG, EG, QG(c),
SAVEG, SAVEF, CPI, API, DUMMYSI;


equation
QAfn(a), QAFOCeq(a), Txtreq(a), PAeq(a), QVAfn(a), QVAFOC(a), PVAeq(a),
QINTfn(c,a), PINTAeq(a), CETfn(a), CETFOC(a), PCETeq(a), PEeq(a), QQfn(c),
QQfnNoImport(c), QQFOC(c),
PQSPDCNoImportfn(c), PQSeq(c), PMeq(c), QDCQDA(c), PDCPDA(c), QCTTeq, QCT-
TAeq, PQSPQeq(c), Yheq, EHeq, QHeq(c), SAVEHeq, YENTeq, QINVeq(c), SAVEENTeq,
Ygeq, QGeq, SAVEGeq, ComEqui(c),
Leq, Keq, FEXeq, CPIeq, APIeq, SIeq;


*Below are the system equations. Compact form for equations is used.


QAfn(a)..  QA(a)=e=scaleAa(a)*(deltaAa(a)*QVA(a)**rhoAa(a)+(1-deltaAa(a))
*QINTA(a)**rhoAa(a))**(1/rhoAa(a));


QAFOCeq(a)..  PVA(a)/PINTA(a)=e=(deltaAa(a)/(1-deltaAa(a)))*(QVA(a)/QINTA
(a))**(rhoAa(a)-1);
```

```
Txtreq(a)..  Txtraf(a)=e=-(tvatl(a)*WL*QLD(a)+tvatk(a)*WK*QKD(a));

PAeq(a)..   PA(a)*QA(a)=e=Txtraf(a)+PVA(a)*QVA(a)+PINTA(a)*QINTA(a);

QVAfn(a)..   QVA(a)=e=scaleAVA(a)*(deltaVA(a)*QLD(a)**rhoVA(a)+(1-deltaVA
(a))*QKD(a)**rhoVA(a))**(1/rhoVA(a)));

QVAFOC(a)..  ((1+tvatl(a))*WL)/((1+tvatk(a))*WK)=e=(deltaVA(a)/(1-deltaVA
(a)))*(QLD(a)/QKD(a))**(rhoVA(a)-1);

PVAeq(a)..   PVA(a)*QVA(a)=e=(1+tvatl(a))*WL*QLD(a)+(1+tvatk(a))*WK*QKD(a);

QINTfn(c, a)..  QINT(c, a)=e=ica(c, a)*QINTA(a);

PINTAeq(a)..  PINTA(a)=e=(1-rvati(a))*SUM(c, ica(c, a)*PQ(c));

CETfn(a)..   QA(a)=e=scaleCET(a)*(deltaCET(a)*QDA(a)**rhoCET(a)+(1-deltaCET
(a))*QE(a)**rhoCET(a))**(1/rhoCET(a));

CETFOC(a)..  PDA(a)/PE(a)=e=(deltaCET(a)/(1-deltaCET(a)))*(QDA(a)/QE(a))**
(rhoCET(a)-1);

PCETeq(a)..   PA(a)*QA(a)=e=PDA(a)*QDA(a)+PE(a)*QE(a);

PEeq(a)..   PE(a)=e=(1/(1-sube(a)))*pwe(a)*EXR;
```

*用$条件指令解决进口值为 0 的情况, 即 QM=0
```
QQfn(c)$sam('row', c)..  QQ(c)=e=scaleQq(c)*(deltaQq(c)*QDC(c)**rhoQq(c)+
(1-deltaQq(c))*QM(c)**rhoQq(c))**(1/rhoQq(c));

QQfnNoImport(c)$(sam('row', c)=0)..  QQ(c)=e=QDC(c);

QQFOC(c)$sam('row', c)..  PDC(c)/PM(c)=e=(deltaQq(c)/(1-deltaQq(c)))*(QDC
(c)/QM(c))**(rhoQq(c)-1);

PQSPDCNoImportfn(c)$(sam('row', c)=0)..  PQS(c)=e=PDC(c);

PQSeq(c)..  PQS(c)*QQ(c)=e=PDC(c)*QDC(c)+PM(c)*QM(c);
```

```
PMeq(c)..   PM(c)=e=pwm(c)*(1+tm(c))*EXR;

QDCQDA(c)..   QDC(c)=e=sum(a,identac(a, c)*QDA(a));

PDCPDA(c)..   PDC(c)=e=sum(a,identac(a, c)*PDA(a));

QCTTeq(c)..   QCTT(c)=e=ictt(c)*QQ(c);

QCTTAeq..   QCTTA=e=sum(c, QCTT(c));

PQSPQeq(c)..   PQ(c)*QQ(c)=e=(1+tvatq(c))*(PQS(c)*QQ(c)+QCTT(c)*PQ('com3'));

YHeq..   YH=e=WL*QLS+shareifhk*WK*QKS+transferhg0*CPI;

EHeq..   EH=e=eho*cpi+mpc*(1-tih)*YH;

QHeq(c)..   PQ(c)*QH(c)=e=PQ(c)*LESsub(c)+LESbeta(c)*(EH-sum(cp, PQ(cp)*LESsub
(cp)));

SAVEHeq..   SAVEH=e=(1-tih)*YH-EH;

YENTeq..   YENT=e=shareifentk*WK*QKS;

QINVeq(c)..   QINV(c)=e=QINV0(c)*INVADJ;

SAVEENTeq..   SAVEENT=e=(1-tiEnt)*YENT;

YGeq..   YG=e=tih*YH+tiEnt*YENT+sum(c,tvatq(c)*( PQS(c)*QQ(c)+QCTT(c)*PQ
('com3')))-sum(a, rvati(a)*sum(c, PQ(c)*QINT(c,a)))+sum(c,tm(c)*pwm(c)*
QM(c)*EXR)-sum(a,sube(a)*PE(a)*QE(a));

SAVEGeq..   EG=e=YG-SAVEG;

QGeq(c)..   PQ(c)*QG(c)=e=shareg(c)*(EG-transferhg0*CPI);
```

*用$条件指令来控制商品市场出清方程中的 QCTTA 项
```
ComEqui(c)..   QQ(c)=e=sum(a, QINT(c, a))+QH(c)+QINV(c)+QG(c)+QCTTA$sam(c,
'margin');
```

311

Leq.. Sum(a, QLD(a))=e=QLS;

Keq.. Sum(a, QKD(a))=e=QKS;

CPIeq.. CPI=e=sum(c, PQ(c)*cpiwt(c));

APIeq.. API=e=sum(a, PA(a)*apiwt(a));

FEXeq.. SAVEF*EXR=e=sum(c,pwm(c)*QM(c)*EXR)-sum(a, pwe(a)*QE(a)*EXR);

SIeq.. sum(c, PQ(c)*QINV(c))=e=SAVEH+SAVEENT+SAVEG+SAVEF*EXR+dummysi;

*变量初始值赋值
PA.L(a)=PA0(a); PVA.L(a)=PVA0(a); PINTA.L(a)=PINTA0(a);
QA.L(a)=QA0(a); QVA.L(a)=QVA0(a); QINTA.L(a)=QINTA0(a); QINT.L(c,a)=QINT0
(c,a);
TXTRAF.L(a)=TXTRAF0(a); QLD.L(a)=QLD0(a); QKD.L(a)=QKD0(a); QLS.L=QLS0;
QKS.L=QKS0; WL.L=WL0; WK.L=WK0; PDA.L(a)=1; QDA.L(a)=QDA0(a); PDC.L(c)=1;
QDC.L(c)=QDC0(c); PE.L(a)=1; QE.L(a)=QE0(a);
EXR.L=1; PQS.L(c)=1; PQ.L(c)=PQ0(c);
QQ.L(c)=QQ0(c); PM.L(c)=PM0(c); QM.L(c)=QM0(c);
QCTT.L(c)=QCTT0(c); QCTTA.L=QCTTA0;
YH.L=YH0; EH.L=EH0; QH.L(c)=QH0(c);
YENT.L=YENT0; QINV.L(c)=QINV0(c); INVADJ.L=1; SAVEENT.L=SAVEENT0;
YG.L=YG0; EG.L=EG0; QG.L(c)=QG0(c); SAVEG.L=SAVEG0; SAVEF.L=SAVEF0;
CPI.L=CPI0; API.L=API0; DUMMYSI.L=0;

*5 个限制条件,减少 5 个变量,活动价格指数为价格基准
*采用政府支出闭合,因此 EG 为变量
QLS.fx=QLS0;
QKS.fx=QKS0;
INVADJ.fx=1;
EXR.fx=EXR0;
API.fx=1;

*执行模型
model cge /all/;
solve cge using mcp;

```
parameter
QAbase(a), QDAbase(a), QEbase(a);
QAbase(a)=QA.L(a);
QDAbase(a)=QDA.L(a);
QEbase(a)=QE.L(a);

*模拟取消农业出口税
sube('act1')=0;
model sim   /all/;
solve sim using mcp;

*计算百分比变化
Parameter
QAchange(a), QDAchange(a), QEchange(a);
QAchange(a)=QA.L(a)/QAbase(a)-1;
QDAchange(a)=QDA.L(a)/QDAbase(a)-1;
QEchange(a)=QE.L(a)/QEbase(a)-1;

Display sube, QAchange, QDAchange, QEchange;

*END
```

练 习

1. 某经济 SAM 表的部分内容和表 15.5.3 一样,该经济处于初始均衡状态,价格 PA、PE 和汇率 EXR 都等于 1。用 Excel 或其他电子表格软件,或用笔算,校调估算活动 1、活动 2 和活动 3 各部门在初始状态的下列参数和变量的值——QE、sube、iett、pwe,以及已包括运输成本但未付出口税状况下的出口品价格、国外买方以外币单位支付的出口品价格。

2. 抄写并成功运行例 15.7.1 的 GAMS 程序。

3. 学习使用小值法来解决 SAM 表中条目数值为零的情况。将表 15.1.1 中欧利国的服务业进口从 0 改为 0.1,然后用上面练习题 2 的 GAMS 程序读取这个新数据。现在服务业进口为一个非零正值,因此 GAMS 程序中的"$"条件指令控制的替换方程不起作用,本质上忽略了 GAMS 程序中的控制运算符$。在同样的 SAM 表数据下,比较使用小值法和使用前面的方程替换法后,模型复制和模拟导出的最后结果的数值差异。

4. 把上面练习题 2 的 GAMS 程序修改为凯恩斯闭合情况下的,并运行成功。

▶ 16

账户细分、交叉和合成

16.1 多居民群体

在研究经济和社会问题时，我们经常需要把账户进一步细分，在子账户层面上研究相应变量的变化。例如，为了研究替代能源问题，我们要细分生产区块中的资本投入或者中间投入，如第 8.6 节中展示的 GTAP-E 模型。

许多 CGE 研究项目需要研究不同居民群体的行为和外界冲击造成的影响差异。为了研究收入分配，我们要将居民细分成不同的收入群体。为了研究城市化，我们将居民细分农村群体和城市群体。为了研究社会保障政策，我们可能需要将人口细分为各种收入、年龄和家庭规模的群体。在 CGE 建模中，如果要把住户细分为多个群体，首先需要在 SAM 表和模型中设置相应的群体账户。下面举例说明。

假设课题要研究的是不同区域的居民群体。设整个居民集为 **H**，有 n 个区域。每个居民群体 h 是居民集 **H** 的元素，$h \in H$。劳动总供给记为 $QLSAGG$。居民群体 h 在劳动体总供给中的份额是 $sharelh_h$。居民群体 h 的劳动收入为 $WL \cdot sharelh_h \cdot QLSAGG$。资本总供给记为 $QKSAGG$。企业的资本受益，除了自身留存部分外，其余分配给股东也就是居民。企业资本收益中的留存份额记为 $shareif_{ent\,k}$，分配给居民群体 h 的份额是 $shareif_{h\,k}$。注意，变量中下标 h 现在为居民群体 h 的索引项，因此 $shareif_{ent\,k} + \sum_h shareif_{h\,k} = 1$。居民群体 h 的资本收入是 $WK \cdot shareif_{h\,k} \cdot QKSAGG$。政府对居民群体 h 的转移支付是 $transfer_{h\,gov}$，可以按消费者价格指数调整。企业向居民群体 h 的转移支付是 $transfer_{h\,ent}$。在"国民账户"中这个条目的数额通常微不足道，它主要是企业在其簿记上注销已售出给居民但居民未支付的商品的金额（如前所述，居民从企业方面得到的主要收入是记录在"资本收入"的条目里）。国外对居民的转移支付是 $transfer_{h\,row}$，这部分数值在一些劳务输出的国家中相当大。把这些数值相加，居民群体 h 的收入为：

$$YH_h = WL \cdot shareif_{h\,l} \cdot QLSAGG + WK \cdot shareif_{h\,k} \cdot QKSAGG + transfer_{h\,ent}$$
$$+ transfer_{h\,g} \cdot CPI + transfer_{h\,row} \qquad h \in H \qquad (16.1.1)$$

基于现实世界的通常做法，式(16.1.1)中只有政府对居民的转移支付是按消费者价格指数调整的。

如果每个居民群体 h 有特定的所得税率 ti_h，则居民群体 h 的可支配收入为 $(1-ti_h)YH_h$。居民群体的边际消费倾向也是群体特定的，记为 mpc_h。这个群体差异在经济学研究中特别重要，因为高收入和低收入群体的边际消费倾向通常差异很大。如果居民的效用函数是柯布-道格拉斯函数，则居民群体 h 对商品 c 的需求为：

$$PQ_c \cdot QH_{ch} = shareh_{ch} \cdot mpc_h(1-ti_h)YH_h \quad c \in C \quad h \in H \tag{16.1.2}$$

如果居民的效用函数是斯通-吉尔里函数，则相应的消费函数是：

$$EH_h = eho_h \cdot CPI + mpc_h(1-ti_h)YH_h \qquad h \in H \tag{16.1.3}$$

居民群体 h 的需求函数为 LES 函数：

$$PQ_c \cdot QH_{ch} = PQ_c \cdot \gamma_{ch} + \beta_{ch}\left(EH_h - \sum_c PQ_c \cdot \gamma_{ch}\right) \quad c \in C \quad h \in H$$

$$\tag{16.1.4}$$

从上面可见，这些方程都是特定于每个居民群体 h 的。

16.2 多重生产活动和多重商品交叉的 QX 结构设置

前面的 CGE 模型假设每个生产活动只生产一种商品。有些研究课题需要研究一个生产活动生产多种商品，或者一种商品由多个生产活动生产的更复杂情况。相关实例包括：煤炭部门生产活动同时生产化工、燃料和建筑商品。在西非国家，商品可可豆由大型农场和个体农民两个不同的活动部门生产。在中国，汽车由国有、民营和外资企业 3 个活动部门生产。IFPRI 模型中的 QX 结构被用来处理这种多重交叉生产关系的情况。IFPRI 模型被称为"标准 CGE 模型"，据说是世界上使用最多的 CGE 模型。

如图 16.2.1 所示，在 QX 结构里，从活动到商品有个包含合成商品 QX 的中间区块。

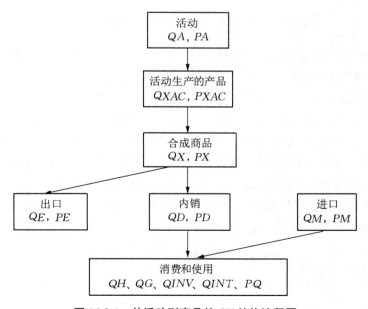

图 16.2.1 从活动到商品的 QX 结构流程图

一个活动 QA 可能会生产多种产品,记为 $QXAC$。同种产品 $QXAC$ 合成后的商品为 QX,然后商品 QX 在 CET 模块中的内销和出口两者之间分配。

下面举例说明 QX 区块的方程设置。表 16.2.1 是 SAM 表中 QX 区块的相应部分。它描述了假设的某个转型经济国家中从活动到商品的多重交叉生产关系。我们把这个转型经济国家命名为"转型国"。

表 16.2.1　转型国的从活动到商品的交叉关系($PA=1$)

		商品 c			活动汇总值 $PA \cdot QA$
		农业	工业	服务业	
活动 a	农业(国营农场)	850	150		1 000
	农业(个体农民)	1 020			1 020
	工业(国有企业)		1 400		1 400
	工业(民营企业)		1 280		1 280
	服务业			1 930	1 930
商品汇总值 $PX \cdot QX$		1 870	2 830	1 930	

转型国有 5 个活动部门,生产 3 种商品。其中,国营农场活动部门同时生产农业和工业商品。农产品由两个活动部门生产:国营农场和个体农民。工业品由 3 个活动部门生产:国营农场、国有企业和民营企业。在比较经济学文献中,国有企业的英文为"state owned enterprise,SOE"。服务业活动部门只生产它自己的商品。表 16.2.1 中的数值为初始均衡状态,所有活动和商品价格都设置为 1。

活动 a 生产的产品 c 的变量被记为 $QXAC_{ac}$,它的价格被记为 $PXAC_{ac}$。它是表 16.2.1 中单元格(活动,商品)中的值。表中行账户的平衡方程是:

$$\sum_c PXAC_{ac} \cdot QXAC_{ac} = PA_a \cdot QA_a \quad a \in A \tag{16.2.1}$$

从上面行账户平衡方程可以看出活动 a 如何在产品 $QXAC$ 之间分配其生产,在给定生产函数和外部价格的情况下的生产活动部门的生产决策。注意,这里隐含的生产关系和常规的生产函数有所不同。常规的生产函数是多个投入生产一种产出,这里的情况是一个投入(活动)生产出多种产品。这种"函数"关系其实我们看到过,譬如 CET 模块的 CET 函数,就是一个投入(活动)生产两种产品(内销品和出口品)。式(16.2.1)说明这个活动-产品的生产关系是固定比例的,数学上的形式类似于里昂惕夫生产函数和投入产出系数,尽管经济学上的投入产出定义是相反的。下面看具体的方程设置。

首先,将表中的价值除以价格,获得物量 QA 和 $QXAC$。固定比例关系 $oxac_{ac}$ 的定义是"每单位活动 a 的产出量 c"。它通过以下方式校准估算:

$$oxac_{ac} = QXAC_{ac}/QA_a \quad a \in A \tag{16.2.2}$$

得到固定比例生产函数:

$$QXAC_{ac} = oxac_{ac} \cdot QA_a \quad a \in A \quad c \in C \tag{16.2.3}$$

代入式(16.2.1),有价格方程:

$$PA_a = \sum_c PXAC_{ac} \cdot oxac_{ac} \quad a \in A \tag{16.2.4}$$

式(16.2.3)和式(16.2.4)组成了从活动 QA_a 生产出多种产品 $QXAC_{ac}$ 的固定比例生产关系的模块。

有时,研究课题会需要模型重新设置产品价格 $PXAC$ 和定义相应的物量单位。这种情况下,需要先检查产品 $QXAC$ 与活动 QA 各自物理性质的差异性。如果物理性质完全不同,譬如煤炭生产活动 QA 产出的两个产品 $QXAC$ 是化工品和煤气,那么价格 $PXAC$ 可以按模型研究需要自由设置,进而定义 $QXAC$ 的物量单位。这时一般需要加上规模因子校准估算相应的投入产出系数 $oxac$。具体方法和方程设置见第 13.8 节。

接下来,我们讨论从多个产品 a 到一个合成商品 c 的模块和相应方程。表 16.2.1 中的列账户展示了这个合成关系,例如,国营农场、国有企业和民营企业 3 个部门的活动产品 $QXAC$ 都生产工业商品 QX。在 IFPRI 模型中,从 $QXAC$ 到 QX 的合成关系类似于将进口和国内产品组成合成商品的阿明顿模块的情况。不同活动生产出的产品 $QXAC$ 相互为替代品,但不互为完全替代品。这个合成关系由多投入 CES 函数来描述,即两个或两个以上的产品被组成到一个合成商品 QX 中。

我们先复习一下第 8.6 节中多投入 CES 函数方程。多投入 CES 函数是:

$$q = A(\delta_1 x_1^{\rho} + \delta_2 x_2^{\rho} + \cdots + \delta_n x_n^{\rho})^{1/\rho} \qquad \sum_i^n \delta_i = 1 \tag{16.2.5}$$

给定 CES 函数的指数 ρ,校调估算份额参数 δ 和规模参数 A 的公式是:

$$\delta_j = \frac{w_j x_j^{1-\rho}}{w_1 x_1^{1-\rho} + \cdots + w_i x_i^{1-\rho} + \cdots + w_n x_n^{1-\rho}} = \frac{w_j x_j^{1-\rho}}{\sum_{i \in X} w_i x_i^{1-\rho}} \tag{16.2.6}$$

$$A = q / (\delta_1 x_1^{\rho} + \cdots + \delta_n x_n^{\rho})^{1/\rho} \tag{16.2.7}$$

给定价格,我们展示过推导计算最佳投入 x 和最佳产出 q 的 4 种数学形式。IFPRI 模型中用的是边际收益产品形式,即方程组(16.2.8):

$$\begin{cases} q = A(\delta_1 x_1^{\rho} + \delta_2 x_2^{\rho} + \cdots + \delta_n x_n^{\rho})^{1/\rho} \\ w_i = pq(\delta_1 x_1^{\rho} + \delta_2 x_2^{\rho} + \cdots + \delta_n x_n^{\rho})^{-1} \delta_i x_i^{\rho-1} \quad i = 1, \cdots, n \end{cases} \tag{16.2.8}$$

将上面方程组中的数学变量符号转换成 CGE 模型变量符号,第一个方程是:

$$QX_c = \alpha_c^{ac} (\sum_a \delta_{ac}^{ac} \cdot QXAC_{ac}^{\rho_c^{ac}})^{1/\rho_c^{ac}} \quad c \in C \tag{16.2.9}$$

第二个方程是个一阶优化条件。方程左边是投入价格 $PXAC$,方程右边是 QX 的边际收益产品:

$$PXAC_{ac} = PX_c \cdot QX_c (\sum_a \delta_{ac}^{ac} \cdot QXAC^{\rho_c^{ac}} ac)^{-1} \delta_{ac}^{ac} \cdot QXAC_{ac}^{\rho_c^{ac}-1} \quad a \in A \quad c \in C$$

$$\tag{16.2.10}$$

式(16.2.9)和式(16.2.10)组成了多个活动产品 $QXAC$ 合成为商品 QX 的模块。利用边际收益产品的形式,只需要两个方程就可组成模块,式(16.2.10)同时起了价格函数的作用。

上面的集成关系也可以用固定比例的函数关系设置。各种活动产品和合成商品的比例是固定的。不过,这种固定比例函数设置一般来说没什么研究意义,因为研究课题通常想知道外部冲击将如何改变合成商品 QX 中各活动产品 $QXAC$ 的份额。例如,研究民营化将如何影响国营农场在转型国经济的农业和工业产出中所占的份额。在固定比例函数的设置下,这些份额不会改变。

类似地,式(16.2.3)和式(16.2.4)代表的从活动 QA 到多种产品 $QXAC$ 的固定比例生产关系,可以用多变量的 CET 函数来代替。数学形式上,这个 CET 系统中的方程和上面 CES 函数方程组(16.2.8)一样,只是指数 ρ 大于 1。

16.3　编写和测试 GAMS 子程序

假设我们要编写一个大型 CGE 模型的程序。这个 CGE 模型结构中有很多区块,每个区块有很多子账户。如果直接给整个 CGE 模型编写程序,会花费很多时间寻找问题和纠错。比较好的方法是把模型分成主模型和区块,分别编写核程序和区块子程序。对这些程序分别独立运行并测试成功后,再把它们组合起来。这个做法类似于计算机软件的模块化编程,往往可以大幅度提高效率。例如,能源模型中的生产区块会有多层子账户,可以先独立地为这个生产区块编写子程序并测试运行是否顺利。还有,大型贸易模型中的国际贸易区块也会有很多子账户,可以先独立地为贸易区块编写子程序并测试。

以转型国的 QX 区块为例。假设我们采取模块化编程,先为这个区块编写一个子程序,独立运行并测试该子程序,以检查代码和功能是否正确。检查无误后,把子程序组合到整个模型程序中。做模块化编程前,我们需要做些分析和设计。

首先,我们要分析和识别 QX 区块系统中的方程和变量。该系统由 4 个方程组成:式(16.2.3)和式(16.2.4)决定活动 QA 如何在多个商品之间分配生产。式(16.2.9)和式(16.2.10)确定多个活动生产品如何组成合成商品 QX。然后,我们分析变量,特别要识别区块的内部变量和链接变量。区块的内部变量是那些只出现在区块内部,而不出现在 CGE 模型的其他部分方程中的变量。譬如,在 QX 区块里,$QXAC$ 和 $PXAC$ 是内部变量。CGE 模型的其他部分的方程中没有这些变量。链接变量是区块系统与 CGE 模型其他部分方程相互作用中需要的变量,它们出现在区块内方程和区块外方程中。QX 区块里的变量 PA、QA、PX、QX 就是链接变量。内部变量在区块系统和模块子程序中始终是内生变量。而链接变量 PA、QA、PX 和 QX 可以是区块的内生变量或外生变量,具体取决于它们与 CGE 模型其他部分的关系,以及如何满足区块的方形条件。

如果要 GAMS 独立运行模块子程序,该子程序必须满足方形条件。表 16.2.1 的 QX 区块有 5 行(活动)和 3 列(商品)。行数和列数不相等,这会影响我们需要的方形条件。

把活动行数记为 m,商品列数记为 n。先计算区块里有多少个方程。式(16.2.4)里面有 m 个方程,式(16.2.9)有 n 个方程,式(16.2.3)和式(16.2.10)里各有 $m \times n$ 个方程,总共

有 $m+n+2(m\times n)$ 个方程。接下来计算区块里有多少变量。PA 和 QA 每组有 $2m$ 个变量，PX 和 QX 每组有 $2n$ 个变量，$QXAC$ 和 $PXAC$ 每组有 $m\times n$ 个变量，总共有 $2(m+n)$ $+2(m\times n)$ 个变量。与方程数量相比，区块里的变量数量多出 $m+n$。为了使区块里方程数量和变量数量相等以满足方形条件，需要固定 $m+n$ 个变量的数值，使它们成为参数或外生变量，以减少变量的数量。$QXAC$ 和 $PXAC$ 因为是内部变量，所以它们必须保持内生变量性质。被固定数值的变量必须在链接变量 PA、QA、PX 和 QX 中选择，还得为这个选择给出经济学的理由。

为了减少 m 个变量，我们可以固定 PA 或 QA 的值。为了减少 n 个变量，我们可以固定 PX 或 QX 的值。两者加起来，区块中的变量数量减少 $m+n$，相应的子程序满足方形条件可以独立运行。做选择的同时要给出经济学解释。假设我们选择固定 PA 和 QX 的值，这种选择的经济学解释可以是：在 QX 区块中，活动生产价格 PA 在区块外决定，而商品数量 QX 受区块外需求的限制。

子程序独立运行成功后，把它组合到整个 CGE 模型程序中。这时去掉先前对链接变量数值的约束，所有链接变量 PA、QA、PX 和 QX 回归为整个模型中的内生变量。如果事先设计完美，一旦在整体模型中指定链接变量为内生变量并给予初始值后，整体模型就能正常工作。组合后的整体模型也可能运行报错。一种错误是链接变量和整体模型中的方程有冲突，这种错误可以在搜寻中找出和纠正。另一种错误是链接变量的数量不对，无法满足整体模型的方形条件，即方程式数量和变量数量不相等。有这种错误时，需要对整体模型按经济学理论做些修改。

假设整体 CGE 模型的宏观闭合为需求驱动，整体模型决定了 QX 区块外的 PX 和 QX 的数值。这种情况下，区块内部变量减少了 $2n$。因为 $m>n$，所以留下了 $m+n-2n$ $=m-n$ 个多余变量。在转型国例子里，这意味着有 $m-n=5-3=2$ 个多余变量。如何设置限制以减少多余的变量？我们需要增加两个经济学上能提供解释的约束。例如，审视表 16.2.1，3 个生产活动都制造工业品。假设根据现实世界的观察，这个转型国正处于减少国有部门在经济中份额的民营化过程中。那么，我们可以固定国营农场和国有企业两个活动中的资本使用 QKD 来添加约束，从而限制它们的活动，以满足方形条件。

如果整体 CGE 模型的宏观闭合为生产驱动，整体模型决定了 QX 区块外的 PA 和 QA 的数值。区块内部变量减少了 $2m$，因此变量数量比方程数量少了 $m-n$。在转型国里，这意味着活动方面多了两个方程。如果方程式有不一致性，该系统在数学上无解，模型不能运行。如果多出来的两个方程与系统中的其他方程一致，也即与其他方程线性相关，模型系统在数学上仍然有解。不过 GAMS 程序不能接受方程数量和变量数量不等的情况。解决技巧是在模型中涉及 PA 或 QA 的方程中添加两个虚拟变量。如果两个多余的方程和其他方程是一致的，那么这两个虚拟变量在模型复制检验时应收敛为 0，否则模型有错。一般来说，最好先找出模型中导致多余方程的问题，看是否能修改模型，减少多余的方程，而不是依赖于添加虚拟变量。

在表 16.2.1 的例子中，行账户数多于列账户数，$m>n$。在另外情况下，列账户数多于行账户数，$m<n$，用来满足方形条件的技巧是一样的。

16.4 QX 结构部分的 GAMS 子程序

例 16.4.1　表 16.2.1 描述了转型国的 QX 区块。假设一个活动生产多种产品的生产关系是固定比例的,由多个活动生产的产品形成一个合成商品的合成关系由 CES 函数描述,CES 函数中这些产品之间的替代弹性为 3。为此区块编写 GAMS 子程序,校准估算其中的参数,复制检验初始状态。

解:第 16.2 节里提供了校准估算 CES 函数参数的方程。QX 区块系统由式(16.2.3)、式(16.2.4)、式(16.2.9)和式(16.2.10)组成,通过这个系统,活动 QA 和 PA 转换为商品 QX 和 PX。如上节所述,这里选择固定 PA 和 QX 的值,使子程序系统满足方形条件,以便独立运行。

表 16.2.1 的 QX 区块中很多 $QXAC$ 条目没有数据。这些条目的数值为 0 会导致 CES 函数运行时出错。这里使用第 15 章中描述的方程替换法来解决数据缺失问题。具体做法是,在 GAMS 程序语句中用"$"条件指令来跳过缺失 $OXAC$ 数据的 $PXAC$ 的方程和变量:

```
PXACFOC(a, c)$sax(a,c)..
PXAC(a, c)=e=PX(c)*QX(c)*sum(ap, deltaac(ap, c)*QXAC(ap, c)**(rhoac(c)))*
*(-1)*deltaac(a, c)*QXAC(a, c)**(rhoac(c)-1);
IQAQXeq(c)..
QX(c)=e=scaleac(c)*sum(a, deltaac(a, c)$sax(a, c)*QXAC(a, c)**(rhoac(c)))
**(1/rhoac(c));
```

为了避免模拟过程中价格 $PXAC$ 为 0,在子程序中加上语句,固定 $PXAC$ 价格:

```
PXAC.fx(a, c)$(NOT sax(a, c))=1;
```

QX 区块的 GAMS 子程序如下所示。这个子程序可以直接和奥兰国或者转型国的整体模型组合起来。

```
$title   例 16.4.1   QX 区块的子程序
*用多投入 CES 函数

set a  /agrisoe, agrismall, manusoe, manupriv, serv/;
set c  /comagri, commanu, comserv/;

alias(a, ap), (c,cp);

table sax(a, c)
               comagri        commanu        comserv
agrisoe        850            150
agrismall      1020
```

```
manusoe                        1400
manupriv                       1280
serv                                            1930
;


Parameter
QA0(a), PA0(a), QX0(c), PX0(c), QXAC0(a, c), PXAC0(a, c), oxac(a, c), rhoac(c),
elasac(c), deltaac(a, c), scaleac(c);


elasac(c)=3;
rhoac(c)=1-1/elasac(c);
PXAC0(a, c)=1;
QXAC0(a, c)=sax(a, c)/PXAC0(a, c);
PA0(a)=1;
QA0(a)=sum(c, sax(a, c))/PA0(a);
PX0(c)=1;
QX0(c)=sum(a, PXAC0(a, c)*QXAC0(a, c))/PX0(c);
oxac(a, c)=QXAC0(a, c)/QA0(a);
deltaac(a, c)=(PXAC0(a, c)*QXAC0(a, c)**(1-rhoac(c)))/sum(ap, PXAC0(ap, c)*
QXAC0(ap, c)**(1/rhoac(c)));
scaleac(c)=QX0(C)/(sum(a, deltaac(a, c)*QXAC0(a, c)**(rhoac(c))))**
(1/rhoac(c))
;


Display
QA0, PA0, QX0, PX0, QXAC0, PXAC0, oxac;


Variables
QA(a), PA(a), QX(c), PX(c), QXAC(a, c), PXAC(a, c);


Equations
OQAQXeq(a, c), OPAPXeq(a), IQAQXeq(c), PXACFOC(a, c);


OQAQXeq(a, c)..
QXAC(a, c)=e=oxac(a, c)*QA(a);


OPAPXeq(a)..
PA(a)=e=sum(c, PXAC(a, c)*oxac(a, c));
```

```
IQAQXeq(c)..
QX(c)=e=scaleac(c)*sum(a, deltaac(a, c)$sax(a, c)*QXAC(a, c)**(rhoac(c)))**
(1/rhoac(c));

PXACFOC(a, c)$sax(a, c)..
PXAC(a, c)=e=PX(c)*QX(c)*sum(ap, deltaac(ap, c)*QXAC(ap, c)**(rhoac(c)))**
(-1)*deltaac(a, c)*QXAC(a, c)**(rhoac(c)-1);

PXAC.fx(a, c)$(NOT sax(a, c))=1;

PXAC.L(a, c)=PXAC0(a, c);
QXAC.L(a, c)=QXAC0(a, c);
QA.L(a)=QA0(a);
PX.L(c)=PX0(c);
*fix the values of m+n variables to meet the squareness condition
PA.fx(a)=PA0(a);
QX.fx(c)=QX0(c);

model acblock /all/;
solve acblock using mcp;

*end
```

16.5   IFPRI 模型

表 16.5.1 是 IFPRI 模型的描述性 SAM 表。其 SAM 表的账户设置格式和 SNA 的标准设置基本相同,与欧利国 SAM 表格式稍有不同。表 16.5.2 是按照 IFPRI 模型 SAM 结构编制的转型国的 SAM 表,唯一的技术改动是国外账户和储蓄-投资账户的位置互换了。

表 16.5.1 是描述性的。在活动账户上有生产税,在商品账户上有销售税。第 15 章中对增值税的讨论说到,增值税对企业要素投入组成决策的影响和生产税类似,按功能来说应该在企业生产活动账户中。不过按 SNA 规范,增值税被完全安置在商品账户中,和价外销售税类似。QX 区块位于活动行账户和商品列账户的交叉区域。IFPRI 模型中的活动账户还包括一个居民自产自销的模块。这常常是低收入国家经济的重要组成部分,虽然在高收入国家中这个部分常常被忽略不计。表 16.5.2 没有这个模块,但如果需要可以添加。

IFPRI 模型和欧利国模型 SAM 表结构的主要不同处是出口项和出口税项的设置。在 IFPRI 表结构中,出口项在商品行账户中。因此,商品行账户的总值包括进口品、出口品及国产内销商品的价值。要计算国内市场上销售的包括进口品和内销品的合成商品

表 16.5.1　IFPRI 模型 SAM 表的结构

	1 活动	2 商品	3 要素	4 居民	5 企业	6 政府	7 国外	8 储蓄-投资	汇总
1 活动		市场销售产出（QX区块）		居民自产自销					总产出
2 商品	中间投入	商贸和运输加价		市场销售的居民消费		政府消费	出口	投资（固定资本形成）	总需求
3 要素	增加值						国外要素收入		要素收入
4 居民			居民要素收入	居民之间的转移支付	企业对居民的转移支付	政府对居民的转移支付	国外对居民的转移支付		居民总收入
5 企业			企业要素收入			政府对企业的转移支付	国外对企业的转移支付		企业总收入
6 政府	生产税	增值税、销售税、关税、出口税	要素税、生产税	直接税、所得税	企业直接税、企业向政府缴纳盈余		国外向政府的转移支付		政府总收入
7 国外		进口	对国外要素的支付		企业向国外支付盈余	政府对国外的支付			外汇支出
8 储蓄-投资				居民储蓄	企业储蓄	政府储蓄	国外净储蓄		总储蓄
汇总	总投入	总供给	要素支出	居民支出	企业支出	政府支出	外汇收入	总投资	

注：对 IFPRI 模型原表有稍许技术性调整。
资料来源：同表 4.1.1。

表 16.5.2　转型国的 SAM 表

	Act1 (农业)	Act2 (国有工业)	Act3 (民营工业)	Act4 (服务业)	Com1 (农业)	Com2 (工业)	Com3 (服务业)	Margins (行销加价)	Lab (劳动)	Cap (资本)	HHR (农村居民)	HHU (城市居民)	Ent (企业)	Gov (政府)	Employ tax (工资税)	Saletx (销售税)	Tariff (关税)	ROW (国外)	Invsav (储蓄-投资)	Total (汇总)
Act1(农业)					1 750	200														1 950
Act2(国有工业)						1 470														1 470
Act3(民营工业)						1 820														1 820
Act4(服务业)							2 480													2 480
Com1(农业)	350	210	250	240							400	450		100				90	100	2 190
Com2(工业)	300	200	300	410							900	1 030		230				290	400	4 060
Com3(服务业)	220	220	240	540				310			300	480		210				100	100	2 720
Margins(行销加价)					100	150	60													310
Lab(劳动)	650	350	500	670																2 170
Cap(资本)	350	450	470	540																1 810
HHR(农村居民)									1 000	400				730						2 130
HHU(城市居民)									1 170	1 010				330						2 510
Ent(企业)										400										400
Gov(政府)											280	300	100		260	480	30			1 450
Employ tax(工资税)	80	40	60	80																260
Saletx(销售税)					100	200	180													480
Tariff(关税)					10	20														30
ROW(国外)					230	200														430
Invsav(储蓄-投资)											250	250	300	−150				−50		600
Total(汇总)	1 950	1 470	1 820	2 480	2 190	4 060	2 720	310	2 170	1 810	2 130	2 510	400	1 450	260	480	30	430	600	

QQ，我们需要从商品行账户总值中减去出口品的价值。不过出口品的价格和行账户其他机构消费的商品价格不一样。出口品价格为 PE，其他机构（如居民、政府、企业）消费商品的价格是购买者价格 PQ。因此，这个结构中整个商品行账户没有统一的物量单位。在校调估算参数和建模时要注意这个情况。

在 GAMS 程序编程中，首先要估算购买者价格 PQ 的值，因为其他参数的估算，如中间输入的物量，需要使用这个 PQ 值。在欧利国模型 SAM 表结构中，商品行账户的总值不包括出口值，因此可以简单地将商品总值除以 QM 和 QD 之和得到 PQ。在 IFPRI 模型中这个问题要复杂些，首先需要从商品行总值中减去出口值。和式（13.7.6）的原则相同，校准估算在基期的购买者价格可用下列公式（注意，下面公式推导的第二步利用了 PA、PM 和 PE 在基期等于 1 的设置）：

$$PQ0 = \frac{商品总值-出口值}{国内活动产值/PA+（进口值+关税）/PM-出口值/PE}$$
$$= \frac{商品总值-出口值}{国内活动产值+进口值+关税-出口值} \tag{16.5.1}$$

GAMS 程序代码是：

```
PQ0(c)=(sam('total', c)-sam(c, 'row'))/(sum(a, sam(a, c))+sam('row', c)
+sam('tariff', c)-sam(c, 'row'));
```

在 IFPRI 的 SAM 表中，出口税位于 SAM 表左下方的行账户中，但出口值位于 SAM 表右上方的列账户中。在校准估算出口税率时，需要在 SAM 表中对立的行和列位置上计算，比较麻烦和易错。在这方面，欧利国模型结构的设置比 IFPRI 结构更为方便。转型国的 SAM 表，即表 16.5.2，遵循了 IFPRI 模型结构。例 16.5.1 给出了转型国的 CGE 模型，它是 IFPRI 模型的简化版，可以帮助读者理解 IFPRI 模型的主要结构。

例 16.5.1 表 16.5.2 描述了转型国经济的初始状态。初始状态下的要素充分就业，转型国的政府也积极调整政府支出以确保劳动力和资本的充分就业。居民被分为农村和城市两个群体。表 16.5.3 提供了相关参数的信息。为转型国编写 GAMS 程序。假设转型国处于从指令型经济体制到市场经济体制的转型时期。民营企业的全要素生产率预计要提高 30%。模拟这种情况，估计这个冲击如何影响工业生产活动部门里国有和民营两类企业的产出量和要素使用量。

表 16.5.3 转型国经济的部分参数值

	Act1 （农业）	Act2 （国有工业）	Act3 （民营工业）	Act4 （服务业）
顶层 CES 生产函数指数	0.2	0.4	0.5	0.1
增加值 CES 生产函数指数	0.3	0.4	0.6	0.5

	Com1（农业）	Com2（工业）	Com3（服务业）
阿明顿函数指数	0.4	0.6	0.4
CET 函数指数	1.4	1.4	2.0

	HHR(农村居民)	HHU(城市居民)
LES 弹性(Com1)	0.5	0.4
LES 弹性(Com2)	1.0	1.1
LES 弹性(Com3)	1.2	1.4
弗里希参数	—4	—2

解:下面是例 16.5.1 的 GAMS 核程序。我们用 Excel 和 XLS2GMS 软件把 SAM 表数据转换为 GAMS 可读文件 TranslandSAM.inc,放在相应文件夹里,然后在核程序中输入。民营企业全要素生产率增长后在民营和国有企业造成的变化展示在表 16.5.4 中。和预期一致,民营企业的产出量和要素投入使用量增长迅速,但国有企业的产出量和要素投入使用量下降。

表 16.5.4　转型国的民营企业全要素生产率提高 30%引起的变化

	民营企业	国有企业
工业品产出量	67.7%	—31.1%
劳动力使用量	16.5%	—36.1%
资本使用量	20.8%	—34.5%

```
$title    例 16.5.1   转型国模型

*定义集合
set ac
/act1, act2, act3, act4, com1, com2, com3, margin, lab, cap, hhr, hhu, ent, gov,
emptx, saletx, tariff, row, invsav, total/;
set a(ac)   /act1, act2, act3, act4/;
set c(ac)   /com1, com2, com3/;
set f(ac)   /lab, cap/;
set h(ac)   /hhr, hhu/;
*集合 acnt 被用来检查 SAM 表的平衡
set acnt(ac)   all accounts excluding total;
acnt(ac)=YES;
acnt('total')=NO;

alias(ac, acp), (a, ap), (c, cp), (f, fp), (acnt, acntp);

*从外部读入 SAM 表数据文件 TranslandSAM.inc
table sam(ac, acp)
$include D:\GAMS programs\translandSAM.inc
```

```
parameters
```
*检查 SAM 表是否均衡
```
samchk0(ac);
samchk0(acnt)=sum(acntp, SAM(acntp, acnt))-sum(acntp, SAM(acnt, acntp));
display samchk0, acnt, sam;
```

*读入参数数据
```
parameter   rhoAa(a)    /act1    0.2,    act2  0.4,    act3  0.5,    act4  0.1/
            rhoVA(a)    /act1    0.3,    act2  0.4,    act3  0.6,    act4  0.5/
            rhoCET(c)   /com1    1.4,    com2  1.4,    com3  2.0/
            rhoQq(c)    /com1    0.4,    com2  0.6,    com3  0.4/
            rhoac(c)    /com1    0.6,    com2  0.7,    com3  0.6/
            Frisch(h)   /hhr     -4,     hhu   -2/;
```

```
table       LESelas(c, h)    LES elasticities
                        hhr       hhu
            com1        0.5       0.4
            com2        1.0       1.1
            com3        1.2       1.4 ;
```

```
parameters
scaleAa(a)        活动 a 的最高层 CES 生产函数的规模参数 A
deltaAa(a)        活动 a 最高层 CES 生产函数的增加值部分份额参数 δ
scaleAVA(a)       活动 a 增加值模块 CES 生产函数的规模参数 A
deltaVA(a)        活动 a 增加值模块 CES 生产函数的劳动要素份额参数 δ
ica(c, a)         活动 a 中间投入模块的投入产出系数
oxac(a, c)        每单位活动 a 的产出量 c
scaleac(c)        QX 区块从产品到合成商品 c 的 CES 函数规模参数
deltaac(a, c)     QX 区块从产品到合成商品 c 的 CES 函数份额参数
QX0(c)            QX 区块合成商品 c 的数量
PX0(c)            QX 区块合成商品 c 的价格
QXAC0(a, c)       活动 a 生产的产品 c 的数量
PXAC0(a, c)       活动 a 生产的产品 c 的价格
scaleCET(c)       活动 a 的 CET 函数的规模参数
deltaCET(c)       活动 a 的 CET 函数的内销部分份额
scaleQq(c)        商品 c 的阿明顿 CES 函数的规模参数
deltaQq(c)        商品 c 的阿明顿 CES 函数的国产部分份额
bgtshare(c, h)    居民群体 h 的 LES 函数中消费预算商品 c 的份额
```

bhtsharechk1(h)	检查居民群体 h 的 LES 函数中消费预算份额参数值加总后是否等于 1
LESbeta(c, h)	居民群体 h 的 LES 函数的边际消费额
Lesbetachk1(h)	检查居民群体 h 的 LES 边际消费参数值加总后是否等于 1
LESsub(c, h)	居民群体 h 的 LES 消费函数生存消费量
sharelh(h)	劳动力禀赋中居民群体 h 的份额
shareifhk(h)	企业资本收入中分配给居民群体 h 的份额
shareifentk	企业资本收入中内部留存的份额
shareg(c)	政府支出中使用在消费商品 c 上的份额
tih(h)	居民所得税税率
tiEnt	企业所得税税率
tpayent(a)	企业支付的工资税率
tsale(c)	消费税率
transferhg0(h)	政府对居民的转移支付的初始期的金额
eho(h)	居民群体 h 的消费函数的常数项
mpc(h)	居民群体 h 的边际消费倾向
QCTT0(c)	商品 c 使用的行销服务量 ct
QCTTA0	商品部门所有行销服务投入的总量
ictt(c)	一个数量单位的商品 c 需要使用的行销服务量
PA0(a)	活动 a 的价格
QA0(a)	活动 a 的数量
PVA0(a)	总增加值价格
QVA0(a)	总增加值数量
PINTA0(a)	总中间投入价格
QINTA0(a)	总中间投入数量
QINT0(c, a)	生产活动 a 需要的中间投入 c
QLD0(a)	活动 a 的劳动需求
QKD0(a)	活动 a 的资本需求
WL0	劳动价格
WK0	资本价格
PQ0(c)	商品 c 的购买者价格
PQS0(c)	商品 c 的供给价格
QQ0(c)	国内市场上进口品和国产品的合成商品 c 的总供给量
PM0(c)	商品 c 的进口价格
QM0(c)	商品 c 的进口量
PE0(c)	商品 c 出口价格
QE0(c)	商品 c 出口量
PDC0(c)	商品 c 国产内销的价格
QDC0(c)	商品 c 国产内销的数量

EXR0	汇率	
pwm(c)	以外币计算的进口商品 c 的国际价格	
pwe(c)	以外币计算的活动出口商品 c 的国际价格	
tm(c)	商品 c 的关税税率	
QLSAGG0	劳动总供给	
QKSAGG0	资本总供给	
QLS0(h)	居民群体 h 的劳动供给	
QKS0(h)	居民群体 h 的资本供给	
YH0(h)	居民群体 h 的收入	
EH0(h)	居民群体 h 的消费支出	
QH0(c, h)	居民群体 h 对商品 c 的消费量	
YENT0	企业收入	
QINV0(c)	企业在商品 c 上的投资	
SAVEENT0	企业储蓄	
YG0	政府总收入	
EG0	政府总支出	
QG0(c)	政府在商品 c 上的消费量	
SAVEH0(h)	居民群 h 的储蓄	
SAVEG0	政府储蓄，财政收支净额	
SAVEF0	国外储蓄，本国的国际收支赤字	
cpiwt(c)	消费者价格指数权重	
CPI0	消费者价格指数	
apiwt(a)	活动价格指数权重	
API0	活动价格指数	
;		

*校调估算参数或参数赋值

PA0(a)=1;

*首先估算基期的商品购买者价格 PQ

PQ0(c)=(sam('total', c)-sam(c, 'row'))/(sum(a, sam(a, c))+sam('row', c)+ sam('tariff', c)-sam(c, 'row'));

WK0=1;

WL0=1;

EXR0=1;

QA0(a)=sam('total', a)/PA0(a);

QINT0(c, a)=SAM(c, a)/PQ0(c);

QINTA0(a)=SUM(c, QINT0(c, a));

ica(c, a)=QINT0(c, a)/QINTA0(a);

```
PINTA0(a)=SUM(c, ica(c, a)*PQ0(c));
QVA0(a)=SUM(f, sam(f, a));
PVA0(a)=(SUM(f, sam(f, a))+sam('emptx', a))/QVA0(a);
QLD0(a)=sam('lab', a)/WL0;
QKD0(a)=sam('cap', a)/WK0;
QLSAGG0=sam('total', 'lab')/WL0;
QKSAGG0=sam('total', 'cap')/WK0;
QLS0(h)=sam(h, 'lab')/WL0;
QKS0(h)=sam(h, 'cap')/WK0;
tpayent(a)=sam('emptx', a)/sam('lab', a);
deltaAa(a)=PVA0(a)*QVA0(a)**(1-rhoAa(a))/(PVA0(a)*QVA0(a)**(1-rhoAa(a))+
PINTA0(a)*QINTA0(a)**(1-rhoAa(a)));
scaleAa(a)=QA0(a)/(deltaAa(a)*QVA0(a)**rhoAa(a)+(1-deltaAa(a))*QINTA0(a)
**rhoAa(a))**(1/rhoAa(a));
deltaVA(a)=((1+tpayent(a))*WL0)*QLD0(a)**(1-rhoVA(a))/(((1+tpayent(a))*
WL0)*QLD0(a)**(1-rhoVA(a))+WK0*QKD0(a)**(1-rhoVA(a)));
scaleAVA(a)=QVA0(a)/(deltaVA(a)*QLD0(a)**rhoVA(a)+(1-deltaVA(a))*QKD0(a)
**rhoVA(a))**(1/rhoVA(a));
PXAC0(a, c)=1;
QXAC0(a, c)=sam(a, c)/PXAC0(a, c);
oxac(a, c)=QXAC0(a, c)/QA0(a);
PX0(c)=1;
QX0(c)=sum(a, sam(a, c))/PX0(c);
deltaac(a, c)=(PXAC0(a, c)*QXAC0(a, c)**(1-rhoac(c)))/sum(ap, PXAC0(ap, c)*
QXAC0(ap, c)**(1/rhoac(c)));
scaleac(c)=QX0(C)/(sum(a, deltaac(a, c)*QXAC0(a, c)**(rhoac(c))))**(1/rhoac
(c));

PE0(c)=1;
pwe(c)=PE0(c)/EXR0;
QE0(c)=sam(c, 'row')/PE0(c);
PM0(c)=1;
tm(c)$sam('row', c)=sam('tariff', c)/sam('row', c);
pwm(c)$sam('row', c)=PM0(c)/((1+tm(c))*EXR0);
QM0(c)=(sam('row', c)+sam('tariff', c))/PM0(c);
PDC0(c)=1;
```
*国产内销商品量 QDC 在 IFPRI 的 SAM 表里不显性展示，必须估算
```
QDC0(c)=QX0(c)-QE0(c);
```

```
QQ0(c)=QDC0(c)+QM0(c);
PQS0(c)=1;
tsale(c)=sam('saletx', c)/(sum(a, sam(a, c))+sam('row', c)+sam('tariff', c)
-sam(c, 'row')+sam('margin', c));
QCTT0(c)=sam('margin', c)/PQ0('com3');
ictt(c)=QCTT0(c)/QQ0(c);
QCTTA0=sum(c, QCTT0(c));
```
*CET 函数参数校调估算
```
deltaCET(c)=PDC0(c)*QDC0(c)**(1-rhoCET(c))/(PDC0(c)*QDC0(c)**(1-rhoCET(c))
+ PE0(c)*QE0(c)**(1-rhoCET(c)));
scaleCET(c)=QX0(c)/(deltaCET(c)*QDC0(c)**rhoCET(c)+(1-deltaCET(c))*QE0(c)
**rhoCET(c))**(1/rhoCET(c));
```
*阿明顿函数参数校调估算
```
deltaQq(c)=PDC0(c)*QDC0(c)**(1-rhoQQ(c))/(PDC0(c)*QDC0(c)**(1-rhoQq(c))+
PM0(c)*QM0(c)**(1-rhoQq(c)));
scaleQQ(c)=QQ0(c)/(deltaQq(c)*QDC0(c)**rhoQq(c)+(1-deltaQq(c))*QM0(c)**
rhoQq(c))**(1/rhoQq(c));
```
*校调估算其他参数
```
QH0(c, h)=SAM(c, h)/PQ0(c);
cpiwt(c)=QH0(c, 'hhu')/sum(cp, QH0(cp, 'hhu'));
CPI0=sum(c, PQ0(c)*cpiwt(c));
transferhg0(h)=sam(h, 'gov')/cpi0;
sharelh(h)=(sam(h, 'lab')/WL0)/QLSAGG0;
shareifhk(h)=(sam(h, 'cap')/WK0)/QKSAGG0;
shareifentk=(sam('ent', 'cap')/WK0)/QKSAGG0;
YH0(h)=sharelh(h)*WL0*QLSAGG0+shareifhk(h)*WK0*QKSAGG0+transferhg0(h)
*cpi0;
tih(h)=sam('gov', h)/YH0(h);
EH0(h)=sum(c, sam(c, h));
bgtshare(c, h)=SAM(c, h)/EH0(h);
bhtsharechk1(h)=sum(c, bgtshare(c, h));
LESbeta(c, h)=LESelas(c, h)*bgtshare(c, h)/(sum(cp, LESelas(cp, h)*bgtshare
(cp, h)));
LESsub(c, h)=sam(c, h)/PQ0(c)+(LESbeta(c, h)/PQ0(c))*(EH0(h)/frisch(h));
LESbetachk1(h)=sum(c, LESbeta(c, h));
eho(h)=sum(c, PQ0(c)*LESsub(c, h))/cpi0;
mpc(h)=(EH0(h)-eho(h)*cpi0)/((1-tih(h))*YH0(h));
SAVEH0(h)=sam('invsav', h);
```

```
YENT0=shareifentk*WK0*QKSAGG0;
QINV0(c)=sam(c, 'invsav')/PQ0(c);
tiEnt=sam('gov', 'ent')/YEnt0;
SAVEENT0=(1-tiEnt)*YENT0;
YG0=sum(h, tih(h)*YH0(h))+tiEnt*YENT0+sum(a, tpayent(a)*WL0*QLD0(a))+sum(c,
sam('saletx', c))+sam('gov', 'tariff');
SAVEG0=sam('invsav', 'gov');
EG0=YG0-SAVEG0;
QG0(c)=sam(c, 'gov')/PQ0(c);
shareg(c)=PQ0(c)*QG0(c)/(EG0-sum(h, transferhg0(h)*cpi0));
SAVEF0=sam('invsav', 'row');
apiwt(a)=QA0(a)/sum(ap, QA0(ap));
API0=sum(a, PA0(a)*apiwt(a));


display
ica, ictt, tsale, PA0, QA0, EG0, PX0, QX0, PXAC0, QXAC0, shareg, tpayent,
bhtsharechk1, Lesbetachk1, YH0,
tih, EH0, eho, mpc, cpi0, WL0, WK0, PQ0, PINTA0, PVA0, QQ0, QINTA0, QVA0, PDC0,
QDC0, QQ0, pwm, pwe, QE0;


variable
PA(a), PVA(a), PINTA(a), QA(a), QVA(a), QINTA(a), QINT(c, a), QLD(a), QKD(a),
QLSAGG, QKSAGG, WL, WK, QX(c), PX(c), QXAC(a, c), PXAC(a, c),
PDC(c), QDC(c), PE(c), QE(c), EXR, QQ(c), PQS(c), PQ(c), PM(c), QM(c), QCTT(c),
QCTTA, YH, EH, QH(c, h), SAVEH, YENT,
QINV(c), INVADJ, SAVEENT, YG, EG, QG(c), SAVEG, SAVEF, CPI, API, DUMMYSI;


Equation
QAfn(a), QAFOCeq(a), PAeq(a), QVAfn(a), QVAFOC(a), PVAeq(a), QINTfn(c, a),
PINTAeq(a),
OQAQXeq(a, c), OPAPXeq(a), IQAQXeq(c), PXACFOC(a, c),
CETfn(c), CETFOC(c), PCETeq(c), PEeq(c),
QQfn(c), QQfnNoImport(c), QQFOC(c), PQSPDCNoImportfn(c), PQSeq(c), PMeq(c),
QCTTeq, QCTTAeq, PQSPQeq(c),
Yheq(h), EHeq(h), QHeq(c, h), SAVEHeq(h),
YENTeq, QINVeq(c), SAVEENTeq, Ygeq, QGeq, SAVEGeq, ComEqui(c), Leq, Keq,
FEXeq, CPIeq, APIeq, SIeq;
```

*生产区块方程

QAfn(a)..QA(a)=e=scaleAa(a)*(deltaAa(a)*QVA(a)**rhoAa(a)+(1-deltaAa(a))*
QINTA(a)**rhoAa(a))**(1/rhoAa(a));

QAFOCeq(a)..PVA(a)/PINTA(a)=e=(deltaAa(a)/(1-deltaAa(a)))*(QVA(a)/QINTA
(a))**(rhoAa(a)-1);

PAeq(a)..PA(a)*QA(a)=e=PVA(a)*QVA(a)+PINTA(a)*QINTA(a);

QVAfn(a)..QVA(a)=e=scaleAVA(a)*(deltaVA(a)*QLD(a)**rhoVA(a)+(1-deltaVA(a))
*QKD(a)**rhoVA(a))**(1/rhoVA(a));

QVAFOC(a)..((1+tpayent(a))*WL)/WK=e=(deltaVA(a)/(1-deltaVA(a)))*(QLD(a)/
QKD(a))**(rhoVA(a)-1);

PVAeq(a)..PVA(a)*QVA(a)=e=(1+tpayent(a))*WL*QLD(a)+WK*QKD(a);

QINTfn(c, a)..QINT(c, a)=e=ica(c, a)*QINTA(a);

PINTAeq(a)..PINTA(a)=e=SUM(c, ica(c, a)*PQ(c));

*QX 区块方程

OQAQXeq(a, c)$sam(a, c)..QXAC(a, c)=e=oxac(a, c)*QA(a);

OPAPXeq(a)..PA(a)=e=sum(c, PXAC(a, c)*oxac(a, c));

IQAQXeq(c)..QX(c)=e=scaleac(c)*sum(a, deltaac(a, c)*QXAC(a, c)**(rhoac(c)))
**(1/rhoac(c));

PXACFOC(a, c)$sam(a, c)..PXAC(a, c)=e=PX(c)*QX(c)*sum(ap, deltaac(ap, c)*
QXAC(ap, c)**(rhoac(c)))**(-1)*deltaac(a, c)*QXAC(a, c)**(rhoac(c)-1);

PXAC.fx(a, c)$(NOT sam(a, c))=1;

*CET 区块方程

CETfn(c)..QX(c)=e=scaleCET(c)*(deltaCET(c)*QDC(c)**rhoCET(c)+(1-deltaCET
(c))*QE(c)**rhoCET(c))**(1/rhoCET(c));

CETFOC(c)..PDC(c)/PE(c)=e=(deltaCET(c)/(1-deltaCET(c)))*(QDC(c)/QE(c))**
(rhoCET(c)-1);

PCETeq(c)..PX(c)*QX(c)=e=PDC(c)*QDC(c)+PE(c)*QE(c);

PEeq(c)..PE(c)=e=pwe(c)*EXR;

*阿明顿区块方程

QQfn(c)$sam('row', c)..QQ(c)=e=scaleQq(c)*(deltaQq(c)*QDC(c)**rhoQq(c)+(1
-deltaQq(c))*QM(c)**rhoQq(c))**(1/rhoQq(c));

QQfnNoImport(c)$(NOT sam('row', c))..QQ(c)=e=QDC(c);

QQFOC(c)$sam('row', c)..PDC(c)/PM(c)=e=(deltaQq(c)/(1-deltaQq(c)))*
(QDC(c)/QM(c))**(rhoQq(c)-1);

PQSPDCNoImportfn(c)$(sam('row', c)=0)..PQS(c)=e=PDC(c);

```
PQSeq(c)..PQS(c)*QQ(c)=e=PDC(c)*QDC(c)+PM(c)*QM(c);
PMeq(c)$sam('row', c)..PM(c)=e=pwm(c)*(1+tm(c))*EXR;
PM.fx(c)$(NOT sam('row', c))=1;
```

*行销部分方程
```
QCTTeq(c)..QCTT(c)=e=ictt(c)*QQ(c);
QCTTAeq..QCTTA=e=sum(c, QCTT(c));
PQSPQeq(c)..PQ(c)*QQ(c)=e=(1+tsale(c))*(PQS(c)*QQ(c)+QCTT(c)*PQ('com3'));
```

*居民
```
YHeq(h)..YH(h)=e=WL*sharelh(h)*QLSAGG+shareifhk(h)*WK*QKSAGG+transferhg0
(h)*CPI;
EHeq(h)..EH(h)=e=eho(h)*cpi+mpc(h)*(1-tih(h))*YH(h);
QHeq(c, h)..PQ(c)*QH(c, h)=e=PQ(c)*LESsub(c, h)+LESbeta(c, h)*(EH(h)-sum(cp,
PQ(cp)*LESsub(cp, h)));
SAVEHeq(h)..SAVEH(h)=e=-eho(h)*cpi+(1-mpc(h))*(1-tih(h))*YH(h);
```

*企业
```
YENTeq..YENT=e=shareifentk*WK*QKSAGG;
QINVeq(c)..QINV(c)=e=QINV0(c)*INVADJ;
SAVEENTeq..SAVEENT=e=(1-tiEnt)*YENT;
```

*政府
```
YGeq..YG=e=sum(a, tpayent(a)*WL*QLD(a))+sum(h, tih(h)*YH(h))+tiEnt*YENT+sum
(c, tsale(c)*(PQS(c)*QQ(c)+QCTT(c)*PQ('com3'))+tm(c)*pwm(c)*QM(c)*EXR);
SAVEGeq..EG=e=YG-SAVEG;
QGeq(c)..PQ(c)*QG(c)=e=shareg(c)*(EG-sum(h, transferhg0(h)*CPI));
```

*商品和要素市场出清
```
ComEqui(c)..QQ(c)=e=sum(a, QINT(c, a))+sum(h, QH(c, h))+QINV(c)+QG(c)+QCTTA
$sam(c, 'margin');
Leq..Sum(a, QLD(a))=e=QLSAGG;
Keq..Sum(a, QKD(a))=e=QKSAGG;
```

*价格指数
```
CPIeq..CPI=e=sum(c, PQ(c)*cpiwt(c));
APIeq..API=e=sum(a, PA(a)*apiwt(a));
```

```
FEXeq..SAVEF*EXR=e=sum(c, pwm(c)*QM(c)*EXR)-sum(c, pwe(c)*QE(c)*EXR);
SIeq..sum(c, PQ(c)*QINV(c))=e=sum(h, SAVEH(h))+SAVEENT+SAVEG+SAVEF*EXR+
dummysi;
```

*初始值赋值
```
PA.L(a)=PA0(a); PVA.L(a)=PVA0(a); PINTA.L(a)=PINTA0(a); QA.L(a)=QA0(a);
QVA.L(a)=QVA0(a); QINTA.L(a)=QINTA0(a); QINT.L(c, a)=QINT0(c, a);
QLD.L(a)=QLD0(a); QKD.L(a)=QKD0(a); QLSAGG.L=QLSAGG0; QKSAGG.L=QKSAGG0;
WL.L=WL0; WK.L=WK0;
PXAC.L(a, c)=PXAC0(a, c); QXAC.L(a, c)=QXAC0(a, c); QA.L(a)=QA0(a); PX.L(c)=
PX0(c);
QX.L(c)=QX0(c); PDC.L(c)=1; QDC.L(c)=QDC0(c); PE.L(c)=1; QE.L(c)=QE0(c); EXR.
L=1;
PQS.L(c)=1; PQ.L(c)=PQ0(c); QQ.L(c)=QQ0(c); PM.L(c)=PM0(c); QM.L(c)=QM0(c);
QCTT.L(c)=QCTT0(c); QCTTA.L=QCTTA0;
YH.L(h)=YH0(h); EH.L(h)=EH0(h); QH.L(c, h)=QH0(c, h); SAVEH.L(h)=SAVEH0(h);
YENT.L=YENT0; QINV.L(c)=QINV0(c); INVADJ.L=1; SAVEENT.L=SAVEENT0; YG.L=YG0;
EG.L=EG0; QG.L(c)=QG0(c); SAVEG.L=SAVEG0; SAVEF.L=SAVEF0; CPI.L=CPI0;
API.L=API0; DUMMYSI.L=0;
```

*5 个限制条件减少 5 个变量, 满足方形条件, 活动价格指数为价格基准
*采用政府支出闭合, 因此 EG 为变量
```
QLSAGG.fx=QLSAGG0;
QKSAGG.fx=QKSAGG0;
INVADJ.fx=1;
EXR.fx=EXR0;
API.fx=1;
```

*执行模型
```
model cge   /all/;
solve cge using mcp;

parameter
scaleaa0(a), QXACchange(a, c), QLDchange(a), QKDchange(a);
scaleaa0(a)=scaleaa(a);

display scaleaa0;
```

*模拟民营企业全要素生产率增加 30％

```
scaleaa('act3')=scaleaa0('act3')*1.3;

model sim   /all/;
solve sim using mcp;

QXACchange(a, c)$(sam(a, c))=QXAC.L(a, c)/QXAC0(a, c)-1;
QLDchange(a)=QLD.L(a)/QLD0(a)-1;
QKDchange(a)=QKD.L(a)/QKD0(a)-1;

display QXACchange, QLDchange, QKDchange;

*END
```

16.6 计算国民生产总值和凯恩斯乘数

GDP 是宏观经济和国民账户的主要指标。计算 GDP 有三种主要方式:支出法、增加值法(也叫生产法)和收入法。理论上,这三种方法计算出来的 GDP 数值是一样的,在实践中由于各种技术问题,数值会有误差。在 CGE 模型中用这三种方式计算出来的 GDP 数值应该一样。具体计算时要注意各种细节。譬如,用支出法时要注意用哪种价格计算;用增加值法时要注意哪种税收要算入,哪种不用算入,哪种补贴或者减税要在 GDP 数值中减去;等等。下面介绍前两种方法的计算公式。

支出法的计算公式是:

GDP ＝按购买者价格计算的各机构最终消费金额
＝居民和政府最终消费额(购买者价格)
＋资本形成即投资金额(购买者价格)
＋出口价值(国际价格按汇率换算成国内货币价格)
－进口价值(国际价格按汇率换算成国内货币价格)

行销加价对 GDP 的贡献包括在购买者价格里面,行销服务投入被认作类似于中间投入,因此不计算在最终消费里。

以欧利国为例。计算 GDP 时,可以在 GAMS 程序中,在执行指令"solve"结束后,定义 GDP 参数,然后用下面程序计算 GDP 参数。各个变量后面加后缀".L",是因为 GAMS 程序语法的要求,GAMS 程序运行结束后要获取变量数值,变量后面必须加后缀".L":

```
GDP=sum(c, PQ.L(c)*(QH.L(c)+QG.L(c)+QINV.L(c)))+sum(a, pwe(a)*EXR.L*QE.L(a))-sum(c, pwm(c)*EXR.L* QM.L(c));
```

类似地,在转型国例子里,在执行指令"solve"结束后,定义参数 GDP,然后用下面程序计算 GDP 参数。和欧利国不同的是,转型国的居民有多个群体:

GDP=sum(c, PQ.L(c)*(sum(h, QH.L(c, h))+QG.L(c)+QINV.L(c)))+sum(c, pwe(c)*
EXR.L*QE.L(c))-sum(c, pwm(c)*EXR.L*QM.L(c));

另外一种计算方式叫增加值法，也叫生产法。这是把生产中所有增加值部分汇总得出的 GDP 数值。它的公式是：

$$GDP＝按照要素成本计算的增加值毛额总值$$
$$＋所有产品税（减去产品补贴）$$
$$＋所有生产税（减去生产补贴）$$

要素增加值毛额包括所有劳动力和资本成本。资本成本包括折旧和营业净盈余。除此之外，还要加上各种间接税项，如生产税、增值税，销售税、关税和出口税等，以及减去这些税项里的补贴。商品的行销加价服务对 GDP 的贡献包括在服务业生产活动的增加值部分里。

以欧利国为例。在执行指令"solve"结束后，定义参数 GDP，然后用下面程序计算 GDP 参数。欧利国有增值税，因此税项比较复杂。GDP 包括最终销售增值税。企业部分增值税和虚拟税楔已经被最终销售增值税包括，因此不能重复计算在里面。另外，中间投入的增值税退税在我们模型设置结构里等于政府提供的补贴，因此要减去。计算公式的程序语句为：

GDP2=sum(a, WL.L*QLD.L(a)+WK.L*QKD.L(a))+sum(c, tvatq(c)*(PQS.L(c)*QQ.
L(c)+QCTT.L(c)*PQ.L('com3')))-sum(a, rvati(a)*sum(c, PQ.L(c)*QINT.L(c, a)))
+sum(c, tm(c)*pwm(c)*EXR.L*QM.L(c))-sum(a, sube(a)/(1-sube(a))*pwe(a)*EXR.
L*QE.L(a));

转型国没有增值税，因此税项比欧利国要简单。在执行指令"solve"结束后，定义 GDP 参数，用下面程序计算 GDP：

GDP=sum(a, (1+tpayent(a))*WL.L*QLD.L(a)+WK.L*QKD.L(a))+sum(c, tsale(c)
*(PQS.L(c)*QQ.L(c)+QCTT.L(c)*PQ.L('com3')))+sum(c, tm(c)*pwm(c)*EXR.L*QM.
L(c));

两种方法计算出来的 GDP 数值是一样的。欧利国的 GDP 是 4 316，转型国的 GDP 为 4 750。读者可以把上面的 GAMS 程序放入前面的程序中，练习运行。

例 16.6.1　假设第 15 章的欧利国现状是经济萧条下的凯恩斯均衡状态。政府准备增加政府开支以刺激经济，因此要计算政府支出乘数，其定义为政府支出 *EG* 增加一个货币单位金额（如增加 1 美元）推动的 GDP 增加幅度。

解：我们要把例 15.7.1 模型中的政府支出宏观闭合改为凯恩斯闭合。也就是说，把政府支出闭合约束条件的式(15.6.40)—式(15.6.44)替换为以下 5 个凯恩斯闭合约束条件，相应的程序语句为：

WL.fx=1; API.fx=1; EG.fx=EG0; INVADJ.fx=1; EXR.fx=EXR0;

在劳动力价格和活动生产的产品价格固定的情况下，劳动力和资本就业是内生的。或者，我们固定劳动力价格和资本价格，使用以下 5 个约束条件，相应的程序语句为：

WL.fx=1; WK.fx=1; EG.fx=EG0; INVADJ.fx=1; EXR.fx=EXR0;

在凯恩斯闭合中，政府支出 *EG* 决定经济规模的外生变量。经济规模以 GDP 为指标，因此模型中要计算 GDP,可以用前面的公式。计算乘数时,让 EG 增加一个货币单位的金额,然后计算由此产生的 GDP 增长。因为在凯恩斯闭合下价格都是固定的,所以模拟计算出来的乘数是经济的实际增长。

　　本例的 GAMS 程序留给读者作为练习。如果计算正确的话,答案是:基期的 GDP 为 4 316,政府支出乘数为 1.362。

练　　习

1. 根据表 16.2.1 的数据,修改例 16.4.1 的 QX 区块子程序。把多个活动生产的产品形成一个合成商品的合成关系改为固定比例关系,一个活动生产多种产品的生产关系则维持原来例子里的固定比例关系。独立测试子程序,并运行成功。

2. 根据表 16.2.1 的数据,修改例 16.4.1 的 QX 区块子程序。一个活动生产多种产品的生产关系,从原来的固定比例关系改为 CET 函数:

$$QA_a = \alpha_a^{axc} \left(\sum_c \delta_{ac}^{axc} \cdot QXAC_{ac}^{\rho_a^{axc}} \right)^{1/\rho_a^{axc}} \quad a \in A \qquad (16.E.2.1)$$

上面函数中所有部门 a 的指数 ρ_a^{axc} 都是 1.3。你可以参考第 8.6 节选择一个一阶优化条件的方程组形式。由多个活动生产的产品形成合成商品的合成关系仍由原来的 CES 函数描述。独立测试子程序,并运行成功。

3. 第 16.6 节介绍了在 CGE 模型中计算 GDP 数值的规范和公式。参考第 16.6 节的公式,为欧利国和转型国模型撰写计算 GDP 的 GAMS 程序,包括支出法和增加值法两种方式。检查计算出来的数值是否正确。如有问题,再参考书中提供的 GAMS 程序写法。

4. 某研究课题要针对化石能源在经济中的作用构建 CGE 模型。该模型生产区块的结构如图 16.E.4.1 所示。这是一个三层嵌套结构。SAM 表的相应部分为表 16.E.4.1。中间投入模块为里昂惕夫函数,其他生产函数模块都是 CES 函数。表 16.E.4.2 提供了其他相关的参数数值。为此区块编写子程序,测试子程序,并运行成功。

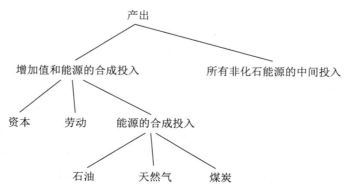

图 16.E.4.1　化石能源 CGE 模型的生产区块结构

表 16.E.4.1　模型经济 SAM 表的活动账户部分

	Act1(农业)	Act2(工业)	Act3(服务业)
Com1(农业)	350	400	250
Com2(工业)	300	700	300
Com3(服务业)	220	440	240
Lab(劳动)	650	700	500
Cap(资本)	350	900	470
Oil(石油)	60	100	40
Coal(煤炭)	50	120	20
Natural gas(天然气)	50	80	60
HH(居民)			
Ent(企业)			
Gov(政府)			
Emptx(工资税)	80	100	60
ROW(国外)			
Invsav(储蓄-投资)			
总　　计	2 110	3 540	1 940

表 16.E.4.2　相关参数数值

	Act1(农业)	Act2(工业)	Act3(服务业)
顶层生产函数 CES ρ	0.2	0.5	0.1
第二层增加值 CES ρ	0.3	0.6	0.5
第三层能源合成 ρ	0.8	0.8	0.7

▶ 17

CGE 模型的设计和改进、技术性检验、政策模拟结果评估

17.1 CGE 模型的设计和改进

初学者学习 CGE 模型比较有效的方法是,从抄写本书的现成程序开始,根据研究问题和经济学原理,逐步增加新的内容,或逐步修改内容。每加一个内容或者修改一个内容,譬如加一个账户或者修改一个方程,就运行一下,看是不是顺畅。如果出了问题,就可以确定是那个新内容带来了问题,集中精力修改程序解决这个问题。修改好了,再加其他的新内容。

常有学生说,他的 CGE 模型不能显示结果,或者他的结果和预期不一致。一个常见的原因是,他错误地抄写了现成而又不适用的宏观闭合设置。因此,在做 CGE 模型时,一定要根据经济学原理,按照被研究的经济体制的类型和情况选择、设计、设置和修改宏观闭合,绝不能生搬硬套现成的模型。譬如,新古典主义闭合在现有文献中比较流行,常有学生照抄标准的新古典主义闭合的 CGE 模型来研究政府财政刺激措施,或者提价、降价措施,发现得不出结果。这是因为,标准的新古典主义闭合中价格是系统内生决定的,劳动力等要素是充分就业的,政府的刺激措施不可能增加就业数量,价格为内生变量时就不能作为外生变量去模拟政策冲击。因此,在这些情况下,必须要根据经济学理论,修改宏观闭合和模型结构。譬如,在模拟财政刺激对就业的影响时,在模型中要允许劳动力要素的实际供给量内生决定。然后,看模型的结果是否和经济学理论预期一致,以及模型收敛指标(如 *WALRAS* 或者 *DUMMYSI* 数值)是否接近零。

构建 CGE 模型并顺利运行 GAMS 程序模拟外部政策冲击后,我们还需要检查和分析模拟结果。如果模拟结果与基于理论的预期不一致,就需要进一步调查分析。大多数情况下,不一致是由于 CGE 模型和 GAMS 程序中的技术性错误引起的,这就需要纠错和调试。某些情况下,经过分析最终证明结果是正确的——虽然这些结果表面上看来违反直觉,但理论是正确的。这不仅是理论研究上的惊喜,也常常有重要的政策意义。在另外一些情况下,模拟结果和理论预期的不一致则是由模型的基本错误引起的,它们涉及模型

结构和闭合中的问题。这种情况比较麻烦,需要改进甚至重建整个 CGE 模型。

以第 14 章的奥兰国为例。假设政府考虑降低工资税税率以刺激经济。从表 14.1.2 可以估算出当前工资税税率为 10%,政府考虑把它降低一半。在例 14.8.1 的 GAMS 程序中,需要把工资税税率 $tpayent$ 从原来的 10% 降低到 5% 来模拟这个政策冲击。政府的预期是,降低工资税税率后,活动产出 QA 和商品数量 QQ 会被刺激增长。出乎意料的是,模拟结果显示实际产出量几乎没有变化(见表 17.1.1)。

表 17.1.1　奥兰国工资税税率从 10% 降到 5% 造成的产出变化

活动产出 QA			商品产出 QQ		
农 业	工 业	服务业	农 业	工 业	服务业
0.2%	0	0	0.2%	0	0

对模型做调查分析发现,模型使用的是新古典主义闭合,劳动和资本本来就处于充分就业状态,在现有生产效率下,总产出不能进一步增加。新古典主义闭合下的劳动力价格 WL 是充分弹性的,工资税税率下调后,劳动价格增加,包括工资税的单位劳动成本实际维持不变。如表 17.1.2 所示,劳动价格从 1 上涨至 1.048,减税后的工资税税率为 5%,包括工资税的单位劳动成本为 1.048×1.05=1.1。这正是原来包括工资税(税率为 10%)的单位劳动成本(1×1.1=1.1)。因此,政府的减税政策对劳动力就业和活动产出影响很小,在刺激产出方面无效。减税政策的实际影响是:居民收入增加了 2.3%,从而增加了居民消费;而政府收入减少了 7.7%,从而减少了政府消费。减税政策造成机构之间的再分配。

表 17.1.2　奥兰国降低工资税税率引起的变化

	劳动总投入 QLS	劳动价格 WL	居民收入 YH	政府收入 YG
减税后的数值	2 040	1.048	4 312	1 031
变化率	0	4.8%	2.3%	−7.7%

对模型进行检验和分析后,我们得出结论:技术层面上,该 CGE 模型和 GAMS 程序没有问题,模拟结果是正常的。经济学层面上,也许要进一步分析。譬如,模型设置的新古典主义闭合中的充分就业和弹性价格假设是否正确描述了当前的宏观经济环境?政府有多少能力可以随意调整财政预算和支出额? 等等。

有时我们遇到的 CGE 模型运行问题更严重。一个常见情况是,出于研究课题需要将模型里的某些内生变量更改为外生变量。表面上看,这似乎是个修改模型的小型工作,但实际上可能涉及修改闭合甚至整个模型结构。举例来说,假设在原本的标准 CGE 模型中,要模拟政府提出的控制农产品价格政策,把汽油价格压低到市场均衡价格水平以下。在模型中模拟这种情况,我们首先要把农产品价格从变量改为参数。这样变量数量减少了一个,为了满足方形条件,在模型系统中要删除一个方程。哪个方程应该被删除?理论上是否合理? 按常理我们会删除农产品部门的市场出清方程。虽然数学上似乎有效,但实际上 CGE 模型在模拟外界冲击时不能收敛到新的均衡点。大部分情况下,模型在模拟

后会发现虚拟变量 $WALRAS$ 或者 $DUMMYSI$ 的数值远远大于零。

在 CGE 模型建模中,如果要删除系统中的某个或某些方程,研究者需要特别谨慎。除非模型中预先设计好的闭合选项中允许删除那些方程,不然要对模型结构做修改。第3.4 节展示了投入产出价格模型中的某几个价格变量改为参数的情况,可以看到这个改变会涉及模型结构,并且要对某些市场上非均衡的状况提供解释。CGE 模型的研究也类似。如果在 CGE 模型中要把某个商品价格变量固定在均衡值外的水平,则模型需要设置机制来解决由此产生的商品市场的短缺/过剩,以及对其他市场的溢出效应。除了价格控制之外,控制约束也可能发生在数量上。譬如,课题需要研究政府准备对居民汽油消费实施数量配额制,那么 CGE 模型中居民的汽油消费量要从变量改为参数。由此,我们要修改居民的行为函数,即推导在数量约束下的居民商品需求函数,然后用这个行为函数来替代原来的居民商品需求函数。在企业供给函数方面,也要做相应的修改。在经济学中,在某些商品或者要素的数量或者价格被外界约束的情况下达到的经济体全局均衡,被称为"一般不均衡"(general disequilibrium)或"非瓦尔拉斯一般均衡"(general non-Walrasian equilibrium)。其实,凯恩斯均衡也是非瓦尔拉斯均衡的一个例子。有兴趣的读者可以参考Chang(1993)和其他类似的研究。CGE 模型可以应用于非瓦尔拉斯一般均衡的理论模型,只是要对原来基于瓦尔拉斯一般均衡的 CGE 模型结构做较大的改动。

17.2　要素供给函数和弹性要素供给的宏观闭合

上面提到,奥兰国降低工资税税率的政策不能刺激生产产出的原因在于模型采用了要素充分就业和要素价格弹性的宏观闭合。以劳动要素为代表,图 17.2.1 描绘了要素供给曲线的三种典型情况。要素充分就业条件意味着劳动供给量固定在劳动禀赋量,在图中为劳动供给曲线 L_1,即在劳动禀赋 L^* 处的一条垂直线。

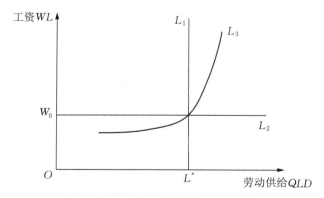

图 17.2.1　不同形状的劳动供给曲线

假设我们认为奥兰国的宏观经济现状并不是要素充分就业的,甚至当前的经济已处于严重萧条。描述这种情况的是凯恩斯闭合:劳动和资本的价格是固定的,供给量充分弹性,在模型中完全由需求内生决定。这时劳动供给曲线如图中的 L_2,为当前工资率 W_0 上的水平线。在例 14.8.1 的奥兰国 GAMS 程序中,如果要把原来的宏观闭合改为凯恩斯闭合,我们可把劳动和资本价格固定,劳动和资本供给量充分弹性,因此它们是变量。假设政府支出维持不变,相应的凯恩斯闭合约束条件的程序语句是:

```
WL.fx=1; WK.fx=1; EG.fx=EG0; INVADJ.fx=1; EXR.fx=EXR0;
```

同样地,假设政府把工资税税率从 10% 下降到 5%,在凯恩斯闭合下的模拟结果如表17.2.1 所示。

表 17.2.1 凯恩斯闭合下奥兰国降低工资税税率引起的变化

劳动 QLS	资本 QKS	活动产出 QA			政府收入 YG
		农 业	工 业	服务业	
14%	6.3%	10.5%	10.6%	9.6%	−1.4%

从表 17.2.1 可以看到,劳动供给大幅增加,因为在要素供给为水平线的情况下,劳动需求量对价格变化很敏感。政策刺激了居民的消费需求,需求拉动产出,活动产出显著增加,这又刺激了对资本的需求。模拟显示,如果要素供给曲线是水平的,降低工资税税率的刺激政策是有效的,即使政府支出 EG 维持不变。

迄今为止,本书中 CGE 模型里的要素供给要么固定在充分就业水平,意味着垂直供给曲线;要么在凯恩斯闭合中设定为固定价格,意味着水平供给曲线。这些都是极端情况。然而大多数时候,要素供给曲线应该像图 17.2.1 中的 L_3 那样是向上倾斜的。要素价格上涨会导致该要素的供给量有限地增加。一种具备 L_3 形状的劳动供给曲线由恒价格弹性供给函数描述。它的形式是幂函数:

$$L = \lambda W^\varepsilon \tag{17.2.1}$$

其中,L 为劳动供给,W 为工资,常数 λ 为规模因子,指数 ε 是供给的价格弹性。对上式两边取对数,微分后重排,即可得到供给价格弹性:

$$\varepsilon = \frac{\mathrm{d}\ln L}{\mathrm{d}\ln W} = \frac{\mathrm{d}L/L}{\mathrm{d}W/W} \tag{17.2.2}$$

由此可见,幂函数的指数就是劳动供给函数的价格弹性。经济学认为,供给函数是边际成本递增的,它是凹函数。在经济学供给函数图中用的是它的反函数形式,劳动供给量 L 在横轴上,如图 17.2.1 中 L_3 的形状。随着劳动供给量 L 接近充分就业,价格弹性 ε 越来越小。也就是说,需要更大幅度地提高工资才可以诱使劳动力增加。

式(17.2.1) 的劳动供给函数用 CGE 模型符号表示为:

$$QLS = LSscale \cdot WL^{LSelas} \tag{17.2.3}$$

其中,$LSscale$ 和 $LSelas$ 分别是 λ 和 ε。如果从经济学上判断,劳动供给是价格弹性的,我们可以在前面的 CGE 模型里,用上面的劳动供给函数来替换原来的固定价格或固定劳动供给的设置。也就是说,把前面模型中的 $WL = \overline{WL}$ 或 $QLS = \overline{QLS}$(劳动禀赋)改为 $QLS = LSscale \cdot WL^{LSelas}$。

假如根据经济学判断资本供给量是价格弹性的,资本价格 WK 上涨会增加资本供给 QKS,譬如吸引外国直接投资,那么我们可以用下面的资本供给函数来替换前面模型中的

固定资本价格或固定资本供给量的设置:

$$QKS = KSscale \cdot WK^{KSelas} \qquad (17.2.4)$$

在原来奥兰国模型的 GAMS 程序中,如果我们把固定要素价格或者固定要素供给量改换成弹性要素供给,先要从外界的数据或者计量分析结果中获取价格弹性系数。假设还没取得系数数据,我们可以用中性的单位弹性系数。单位弹性系数定义为 1,即价格和供给量按同比例增加。调整估算要素供给函数的参数的 GAMS 代码为:

```
KSelas=1;
KSscale=(sam('cap', 'total')/WK0)/(WK0 **KSelas);
LSelas=1;
LSscale=(sam('lab', 'total')/WL0)/(WL0 **LSelas);
```

模型的 GAMS 程序中劳动和资本需求模块里的方程代码为:

```
Leq..    Sum(a, QLD(a))=e=QLS;
Lsupply..   QLS=e=LSscale*WL **LSelas;
Keq..    Sum(a, QKD(a))=e=QKS;
Ksupply..   QKS=e=KSscale*WK **KSelas;
```

在奥兰国模型中加入上面两个弹性要素供给函数的方程后,我们只需要加 3 个变量约束就可以满足方形条件。假设我们选择私人投资外生决定,生产者价格指数为价格基准,因此是固定的,汇率是固定的,政府支出 EG 为变量。因此,模型加上 3 个约束:

```
INVADJ.fx=1;
EXR.fx=EXR0;
PPI.fx=1;
```

这 3 个约束条件加上前面的弹性要素供给方程构成了新的闭合,我们称它为弹性要素供给闭合。它不同于前面的要素供给量等于禀赋的新古典主义闭合,也不同于要素价格固定的凯恩斯闭合,而是介于这两个极端情况之间。

把前面奥兰国模型的闭合改为弹性要素供给闭合后,仍然模拟政府把工资税税率从原来的 10% 下降到 5% 的情况。从表 17.2.2 可见模拟的政策冲击结果,相比新古典主义的充分就业闭合环境,弹性要素供给闭合下的劳动和资本供给量及活动产出量都有所增加,但增幅小于凯恩斯闭合下的结果。作为练习,读者可以按照上面指示修改奥兰国的 GAMS 程序,验证本节和下面第 17.3 节的展示结果。

表 17.2.2　弹性要素供给闭合下奥兰国降低工资税税率引起的变化(弹性系数＝1)

劳动 QLS	资本 QKS	活动产出 QA			政府收入 YG
		农　业	工　业	服务业	
3.9%	1.0%	2.7%	2.4%	2.5%	−5.5%

现实经济常常介乎前面所述的两个极端之间。要素供给量和价格既非完全刚性,也非完全弹性。要素供给量根据价格变化会有弹性,只是弹性在不同宏观经济环境下有大小。在二元经济环境下,不同要素有不同的弹性。譬如,在描述发展中国家的刘易斯闭合

条件下,劳动是无限制供给的,也就是劳动供给量充分弹性,而资本是有限供给的,因此资本供给是刚性的。建模的时候要根据实际经济环境来设置。

17.3 可靠性、稳健性和敏感性分析

即使模拟结果与经济学预期一致,我们还需要知道模拟出来的数值的可靠程度。计量经济学模型从大量观测值数据中用统计方法获得估计值的置信水平和得出统计判断。可惜,在 CGE 模型里,我们没有足够数量的观测值和自由度来对变量或模拟数值进行这种统计检验。SAM 表的很多条目常常只有一个观察值。此外,信息噪声会污染原始数据和借用的弹性值,平衡 SAM 表时会出现误差,模型中的各种假设条件和函数设置与实际情况存在偏差,这些都会影响 CGE 模型估计值和模拟结果的可靠程度。

因此,CGE 模型要对模拟结果的可靠性进行技术性检验,包括敏感性和稳健性测试。对关键参数和变量数值做些变化,然后观测模拟结果的相应变化,这叫作敏感性分析。对模型中使用的参数数值在随机误差范围之内进行扰动,观测模型的模拟结果是否有重大变化,是否和原来预期有重大不同,这个测试叫稳健性分析。如果模拟结果对参数数值误差不敏感,不因扰动参数值而发生显著变化,则这些模拟结果是稳健的。我们对模拟结果和模型预测更有信心。如果一个微小扰动会导致模拟结果发生重大变化甚至转换正负符号,则意味着模拟结果对参数误差非常敏感,模拟结果的可靠程度也比较低。由于牵涉到的变量太多,在稳健性和敏感性分析中,到底哪些数值要测试,扰动范围有多大,这些要根据统计数据、相关信息、理论和经验来具体判断。

一种测试方法叫作一次一因素(one-factor-at-a-time)法,简称为 OFAT 法。它的原理和具体做法如下。先选择第一个和模拟结果密切相关的参数,扰动它的数值,同时保持其他参数数值和外生变量不变,然后检查模拟结果如何变化。接下来选择另一个关键参数,扰动它的数值,维持其他参数数值不变,看模拟结果如何变化。依此类推,完成对所有重要参数的扰动,并检查相应的模拟结果变化。

还是以奥兰国降低工资税税率为例。政策的初始意图是增加劳动力就业和刺激产出。前面展示的模拟结果表明,要素供给的价格弹性 ε 变化会影响模拟结果。前面测试了 ε 的 3 个关键值:(1)要素供给量固定(供给完全刚性);(2)劳动价格固定,供给完全弹性;(3)弹性要素供给。为了便于比较,表 17.3.1 同时列出这 3 种情况下的模拟结果。劳动供给和资本供给的价格弹性系数分别用 ε_L 和 ε_K 表示。

表 17.3.1　模拟不同价格弹性下工资税税率从 10% 降到 5% 引起的变化

	固定供给量 L_1 ($\varepsilon_L = 0$, $\varepsilon_K = 0$)	固定工资 L_2 ($\varepsilon_L = \infty$, $\varepsilon_K = \infty$)	弹性供给 L_3 ($\varepsilon_L = 1$, $\varepsilon_K = 1$)
劳动价格 WL	4.8%	0	3.9%
资本价格 WK	0	0	1.0%
劳动供给 QLS	0	14%	3.9%
资本供给 QKS	0	6.3%	1.0%

	固定供给量 L_1 $(\varepsilon_L=0, \varepsilon_K=0)$	固定工资 L_2 $(\varepsilon_L=\infty, \varepsilon_K=\infty)$	弹性供给 L_3 $(\varepsilon_L=1, \varepsilon_K=1)$
农业产出 QA_1	0.2%	10.5%	2.7%
工业产出 QA_2	0	10.6%	2.4%
服务业产出 QA_3	0	9.6%	2.5%
政府收入 YG	-7.7%	-1.4%	-5.5%
GDP	0	7.5%	2.5%

从表 17.3.1 展示的模拟结果可以看出,劳动供给、活动产出、GDP 等对要素供给的价格弹性系数的变化是相当敏感的,它们的变化率范围可以从 0 到 14%。因此,如果劳动供给和资本供给的价格弹性系数的数值不可靠,模型可能的模拟结果的范围太大,难以确定。

继续仔细分析,注意到表 17.3.1 中弹性系数 ε_L 和 ε_K 的取值范围是从 0 到无穷大,但现实经济中完全弹性和完全非弹性的极端情况非常罕见,通常我们有很多信息可用来缩小参数值的范围。例如,通过检查宏观经济指标(如失业率),我们对当前的大致经济环境有很好的了解。如果经济是接近充分就业的,劳动供给的价格弹性系数会非常低,可能接近 0。也可以通过自己做回归分析或者借鉴已有的经济学实证研究结果获取劳动供给和资本供给的弹性值。假设通过数理统计手段得到估计值 $\varepsilon_L=0.2$ 和 $\varepsilon_K=0.4$,而且知道系数值的范围为 $0<\varepsilon_L<0.5$ 和 $0.2<\varepsilon_K<0.8$。我们用 OFAT 法在这些参数值周围进行扰动,看模拟结果是否稳健。

首先我们扰动 ε_K,同时保持 ε_L 和其他参数数值不变。也就是说,在 ε_L 固定为 0.2 的情况下,让 ε_K 在数值 0.4 附近变化。扰动结果如表 17.3.2 所示。可以看出,模拟结果对 ε_K 的变化不敏感,变化率几乎没有改变,模拟结果是稳健的。

表 17.3.2 模拟不同价格弹性下工资税税率下调引起的变化($\varepsilon_L=0.2$)

	$\varepsilon_K=0.2$	$\varepsilon_K=0.3$	$\varepsilon_K=0.4$	$\varepsilon_K=0.6$	$\varepsilon_K=0.8$
劳动价格 WL	4.5%	4.5%	4.5%	4.5%	4.5%
资本价格 WK	0.3%	0.3%	0.3%	0.3%	0.2%
劳动供给 QLS	0.9%	0.9%	0.9%	0.9%	0.9%
资本供给 QKS	0	0	0.1%	0.1%	0.2%
农业产出 QA_1	0.7%	0.7%	0.7%	0.7%	0.7%
工业产出 QA_2	0.4%	0.4%	0.4%	0.4%	0.5%
服务业产出 QA_3	0.5%	0.5%	0.5%	0.5%	0.5%
政府收入 YG	-7.3%	-7.3%	-7.3%	-7.2%	-7.2%
GDP	0.5%	0.5%	0.5%	0.5%	0.6%

下一步我们换一个参数。这次我们固定 $\varepsilon_K=0.4$ 和固定其他参数数值,而让 ε_L 在数值 0.2 附近变化,然后检查模拟结果的稳健性。模拟结果展示在表 17.3.3 中。可以看出,模拟结果对 ε_L 的变化相对敏感些,但与原始 $\varepsilon_L=0.2$ 情况的结果相比,也没有重大变化。

模拟结果基本是稳健的。

表 17.3.3 模拟不同价格弹性下工资税税率下调引起的变化($\varepsilon_K = 0.4$)

	$\varepsilon_L = 0$	$\varepsilon_L = 0.1$	$\varepsilon_L = 0.2$	$\varepsilon_L = 0.3$	$\varepsilon_L = 0.5$
劳动价格 WL	4.8%	4.6%	4.5%	4.4%	4.2%
资本价格 WK	0	0.1%	0.3%	0.4%	0.6%
劳动供给 QLS	0	0.5%	0.9%	1.3%	2.1%
资本供给 QKS	0	0	0.1%	0.2%	0.2%
农业产出 QA_1	0.2%	0.4%	0.7%	0.9%	1.4%
工业产出 QA_2	0	0.2%	0.4%	0.7%	1.1%
服务业产出 QA_3	0	0.2%	0.5%	0.9%	1.2%
政府收入 YG	−7.7%	−7.5%	−7.3%	−7.0%	−6.7%
GDP	0	0.3%	0.5%	0.8%	1.2%

最后报告结论:CGE 模型对工资税税率下调 5% 的政策将如何影响劳动力就业和产品产出做了模拟。对模拟结果的稳健性,我们用 OFAT 法在可能的相关参数值波动范围内进行了测试。测试结果表明,CGE 模型的模拟结果是稳健的。该政策的有效性主要取决于劳动供给的价格弹性,而其他参数波动造成的影响有限。预计工资税税率下调政策将使劳动力就业增长 0—2.1%,农业、工业和服务业部门的产出分别增长 0.2%—1.4%、0—1.1% 和 0—1.2%,GDP 增长 0—1.2%,政府收入下降 6.7%—7.7%。

上面介绍的 OFAT 法简单明了,也有其他用于测试 CGE 模型参数和模拟结果的敏感性和稳健性的更复杂技术,如蒙特卡罗滤波方法等。读者可以在网上搜索这些技术的相关文献。对蒙特卡罗技术感兴趣的读者可以查看 Sebastien 等(2013)中列出的参考文献以及相关评论。

17.4 政策评估:对居民福利的影响

上面的敏感性和稳健性分析是从技术层面对模拟结果进行检验和评估。除此之外,研究者还要从经济和公共政策层面对模拟结果进行优劣性评估。一个政策对各个经济和社会变量的影响往往是多方面的,有积极的,有消极的,很少有十全十美的政策。譬如,本章讨论的工资税税率下调政策,在劳动供给价格弹性较高的情况下,虽然对就业和产出有刺激作用,但是政府财政收入恶化,财政赤字增加了。因此,评价一个政策,除了要了解正面和负面效应外,还要考虑决策者的偏好和关注重点。通常,在 CGE 模型模拟后,需要将政策对各个主要变量的数量影响详细列出来,然后建立一些综合指标,以便决策者对各个可供选择的政策方案进行比较。

评价一个公共政策的好坏,通常要估计该政策对居民福利的影响。因为提高居民的长期福利是一国最重要也是最终的目标。执行这个政策后,居民福利是提高了还是降低了?程度有多大?理论上,我们可以用 CGE 模型中的居民效用函数来检测效用的变化方向与程度。例如,某 CGE 模型的居民效用函数是 $u(\mathbf{QH})$,$\mathbf{QH}$ 为居民所有商品消费量的向量。如果政策变化前居民初始消费是 $\mathbf{QH}0$,而政策冲击后的消费是 $\mathbf{QH}1$,那么居民福利

的变化为 $u(\mathbf{QH1}) - u(\mathbf{QH0})$。

不过,效用函数单位的固定标准,在理论和实践上难以确定,问题多多。因此,在实际应用上,大家倾向于用货币单位来衡量效用变化程度。经济学上,这种效用函数叫货币度量效用函数(money metric utility function)。居民效用从 $u(\mathbf{QH0})$ 到 $u(\mathbf{QH1})$ 的变化,可以用这里隐含的实际收入变化来衡量。也就是说,我们研究,如果商品价格维持不变,政府需要给居民多少货币补偿或者从居民身上拿走多少货币收入,使居民在政策冲击后的福利水平恢复到初始福利水平。

从这个思路出发,福利经济学发展出以货币单位来检测居民福利或效用程度变化的两个指标:等价性变化量(equivalent variation,EV)和补偿性变化量(compensate variation,CV)。图 17.4.1 和图 17.4.2 直观地解释了这两个指标。

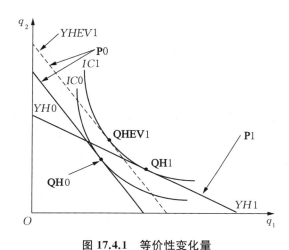

图 17.4.1 等价性变化量

某经济有两个商品,q_1 和 q_2。假设实施政策前的初始状况下,居民的货币收入为 $YH0$,面临的商品价格向量为 $\mathbf{P0}$,居民对商品的消费需求向量为 $\mathbf{QH0}$。居民达到的福利/效用程度以无差异曲线 $IC0$ 代表。实施该政策后,居民的货币收入为 $YH1$,面临的商品价格向量为 $\mathbf{P1}$,居民对商品的消费需求向量为 $\mathbf{QH1}$。居民达到的福利/效用为无差异曲线 $IC1$。假如价格仍在初始价格 $\mathbf{P0}$,为了维持和 $\mathbf{QH1}$ 一样的福利/效用水平,居民的最低预算支出用虚线 $YHEV1$ 表示,预算支出变化而相对价格没有变化。相应的居民的商品消费篮子的向量为 $\mathbf{QHEV1}$,和 $\mathbf{QH1}$ 处在同一福利/效用水平 $IC1$。因此,$YHEV1$ 和 $YH0$ 的差别,代表了以货币单位衡量的在政策冲击下居民福利/效用的变化金额。这个变化量即等价性变化量 EV,其数学表示是:

$$EV = e(\mathbf{P0}, u(\mathbf{QH1})) - e(\mathbf{P0}, u(\mathbf{QH0})) \tag{17.4.1}$$

其中,$e(\mathbf{P}, u)$ 为微观经济学中的支出函数。

类似地,如果用政策冲击后的价格来衡量,相应的变化量为补偿性变化量。其数学表示是:

$$CV = e(\mathbf{P1}, u(\mathbf{QH1})) - e(\mathbf{P1}, u(\mathbf{QH0})) \tag{17.4.2}$$

通俗地讲,就是需要减少(或增加)多少居民货币收入,使之回到原来的效用水平。在图 17.4.2 中,在价格 **P**1 的情况下,达到 *IC*0 效用程度的支出为虚线 *YHCV*0 所示,其对应的居民消费篮子为 **QHCV**。*YH*1 和 *YHCV*0 之间隐含的货币收入差别,即为补偿性变化量 *CV*。

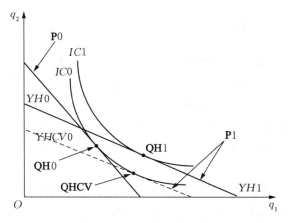

图 17.4.2 补偿性变化量

如果居民的效用函数为柯布-道格拉斯函数,可以用下面的方法计算等价性变化量和补偿性变化量。根据 SAM 表数据,校调估算居民群体 *h* 在各商品 *c* 上的消费份额 *shareh*(*c*,*h*),它们是柯布-道格拉斯效用函数中相应商品的指数。那么,居民群体 *h* 的效用函数为:

$$UHH_{c,h} = \prod_c QH_{c,h}^{shareh_{c,h}} \qquad \sum_c shareh(c,h) = 1 \qquad (17.4.3)$$

例如,从表 16.5.2 中可以算出,农村居民对各个商品的消费份额分别为其总支出 *EH* 的 0.25、0.562 5、0.187 5。因此,农村居民的效用函数为:

$$UHH_{hhr} = QH_1^{0.25} \cdot QH_2^{0.562\,5} \cdot QH_3^{0.187\,5} \qquad (17.4.4)$$

类似地,城市居民的效用函数为:

$$UHH_{hhu} = QH_1^{0.229\,6} \cdot QH_2^{0.525\,5} \cdot QH_3^{0.244\,9} \qquad (17.4.5)$$

为了简便起见,下面将居民群体下标 *h* 省略掉。从柯布-道格拉斯效用函数推导出的支出函数是(推导细节参看第 9 章):

$$e(\mathbf{p}, u(\mathbf{QH})) = u(\mathbf{QH}) \cdot \prod_c \left(\frac{p_c}{shareh_c}\right)^{shareh_c} \qquad (17.4.6)$$

其中,*u*(**QH**)代表效用程度,整个支出函数 *e*(**p**,*u*(**QH**))就是货币度量效用函数。计算等价性变化量时,用初始价格 **P**0,有

$$EV = e(\mathbf{P}0, u(\mathbf{QH}1)) - e(\mathbf{P}0, u(\mathbf{QH}0))$$
$$= u(\mathbf{QH}1) \cdot \prod_c \left(\frac{p_c^0}{shareh_c}\right)^{shareh_c} - u(\mathbf{QH}0) \cdot \prod_c \left(\frac{p_c^0}{shareh_c}\right)^{shareh_c}$$

$$=[u(\mathbf{QH1})-u(\mathbf{QH0})]\cdot\prod_c\left(\frac{p_c^0}{shareh_c}\right)^{shareh_c} \tag{17.4.7}$$

计算补偿性变化量时,要用实施政策后的价格 $\mathbf{p}=\mathbf{P1}$:

$$CV=e(\mathbf{P1},\,u(\mathbf{QH1}))-e(\mathbf{P1},\,u(\mathbf{QH0}))$$

$$=[u(\mathbf{QH1})-u(\mathbf{QH0})]\cdot\prod_c\left(\frac{p_c^1}{shareh_c}\right)^{shareh_c} \tag{17.4.8}$$

例 17.4.1 第 14 章奥兰国模型经济中,居民的效用函数为柯布-道格拉斯函数。修改例 14.8.1 的 GAMS 程序,劳动供给和资本供给修改为由恒价格弹性供给函数描述,弹性系数为 $\varepsilon_L=0.2$ 和 $\varepsilon_K=0.4$。企业投资固定。政府支出 EG 为变量,即使用政府自动调整支出的闭合设置。假设政府将工资税税率从 10% 降到 5%。用等价性变化量和补偿性变化量指标评估该政策对居民福利的影响。该工资税税率削减政策的代价是什么?回答并加以评估。

解:第 14 章的奥兰国模型中居民的效用函数为柯布-道格拉斯效用函数。要素供给按第 17.2 节所示修改为由恒价格弹性供给函数描述。根据题意,3 个约束条件为"EXR.fx=EXR0; PPI.fx=PPI0; EG.fx=EG0"。政府政策是将工资税税率从 10% 降至 5%。计算等价性变化量和补偿性变化量的 GAMS 程序代码如下所示。该代码可以放在 GAMS 程序中执行模拟指令"solve sim using mcp"之后。

```
parameter
utility0, utility1, EV, CV;
utility0=PROD(c,QH0(c)**shareh(c));
utility1=PROD(c,QH.L(c)**shareh(c));
EV=(utility1-utility0)*PROD(c, (PQ0(c)/shareh(c))**(shareh(c)));
CV=(utility1-utility0)*PROD(c, (PQ.L(c)/shareh(c))**(shareh(c)));
```

GAMS 程序运行后的报告展示如下。以等价性变化量和补偿性变化量计算的居民福利变化分别为 94.460 和 94.460(基于 SAM 表的货币单位)。这些是居民从下调工资税税率中获得的收入。劳动供给增加 0.9%,活动总产出略有增加,GDP 增长 0.5%。居民收入增长 2.8%,居民在各商品的消费增长 2.8%。

经济和社会的代价是政府收入 YG 下降 7.3%。因为政府的货币支出 EG 维持不变,所以 QG 没有变化。财政预算赤字增加了 81.149(基于 SAM 表的货币单位)。3 个部门的企业投资大幅下降 11%。我们可以得出结论,居民收入和消费增加挤出了企业投资和政府收入,这会对未来长期经济增长造成不利影响。该政策的净效益如何取决于决策者对上述收益和成本的权重分配。

```
----     455 PARAMETER QAchange   生产量增长率
act1 0.003,    act2 0.006,    act3 0.005
----     455 PARAMETER QQchange   商品量增长率
com1 0.003,    com2 0.007,    com3 0.005
```

```
----      455 PARAMETER QHchange   居民消费增长率
com1 0.028,    com2 0.028,    com3 0.028
----      455 PARAMETER QINVchange   企业投资增长率
com1 -0.110,    com2 -0.110,    com3 -0.110
----      455 PARAMETER GDPchange   GDP 增长率          =        0.005
          PARAMETER QLSchange   劳动供给量增长率        =        0.009
          PARAMETER QKSchange   资本供给量增长率        =        0.001
          PARAMETER YHchange   居民收入增长率          =        0.028
          PARAMETER YGchange   政府收入               =       -0.073
          PARAMETER SAVEGchange  政府储蓄水平变化    =      -81.149
          PARAMETER utility0   初始效用               =     1093.906
          PARAMETER utility1   政策冲击后效用          =     1124.369
          PARAMETER EV   等价性变化量                 =       94.460
          PARAMETER CV   补偿性变化量                 =       94.460
```

　　上面的政策实施没有造成购买者价格 PQ 变化，因此计算等价性变化量和补偿性变化量的结果是一样的。工资税税率下调后，居民福利改善程度的两个指标显示的都是94.46。如果价格 PQ 在政策后发生变化，那么等价性变化量和补偿性变化量的结果就会不同。下面是另外一个实例，模拟的政策冲击是下调销售税税率 $tsale$。该政策影响了购买者价格 PQ，可以看到计算出的等价性变化量和补偿性变化量的数值有所不同。

　　例 17.4.2　第 16.5 节的转型国模型里有两个居民群体。各居民群体有自己的斯通-吉尔里效用函数和相应的 LES 需求函数。修改例 16.5.1 的 CGE 模型，要素供给改为由恒价格弹性供给函数描述，劳动供给和资本供给的价格弹性为 $\varepsilon_L=0.2$ 和 $\varepsilon_K=0.4$。政府支出 EG 固定，企业投资可变。假设政府将销售税税率减半，用等价性变化量和补偿性变化量指标评估该政策对居民福利的影响。该政策的代价是什么？回答并加以评估。

　　解：斯通-吉尔里效用函数的原始形式为式（9.3.2）：

$$u(\mathbf{q}) = \prod_{i=1}^{n}(q_i - \gamma_i)^{\beta_i} \qquad \sum_{i=1}^{n}\beta_i = 1 \qquad (17.4.9)$$

相应的支出函数为：

$$e(\mathbf{p},\, u) = \sum_{i}^{n} p_i \gamma_i + u \prod_{j=1}^{n}\left(\frac{p_j}{\beta_j}\right)^{\beta_j} \qquad \sum_{i=1}^{n}\beta_i = 1 \qquad (17.4.10)$$

计算等价性变化量和补偿性变化量的公式如下：

$$EV = e(\mathbf{P0},\, u(\mathbf{QH1})) - e(\mathbf{P0},\, u(\mathbf{QH0}))$$
$$= \sum_{i}^{n} p_i^0 \gamma_i + u(\mathbf{QH1})\prod_{j=1}^{n}\left(\frac{p_j^0}{\beta_j}\right)^{\beta_j} - \sum_{i}^{n} p_i^0 \gamma_i - u(\mathbf{QH0})\prod_{j=1}^{n}\left(\frac{p_j^0}{\beta_j}\right)^{\beta_j}$$

$$=[u(\mathbf{QH1})-u(\mathbf{QH0})]\cdot\prod_{j=1}\left(\frac{p_j^0}{\beta_j}\right)^{\beta_j} \tag{17.4.11}$$

$$CV=e(\mathbf{P1},\ u(\mathbf{QH1}))-e(\mathbf{P1},\ u(\mathbf{QH0}))$$

$$=[u(\mathbf{QH1})-u(\mathbf{QH0})]\cdot\prod_{j=1}\left(\frac{p_j^1}{\beta_j}\right)^{\beta_j} \tag{17.4.12}$$

计算斯通-吉尔里效用函数的等价性变化量和补偿性变化量的 GAMS 程序代码如下。该代码可以放在 GAMS 程序中执行模拟指令 solve sim using mcp 之后。与上面例子不同的是,这里要考虑多个居民群体以及他们各种不同的效用函数和 LES 需求函数。

```
parameter
utility0(h), utility1(h), EV(h), CV(h);
*QH.L 是政策施行后的居民消费量,PQ.L 是政策施行后的价格
utility0(h)=PROD(c, (QH0(c, h)-LESsub(c, h))**LESbeta(c, h));
utility1(h)=PROD(c, (QH.L(c, h)-LESsub(c, h))**LESbeta(c, h));
EV(h)=(utility1(h)-utility0(h))*PROD(c, (PQ0(c)/LESbeta(c, h))**(LESbeta
(c, h)));
    CV(h)=(utility1(h)-utility0(h))*PROD(c, (PQ.L(c)/LESbeta(c, h))** (LESbeta
(c, h)));
```

转型国销售税税率 *tsale* 减半后的 GAMS 模拟结果报告如下所示。大部分指标数字为增长率,少数指标(如等价性变化量、补偿性变化量和财政赤字)报告的是增长数值。负数表示负增长。基于 SAM 表货币单位的等价性变化量和补偿性变化量指标显示,农村居民的福利改善数值分别为 15.711 和 15.249,而城市居民的福利改善数值分别为 54.390 和 52.734。政策刺激了要素供给和使用,劳动供给量和资本供给量都有增长。各部门商品数量增长显著,增长率为 3.7%—5.5%。不过因为商品的购买者价格下降,如消费者价格指数下降了 2.9%,所以名义 GDP 下降了 1.9%。

经济和社会的代价是:政府收入 YG 和支出大幅度下降,分别下降 14.2% 和 4.3%。政府财政赤字增加 137.075(以货币单位计)。这意味着公共产品和公共投资会受到负面影响。评估该项政策对整个经济的影响时需要综合考虑效益和成本。

```
PARAMETER QAchange    生产量增长率
act1 0.046,    act2 0.036,    act3 0.036,    act4 0.055
PARAMETER QQchange    商品量增长率
com1 0.047,    com2 0.037,    com3 0.055
PARAMETER QGchange    政府消费增长率
com1 -0.047,    com2 -0.044,    com3 -0.034
PARAMETER PQchange    购买者价格增长率
com1 -0.024,    com2 -0.027,    com3 -0.037
PARAMETER EGchange    政府支出增长率              =    -0.043
```

```
PARAMETER QLSchange    劳动供给量增长率        =      0.005
PARAMETER QKSchange    资本供给量增长率        =      0.009
PARAMETER GDPchange    GDP 增长率             =     -0.019
PARAMETER CPIchange    消费者价格指数增长率      =     -0.029
PARAMETER YGchange     政府收入增长率          =     -0.142
PARAMETER SAVEGchange  政府储蓄水平变化        =   -137.075
VARIABLE WL.L   劳动价格                     =      1.027
VARIABLE WK.L   资本价格                     =      1.024
```

		农村居民	城市居民
---- QHchange	消费增长率		
	com1	0.005	0.010
	com2	0.010	0.028
	com3	0.016	0.044
---- utility0	初始效用	145.218	359.936
---- utility1	政策冲击后效用	150.921	379.912
---- EV	等价性变化量	15.711	54.390
---- CV	补偿性变化量	15.249	52.734

17.5　支出函数复杂或者没有显性形式的情况

如果效用函数是比柯布-道格拉斯函数更复杂的一些函数,如转换对数函数等,要显性写出支出函数就比较困难。实际操作时,不必写出显性形式的支出函数,而可以直接用 GAMS 的优化程序求出。如果已知效用函数为 $u(\mathbf{QH})$,给定消费向量 $\mathbf{QH1}$,从而有效用水平 $u(\mathbf{QH1})$。支出函数 $e(\mathbf{P}, u(\mathbf{QH1}))$ 于是隐含在下面的求解支出最小化问题中:

$$\min e = \mathbf{P} \cdot \mathbf{QH} \qquad \text{s.t.} \quad u(\mathbf{QH}) \geqslant u(\mathbf{QH1}) \tag{17.5.1}$$

假如政策冲击前后价格向量和居民消费需求向量分别为 $(\mathbf{P0}, \mathbf{QH0})$ 和 $(\mathbf{P1}, \mathbf{QH1})$,先在 GAMS 程序中设置下列联立方程:

$$\begin{cases} \min_{QH} EXPEN = \mathbf{P0} \cdot \mathbf{QH} \\ u(\mathbf{QH}) \geqslant u(\mathbf{QH1}) \end{cases} \tag{17.5.2}$$

GAMS 程序得到的 $EXPEN$ 即为政策冲击后维持福利不变时在 $\mathbf{P0}$ 下的最小支出,记为 $EXPEN1$,即图 17.4.1 的 $YHEV1$。然后,用它初始支出 $\mathbf{P0} \cdot \mathbf{QH0}$,得到等价性变化量:

$$EV = EXPEN1 - \mathbf{P0} \cdot \mathbf{QH0} \tag{17.5.3}$$

以上方法适用于任何复杂的效用函数,可以在动态 CGE 模型中的跨期优化模型中使用,表达方式也标准而简洁。

例 17.5.1　假设模型中居民需求函数为 LES 函数,从而得知效用函数是斯通-吉尔里

函数 $u(\mathbf{QH}) = \sum_c \beta_c \ln(QH_c - LESSUB_c)$，其中 $LESSUB_c$ 为 LES 消费函数在商品 c 上的生存消费量。最近政府实施了税率调整政策,当地经济学家对此进行了 CGE 模型模拟。从他们研究中获知的参数数据、政策冲击前后的价格向量和居民消费需求向量分别如表 17.5.1、表 17.5.2、表 17.5.3 所示。求政策冲击造成的等价性变化量。

表 17.5.1　LES 效用函数的参数

	商品 1	商品 2	商品 3
$LESSUB_c$	20	15	10
β_c	0.3	0.32	0.38

表 17.5.2　初始价格与居民消费

	商品 1	商品 2	商品 3
P0	1	1	1
QH0	36.5	32.6	30.9

表 17.5.3　政策冲击后的价格和居民消费

	商品 1	商品 2	商品 3
P1	1.2	0.8	1.3
QH1	34.0	37.4	26.37

　　解:从上面数据可以看到,在政策冲击后,价格、名义收入、各个商品的消费都有升有降,难以直接推断福利增加与否以及多少,要具体计算等价性变化量和补偿性变化量方可得出结论。问题是,上面的对数形式的斯通-吉尔里函数没有显性的支出函数。我们必须用联立方程(17.5.2)的隐性函数计算方式计算等价性变化量和补偿性变化量。下面是计算等价性变化量的 GAMS 程序。程序运行模拟结果发现,居民福利水平下降了,等价性变化量为 -3.459。

　　另外,斯通-吉尔里函数的原始函数形式(非对数形式)具有支出函数,如例 17.4.2 所示。这里用隐性函数计算方法是作为示例,未来读者使用其他更复杂的效用函数时,可能没有显性支出函数可利用。这时可以用这里介绍的隐性函数求解方法。

$title　例 17.5.1　隐性函数计算方式

```
set c          /com1, com2, com3/;
parameter      LESbeta(c) / com1 = 0.3,   com2 = 0.32,    com3 = 0.38/
               LESSub(c)  / com1    20,   com2    15,     com3    10/
               P0(c)      / com1     1,   com2     1,     com3     1/
               QH0(c)     / com1  36.5,   com2  32.6,     com3  30.9/
               P1(c)      / com1   1.2,   com2   0.8,     com3   1.3/
```

```
QH1(c)      / com1    34,    com2   37.4,    com3    26.37/;

variables
QH(c)    可调整 QH 数值的变量
Expen    目标函数的数值即最小支出;

equations
utility
Expenditure;

*程式中符号 " =g=" 意为"大于"
utility..
sum(c, LESbeta(c)*log(QH(c)-LESSub(c)))=g=  sum(c, LESbeta(c)*log(QH1(c)-
LESSub(c)));
expenditure..
expen=e=sum(c, P0(c)*QH(c));

QH.L(c)=QH1(c);

*下面展示代码用法
*运行的模型系统只包括某几个被选择的方程,如 utility 和 expenditure
model EVsolve   /utility, expenditure/;
solve EVsolve using nlp minimizing expen;

parameter
expen1
EV;

expen1=expen.L;
EV=expen1-sum(c, P0(c)*QH0(c));

display EV, expen1;

*end
```

17.6 根据问题和目的设计 CGE 模型和闭合：以外贸闭合为例

对前面的讨论总结如下：第一，在设计 CGE 模型前，先通盘考虑要研究的问题和经济环境。第二,根据经济学理论设计数学模型和宏观闭合特征。第三,根据 GAMS 程序要求,在经济学理论允许范围内修改等式和限制条件,使模型能被解算。第四,检验模型结果的可靠性。第五,检验模型的稳健性和参数敏感性。第六,评估政策。

在构建模型和设置闭合时,必须考虑研究对象的宏观经济环境和特征。英文文献中大部分 CGE 模型采用的都是新古典主义宏观闭合。新古典主义闭合中要素价格具有完全弹性,而要素使用量被固定在禀赋上,这往往不符合发展中或者转型中国家经济的实际情况。事实上,甚至在发达的市场经济国家(如美国、日本和西欧国家),要素价格也不是完全弹性的,要素供给也不是完全刚性的。即使在同一个国家,在不同时期有不同的宏观环境,也要采取不同的闭合。拿美国来说,在经济萧条时期和在经济繁荣时期,就可能需要不同的宏观闭合。前者是凯恩斯闭合,后者是新古典主义闭合。拿中国来说,在 20 世纪 70 年代是具有二元经济特征的低收入经济和计划经济的混合,在 2000 年是具有转型经济特征的中等收入国家。前者有在生存工资水平上劳动供给无限制的特征,即劳动力价格固定,劳动供给充分弹性。在后者情况下,劳动供给的设置可以用有限弹性的函数,如前文所述。

除此之外,根据研究课题需要,在 CGE 模型中还可能针对其他一些特征做特别设置,不然无法正确描述和模拟该经济的运行情况。譬如,研究中国的具体财政问题时,就不得不要包括财税大头"土地使用权出让"和"增值税"这些收入,而这两项收入在美国几乎没有,中国 SAM 表的账户和美国的会因此不同。

为外贸依存度高的经济正确设置外汇和外贸闭合往往也很重要。本书前面介绍的是简单设置,譬如采用固定汇率或完全浮动汇率,在外贸上是小国。而现实经济往往不是那么简单。如果研究课题非常关注这些方面,那就必须另行设置符合实际状况的对外经济闭合。譬如,奥兰国在商品 1 的进口上是个大国,因此它面临的是国外卖家的向右上方倾斜的供给曲线,可以用恒价格弹性供给函数描述:

$$QM_c = QMscale_c \cdot pwm_c^{QMelas_c} \tag{17.6.1}$$

其中,$QMscale_c$ 和 $QMelas_c$ 分别为供给函数的规模参数和价格弹性指数,和式(17.2.1)的形式一样。进口量增加会抬高购买国际价格 pwm_c。在这个闭合下,国际价格 pwm_c 要从参数改为变量。

类似地,如果奥兰国在商品 2 的出口上是个大国,出口量增加会压低商品 2 的国际价格,那么奥兰国面临的国外买家的向右下方倾斜的需求曲线。这个曲线也可以用恒价格弹性需求函数来表示:

$$QE_a = QEscale_a \cdot pwe_a^{-QEelas_a} \tag{17.6.2}$$

其中,$QEscale_a$ 和 $QEelas_a$ 分别为需求函数的规模参数和价格弹性指数。从函数形式来看,上式和式(17.6.1)一样,只是指数是负值。出口品的国际价格 pwe_a 是个变量,它和出口量负相关,出口量增长会引起价格下降。

如果是外贸闭合是大国设置,在模型中要增加相应的进口品的国外供给函数,或者出口品的国外需求函数,同时进口品或者出口品的国际价格改为变量,等式数量和变量数量相同,满足方形条件。价格弹性指数的数据需要从模型外获得,规模参数值则从 SAM 表数据中校准估算。

最后谈一下对模拟结果的评估。做课题研究时,要根据研究的问题和目的,采纳和设置评估体系。模型可以用前面所述的福利/效用函数,比较政策施行前和政策冲击后福利/效用变化的程度。不过,由于研究问题和政策的需要,也经常需要评价一些其他指标。比如,有时需要模拟和检查政策对劳动需求、价格的影响。还有其他研究问题,如检验GDP、人均收入增长率、政府财政收入、外汇平衡、产业结构、外贸等受到的影响。最近各国对环境和碳排放指标非常重视,在 CGE 模型建模及评估模型结构和政策评估时,政策引起的碳排放和环境指标变化可能非常重要。为此,很多模型要设置这些指标和相应的计算方程。总之,评估时要把政策冲击造成的各方面影响考虑进去,然后根据研究需要、经济学理论和公共政策学理论,设置权重,综合评估。

练　习

1. 复制第 17.2 节中的结果。首先,抄写和复制例 14.8.1 中奥兰国的 GAMS 程序,然后按照第 17.2 节中的说明将 GAMS 程序中的闭合改为凯恩斯闭合。模拟政策冲击,将工资税税率 $tpayent$ 降至 5%。检查结果是否与表 17.2.1 相同。

2. 练习弹性要素供给的闭合。将上述 GAMS 程序中奥兰国的要素供给设置改为式(17.2.3)和式(17.2.4)的供给函数。参考第 17.2 节所示的 GAMS 代码,以及弹性要素供给闭合的 3 个约束条件。用第 17.2 节中提供的弹性值,复制第 17.2 节的模拟结果。

3. 读完本章,你熟悉了式(17.2.1)的幂函数形式的供给函数。它的价格弹性是常数。这种幂函数形式非常有用,它的变体可以应用于其他领域。假设奥兰国是商品 1 和 2 的进口大国。也就是说,其进口的变化将影响这两种商品的世界价格。设国外的商品供给函数为:

$$QM_c = QMscale_c \cdot pwm_c^{QMelas_c} \tag{17.E.3.1}$$

其中,$QMscale_c$ 和 $QMelas_c$ 分别为规模参数和价格弹性指数。假设两个商品的国外卖方的供给弹性都等于 2。用这个进口供给函数修改 CGE 模型。你需要把 pwm_c 改为变量,在 CGE 程序中校调估算参数,以及更改其他必要的代码。做以下练习:

(1) 复制初始状态。

(2) 假设政府将工资税税率 $tpayent$ 减半。模拟这个外部冲击,并报告它引起的要素供给、活动产出、进口量和国际进口价格的变化。用等价性变化量和补偿性变化量指标计算居民的福利变化。

4. 如果幂函数的指数是负值,它可以被作为需求函数,其价格弹性即指数的绝对值,是个常数。假设奥兰国是个出口大国,其出口变化将影响国际价格。国外对奥兰国出口产品 a 的需求函数为:

$$QE_a = QEscale_a \cdot pwe_a^{-QEelas_a} \tag{17.E.4.1}$$

其中,$QEscale_a$ 和 $QEelas_a$ 分别为规模参数和价格弹性指数。注意指数有负号。假设

所有出口的弹性等于 2。修改原来奥兰国的 GAMS 程序,做以下练习:

(1) 复制基本状态。

(2) 假设国内企业投资增长 30%,即 $INVADJ = 1.3$。模拟这个冲击并报告出口数量和国际价格的变化。

5. 用 OFAT 法测试 CGE 模型在资本供给弹性方面的敏感性和稳健性。在上面练习题 2 的 GAMS 程序中,用 OFAT 法扰动劳动供给和资本供给的弹性值来复制第 17.3 节的结果。然后,扰动 GAMS 程序中的资本和劳动之间的替代弹性值,测试模拟结果对该替代弹性值偏差的敏感性。

6. 修改转型国的 GAMS 程序,回答例 17.4.2 的问题,同时计算下列指标:GDP 数值、GDP 增长率、消费者价格指数变化率(通货膨胀率)、等价性变化量和补偿性变化量。检查结果是否和答案一致。

7. 用例 17.5.1 中 **P**0、**QH**0、**P**1 和 **QH**1 的数据,假设居民的效用函数是柯布-道格拉斯效用函数。修改 GAMS 最小化程序,以隐性函数计算方式来估计等价性变化量和补偿性变化量。

标准 CGE 模型的局限和拓展

第 14—16 章介绍的 CGE 模型在文献中被称为标准 CGE 模型（Lofgren et al.，2002）。标准模型直观，直接在微观经济学和宏观经济学的理论基础上构建。它的结构成熟、系统且灵活，可作为构建更复杂模型的基础。标准模型可用于大多数研究，无论是经济问题还是公共政策问题。

然而标准模型也有其局限性。它是单个时期的、静态的、单个国家的。它基于规模报酬不变的生产函数，没有考虑储蓄、休闲和公共物品给居民和社会带来的效用。它没有显性设置的货币市场和金融资本市场关系。在过去的 30 年中，为了应对复杂世界的研究需要，学界在标准模型结构上从几个拓展方向做了很多努力。在这一章中，我们简要讨论标准 CGE 模型的局限性和文献研究中的主要拓展。

18.1　储蓄和未来消费

标准 CGE 模型追随传统宏观经济学的框架，把储蓄直接处理为占可支配收入固定份额的简单函数，没有解释为什么居民要储蓄。在新古典主义经济学中，储蓄表现为居民对未来时期的商品的需求，源于他们跨期效用最大化的行为。标准 CGE 模型对储蓄的这种简化处理可能导致模拟结果的政策评估出现偏差。例如，如果用等价性变化量和补偿性变化量来衡量居民的福利变化，如第 17 章那样仅着眼于居民当前的商品消费量，那么，这会忽略居民从储蓄也就是未来消费中获得的效用。如果未来消费不是居民效用的一个组成部分，那么一个追求效用最大化的居民就会把储蓄减少到零，在当前时期耗尽其所有收入。

幸运的是，一般来说，我们可以不改变现有的标准 CGE 模型的基本结构，而是在模型中添加一些描述居民行为的方程，即可用居民跨期效用最大化行为来解释现有模型中设置的储蓄变量。例如，CGE 模型中储蓄占可支配收入的固定比例可以从居民跨期效用最大化行为（基于柯布-道格拉斯效用函数）中推导出来，如图 18.1.1 所示。顶层的柯布-道格拉斯效用函数里包括当前消费和未来消费两个商品。$QHCA$ 和 $PHCA$ 分别为当期消费的所有商品组成的复合商品的数量和价格。QH_{future} 和 PH_{future} 分别为未来时期消费的所有商品组成的复合商品的数量和价格。还可以把未来价格 P_{future} 设为利率的函数,时间偏好也可以包含在效用函数中,这些修饰并不改变下面的讨论和结论。

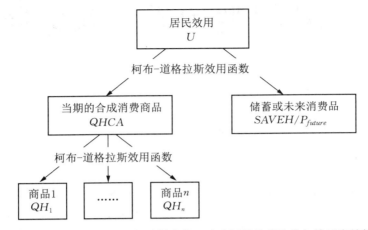

图 18.1.1 用嵌套效用函数的最大化理论来解释储蓄为收入的固定份额

居民储蓄是用来消费未来时期的商品的,这个消费量 QH_{future} 为:

$$QH_{future} = SAVEH / P_{future} \qquad (18.1.1)$$

顶层的柯布-道格拉斯效用函数里包括居民的当前消费 $QHCA$ 和未来消费 QH_{future} 两个商品,函数的指数记为 aps:

$$U(QHCA, SAVEH / P_{future}) = QHCA^{(1-aps)} (SAVEH / P_{future})^{aps} \qquad (18.1.2)$$

可支配收入记为 $YDISH$,预算约束是:

$$PHCA \cdot QHCA + SAVEH = YDISH \qquad (18.1.3)$$

因为是柯布-道格拉斯函数,所以从效用最大化导出的对未来商品的消费需求,也就是储蓄 $SAVEH$,有

$$SAVEH = aps \cdot YDISH \qquad (18.1.4)$$

导出的储蓄额占居民可支配收入的份额是固定的,为储蓄率 aps,即平均消费倾向,居民当期的商品消费是 $PHCA \cdot QHCA = (1-aps)YDISH$。由此可见,标准 CGE 模型中的固定储蓄率设置,在理论上,可以用居民在柯布-道格拉斯效用函数下最大化未来消费效用的行为来解释。

图 18.1.1 的底层是当期商品消费的柯布-道格拉斯效用函数模块。居民在这一层的预算约束条件下,

$$\sum_c PQ_c \cdot QH_c = PHCA \cdot QHCA = (1-aps)YDISH \qquad (18.1.5)$$

追求下面柯布-道格拉斯函数中的效用最大化:

$$QHCA = \prod_{c=1}^{n} QH_c^{shareh_c} \qquad \sum_c shareh_c = 1 \qquad (18.1.6)$$

这个模块是我们熟悉的前面 CGE 模型中求解商品需求量的形式。

如果 CGE 模型中储蓄和可支配收入的关系是像方程(12.1.5)那样的线性储蓄函数，$S = -C_0 + mps \cdot YDISH$，那么我们可以用居民的斯通-吉尔里效用函数和 LES 需求函数来解释这个结果。用 $LESsub_{future}$ 表示未来时期的合成商品的生存消费量。效用函数是：

$$U(QH_1, \cdots, QH_n, SAVEH/P_{future})$$

$$= \beta_s \ln(SAVEH/P_{future} - LESsub_{future}) + \sum_{c=1}^{n-1} \beta_c \ln(QH_c - LESsub_c) \qquad (18.1.7)$$

以及 $\sum_c^n \beta_c + \beta_s = 1$。由此导出的居民对未来商品的需求即储蓄的函数是下面的 LES 形式：

$$SAVEH = P_{future} \cdot LESsub_{future} + \beta_s \left(YDISH - \sum_{c=1}^{n} PQ_c \cdot LESsub_c - P_{future} \cdot LESsub_{future}\right) \qquad (18.1.8)$$

可以看出这是一个标准的线性储蓄函数。它有个"常数项"，还有一个由收入引致的储蓄项，收入引致的储蓄率就是边际储蓄倾向 mps，在上面函数里是 β_s 的数值。而函数里的"常数项"是：

$$(1-\beta_s)P_{future} \cdot LESsub_{future} - \beta_s \sum_{c=1}^{n} PQ_c \cdot LESsub_c \qquad (18.1.9)$$

这个"常数项"是未来品的生存消费量，其价值受商品价格的影响。这个性质也反映在标准 CGE 模型里，在式(12.5.11)的消费函数里，商品 c 的生存消费量的价值也受物价影响。导出的对商品 c 的需求是：

$$PQ_c \cdot QH_c = PQ_c \cdot LESsub_c + \beta_c \left(YDISH - \sum_{c=1}^{n} PQ_c \cdot LESsub_c - P_{future} \cdot LESsub_{future}\right) \qquad (18.1.10)$$

由此可见，标准模型中的线性储蓄函数仍然可以被解释为居民在斯通-吉尔里效用函数下对未来品的需求的结果。

注意，斯通-吉尔里效用函数要求下面的约束条件必须满足，否则不符合定义：

$$QH_c > LESsub_c \qquad c \in C \qquad (18.1.11)$$

$$SAVEH/P_{future} > LESsub_{future} \qquad (18.1.12)$$

也就是说，居民的可支配收入至少要大于生存消费量的总额：

$$YDISH > \sum_{c=1}^{n} PQ_c \cdot LESsub_c + P_{future} \cdot LESsub_{future} \qquad (18.1.13)$$

综上所述,一般而言,标准 CGE 模型中有关储蓄的设置,不管是固定储蓄率还是线性储蓄方程,都可以在居民考虑跨期效用最大化的框架下得到解释。在 CGE 模型研究项目中,如果政策冲击对储蓄率或者相对储蓄额没有重大影响,那么,即使把储蓄作为居民效用的重要组成部分,模拟结果仍然可以被接受,无须修改原始模型。

如果政策冲击显著地影响了储蓄率或者相对储蓄额,那么我们需要考虑改进模型设置,在政策评估中考虑储蓄改变对居民跨期整体福利的影响。譬如,一个 CGE 模型研究项目旨在构建一个理想的跨期新古典主义模型,在这个跨期框架中,居民对储蓄的考虑来自跨期的效用最大化。在金融资本市场,居民为未来消费而储蓄,供给金融资本;企业为跨期利润最大化而投资,需求金融资本。两者形成的金融市场也是未来消费品市场的供需。此外,政府和国外这些经济机构也参与未来市场的供需。而这个金融市场的资本的价格与利率密切相关。居民储蓄率受利率、风险和预期的影响,那么,储蓄多少会影响到居民的长期或者生命周期(life-cycle)的福利/效用。在这种情况下,模型要相应进行设置,估测政策变动带来的福利/效应时必须考虑储蓄变化的影响。另外,在研究社会保障等问题的代际交叠(overlapping generation)的 CGE 模型中,还要考虑同期内各个年龄段居民群体的不同行为,并做相应的函数设置,特别要考虑工作年龄段群体的储蓄和退休年龄段群体的负储蓄,对整个系统均衡和各个居民群体福利的影响。对此有兴趣的读者可以搜寻和参考相关的 CGE 模型文献。

18.2　休闲

第 17 章展示了 CGE 模型里的劳动供给函数。在模型结构里,该劳动供给函数是外生设置的,并非从模型系统中内生导出的。而在经典的新古典主义模型里,如第 6 章的例子所示,劳动供给函数是从居民在消费和休闲之间取舍的效用最大化方程中推导出来的。通常假设工资率提高会促使居民增加劳动时间并减少休闲时间,反之亦然。因此,劳动供给曲线在供求图上是向右上方倾斜的。在标准 CGE 模型的框架里,加入一个包括休闲和消费选择的效用函数模块,然后导出劳动供给函数并非难事,也有一些 CGE 模型是如此设置的。然而,这种设置更多是出于理论兴趣而不是应用需要。这是因为,研究劳动供给变化的 CGE 模型可以直接用现有的劳动供给函数,况且劳动供给函数的参数值(如供给弹性)更容易从外部数据和文献中获取。除非 CGE 模型也需要研究休闲对居民的福利效应,否则没有必要绕个圈子从效用最大化过程中推导劳动供给函数。

如果实在需要,可以在 CGE 模型中构建具有三个层次的嵌套效用函数结构(见图 18.2.1)。顶层的效用函数包括休闲 $QLEI$ 和合成消费品 QHA:

$$U(QHA, QLEI) \qquad\qquad (18.2.1)$$

相应的预算约束条件是:

$$PHA \cdot QHA + WL \cdot QLEI \leqslant WL \cdot \bar{L} + YEXTRA - TAX \qquad (18.2.2)$$

$$QLS = \bar{L} - QLEI \qquad\qquad (18.2.3)$$

其中,$\bar{L}$ 是劳动力禀赋,$YEXTRA$ 是居民非劳动来源的货币收入,TAX 是税收,PHA 是 QHA 的价格。

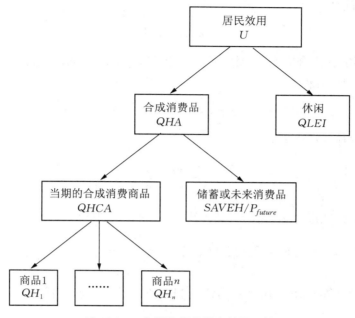

图 18.2.1　包括休闲的嵌套效用函数

第二层和第三层类似于第 18.1 节中的嵌套结构。第二层的效用函数包括储蓄和所有当期的合成消费商品,底层的效用函数包括当期消费的各种商品。

顶层的效用函数通常是 CES 函数。它的参数,如休闲与消费之间的替代弹性值,可以从外部数据获取,时间禀赋可以用 SAM 表数据帮助校准估算。现有的劳动经济学和其他相关经济学文献中常常提供一些原始数据,从这些数据中我们可以估算这些参数值。例如,文献里一般不直接提供有关时间禀赋的数据,但是有工作和休闲之间的时间分布数据,据此可以间接推断出时间禀赋。劳动经济学常用的粗略假设是,典型的个人每天在工作、休闲和睡眠上分别花费 8 小时。Aguiar 和 Hurst(2006)报告了有关居民休闲时间的多年调查数据。Fox(2002)估测居民休闲时间与工作时间之比为 1∶4。假设使用 Fox(2002)的估计值,把劳动力价格和合成消费商品价格都标准化为 1,从 SAM 表中获取劳动力供给量 QLS 的数据,那么居民的时间禀赋可以通过下式来计算:

$$\bar{L}=[(1+4)/4]QLS \tag{18.2.4}$$

居民的休闲时间是 $\bar{L}-QLS$。

顶层的 CES 效用函数的指数值需要从模型外给定。通常,这个指数值是从休闲和劳动之间的替代弹性值换算过来的。如果不能直接获得这个替代弹性值,那么可以用现有文献中更易获得的劳动供给弹性值[例如,MaCurdy(1981)]换算出来。这两个弹性值通过公式可以相互换算,如下所述。

假设单调变换后的顶层的 CES 效用函数为:

$$U(Q,l)=\delta_1 \cdot Q^\rho + \delta_2 \cdot l^\rho \tag{18.2.5}$$

其中 Q 为合成商品,l 为休闲。[①]如采用福克斯估算的比例值,有 $\delta_1 = 4\delta_2$。令 n 为劳动力供给量,$\overline{L}$ 为时间禀赋,有

$$n+l=\overline{L} \tag{18.2.6}$$

令 w 为劳动价格,p 为合成商品价格,Y 为非劳动额外收入。把合成商品价格标准化为 1,即 $p=1$。预算约束方程为:

$$pQ=Q=wn+Y=w(\overline{L}-l)+Y \tag{18.2.7}$$

劳动供给的价格弹性记为 e_n:

$$e_n=\frac{\mathrm{d}n}{\mathrm{d}w} \cdot \frac{w}{n} \tag{18.2.8}$$

休闲需求的价格弹性记为 e_l,它的定义及其和 e_n 的关系如下:

$$e_l \equiv \frac{\mathrm{d}l}{\mathrm{d}w} \cdot \frac{w}{l}=\frac{\mathrm{d}(\overline{L}-n)}{\mathrm{d}w} \cdot \frac{w}{l}=-\frac{\mathrm{d}n}{\mathrm{d}w} \cdot \frac{w}{l} \cdot \frac{n}{n}=-e_n \cdot \frac{n}{l} \tag{18.2.9}$$

假设我们要继续计算 CES 效用函数的休闲和合成商品之间的替代弹性 ε,先注意 ε 的定义是:

$$\varepsilon \equiv \frac{\mathrm{d}(Q/l)}{\mathrm{d}(w/p)} \cdot \frac{wl}{pQ} \tag{18.2.10}$$

因为 $p=1$,简化重组上式,有

$$\varepsilon \equiv \frac{\mathrm{d}(Q/l)}{\mathrm{d}w} \cdot \frac{wl}{Q}=\frac{l\,\mathrm{d}Q-Q\,\mathrm{d}l}{l^2\,\mathrm{d}w} \cdot \frac{wl}{Q}=\frac{\mathrm{d}Q}{\mathrm{d}w} \cdot \frac{w}{Q}-\frac{w\,\mathrm{d}l}{l\,\mathrm{d}w}=\frac{w}{Q} \cdot \frac{\mathrm{d}Q}{\mathrm{d}w}-e_l \tag{18.2.11}$$

对式(18.2.7)做全微分,有

$$\mathrm{d}Q=\mathrm{d}w(\overline{L}-l)-w\,\mathrm{d}l=n\,\mathrm{d}w-w\,\mathrm{d}l \tag{18.2.12}$$

把式(18.2.7)和式(18.2.12)代入式(18.2.11),再简化:

$$\varepsilon=\frac{w}{Q} \cdot \frac{\mathrm{d}Q}{\mathrm{d}w}-e_l=\frac{w}{\mathrm{d}w} \cdot \frac{(n\,\mathrm{d}w-w\,\mathrm{d}l)}{(wn+Y)}-e_l=\frac{wn}{wn+Y}-\frac{w^2\,\mathrm{d}l}{(wn+Y)\mathrm{d}w}-e_l$$

$$=\frac{1}{1+Y/(wn)}-\frac{w \cdot \mathrm{d}l}{(n+Y/w)\mathrm{d}w} \cdot \frac{l}{l}-e_l=\frac{1}{1+Y/(wn)}-e_l \cdot \frac{l}{(n+Y/w)}-e_l$$

$$=\frac{1}{1+Y/(wn)}-e_l\left(\frac{\overline{L}+Y/w}{n+Y/w}\right) \tag{18.2.13}$$

再把 e_l 换成用 e_n 表达,有

· ① 见第 9.2 节,效用函数单调变换不影响边际替代率,也不影响据此导出的函数(如需求函数支出函数等)。因此,$(\delta_1 \cdot QHA^\rho + \delta_2 \cdot QLEI^\rho)^{1/\rho}$ 被此处更简洁的 CES 函数形式替代。

$$\varepsilon = \frac{1}{1+Y/(wn)} + e_n \cdot \frac{n}{\overline{L}-n} \cdot \frac{w\overline{L}+Y}{wn+Y} \tag{18.2.14}$$

如果居民没有非劳动收入,那么 Y 为零。然后用 Fox(2002)的估计值,上式变成一个非常简单的公式:

$$\varepsilon = 1 + e_n \cdot \overline{L}/(\overline{L}-n) = 1 + e_n \cdot \overline{L}/l = 1 + 5e_n \tag{18.2.15}$$

式(18.2.14)和式(18.2.15)提供了从 e_n 转换为 ε 的简便公式。变量 n 和 Y 的数值可以从 SAM 表中校准估算。时间禀赋值可以通过式(18.2.4)或其他估计获得。此外,上面的 w 实际是劳动价格和商品价格的比值,因为商品价格 p 被标准化为 1。在 CGE 模型中要注意这个 $w = WL/PQ$ 的关系。譬如,在 CGE 模型的初始状态下,劳动价格 WL 通常被设置为 1,而商品的购买者价格 PQ 经过校准却不一定是 1。在这种情况下,w 等于 WL/PQ,一般不等于 1。CES 效用函数的指数值可以从 $\rho = 1 - 1/\varepsilon$ 导出。

事实上,一般而言,完全可以用带有劳动供给函数的标准 CGE 模型来研究总体劳动供给量为变量的课题。在 CGE 模型中添加消费-休闲效用最大化的新古典主义设置,通常是过度华丽而非实用的,除非需要研究休闲带来的福利效应。很多劳动经济学的实证研究发现:第一,一个国家的总体劳动供给量对工资率非常缺乏敏感性。第二,在充分就业的情况下,由于劳动供给曲线常常不是简单向上倾斜的,甚至还可能有倒弯,因此,劳动供给或者休闲需求很可能不被工资变动影响,即 $\dfrac{\mathrm{d}QLS}{\mathrm{d}w} = -\dfrac{\mathrm{d}l^d}{\mathrm{d}w} = 0$,或者几乎接近于 0。第三,很多计量经济学实证研究表明,在全体居民行为汇总的情况下,工资变化并不影响总体劳动供给量。因此,在这些情况下,生搬硬套上面的休闲-消费的模型设置会弊大于利,而前面模型中劳动总供给量固定的简单设置,通常更切合经济的实际情况。

18.3　公共物品与政府支出

标准 CGE 模型里关于居民福利/效用的内容忽视了一个重要方面,即居民从政府支出中消费的公共物品。政府除了有对居民的转移支付之外,其他开支也不完全是浪费的。政府购买和提供公共物品,如国防、基础建设、环境保护、治安、城市管理、社会保障、教育、公共健康服务等。这些公共物品,为居民所需,提高了居民的福利/效用。如果 CGE 模型完全忽略政府提供的公共物品带来的福利/效用,在模拟财政政策时会引致这样的结果:居民纳税额和政府消费量降到零,这样在给定的总产出下居民的福利/效用最大化。显然,如果考虑政府提供的公共物品也带来福利/效用,结论就会不一样。我们可以改进标准 CGE 模型,让居民福利/效用包括公共物品消费。

和私人物品不同,公共物品的特点是非竞争的。非竞争性物品具有这种特性:该物品可以被许多消费者共享,个人对物品的消费只受物品总量的影响,而不会因为其他消费者共享这个物品而减少。例如,某居民对国防的消费不会降低另一个居民对国防的消费。

令 QG_g 为政府购买和提供的非竞争性公共物品,如国防、天气预报等。假设该经济有

n 个居民。由于公共物品的非竞争性,在效用函数中,居民总体对公共物品的消费以人数的倍数扩大,为 $n \cdot QG_g$。政府也购买竞争性物品,如为低收入家庭提供的食物。令 QG_r 为政府消费的竞争性物品。下标"g"表示"非竞争性公共物品",下标"r"表示"竞争性物品"。另外,我们假设政府的效率不如民营企业(如官僚主义或者腐败),政府消费中存在效率损失。将政府的效率因子记为 $EFFIG$,由于政府运作的低效率,$EFFIG < 1$。这样,包括政府提供的公共物品和竞争性物品在内的居民效用函数为:

$$U(QH_1, \cdots, QH_n, QG_r \cdot EFFIG_r, n \cdot QG_g \cdot EFFIG_g, SAVEH/P_{future})$$

(18.3.1)

如果是斯通-吉尔里效用函数,它的形式如下:

$$\begin{aligned} &U(QH_1, \cdots, QH_n, QG_r, QG_g, SAVEH/P_{future}) \\ &= \sum_c \beta_c \ln(QH_c - LESSUB_c) + \sum_r \beta_r \ln(QG_r \cdot EFFIG_r - LESSUB_r) \\ &\quad + \sum_g \beta_g \ln(n \cdot QG_g \cdot EFFIG_g - n \cdot LESSUB_g) + \beta_s \ln(SAVEH/P_{future} - LESSUB_{future}) \end{aligned}$$

(18.3.2)

其中,$\sum_c \beta_c + \sum_r \beta_r + \sum_g \beta_g + \beta_s = 1$,而参数 $\beta_s = aps$,为平均储蓄率。

居民预算约束条件需要相应地修改以包括 QG_g 和 QG_r 的成本。居民通过向政府缴纳税款间接地支付这些商品,居民通过投票决定政府在这些物品上的开支。相应的模型设置是把居民缴纳的所得税分成两个部分。一部分所得税用来支付这些物品,该所得税税率为 TIC_h,在模型中是个变量:

$$TIC_h \cdot YH = \sum_r PQ_r \cdot QG_r + \sum_g PQ_g \cdot QG_g$$

(18.3.3)

另外一部分所得税被政府用在其他方面。这部分所得税采取固定税率,税率记为 tig_h,是个参数。我们可以得出:

$$ti_h \cdot YH = tig_h \cdot YH + TIC_h \cdot YH$$

(18.3.4)

居民的预算约束条件则修改为:

$$YH - tig_h \cdot YH = \sum_c PQ_c \cdot QH_c + SAVEH + \sum_r PQ_r \cdot QG_r + \sum_g PQ_g \cdot QG_g$$

(18.3.5)

居民在综合权衡效用最大化的情况下决定政府公共物品和竞争性物品的消费量 QG_g 和 QG_r,也据此决定了这方面的所得税税率 TIC_h。合成的所得税税率 ti_h 则是:

$$ti_h = tig_h + TIC_h$$

(18.3.6)

和以前的所得税税率不同的是,现在的所得税税率 ti_h 是个被模型内生决定的变量而不是参数。这个设置隐含着居民参与用税收来提供公共物品的政府决策。

18.4 多区域模型

标准 CGE 模型研究的对象是单个经济体/国家/地区。随着经济发展和各地区一体化程度越来越高,我们不时要研究各地区或各国家经济的相互依存关系。因此,多区域 CGE 模型的研究发展迅速。

一个多区域模型里包括几个相互关联的成员地区。成员地区可以是中国的一个省,也可以是欧盟的一个成员国,或是全球贸易中的欧盟。CGE 模型文献中最流行的多区域模型是多国模型,多国模型需要的资料和数据也日趋完善。譬如,GTAP 提供了这方面的各国贸易和经济的数据库,以及 GEMPACK 平台,学者可以用来研究多国贸易和环境。多国模型的其他有用数据来源包括 OECD 数据库和世界投入产出数据库(World Input-Output Database,WIOD)。本书最后的参考文献中提供了这些资料的出处。

多区域模型将几个地区或国家的 CGE 模型链接在一起。在多国模型中,将几个成员国之间相互影响的变量实行链接。这里的变量可以包括有形贸易、服务、运输、要素流动等。

下面我们介绍一个将成员国之间相互的进出口链接起来的多国贸易模型。在这个模型中,每个国家的商品出口到其他多个国家,进口也来自其他多国。假设贸易集团 R 中有 n 个国家,国家 s 从其他 $n-1$ 个国家进口商品,如图 18.4.1 所示:

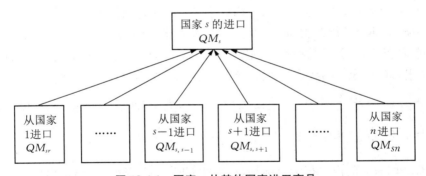

图 18.4.1 国家 s 从其他国家进口商品

以国家 s 为例。在原来的标准 CGE 模型中,进口商品 c 部分不再用 QM_c 表示,而是一个如图 18.4.1 所示的嵌套结构(为了简洁,图中省略了变量的下标 c)。QM_c 是从其他不同国家进口的相同商品 c 组成的进口合成商品。这些从其他国家进口的商品 c 相互之间为替代弹性等同的替代品。它们的关系可以用一个 CES 函数来表示:

$$QM_{cs} = \alpha_{cs}^M(\delta_{cs1}^M QM_{cs1}^{\rho_{cs}^M} + \cdots + \delta_{cs,s-1}^M QM_{cs,s-1}^{\rho_{cs}^M} + \delta_{cs,s+1}^M QM_{cs,s+1}^{\rho_{cs}^M} + \cdots + \delta_{csn}^M QM_{csn}^{\rho_{cs}^M})^{1/\rho_{cs}^M}$$

$$= \alpha_{cs}^M(\sum_r \delta_{csr}^M QM_{csr}^{\rho_{cs}^M})^{1/\rho_{cs}^M} \qquad \sum_{r=1}^{n-1} \delta_{csr}^M = 1 \qquad r \neq s \qquad (18.4.1)$$

其中,QM_{cs} 是国家 s 进口商品 c 的总量。QM_{csr} 和 PM_{csr} 是国家 s 从国家 r 进口商品 c 的数量和价格。方程中的参数符号遵循书中其他 CES 函数的规范形式。

图 18.4.1 底层的结构也被称为第二层阿明顿条件模块,其方程设置如下所示。国家 s 从国家 $r=1, \ldots, n-1$ 进口商品 c。其决策目标是,给定进口总量 QM_{cs},在关税后价格 PM_{csr} 水平上选择各国的进口量 QM_{csr},以图进口总成本最小化:

$$\min_{QM_{csr}} Cost = \sum_r PM_{csr} QM_{csr} \qquad \text{s.t.} \quad QM_{cs} = \alpha_{cs}^M \left(\sum_r \delta_{csr}^M QM_{csr}^{\rho_{cs}^M} \right)^{1/\rho_{cs}^M} \qquad (18.4.2)$$

相应的价格方程是:

$$PM_{cs} \cdot QM_{cs} = \sum_r PM_{csr} QM_{csr} \qquad (18.4.3)$$

关税税率是 tm_{csr},进口价格由下式决定:

$$PM_{csr} = pwm_{csr}(1+tm_{csr})EXR_s \qquad (18.4.4)$$

注意国际价格 pwm_{csr} 是 CIF 到岸价格,按具体来源国而不同。求解式(18.4.2)—式(18.4.4) 可以得出进口需求 QM_{csr},即国家 s 从国家 r 进口商品 c 的数量。

由于式(18.4.1)是个多投入 CES 函数,用投入需求函数形式[见方程组(8.6.8)]来求 解式(18.4.2)的最小化问题更为便利:

$$QM_{csr} = \frac{QM_{cs}}{\alpha_{cs}^M} \left(\frac{\delta_{csr}^M}{PM_{csr}} \right)^{1/(1-\rho_{cs}^M)} \left(\sum_j^{n-1} \delta_{csj}^{M \, 1/(1-\rho_{cs}^M)} \cdot PM_{csj}^{\rho_{cs}^M/(\rho_{cs}^M-1)} \right)^{-1/\rho_{cs}^M} \qquad j \neq s$$

$$(18.4.5)$$

加上价格方程,式(18.4.3)—式(18.4.5)构成第二层阿明顿条件模块中的系统方程。

模型中出口部分的修改类似。国家 s 将商品 c 出口到其他 $n-1$ 个国家,因此出口部 分构建一个嵌套的 CET 函数模块。国家 s 的商品 c 的出口总量为 QE_{cs}。令 QE_{csr} 为商品 c 从国家 s 出口到国家 r 的数量。因此,有以下出口部分嵌套结构中的第二层 CET 函数:

$$QE_{cs} = \alpha_{cs}^E (\delta_{cs1}^E QE_{cs,\,1}^{\rho_{cs}^E} + \cdots + \delta_{cs,\,s-1}^E QE_{cs,\,s-1}^{\rho_{cs}^E} + \delta_{cs,\,s+1}^E QE_{cs,\,s+1}^{\rho_{cs}^E} + \cdots + \delta_{csn}^E QE_{csn}^{\rho_{cs}^E})^{1/\rho_{cs}^E}$$

$$= \alpha_{cs}^E \left(\sum_r \delta_{csr}^E QE_{csr}^{\rho_{cs}^E} \right)^{1/\rho_{cs}^E} \qquad \sum_{r=1}^{n-1} \delta_{csr}^E = 1 \qquad s \neq r \qquad (18.4.6)$$

其中 $\rho_{cs}^E > 1$。国家 s 的出口行为目标是,在上述 CET 函数条件下,给定出口价格 PE_{csr},选 择对各国的出口量 QE_{csr},以图出口值 $z = \sum_r PE_{csr} QE_{csr}$ 最大化。PE_{cs} 是出口商品 c 的综 合价格,PE_{csr} 则是商品 c 从国家 s 出口到国家 r 的付完出口税后的 FOB 离岸价格。出口 税率记为 te_{csr},则有

$$(1+te_{csr})PE_{csr} = pwe_{csr} \cdot EXR_s \qquad (18.4.7)$$

和前面阿明顿条件模块中的方程形式相似,给定商品 c 的出口总量 QE_{cs} 和各国出口 品价格 PE_{csr},优化求解出的国家 s 对各国的出口供给量 QE_{csr}:

$$QE_{csr} = \frac{QE_{cs}}{\alpha_{cs}^E} \left(\frac{\delta_{csr}^E}{PE_{csr}} \right)^{1/(1-\rho_{cs}^E)} \left[\sum_j^{n-1} \delta_{csj}^{E \, 1/(1-\rho_{cs}^E)} \cdot PE_{csj}^{\rho_{cs}^E/(\rho_{cs}^E-1)} \right]^{-1/\rho_{cs}^E} \quad j \neq s \qquad (18.4.8)$$

相应的价格方程是:

$$PE_{cs} \cdot QE_{cs} = \sum_r PE_{csr} QE_{csr} \qquad (18.4.9)$$

式(18.4.7)—式(18.4.9)构成出口部分的第二层 CET 函数模块系统。

以上我们完成了对国家 s 的标准 CGE 模型结构中进口和出口部分的改造,然后对贸易集团中的其他成员国 $r=1$,…,$n-1(r \neq s)$ 做同样的改造,再把它们连接起来。假设商品在国际运输过程中没有物理损耗,那么,在数量上,商品 c 从国家 s 到国家 r 的出口量应该等于从国家 r 到国家 s 的进口量:

$$QE_{csr} = QM_{crs} \qquad r,s \in R \qquad r \neq s \qquad (18.4.10)$$

这是多国贸易模型中国家 s 和国家 r 之间最重要的链接关系。

多国贸易模型还要解决国际航运成本的设置问题。商品在 FOB 出口价格和 CIF 进口价格之间有国际航运成本,即运输加价。这种情况类似第 13 章中讨论的运输加价。假设国际航运服务投入与外贸数量 QE_{csr} 成正比,比例为 $icit_{csr}$,那么,该特定的贸易商品 c 的国际航运服务投入的成本为:

$P_{shipping} \cdot icit_{csr} \cdot QE_{csr}$,其中 $P_{shipping}$ 为国际航运的单位价格。

为了数据易得,很多研究在这个问题上是把国际航运成本简单地处理为出口品离岸价的从价形式的加价。令 $avit_{csr}$ 为从价形式的基本国际运输加价,$P_{shipping}$ 为单位国际运输价格调整因子,则商品 c 从国家 s 到国家 r 的国际航运成本为:

$$pwm_{crs} \cdot QM_{crs} = P_{shipping}(1 + avit_{csr}) pwe_{csr} \cdot QE_{csr} \qquad r,s \in R \qquad r \neq s$$
$$(18.4.11)$$

此式包含以国际货币计算的特定路线和商品的国际航运需求额 $avit_{csr} \cdot pwe_{csr} \cdot QE_{csr}$。把式(18.4.11)汇总,即形成了国际航运市场的总需求额。

哪个国家或者国际航运公司提供国际运输服务?主要经济国家的国民账户统计中提供了有关国际航运产出的数据,虽然其中没有该国航运服务提供的那些特定航运路线和特定外贸商品的详细信息。一个特定外贸商品的国际航线的运输服务可以由出口国、进口国或第三国提供,除非各国海关和国际航运公司提供这些具体繁杂的原始资料,否则作为研究机构或者研究个人难以得到这些数据。一种可替代的解决方案是从各国国民账户统计数据中汇总全球航运供给价值总额,作为国际航运市场的总供给额。通过 $P_{shipping}$ 调整的总供给额和前面的总需求额平衡,出清国际航运总供需。具体建模时要构建贸易流矩阵,再平衡各国 SAM 表,确保 CGE 模型一致性及成功复制基本状态。Robinson 等(2002)的文章提供了一个典型的多国贸易模型。

上述的多国模型也可以用在一个国家内的多个地区。例如,Jones 和 Whalley(1988)构建了加拿大内部的多区域 CGE 模型;Horridge 和 Wittwer(2008)构建了中国的多区域 CGE 模型。构建国家内部的多区域模型比多国模型更困难,这是因为国家内部区域间的商品贸易和要素转移常常是没有正式记录和数据的,很多商品的出产地也可能无法确定。这就需要用其他一些替代技术来估测数值。近年来多区域 CGE 模型也利用了空间经济学。空间经济学提供的空间变量数据,如人口和 GDP 密度、航运中心、运量、空间距离、运输模式等,有助于多区域 CGE 模型解决区域间经济联系和运输成本的数量化问题。

18.5　动态模型

实践中我们不时需要研究经济跨时期的动态发展,预测未来时期的经济状态和模拟政策对它们的影响。标准 CGE 模型是静态的,无法完成这些任务。我们都知道,当期的投资会形成资本,影响未来时期的资本投入。可是在标准模型中,资本形成和资本投入是两个独立的变量,它们之间并没有紧密关系。其他在标准模型中被忽视的动态问题包括居民对未来消费的决策、企业对未来生产的决策、劳动力禀赋的增长、技术进步等。

动态 CGE 模型试图解决上述问题。其理论基础是经济学中的动态模型和增长理论。动态 CGE 模型结构类似于经济学中的动态模型,它们包括递归模型、跨期优化模型、代际交叠模型、动态随机模型等。与标准 CGE 模型的研究类似,动态 CGE 模型要研究由于政策冲击或外部环境变化引起的经济变量的多时期的动态变化。与宏观经济学中关注经济总量的动态或预测模型不同,动态 CGE 模型需要研究未来时期的各国民账户和各国民生产部门、行业的详细变化。

动态 CGE 模型是静态 CGE 模型的扩展。它们的大多数是离散时间模型。第一步是搜集数据构建基准年度的 SAM 表,作为动态 CGE 模型的基期状态。第二步是在基期状态上构建未来时期的动态模型。模型的 GAMS 程序首先要成功地复制基期状态,然后生成未来各时期经济变量的预测。模型在原政策和原参数环境下求解的动态结果被称为基准线(baseline)场景。第三步是根据研究课题需要设计外部环境冲击,例如政策或者参数的变化。输入这些外生变化并执行模型。在外生冲击下的模拟结果被称为反事实(counterfactual)场景。

如上所述有多种动态 CGE 模型,其中递归动态 CGE 模型简单实用。它是一个反复迭代计算的分期静态 CGE 模型。多期之间的相互影响用函数关系交代清楚,同时利用动态的外生变量和外生给定的参数,以递归形式反复计算求解下一期的 CGE 模型结果。计算的期数往往是有限的,譬如 30 年,这对一般政策分析已经足够。下面介绍一个典型的递归动态模型结构,类似的研究有 Wang(2003)估测中国加入世界贸易组织后的经济发展。

首先建立一个基期的标准 CGE 模型,例如奥兰国的模型。接下来的问题是,这个经济体未来会如何演变?这就要分析该模型在单个时期由外生决定的主要变量,以及期际之间的变量链接关系。

假设奥兰国的宏观闭合是充分就业,那么这个经济体是供给驱动的,也就是它的经济总规模由劳动和资本要素的投入量决定。未来第 i 期的经济规模取决于第 i 期的要素供给量。遵循这一原则,我们首先需要确定劳动和资本供给的增长路径,以及链接前后两时期经济变量之间的关系。需要指出的是,在动态模型中,影响经济增长的要素除了劳动和资本之外,还有技术的动态变化。这都需要包含在动态模型中。

先说劳动要素和总供给量。未来劳动总供给量的变化通常使用外界数据。这是由于人口和工作年龄劳动力变化有其自身的规律,人口学和人口统计学领域的研究通常提供了更可靠直接的数据和预测,因此可以借用这些数据来满足我们的需要。例如,国际劳工组织(International Labor Organization,ILO)对未来各国的劳动力增长做了预测,因此可以使用 ILO 的数字。设第 t 期的劳动力供给总量(或者说劳动力禀赋)为 $QLSAGG_t$,预测的劳动力增长率为 $popgw_t$,于是有下列期际递推关系:

$$QLSAGG_{t+1} = (1 + popgw_t)QLSAGG_t \qquad (18.5.1)$$

在每期内部,如果研究需要,可以进一步分解不同类型的劳动力变化。如果研究课题需要分解熟练劳力和非熟练劳力,可以设置熟练劳力的动态增长函数,通常是高等教育动态变量的函数。如果研究课题需要分解城市劳力和农村劳力,可以设置城乡之间移民的函数,通常是动态的城市化程度变量的函数。如果有更直接可靠的外生数据,则可以直接用外生数据。

再说资本供给量。每个时期的资本供给量和资本存量成正比,而资本存量和前时期的投资也即资本形成有关。设第 t 期的资本存量为 $QKSTOCK_t$,折旧率为 $deprate_t$,$QINVAGG_t$ 为总资本形成,有

$$QKSTOCK_{t+1} = (1 - deprate_t)QKSTOCK_t + QINVAGG_t \qquad (18.5.2)$$

即下一期的资本存量等于当期资本存量减去折旧,再加上当期资本形成(即投资)。基期或者历史的资本存量和折旧的统计数据可以从现有数据资料中获得。据此可以推算折旧率:

$$deprate_t = DEP_t / QKSTOCK_t \qquad (18.5.3)$$

未来时期的折旧率通常被假设为固定的,等于基期的折旧率或历史数据的平均折旧率,除非有其他信息可用。未来时期的投资总量 $QINVAGG_t$ 则受当期的所有机构的储蓄总额和当期经济中其他因素的制约。

如果还要考虑其他要素投入,如土地、自然资源等,可以类似地设置。校调估算和预测这些相关不可再生要素的禀赋的动态变化,要尽量依靠那些领域已有的研究提供的数据。

除了劳动和资本之外,在动态模型中推动经济增长的还有一个重要要素:技术。诺贝尔经济学奖得主罗伯特·索洛(Robert Solow)观察美国经济增长的历史数据,发现劳动和资本使用量的增长并不能完全解释 GDP 的增长,大概每年两个百分点的增长率要由劳动、资本使用量以外的因素来解释。他用技术变革方面的贡献来解释这个额外的生产率提高,构建了索洛增长模型(Solow, 1956)。索洛的新古典主义增长理论影响力如此之大,以至于当今所有的增长模型几乎毫无例外地包含技术的作用。在增长模型的生产函数中,通常有三种方式来设置技术在提高生产率方面的作用:全要素生产率、资本体现式技术(capital embodied technology)和劳动体现式技术(labor embodied technology)。其中,全要素生产率是模型中最常用的表达技术对生产率增长贡献的指标和变量。如果 CGE 模型生产区块第一层的生产函数是 CES 函数,那么,它的规模参数就是全要素生产率,如式(15.6.6)的 α_a^a。

动态 CGE 模型也需要设置未来时期技术或者全要素生产率的变化路径。我们希望

从外部资料中直接获得技术发展及其对生产的贡献的预测数字,但这些数字往往不适用当前的动态 CGE 模型。这是因为,这些模型中的生产函数和当前 CGE 模型中的生产函数常常在结构和形式上都不同。替代方案是利用外界文献或者研究中对一国 GDP 增长率的预测数字来校准估算全要素生产率增长路径,如国际货币基金组织定期出版的《世界经济展望》(*World Economic Outlook*)、牛津经济研究院(Oxford Economics)的预测研究有对未来各国 GDP 或者经济增长率的预测数字。假设从外界信息得到的从第 t 期到第 $t+1$ 期的预测的 GDP 增长率为 $grategdp_t$。假设 GDP 和总产出值的增长率是相同的(和 GDP 不同,总产出值包括中间产出),而且各生产部门的增长率相同。利用这个信息,递推计算第 $t+1$ 期的活动生产产出:

$$QA_{a,t+1} = (1+grategdp_t)QA_{a,t} \qquad (18.5.4)$$

然后,在模型顶层的生产函数模块中,用这个预测的产出量,和预测的第 $t+1$ 期的劳动和资本投入量,来校准估算生产函数中的规模参数 $\alpha^a_{a,t+1}$。而这个参数 $\alpha^a_{a,t+1}$ 就是第 $t+1$ 期的全要素生产率。这样,CGE 模型产生的第 $t+1$ 期的 GDP 数值应该与原先从外部得到的 GDP 预测数字非常一致(尽管可能不完全相等)。重复这个递推过程来估算其他时期的全要素生产率,我们构建了动态 CGE 模型的基准线场景。

必须承认,上面的假设所有生产部门的全要素生产率增长率和全国平均值相同的设置是难以令人信服的。在现实经济发展中,不同部门的全要素生产率增长率是不一致的,甚至差异极大,譬如电子部门和农业部门的动态增长差距。解决方案还是回到初始的建模思路,估算各生产部门特定的全要素生产率增长速度。从国民账户历史统计数据可以找到各部门的产出、劳动力投入和资本投入,然后用同样的 CGE 模型结构,校准估算各部门特定的全要素生产率增长速度 $gratetfp_a$。在动态 CGE 模型里,$gratetfp_a$ 参数是个从外界信息中获得的参数值。部门 a 的生产函数的规模参数前后时期的关系是:

$$\alpha^a_{a,t+1} = (1+gratetfp_a)\alpha^a_{a,t} \qquad (18.5.5)$$

用 $\alpha^a_{a,t+1}$ 构建的递推 CGE 模型可以更准确地描述各个生产部门的生产函数的动态变化。由此预测的 GDP 增长值也许和国际货币基金组织或者其他宏观模型的预测数字不同,但不见得不准确。

有了生产区块的劳动和资本要素的动态供给量和技术进步变化值后,模型确定了未来各时期的潜在总产出量和经济规模。要预测各部门和国民账户的实际产出量,也就是模型中要求解的主要变量,模型还需要设置沿时间路径的需求方面的动态变化。居民的商品需求函数可以从柯布-道格拉斯效用函数或 LES 函数导出,但是 LES 函数更适合动态模型。这是因为 LES 函数可以捕捉居民消费结构随时间和收入变化的恩格尔效应。居民的储蓄倾向可以设置为可支配收入的固定比例,也可以由线性储蓄函数确定。在很多情况下,需求函数的参数值也是动态的,随着时间推移不断调整。例如,在动态 CGE 模型的研究期间,一国人口结构老龄化。这一因素会影响居民的储蓄和消费模式,因此居民的商品需求函数的参数会发生相应的变化。

第 t 期的资本形成即企业投资可设置为由经济增长率和其他因素决定的函数。令

$QINVAGG_t$ 为总投资量。按经济学理论,投资函数与当前资本存量水平和经济增长速度有关:

$$QINVAGG_t = \gamma_1 \cdot GDP_t + \gamma_2 \cdot (GDP_t - GDP_{t-1}) = \lambda_1 \cdot GDP_t - \gamma_2 \cdot GDP_{t-1}$$

$$(18.5.6)$$

其中 γ_1、γ_2、λ_1 是系数,$\lambda_1 = \gamma_1 + \gamma_2$。移项重组后可见投资是当期和前期 GDP 的函数。系数 γ_1、γ_2、λ_1 的值可以从出版的资料中获取或估算,决定投资的其他外生变量则根据宏观环境、经济学理论和模型的宏观闭合由研究者决定。投资函数受限制条件约束,动态 CGE 模型的总投资量 $QINVAGG_t$ 受当期经济中总储蓄的限制。

未来时期政府的预算包括当期的税收和支出。这里要根据外界信息和模型中的递推结果来设置相应方程,如未来政府税收变化、债券利息偿付、社会保险支付等。和短期静态模型不同,长期的动态模型要考虑政府长期的负债状况。从长期来说,政府收支必须基本平衡,或每年允许有限的财政赤字增速上限,大致等于经济增长率,这是考虑到政府有铸币收入的缘故。如果研究课题为财政政策的冲击影响,在短期内一个国家可以允许较大程度的财政赤字或盈余动荡。如果是一个长期动态模型,政策冲击模拟最后收敛的结果还是要回到上述的长期可持续的财政稳健状态。

在外贸平衡或外汇储蓄 $SAVEF$ 方面,动态模型也有不同于静态模型的约束条件。假设研究对象是个进出口小国,在给定的国际价格下,短期内进出口数量不受限制,该国国际收支可以有顺差或逆差,$SAVEF$ 可以为负数或正数。然而从长期来看,一个国家不能长期持续地保持国际收支逆差(在没有资本账户的简单 CGE 模型中,贸易逆差等于国际收支逆差),这将耗尽该国外汇储备因此不可持续(唯一的例外是美国,因为美元是国际储备货币)。动态模型对此也要设置相应的约束条件,使外汇储蓄 $SAVEF$ 的长期累积数值接近于零,或者,$SAVEF$ 占 GDP 的百分比被限制在可容忍范围。

上述的几个重要变量之间的关系被概括在第 t 期的投资-储蓄方程中:

$$PINVAGG_t \cdot QINVAGG_t = SAVEH_t + SAVEENT_t + SAVEG + SAVEF_t \cdot EXR_t$$

$$(18.5.7)$$

其中,$PINVAGG_t$ 为总投资价格,满足下列方程:

$$PINVAGG_t \cdot QINVAGG_t = \sum_c PQ_{c,t} \cdot QINV_{c,t} \qquad (18.5.8)$$

从式(18.5.7)可以看出,假如长期平均的政府储蓄 $SAVEG$ 和国外储蓄 $SAVEF$ 都等于零,那么长期平均的企业投资 $QINV$ 应由国内私人储蓄 $SAVEH$ 和 $SAVEENT$ 来满足。这是动态模型和静态模型之间一个重要的不同之处。

结合上面多区域模型开发的多国动态模型可用来研究和模拟国家间的长期经济关系,例如世界银行早期发展的 LINKAGE 模型。在另外一些动态模型中,从居民跨期优化决策的行为中导出需求和储蓄函数。代际交叠模型被用于研究社会保障问题。然而,这些模型里的变量往往只是宏观总量,而不是标准 CGE 模型关注的生产部门和其他国民账户细节的变量。Dixon 和 Rimmer(2002)的莫纳什 CGE 模型是一个具有部门细节的动态

CGE 模型,尽管它用的是澳大利亚流派的 CGE 模型形式。

18.6 其他方向的发展

除了在多区域和多时期动态的方向外,学界也努力将其他宏观经济理论模型的发展引进 CGE 模型,突破标准模型的局限。其中包括非充分竞争(如存在垄断、寡头、垄断竞争)市场的情况,存在外部负经济(如污染)或者外部正经济(如基础建设和公共物品),生产函数为非规模报酬不变的情况,对二元经济结构和收入分配的影响,利用计量经济学手段辅助参数和变量的修正,等等。Dixon 和 Jorgenson(2013)的《可计算一般均衡建模手册》(*Handbook of Computable General Equilibrium Modeling*)汇集了近年来 CGE 模型主要发展的介绍,可供读者参考。

标准模型中的生产函数都是规模报酬不变的函数。如果因为研究问题需要应对规模报酬递减的生产函数,譬如服务修理业等部门的,那么在 CGE 模型中设置相应的规模报酬递减的生产函数,模型能正常运行。要注意的是,如果有规模报酬递减的生产函数,模型要做相应的改造,结构稍许复杂些。

第一,在规模报酬递减的情况下,企业收入不等于企业成本,因为利润一般大于零,有 $pq = c(\mathbf{w}, q) + \pi$,其中 π 为利润。原来的规模报酬不变情况下的价格方程 $pq = w_1 x_1 + w_2 x_2$ 不再正确。

第二,要设置利润 π 是如何分配给企业主即居民的相应方程。

第三,原来 $pq = w_1 x_1 + w_2 x_2$ 同时作为产出商品价格等于生产边际成本的企业利润最大化的一阶优化条件,现在不再正确。在规模报酬递减的情况下,可以用商品价格等于边际成本 $p = \dfrac{\partial c(w_1, w_2, q)}{\partial q}$ 的方程来替换原来的价格函数,方程右边是成本函数 $c(w_1, w_2, q)$ 的微分函数,函数形式可以相当复杂。

假如市场不是充分竞争的,也就是说商品价格是销售量的函数 $p(q)$,上面的一阶优化条件 $p = \dfrac{\partial c(w_1, w_2, q)}{\partial q}$ 还要进一步改造。企业行为优化时要同时考虑需求方面的反应。这时要用边际收益等于生产边际成本的一阶条件来替代,即 $\dfrac{\partial [p(q) \cdot q]}{\partial q} = \dfrac{\partial c(w_1, w_2, q)}{\partial q}$。

虽然规模报酬递减的生产函数会使模型结构复杂一些,但是它的生产集是凸集,因此不影响一般均衡点的存在。如果是规模递增的,譬如同时按比例增加劳动力和资本投入量引致了超比例的产品产出量,这种规模递增的情况在原来的标准 CGE 模型结构中是不被允许的,因为它会导致模型不能收敛到均衡点。

随着内生增长模型理论的风行,学界对规模报酬递增生产函数的兴趣增大。应用和实践中也有研究规模报酬递增生产函数的需要。譬如,中国的制造业部门的生产率提高,很大部分归功于国外直接投资。这些外资投入对增长的贡献,不单是有形的资本投入,它们还给中国国内企业和劳动力带来信息、知识和技能这些无形的投入,进一步提高了生产率。最终产出增长率超过了劳动力和资本投入的增长率。在原来的标准 CGE 模型结构中,生产函数是规模报酬递增的。

这种情况对建模造成的问题是,如果生产函数规模报酬递增,生产集不再保持凸性,理论上不能保证一般均衡点存在,会影响 CGE 模型的求解。如果规模报酬递增只发生在少数几个活动或者商品部门,而要素供给总量又是限制的,那么不影响全局,可能 CGE 模型仍然有解。如果还有问题,那就要对该部门的增长或者要素使用做一些限制,如加一个要素供给量的上限,使模型有解。

更好的解决方法是增加一个要素(如技术要素)的投入,用它来解释劳动力和资本不能解释的超额产出量。譬如,引进外资带来的信息、知识、技能等无形投入,提高了全要素生产率。可以把式(15.6.6)中的规模参数 α_a^a 作为第三个要素投入。如此,把生产函数改造成包括劳动、资本和技术三个要素的规模报酬不变的生产函数。而技术要素的报酬,也可以在模型中包括在企业的总资本报酬之内。

CGE 模型发展的一个潮流是应用于发展中国家,并且根据发展中国家的情况进行改造。例如,IFPRI 的标准模型考虑了发展中国家的很多非市场经济活动在整个经济中的重要作用。Stifel 和 Thorbecke(2003)认为以前的多区域 CGE 模型忽略了发展中国家城乡二元经济的经济结构。以非洲国家为例,这些经济有城乡的地区差别,而城乡内部又有正规和非正规经济的差别。从这个出发,他们提出双二元 CGE 模型(dual-dual CGE model)理论。他们的模型对要素做了细化分解。劳动分解为熟练和非熟练劳力,资本分解为农业资本和其他资本。居民分解出 9 个部分,包括农村非熟练人员、地主、城市非正规部门人员、城市正规部门非熟练人员、城市正规部门熟练人员、资本家等。因为有这些细化,CGE 模型可以进一步分析公共政策对不同居民群体的影响,从而研究对收入分配和贫困人数的影响。他们认为可以用双二元结构分析公共政策冲击在发展中国家对国民收入分配、城乡和居民之间的收入差距的影响,得出更现实和可靠的结论。不过,他们的研究目前仅用在实验性数据上,还没有用到具体国家中。

如果要研究社会保障关系、代际借贷、货币发行、财政赤字与国债发行和利息支付、金融市场的行为对经济的影响等,则需要在 CGE 模型中加入显性表述的关于货币、金融资产市场、债券市场等的相应方程。对目前很多债务累累的国家而言,金融资本市场的动态变化对经济的长期影响其实非常重要。标准 CGE 模型没有包括这些方面。近来有相当多的文献在货币和金融市场方面进行努力[如 Naastepad(2000)、Aglietta 等(2004)],不过大多局限在理论模型或者变量高度概括的结构设置下,要具体应用到有很多细节的多部门模型中,还有很多工作要做。

练　　习

已知在均衡状态下劳动供给和休闲的比例为 2∶1,工资的劳动供给弹性 $e = 0.2$,其他数据采用欧利国的 SAM 表。按照式(18.2.14),写出 GAMS 程序,校调估算劳动和休闲的 CES 效用函数的指数。

参考文献

陈烨、张欣、寇恩惠、刘明：《增值税转型对就业负面影响的 CGE 模拟分析》，《经济研究》2010 年第 9 期。

里昂惕夫：《投入产出经济学》，商务印书馆 1980 年版，中国统计出版社 1990 年版。

联合国、欧盟委员会、经济合作与发展组织、国际货币基金组织、世界银行编：《2008 年国民账户体系》，中国国家统计局国民经济核算司、中国人大国民经济研究所译，中国统计出版社 2012 年版。

刘起运、陈璋、苏汝劼：《投入产出分析》，中国人民大学出版社 2008 年版。

王其文、李善同主编，高颖副主编：《社会核算矩阵：原理、方法、应用》，清华大学出版社 2008 年版。

王燕、徐滇庆、王直、翟凡：《中国养老金隐性债务、转轨成本、改革方式及其影响——可计算一般均衡分析》，《经济研究》2001 年第 5 期。

Aguiar, Mark and Erik Hurst, 2006, "Measuring Trends in Leisure: The Allocation of Time over Five Decades", Working Paper, Federal Reserve Bank of Boston, January.

Arndt, Channing, Bruce Byiers, Sherman Robinson and Finn Tarp, 2009, "VAT and Economy-Wide Modelling", in Finn Tarp and Channing Arndt (eds.), *Taxation in a Low-Income Economy: The Case of Mozambique*, New York: Routledge, 328—340.

Balistreri, Edward J. and Thomas F. Rutherford, 2000, *Dynamic General Equilibrium Analysis at the State Level: Assessing the Economic Implications of the Kyoto Protocol*, University of Colorado.

Ballard, C., D. Fullerton, J. Shoven and J. Whalley, 1985, *A General Equilibrium Model for Tax Policy Evaluation*, Chicago: University of Chicago Press.

Ballard, C., J. Shoven and J. Whalley, 1985, "The Total Welfare Cost of the United States Tax System: A General Equilibrium Approach", *National Tax Journal*, 38, 125—140.

Bandara, J. S., 1991, "Computable General Equilibrium Models for Development Policy Analysis in LDCs", *Journal of Economic Surveys*, 5(1), 3—69.

Bergman, Lars and Magnus Henrekson, 2003, "CGE Modeling of Environmental Policy and Resource Management", in Maler Karl-Goran and Jeffrey Vincent (eds.), *Handbook of Environmental Economics*, Amsterdam: North-Holland, 1274—1302.

Bovernger, A. Lans, 1985, "Dynamic General Equilibrium Tax Models with Adjustment Costs", *Mathematical Programming Study*, 23, 40—55.

Böhringer, C. S. Boeters and M. Feil, 2005, "Taxation and Unemployment: An Applied General Equilibrium Models", *Economic Modelling*, 22, 81—108.

Brooke, A., D. Kendrick and A. Meeraus, 1988, *GAMS: A User's Guide*, Redwood City, CA: The Scientific Press.

Bureau of Economic Analysis, 2020, *Input-Output Accounts Data*, https://www.bea.gov/industry/input-output-accounts-data, Dec.

Burniaux, Jean-Marc and Truong P. Truong, 2002, "GTAP-E: An Energy-Environmental Version of the

GTAP Model", GTAP Technical Paper No.16, Purdue University.

Bchir, Mohamed Hedi, Yvan Decreux, Jean-Louis Guérin and Sébastien Jean, 2002, "MIRAGE, Computable General Equilibrium Model for Trade Policy Analysis", *CEPII Paper*, No.2002-7, Centre d'Etudes Prospectives et d'Informations Internationales.

Canning, Patrick and Zhi Wang, 2005, "A Flexible Mathematical Programming Model to Estimate Interregional Input-Output Accounts", *Journal of Regional Sciences*, 45(3), 539—563.

Chang, Gene and Kathryn Chang, 2022, "A General CGE Model for VAT Taxes", Conference Paper, Western Economic Association International, Portland, June.

Chang, Gene, Ye Chen and Kathryn Chang, 2022, "Simulating the VAT System by CGE Models with Application to China", Conference Paper, Western Economic Association International, Portland, June.

Chang, Gene H., 1993, "The Inconsistencies among Disequilibrium Aggregates", *Journal of Comparative Economics*, 17(1), 70—91.

Chen, Ye, Gene Chang, Enhui Kou and Ming Liu, 2010, "VAT Tax Reform and Its Negative Impact on Employment in China: A CGE Analysis", *Economic Research Journal*, 9, 29—42.

De Melo, Jamie, 1988, "Computable General Equilibrium Models for Trade Policy Analysis in Developing Countries: A Survey", *Journal of Policy Modeling*, 10(3), 469—503.

De Melo, Jamie and David Tarr, 1992, *A General Equilibrium Analysis of US Foreign Trade Policy*, Cambridge, MA: MIT Press.

Dervis, Kermal, Jamie de Melo and Sherman Robinson, 1982, *General Equilibrium Models for Development Policy*, Cambridge: Cambridge University Press.

Devarajan S., D.S. Go, J.D. Lewis, S. Robinson and P. Sinko, 1997, "Simple General Equilibrium Modeling", in J.F. Francois and K.A. Reinert(eds), *Applied Methods for Trade Policy Analysis: A Handbook*, Cambridge: Cambridge University Press, 156—185.

Devarajan, S. and D.S. Go, 1998, "The Simplest Dynamic General-Equilibrium Model of an Open Economy", *Journal of Policy Modeling*, 20(6), 677—714.

Diao, Xinshen, Terry Roe and Erinc Yeldan, 1999, "Strategic Policies and Growth: An Applied Model of R & D-Driven Endogenous Growth", *Journal of Development Economics*, 60(3), 343—380.

Dixon, Peter, Robert Koopman and Maureen Rimmer, 2013, "The MONASH Style of Computable General Equilibrium Modeling: a Framework for Practical Policy Analysis", in Peter Dixon and Dale Jorgenson(eds.), *Handbook of Computable General Equilibrium Modeling*, Volumes 1A and 1B, MA: North-Holland, 23—103.

Dixon, Peter and Dale Jorgenson (eds.), 2013, *Handbook of Computable General Equilibrium Modeling*, Volumes 1A and 1B, Waltham, MA: North-Holland.

Dixon, Peter and Maureen Rimmer, 2002, *Dynamic General Equilibrium Modelling for Forecasting and Policy: A Practical Guide and Documentation of MONASH*, Amsterdam: North-Holland.

Dixon, P.B., B.R. Parmenter, J. Sutton and D.P. Vincent, 1982, *ORANI: A Multisectoral Model of the Australian Economy*, Amsterdam: North-Holland.

Feltenstein, A., 1986, "An Intertemporal General Equilibrium Analysis of Financial Crowding Out: A Policy Model and an Application to Australia", *Journal of Public Economics*, 31(1), 79—104.

Environmental Protection Agency, 2019, "CGE Modeling for Regulatory Analysis", https://www.epa.gov/environmental-economics/cge-modeling-regulatory-analysis.

Fox, Alan, 2002, "Incorporating Labor-Leisure Choice into a Static General Equilibrium Model", GTAP Working Paper, Purdue University, https://gtap.agecon.purdue.edu/resources/download/3620.pdf, Spring.

Frisch, R.A., 1959, "Complete Scheme for Computing All Direct and Cross Demand Elasticities in a

Model with Many Sectors", *Econometrica*, 27(2), 177—196.

GAMS, 2020, *GAMS Release 33.2.0*, https://www.gams.com/download/, Dec. 1.

Gilbert, John and Wahl, Thomas, 2002, "Applied General Equilibrium Assessment of Trade Liberalization in China", *The World Economy*, 25(6), 697—731.

Ginsburgh, V. and M. Keyzer, 2002, *The Structure of Applied General Equilibrium Models*, Cambridge, MA: MIT Press.

GTAP, 2020, *The Global Trade Analysis Project(GTAP)*, Center for Global Trade Analysis, Department of Agricultural Economics, Purdue University, https://www. gtap. agecon. purdue. edu/default.asp.

Harrision, Glenn W., Svend E. Hougaard Jensen, Lars Haagen Pedersen and Thomas F. Rutherford (eds.), 2000, *Using Dynamic General Equilibrium Models for Policy Analysis*, Amsterdam, Oxford and New York: North-Holland, 1—12.

Hoffmann, S., S. Robinson and S. Subramanian, 1996, "The Role of Defense Cuts in the California Recession Computable General Equilibrium Models and Interstate Factor Mobility", *Journal of Regional Science*, 36(4), 571—575.

Horridge, Mark and Glyn Wittwer, 2008, "SinoTerm, a Multi-Regional CGE Model of China", *China Economic Review*, 19, 628—634.

Hudson, E. and D. Jorgenson, 1974, "U. S. Energy Policy and Economic Growth, 1975—2000", *The Bell Journal of Economics and Management Science*, 5(2), 461—514.

Johansen, Leif, 1960, *A Multisectoral Study of Economic Growth*, Amsterdam: North-Holland.

Jones, R. and J. Whalley, 1988, "Regional Effects of Taxes in Canada: An Applied General Equilibrium Approach", *Journal of Public Economics*, 37(1), 1—28.

Jorgenson, D.W., 1998, *Growth. Volume 1: Econometric General Equilibrium Modeling*, Cambridge, MA: MIT Press.

Kehoe, T.J., P. Noyola, A. Manyesa, C. Polo and F. Sancho, 1988, "A General Equilibrium Analysis of the 1986 Tax Reform in Spain", *European Economic Review*, 32, 334—342.

Kemal, D., J. de Melo, and S. Robinson, 1982, *General Equilibrium Models for Development Policy*, Cambridge: Cambridge University Press.

Kohlhaas, M. and K.R.Pearson, 2002, *Introduction to GEMPACK for GAMS Users*, Preliminary Working Paper No.IP-79, The Centre of Policy Studies, Monash University, http://www. copsmodels. com/ftp/workpapr/ip-79.pdf.

Lofgren, H., R.L. Harris and S. Robinson, 2002, *A Standard Computable General Equilibrium(CGE) Model in GAMS*, International Food Policy Research Institute(IFPRI).

MaCurdy, Thomas, 1981, "An Empirical Model of Labor Supply in a Life-Cycle Setting", *Journal of Political Economy*, 89, 1059—1085.

Mas-Colell, Andreu, Michael D. Whinston and Jerry R. Green, 1995, *Microeconomic Theory*, New York: Oxford University Press.

McDonald, Scott and Karen Thierfelder, 2004, "Deriving a Global Social Accounting Matrix from GTAP Versions 5 and 6 Data", *GTAP Technical Paper No.22*, Purdue University, https://www.gtap. agecon.purdue.edu/resources/tech_papers.asp.

Naastepad, C.W.M., 2000, "A Real-Financial CGE Model with Reference to India", Working Paper, Erasmus University Rotterdam.

Naastepad, C.W.M., 2002, "Trade-offs in Stabilisation: A Real-Financial CGE Analysis with Reference to India", *Economic Modelling*, 19(2), 221—244.

Organisation for Economic Co-operation and Development (OECD), OECD Database, https://stats. oecd.org/.

Pereira, A.M. and J.B. Shoven, 1988, "A Survey of Dynamic Computational General Equilibrium Models for Tax Evaluation", *Journal of Policy Modeling*, 10(3), 401—436.

Peter, Matthew W., Mark Horridge, G. A. Meagher, Fazana Naqvi and B.R. Parmenter, 1996, "The Theoretical Structure of Monsah-MRF", Centre of Policy Studies and the IMPACT Project Preliminary Working Paper No.OP-85, Monash University, Clayton, April.

Piggott, John and John Whalley, 1985, *U.K. Tax Policy and Applied General Equilibrium Analysis*, New York: Cambridge University Press.

Pollack, Robert and Terence Wales, 1992, *Demand System Specification and Estimation*, Oxford: Oxford University Press.

Pyatt, G., 1988, "A SAM Approach to Modeling", *Journal of Policy Modeling*, 10(3), 327—352.

Robinson, Sherman and Moataz El-Said, 2000, "GAMS Code for Estimating a Social Accounting Matrix (SAM) Using Cross Entropy(CE) Method", TMD Discussion Paper No. 64, International Food Policy Research Institute, Washington D.C., December, https://www.ifpri.org/publication/gams-code-estimating-social-accounting-matrix-sam-using-cross-entropy-methods-ce.

Robinson, Sherman, Zhi Wang and Will Martin, 2002, "Capturing the Implications of Services Trade Liberalization", *Economic Systems Research*, 14(1), 3—33.

Robinson, Sherman, Andrea Cattaneo and Moataz El-Said, 2001, "Updating and Estimating a Social Accounting Matrix Using Cross Entropy Methods", *Economic Systems Research*, 13(1), 47—64.

Robinson, Sherman, Antonio Yunez-Naude, Raul Hinojosa-Ojeda, Jeffrey D. Lewis and Shantayanan Devarajan, 1999, "From Stylized Models: Building Multisector CGE Models for Policy Analysis", *North American Journal of Economics and Finance*, 10, 5—38.

Robinson, Sherman, 1989, "Multisectoral Models", in Hollis Chenery and T. N. Srinivasan (eds.), *Handbook of Development Economics*, Edition 1, Elsevier, Volume 2, Chapter 18, 885—947.

Rosenthal, Richard, 2007, *GAMS—A User's Guide*, GAMS Development Corporation, Washington, DC, USA, https://www.un.org/en/development/desa/policy/mdg_workshops/training_material/gams_users_guide.pdf, accessed on Dec 2020.

Scarf, Herbert E., 1967, "On the Computation of Equilibrium Prices", in W. J. Feliner(ed.), *Ten Economic Studies in the Tradition of Irving Fisher*, New York: John Wiley & Sons.

Scarf, Herbert E. and Terje Hansen, 1973, *The Computation of Economic Equilibria*, New Haven: Yale University Press.

Sebastien, Mary, Euan Phimister, Deborah Roberts and Fabien Santini, 2013, *Testing the Sensitivity of CGE Models: A Monte Carlo Filtering Approach to Rural Development Policies in Aberdeenshire*, Institute for Prospective Technological Studies, Joint Research Centre, European Commission.

Shoven, J. B. and J. Whalley, 1992, *Applying General Equilibrium*, Cambridge: Cambridge University Press.

Shoven, J. B. and J. Whalley, 1984, "Applied General Equilibrium Models of Taxation and International Trade", *Journal of Economic Literature*, 22, 1007—1051.

Shoven, J. B. and J. Whalley, 1973, "General Equilibrium with Taxes: A Computational Procedure and an Existence Proof", *Review of Economic Studies*, 60, 281—321.

Shoven, J. B. and J. Whalley, 1972, "A General Equilibrium Calculation of the Effects of Differential Taxation of Income from Capital in the U.S.", *Journal of Public Economics*, 84(6), 215—240.

Solow, Robert M., 1956, "A Contribution to the Theory of Economic Growth", *Quarterly Journal of Economics*, 70(1), 65—94.

Stifel, David C. and Erik Thorbecke, 2003, "A Dual-Dual CGE Model of an Archetype African Economy: Trade Reform, Migration and Poverty", *Journal of Policy Modeling*, 25, 207—235.

Taylor, L. and S. L. Black, 1974, "Practical General Equilibrium Estimation of Resources Pulls under

Trade Liberalization", *Journal of International Economics*, 4(1), 37—58.

Taylor, L., E. Bacha, E. Cardoso and F. Lysy, 1980, *Models of Growth and Distribution for Brazil*, World Bank Research Publication, New York: World Bank.

Theil, Henri, 1971, *Principle of Econometrics*, New York: John Wiley & Sons.

Aglietta, Michel, Jean Chateau, Michel Juillard, Jacques Le Cacheux, Gilles Le Garrec and Vincent Touzé, 2004, "INGENUE v. 2: A World OLG-CGE Model with Imperfect Financial Markets, Exchange Rates and Stochastic Lifetime", EcoMod2004, No 330600142, https://ecomod.net/sites/default/files/document-conference/ecomod2004/243.pdf.

United Nations, European Commission, International Monetary Fund, Organisation for Economic Co-operation and Development and World Bank, 2009, *System of National Accounts, 2008*, New York: United Nations, https://unstats.un.org/unsd/nationalaccount/docs/sna2008.pdf.

Varian, Hal, 1992, *Microeconomic Analysis*, New York: W.W.Norton & Company.

Wang, Y., D. Xu, Z. Wang and F. Zhai, 2004, "Options and Impact of China's Pension Reform: A Computable General Equilibrium Analysis", *Journal of Comparative Economics*, 32, 105—127.

WANG, Zhi, 2003, "The Impact of China's WTO Accession on Pattern of World Trade," *Journal of Policy Modeling*, 25, 1—41.

Wang, Zhi and G. EdwardSchuh, 2000, "The Impact of Economic Integration among Taiwan, Hong Kong and Chinese Mainland: A Computable General Equilibrium Analysis", *Pacific Economic Review*, 5(2), 229—262.

World Bank, 2005, *The LINKAGE Model*, Washington: World Bank, http://econ.worldbank.org/WBSITE/EXTERNAL/EXTDEC/EXTDECPROSPECTS/0,,contentMDK:20357492~menuPK:476941~pagePK:64165401~piPK:64165026~theSitePK:476883,00.html.

World Input-Output Database(WIOD), 2020, www.wiod.org.

Xu, Dianqing and Gene Chang, 2000, "Impact of Trade Liberalization on Structural Employment in China: A Computable General Equilibrium Analysis", *Pacific Economic Review*, 5(2), 157—167.

Zhai, Fan and Li Shantong, 2000, "*China's WTO Accession and Implications for its Regional Economies*", Development Research Center of the State Council, P.R.China.

附　录

GAMS 程序的主要指令和相关代码

主要指令有（括号中为指令的作用）：

set（指明集合）；

alias（取别名）；

table（制作和读入二维表数据）；

parameter（指明参数）；

variable（指明变量）；

equation（指明方程等式）；

model（指明特定模型系统要包括的方程）；

solve（指令模型运行）。

程序中的文字解释：在代码"$ontext"和"$offtext"之间的文字；行句开头"*"后面的文字。

变量名字的后缀："$.L$"或"$.l$"为变量；"$.fx$"为固定数值。

第 8—17 章中数学表达式里的变量和参数的符号和说明

本书中变量和参数的名称遵循经济学教科书和 CGE 模型文献中的常规。变量用大写拉丁字母表示，参数用小写拉丁字母或希腊字母表示。变量名或参数名的首字母遵循以下约定：Q 表示数量，P 表示价格，W 表示要素价格，E 表示支出金额（除了 EXR 表示汇率外），Y 表示收入金额，t 表示税。其他许多名称可从英文意思直接读取：$share$ 为份额，$transfer$ 为转移支付，$SAVE$ 为储蓄。机构名称的表示方式为：H 代表居民，ENT 代表企业，G 代表政府，ROW 代表国外。在特殊情况下，一些参数和变量的定义可能根据需要有所变化。

集合

A　　　　　　　　所有活动的集合，元素索引记为 a

C	所有商品的集合,元素索引记为 c
F	所有要素的集合,元素索引记为 f
CT	所有商贸和运输加价服务投入的集合,元素索引记为 ct
H	所有居民群的集合,元素索引记为 h

参数

α^q	产品 q 的 CES 生产函数的规模参数
α_c^q	商品 c 的最高层 CES 生产函数的规模参数(第 8—12 章)
α_c^q	商品 c 的阿明顿函数的规模参数(第 14—17 章)
α_a^a	活动 a 的最高层 CES 生产函数的规模参数
α_a^t	活动 a 的 CET 函数的规模参数
α^{va}	活动 a 增加值模块 CES 生产函数的规模参数
α_c^{ac}	QX 区块从产品到合成商品 c 的 CES 函数规模参数
β_c	居民的 LES 函数的商品 c 的边际消费额
γ_c	居民的 LES 消费函数中商品 c 的生存消费量
δ^q	商品 q 顶层 CES 生产函数的增加值部分份额参数
δ_c^q	商品 c 顶层 CES 生产函数的增加值部分份额参数(第 8—12 章)
δ_c^q	商品 c 的阿明顿函数的国产部分份额(第 14—17 章)
δ_a^a	活动 a 顶层 CES 生产函数的增加值部分份额参数
δ_a^t	活动 a 的 CET 函数的内销部分份额
δ^{va}	活动 a 增加值模块 CES 生产函数的劳动力要素份额参数
δ_{ac}^{ac}	QX 区块从产品 a 到合成商品 c 的 CES 函数份额参数
ε	替代弹性(具体定义因上下文而不同)
ρ	商品 q 的 CES 生产函数指数
ρ_c	商品 c 的 CES 生产函数指数(第 8—12 章)
ρ_c^q	合成商品 c 的阿明顿 CES 函数指数(第 14—17 章)
ρ_a^a	活动 a 的顶层 CES 生产函数指数
ρ_a^t	CET 函数指数
ρ_a^{va}	活动 a 增加值部分 CES 生产函数指数
ρ_c^{ac}	QX 区块的商品 c 的 CES 指数
$apiwt$	活动价格指数权重
$cpiwt$	消费者价格指数权重
eho	居民的消费函数的常数项
$ia_{cc'}$	产出一单位 c' 需要投入 c 的投入产出系数
ica_{ca}	活动 a 中间投入模块的需要投入 c 的投入产出系数
$ictt_{ct,c}$	一个物量单位的商品 c 需要使用的行销加价服务 ct 的量

$iett$	一个物量单位的出口需要的国际运输服务
mpc	边际消费倾向
mps	边际储蓄倾向
$oxac_{a\,c}$	QX 区块每单位活动 a 的产出量
pwe_c	以外币计算的活动出口产品 a 的国际价格
pwe_a	以外币计算的活动出口商品 c 的国际价格
$ppiwt$	生产者价格指数权重
pwm_c	以外币计算的进口商品 c 的国际价格
$rvati$	企业购买中间投入的增值税退税率
$shareg_c$	政府支出中使用在消费商品 c 上的份额
$shareh_c$	居民支出中使用在消费商品 c 上的份额
$shareif_{ent\,k}$	企业资本收入中内部留存的份额
$shareif_{h\,k}$	企业资本收入中分配给居民的份额
$shareif_{h\,l}$	劳动收入中分配给居民群体 h 的份额
$sube_a$	活动产品 a 的出口补贴率
$transfer_{h\,ent}$	企业对居民(或居民群体 h)的转移支付
$transfer_{h\,g}$	政府对居民(或居民群体 h)的转移支付
$transfer_{h\,row}$	国外对居民(或居民群体 h)的转移支付
$transfer_{ent\,g}$	政府对企业的转移支付
te_a	活动 a 产品的出口税率
te_c	商品 c 的出口税率
ti	所得税税率
$tibus$	企业资本收入的税率
ti_{ent}	企业所得税税率,企业收入税税率
tm_c	商品 c 的关税税率
$tpayent$	企业支付的工资税税率
$tpayhh$	雇员支付部分的薪酬税税率
$tsale_c$	销售税税率
$tvat$	增值税税率
$tvatk$	企业为资本投入支付的增值税税率
$tvatl$	企业为劳动力投入支付的增值税税率
$tvatq_c$	最终消费者支付商品 c 的全额增值税税率

变量

API	活动价格指数
CPI	消费者价格指数
$DUMMYSI$	系统中由于储蓄-投资镜像造成相关关系要增加的虚拟变量

EG	政府总支出
EH	居民消费总支出
EXR	汇率
GDP	国内生产总值
$INVADJ$	企业投资量的调整因子
PA_a	活动 a 的价格
PC_c	商品 c 的价格(定义在各章有所不同)
PDA_a	活动 a 的国产内销的价格
PDC_c	商品 c 的国产内销的价格
PE_a	活动 a 出口价格(出口税前)
PE_c	商品 c 出口价格(出口税前)
$PINTA_a$	活动 a 总中间投入价格
PM_c	商品 c 的进口价格(含进口关税)
PP_c	商品 c 的生产者价格
PPI	生产者价格指数(基于基本价格而不是 PP_c)
PQ_c	商品 c 的购买者价格
$PQENT_c$	企业支付的商品 c 的购买者价格
PQH_c	居民支付的商品 c 的购买者价格
PQS_c	商品 c 的供给价格
PVA_a	活动 a 部门的总增加值价格
PX_c	QX 区块合成商品 c 的价格
$PXAC_{a,c}$	活动 a 生产的产品 c 的价格
QA_a	活动 a 的数量
QC_c	商品 c 的数量
$QCTT_c$	商品 c 使用的行销服务总量
$QCTT_{ct,c}$	商品 c 使用的行销服务量 ct
$QCTTA$	商品部门所有行销服务投入的总量
QDA_a	活动 a 国产内销的数量
QDC_c	商品 c 国产内销的数量
QE_a	活动 a 的出口量
QE_c	商品 c 的出口量
QG_c	政府在商品 c 上的消费量
QH_c	居民在商品 c 上的消费量
$QH_{c,h}$	居民群体 h 在商品 c 上的消费量
$QINT_{c,a}$	生产活动 a 需要的中间投入 c
$QINTA_a$	生产活动 a 的总中间投入量
$QINV_c$	企业在商品 c 上的投资
QKD_a	活动 a 的资本需求

QKS	总资本供给
QKS_h	居民群体 h 的资本供给
$QKSAGG$	总资本供给
QLD_a	活动 a 的劳动力需求
QLS	劳动力总供给
QLS_h	居民群体 h 的劳动力供给
$QLSAGG$	劳动力总供给
QM_c	商品 c 的进口量
QQ_c	国内市场上进口品和国产品的合成商品 c 的总供给量
QVA_a	活动 a 部门的总增加值数量
QX_c	QX 区块合成商品 c 的数量
$QXAC_{a,c}$	活动 a 生产的产品 c 的数量
$SAVEENT$	企业储蓄
$SAVEF$	国外储蓄,本国的国际收支赤字
$SAVEG$	政府储蓄,财政收支净额
$SAVEH$	居民储蓄
$SAVEH_h$	居民群体 h 的储蓄
WK	资本价格
WL	劳动力价格
$YDISH$	居民可支配收入
$YENT$	企业收入
YG	政府总收入
YH	居民收入
$WALRAS$	系统中由于瓦尔拉斯法则造成相关关系要增加的虚拟变量

本书 GAMS 程序中的变量和参数的名称和说明

API	活动价格指数
apiwt(a)	活动 a 的活动价格指数权重
bgtshare(c)	LES 函数中消费预算商品 c 的份额
bgtshare(c, h)	居民群体 h 的 LES 函数中消费预算商品 c 的份额
bhtsharechk1	核查 LES 函数中消费预算商品 c 的份额参数值加总后是否等于 1
bhtsharechk1(h)	核查居民群体 h 的 LES 函数中消费预算商品 c 的份额参数值加总后是否等于 1
CPI	消费者价格指数
cpiwt(c)	消费者价格指数权重
CV(h)	居民群体 h 的福利补偿性变化量
deltaAa(a)	活动 a 顶层 CES 生产函数的增加值部分份额参数

deltaac(a, c)	QX 区块从产品到合成商品 c 的 CES 函数份额参数
deltaCET(a)	活动 a 的 CET 函数的内销部分份额
deltaCET(c)	商品 c 的 CET 函数的内销部分份额
deltaQq(c)	商品 c 的阿明顿函数的国产部分份额
deltaVA(a)	活动 a 增加值模块 CES 生产函数的劳动力要素份额参数
DUMMYSI	系统中由于储蓄投资镜像造成相关关系要增加的虚拟变量
EG	政府总支出
EG0chk	核查政府初始总支出数值的一致性
EH	居民消费总支出
EH(h)	居民群体 h 的消费总支出
eho	居民的消费函数的常数项
eho(h)	居民群体 h 的消费函数的常数项
EV(h)	居民群体 h 的福利等价性变化量
Expen	居民在商品消费上的支出金额
EXR	汇率
Frisch	弗里希参数
GDP	国内生产总值
ica(c, a)	活动 a 中间投入模块的需要投入 c 的投入产出系数
ictt(c)	一个物量单位的商品 c 需要使用的总行销服务量
ictt(ct, c)	一个物量单位的商品 c 需要使用的行销加价服务 ct 的量
INVADJ	企业投资的调整因子
KSelas	资本供给的价格弹性
KSscale	资本供给函数的规模参数
LESbeta(c)	居民的 LES 函数的商品 c 的边际消费额
LESbeta(c, h)	居民群体 h 的 LES 函数的商品 c 的边际消费额
LESbetachk1	检查 LES 边际消费参数值加总后是否等于 1
LESbetachk1(h)	检查居民群体 h 的 LES 边际消费参数值加总后是否等于 1
LESsub(c)	居民的 LES 消费函数中商品 c 的生存消费量
LESsub(c, h)	居民群体 h 的 LES 消费函数中商品 c 的生存消费量
LSelas	劳动力供给的价格弹性
LSscale	劳动力供给函数的规模参数
mpc	边际消费倾向
mpc(h)	居民群体 h 的边际消费倾向
$oxac_{a, c}$	QX 区块每单位活动 a 的产出量 c
PA(a)	活动 a 的价格
PDA(a)	活动 a 的国产内销的价格
PDC(c)	商品 c 的国产内销的价格
PE(a)	活动 a 的出口价格(出口税前)

PE(c)	商品 c 的出口价格（出口税前）
PINTA(a)	活动 a 的总中间投入价格
PM(c)	商品 c 的进口价格（含进口关税）
PPI	生产者价格指数
ppiwt(a)	生产者价格指数在 a 的权重
PQ(c)	商品 c 的购买者价格
PQS(c)	商品 c 的供给价格
PVA(a)	活动 a 部门的总增加值价格
PVA(c)	商品 c 部门的总增加值价格
pwe(a)	以外币计算的活动出口产品 a 的国际价格
pwe(c)	以外币计算的活动出口商品 c 的国际价格
pwm(c)	以外币计算的进口商品 c 的国际价格
PX(c)	QX 区块合成商品 c 的价格
PXAC(a, c)	活动 a 生产的产品 c 的价格
QA(a)	活动 a 的数量
QCTT(c)	商品 c 使用的行销服务总量
QCTT(ct, c)	商品 c 使用的行销服务量 ct
QCTTA	商品部门所有行销服务投入的总量
QDA(a)	活动 a 的国产内销的数量
QDC(c)	商品 c 的国产内销的数量
QE(a)	活动 a 的出口量
QE(c)	商品 c 的出口量
QG(c)	政府在商品 c 上的消费量
QH(c)	居民在商品 c 上的消费量
QH(c, h)	居民群体 h 在商品 c 上的消费量
QINT(c, a)	生产活动 a 需要的中间投入 c
QINTA(a)	生产活动 a 的总中间投入数量
QINV(c)	企业在商品 c 上的投资
QKD(a)	活动 a 的资本需求
QKS	资本供给
QKS(h)	居民群体 h 的资本供给
QKSAGG	总资本供给
QLD(a)	活动 a 的劳动力需求
QLS	劳动力供给
QLS(h)	居民群体 h 的劳动力供给
QLSAGG	总劳动力供给
QM(c)	商品 c 的进口量
QQ(c)	国内市场上进口品和国产品的合成商品 c 的总供给量

QVA(a)	活动 a 部门的总增加值数量
QVA(c)	商品 c 部门的总增加值数量
QX(c)	QX 区块合成商品 c 的数量
QXAC(a, c)	活动 a 生产的产品 c 的数量
rvati(a)	活动 a 部门企业购买中间投入的增值税退税率
SAVEENT	企业储蓄
SAVEF	国外储蓄,本国的国际收支赤字
SAVEG	政府储蓄,财政收支净额
SAVEH	居民储蓄
SAVEH(h)	居民群体 h 的储蓄
scaleAa(a)	活动 a 的最高层 CES 生产函数的规模参数
scaleac(c)	QX 区块从产品到合成商品 c 的 CES 函数规模参数
scaleAVA(a)	活动 a 增加值模块 CES 生产函数的规模参数
scaleCET(c)	活动 a 的 CET 函数的规模参数
scaleQq(c)	商品 c 的阿明顿函数的规模参数
shareg(c)	政府支出中使用在消费商品 c 上的份额
shareh(c)	居民支出中使用在消费商品 c 上的份额
shareifentk	企业资本收入中内部留存的份额
shareifhk	企业资本收入中分配给居民的份额
shareifhk(h)	企业资本收入中分配给居民群体 h 的份额
sharelh(h)	劳动力禀赋中居民群体 h 的份额
sube(a)	活动产品 a 的出口补贴率
te(a)	活动 a 产品的出口税率
te(c)	商品 c 的出口税率
tiEnt	企业所得税税率
tih	居民所得税税率
tih(h)	居民群 h 的所得税税率
tm(c)	商品 c 的关税税率
tpayent(a)	企业支付的工资税税率
transferhg0	政府对居民的转移支付的初始期的金额
transferhg0(h)	政府对居民群体 h 的转移支付的初始期的金额
tsale(c)	销售税税率
tvatk(a)	活动 a 部门的企业为资本投入支付的增值税税率
tvatl(a)	活动 a 部门的企业为劳动力投入支付的增值税税率
tvatq(c)	最终消费者支付商品 c 的全额增值税税率
WK	资本价格
WL	劳动力价格
YENT	企业收入

YG	政府总收入
YH	居民收入
YH(h)	居民群体 h 的收入
utility0(h)	居民群体 h 的初始福利效用水平
utility1(h)	政策冲击后居民群体 h 的福利效用水平
WALRAS	系统中由于瓦尔拉斯法则造成相关关系要增加的虚拟变量

索　引

（中文索引条目按汉语拼音字母排序。每个索引条目的地址规范是：章.节。例如,5.2 为该名目在第 5 章第 2 节。）

"＄"条件指令　5.2, 15.2, 16.4

".fx"固定数值用法　2.3,以及贯穿本书

CES 函数（见恒替代弹性函数）　7.1,以及贯穿本书

CES 生产函数　7.1,以及贯穿本书

CET 函数　14.2

CET 模块　14.2

CGE（可计算一般均衡）　1.1,以及贯穿本书

GAMS 程序打印结果　2.4

GAMS 程序语言　1.1, 2.3, 2.4,以及贯穿本书

GAMS 软件安装　2.3

GDP 计算　16.6

GDP 价格指数　10.2

GEMPACK 程序语言　1.1

LHR 模型　1.1, 4.1, 16.5

LES 需求函数　9.3

MCP（mixed complementarity problem,混合互补问题）　2.3, 7.6

nlp（nonlinear programming,非线性规划）　5.2

PATH　2.3, 7.6

QX 区块　16.2

QX 结构　16.2

RAS 法　5.5

SAM 表　1.1,第 4 章,以及贯穿本书

SAM 表账户对调　4.2

SAM 表平衡　第 5 章

S-I 方程（见储蓄-投资方程）　12.4

SNA（见国民账户体系）　1.1,第 4 章,及贯穿本书

阿罗-德布鲁理论　6.2, 6.7

阿明顿函数　14.3

阿明顿模块　14.3

奥兰国的 SAM 表和模型　第 14 章

澳大利亚流派　1.1, 16.5

本币　14.5

闭合　6.5, 6.6, 10.4

边际储蓄倾向　12.1

边际替代率　9.2

边际预算份额　9.3, 9.5, 9.6

变量　2.3,以及贯穿本书

变量改为参数的方法　8.4, 17.1

变量名称和符号规范（多字母名称的）　8.4

标准 CGE 模型　1.1, 8.4, 16.5

标准化　9.5, 16.2

补偿性变化量　17.4, 17.5

补充品　9.2, 9.4, 9.5

财政赤字　11.1, 11.2

财政税收　第 11 章

财政盈余　11.1, 11.2

财政支出乘数　11.7, 16.6

参数　2.3,以及贯穿本书

参数名称和符号规范（多字母名称的）　8.4

产量（实际产出量）　3.1

产品部门　4.3

产业和产业部门　4.1, 4.3

成本函数　第 2 章附录,7.2

乘数　2.2, 11.8, 12.6, 16.6

冲击　7.5

出口　4.1, 13.1, 13.2

出口补贴　13.2, 15.4

出口品的运输服务和加价　15.5

出口商品 14.1

初始投入 2.1

初始值 2.3

储蓄 4.1,12.1,16.1,以及贯穿本书

储蓄和未来消费 18.1

储蓄-投资方程 12.4,12.5

从价税 11.4

存货 4.1

大国假设 14.2,14.6,17.6,第 17 章练习

代际交叠 18.1,18.5

单调变换和单调函数 第 6 章附录,9.1

单位条件投入需求作为投入产出系数 8.7

单一所得税 11.3

单元格 2.1

弹性系数 ε 和指数 ρ 的关系 7.5

弹性要素供给和闭合 17.2

到岸价格 18.4

等成本线 7.1

等价性变化量 17.4,17.5

等量线 7.1

等式 2.3,以及贯穿本书

递归动态模型 18.5

动态模型 18.5

多国贸易模型 18.4

多区域模型 18.4

多投入变量的 CES 函数 8.6

多重活动和多重商品交叉 16.2

恩格尔效应 9.3

二级 CET 模块方程组 18.4

二级阿明顿模块方程组 18.4

反事实 18.5

方程 2.3,以及贯穿本书

方程替换法 15.2

方形条件 3.5,第 3 章附录,8.2,以及贯穿本书

非计划存货 12.3

非奇异矩阵 第 3 章附录,6.4

非瓦尔拉斯均衡 17.1

非完全替代 14.2

非线性方程组 第 8 章附录

分母是零的处理 15.2

弗里希参数 9.4

商品及服务税 11.4

浮动汇率 14.5

福利程度 17.4,17.5

复制 2.3,7.5

赋值 2.3,以及贯穿本书

工资税（也叫薪酬税） 11.7

公共物品 11.1,18.3

供给驱动型 7.4,10.5,18.5

供给表 4.3

购买者价格 11.4,11.5,13.3

固定比例生产函数 2.2

固定汇率 14.5

固定资产 4.1

寡头 18.6

规模报酬不变 第 2 章附录

规模报酬递减 第 2 章附录,16.6

规模报酬递增 第 2 章附录,16.6,18.6

规模控制变量 7.4,10.5

国产内销商品 14.1,14.2

国际储备货币 18.5

国际航运费用,国际运输加价 18.4

国际收支 14.5

国民经济核算体系（见国民账户体系） 1.1,4.1,4.2

国民经济账户恒等式 4.1

国民账户恒等式 12.3,12.4

国民账户体系 1.1,4.1,4.2,以及贯穿本书

国内市场供给商品 14.2,14.3

国外（ROW） 4.1,14.1

国外储蓄 14.5

国外账户 4.1,13.1,14.5

国外直接投资 18.6

国有企业 16.2

核程序 16.3

恒价格弹性供给函数 14.6,17.2

恒价格弹性需求函数 14.6,17.2

恒替代弹性 7.1,7.2,7.3

恒替代弹性函数 7.1

恒替代弹性生产函数的指数 7.1,7.2,7.3

宏观闭合 1.1,6.6,8.3,10.3,12.4,12.5

后验概率 5.6

汇率 14.5

会计利润 11.7

活动 4.1,13.1,13.2,14.1

活动产出在内销和出口之间分配 14.2

活动账户到商品账户的映射 13.2,14.4

货币度量效用函数 17.4

货币供给量 10.3,12.9

货币中性 10.3

机构 4.1,12.3

机构部门 4.1

机构单位　4.1

基本价格　11.4

基价　11.4，11.5

基价的选择　11.5

基准年，基期　3.1，3.4

基准线　18.5

集合　2.3

集合和元素的名称和符号　8.2

技术替代率　7.1，7.3

计算 GDP　16.6

加价　13.3

加价服务品的市场出清方程　13.9，14.4，14.7，15.2

价格　3.1，3.2

价格的选择和设置　3.2，11.5，13.6

价格方程　6.6，7.3，以及贯穿本书

价格函数　第 2 章附录，以及贯穿本书

价格基准　6.4，10.1，10.2，11.4

价格模型　3.4

价格指数　3.1

价格指数作为价格基准　10.2

价内税　11.4

价外税　11.4

价值　3.1，3.2，3.3

价值金额　3.1

价值型投入产出表　2.1，第 3 章

间接税　11.4

间接效用函数　9.2，9.3

交换媒介　10.3

校调估算　2.3，7.5，以及贯穿本书

交易方程式　10.3

交易条目（见条目）　2.1

解算法　2.3，2.4，7.6

解算器　2.3，5.6，7.6，10.1，15.1

金融账户　14.5

进口　4.1，13.1，13.2

进口商品　14.1

经常账户，经常性项目　14.5

经济利润　11.7

净产出　6.3

居民储蓄　12.1

居民群体　16.1

居民消费函数　12.1，12.3，12.5

居民住房　4.1

局部均衡　6.1

开放经济　14.1

凯恩斯闭合　10.5，12.4，12.5

凯恩斯均衡条件　12.3

柯布-道格拉斯生产函数　第 6 章附录，7.3，9.1，以及贯穿本书

柯布-道格拉斯效用函数　8.1，9.2

可计算一般均衡模型 computable general equilibrium model　1.1，以及贯穿本书

可靠性　17.3

可随意支配收入　9.3

可支配收入　12.1

空间分析　1.1

跨期效用最大化　18.1

跨期优化　18.5

拉格朗日　6.3，第 6 章附录，7.1，9.2

劳动力体现式技术　18.5

劳动力无限供给　10.6

累进所得税　11.3

离岸价格　14.6，18.4

里昂惕夫生产函数　2.2，第 2 章附录

利率　18.1

利润最大化　6.3

联锁关系　1.1

劣品　9.4

零售加价　13.3

留存收益　11.7

流通费调整　4.3，13.3

流通速度　10.3

刘易斯闭合　10.6

垄断　18.6

垄断竞争　18.6

罗伊恒等式　9.5

马歇尔需求函数　9.1

贸易逆差（盈余）　14.5

美国流派　1.1

蒙特卡洛技术　17.3

幂函数或指数函数底数为零的处理　15.2

敏感性分析　17.3

名义产出　3.1，以及贯穿本书

模拟　2.3，7.5

模型的零阶齐次性质和验证　10.3，12.9

莫纳什模型　1.1，16.5，16.6

内生变量　1.1，2.2，2.3，3.4，以及贯穿本书

内生增长模型理论　18.6

能源和环境模型的生产区块结构　8.6

拟凹函数　6.3，6.7

欧利国 CGE 模型　15.6，15.7，第 15 章

批发加价　13.3

偏好　6.3

普通投入需求　7.2, 7.4

普通需求函数　9.1, 9.2, 9.3

期望熵　5.6

齐次函数　7.1, 7.2, 第7章附录, 9.3

奇异矩阵　6.4

企业所得税　11.7

潜在GDP　12.3

嵌套函数　8.3, 8.4, 8.6

区块和子程序　16.3

区块的链接变量　16.3

区块的内部变量　16.3

区域贸易模型　18.4

全局均衡(即一般均衡)　1.1, 6.2

全球贸易分析项目　1.1

全要素生产率　7.1, 11.7, 16.5, 18.5

扰动　17.3

人口结构与需求　18.5

商贸加价　13.3

商品　4.1, 13.1, 13.2

商品供给　6.3, 6.6

商品供给函数　6.3, 6.6, 7.3

商品需求　6.3, 6.6, 9.1

设计CGE模型和闭合　17.4

社会保障税　11.7

社会核算矩阵　1.1, 4.1, 以及贯穿本书

生产　4.1, 13.1, 13.2

生产函数　6.3

生产函数的规模报酬递减、不变和递增　第2章附录

生产函数模块　7.4, 8.3, 以及贯穿本书

生产区块　8.2, 8.3

生产型增值税　11.6, 15.1

生产者价格　11.5, 13.3

生产者价格指数按基本价格算　13.5

生存工资　10.6

生存消费量　9.3, 9.5, 9.6

生活成本　10.2

时间序列　1.1

实物型投入产出表　2.1

使用表　4.3

市场出清　6.2, 6.3, 6.6

市场均衡(见市场出清)　6.2

输入数据和文件　15.1

数据缺失　15.2

数量　第3章, 以及贯穿本书

数值为负　15.5

数值转置地址法　4.2, 15.5

双二元经济模型　10.6, 18.6

税收　4.1, 11.1

税楔　11.4

税楔转嫁虚拟账户　15.3

斯通-吉尔里效用函数　9.3

随机动态模型　18.5

所得税　11.3

替代弹性　7.1, 7.3

替代品　9.2, 9.4, 9.5

条件投入需求　7.2

条件投入需求函数　2.2, 第7章, 第8章

条目　2.1

投入产出表　2.1, 3.3

投入产出矩阵　2.2

投入产出模型　2.1, 2.2, 3.1, 3.3

投入产出系数　2.2, 以及贯穿本书

投入需求　9.2

投入需求函数　6.3, 6.6, 7.2

投资　4.1, 12.2, 以及贯穿本书

投资函数　12.2

投资函数调整因子　12.2

凸集　6.3, 6.7, 16.5

瓦尔拉斯法则　6.4, 6.6

瓦尔拉斯均衡　6.2, 10.1, 10.3

外币　14.5

外部经济　18.6

外汇　4.1

外汇储备　4.1

外贸闭合　17.6

外生变量　1.1, 2.2, 2.3, 3.4, 以及贯穿本书

外生变量和参数的差别　8.4

完全消耗系数　2.2

未来商品　18.1

未来商品价格　18.1

位似转换对数函数　9.5, 9.6

稳健性分析　17.3

物理单位　2.1, 3.2, 11.5

物量　3.2, 3.3, 11.5, 13.6

物量单位　3.2, 11.5, 13.6

希克斯需求函数　9.2

系数交叉熵　5.7

系统超定错误　10.5

系统欠定错误　10.5

先验概率　5.6

先验信息　5.4，5.5，5.7

线性转换对数函数　9.6

线性独立　6.4

线性方程系统　第 3 章附录

线性齐次函数　第 7 章附录

线性相关　6.4，8.2

线性支出系统　9.3，9.4，9.5，9.6，9.9

相互依存　1.1

象限　2.1

消费　4.1，以及贯穿本书

消费税　11.4

消费型增值税　11.6，15.3

消费者价格指数　10.2

销售税　11.4

小国假设　14.2，14.6

小值法　15.2

效用　6.3，9.1

效用函数　6.3

效用最大化　6.3

谢泼德引理　第 7 章练习，9.2

新古典主义闭合　10.4，12.4

行列式　第 3 章附录，第 8 章附录

行销服务(见行销加价)　13.3，13.4

行销加价　13.3，13.4，14.4

行销投入(见行销加价)　13.3，13.4

休闲　18.2

休闲和劳动之间的替代弹性值　18.2

需求价格弹性　9.4

需求决定型　7.4，10.5

虚拟变量 DUMMYSI　12.4

虚拟变量 WALRAS　10.1，10.6，12.1

雅可比行列式　第 8 章附录

要素禀赋　6.3，6.6

要素供给　6.3，6.6

要素供给函数　17.2

要素投入　2.1

要素需求　6.3，6.6

一般不均衡　17.1

一般均衡　6.2，6.3

一次一因素法　17.3

一个活动产出多产品的方程组设置　16.2

医疗税　11.7

溢出效应　1.1，6.2

应用一般均衡模型　1.1，6.2

营业盈余　2.1

营业盈余净额　11.7

有效需求　10.5

预算约束　6.3

约翰森闭合　12.8

运输加价　13.3

增加值　2.1

增值税　11.6，15.3

债券　11.2，12.1

折旧　2.1，12.2

正常品　9.4

政策评估　17.4

政府　第 11 章

政府储蓄(见财政盈余)　11.1

政府消费　4.1，11.2

政府支出　1.1，4.1，11.2，以及贯穿本书

政府支出闭合　12.7

政府支出行为的设置　11.2

支出边际效用弹性　9.4

支出收入弹性　9.4

支出函数　9.2，9.3，15.5，17.4

直接交叉熵　5.6

直接税　11.3

直接投资　12.2

直接消耗系数(见投入产出系数)　2.2

铸币收入，铸币税　11.1，18.5

中间投入　2.1，2.3

转换对数函数　9.5

转型国　16.2

资本体现式技术　18.5

资本形成　12.2

资本账户　14.5

子程序　16.3，16.4

子账户　4.2，14.1

自发　12.4

总产出　2.1

总收入-总支出图　12.3

总投入　2.1

总增加值　8.3，以及贯穿本书

总中间投入　8.3，以及贯穿本书

增值税退税的处理　15.3

最小二乘法　5.2

最终使用　2.1，2.3

最终消费增值税　15.3

图书在版编目(CIP)数据

可计算一般均衡模型的基本原理与编程 / 张欣著
. — 3 版. — 上海：格致出版社：上海人民出版社，
2023.11
(当代经济学系列丛书 / 陈昕主编. 当代经济学教
学参考书系)
ISBN 978 - 7 - 5432 - 3481 - 9

Ⅰ. ①可⋯ Ⅱ. ①张⋯ Ⅲ. ①均衡模型-研究 Ⅳ.
①F224.0

中国国家版本馆 CIP 数据核字(2023)第 103495 号

责任编辑 程 倩
装帧设计 敬人设计工作室
　　　　　　吕敬人

可计算一般均衡模型的基本原理与编程(第三版)
张欣 著

出　　版　格致出版社
　　　　　上海三联书店
　　　　　上海人 & 出版社
　　　　　(201101　上海市闵行区号景路 159 弄 C 座)
发　　行　上海人民出版社发行中心
印　　刷　浙江临安曙光印务有限公司
开　　本　787×1092　1/16
印　　张　25.5
插　　页　3
字　　数　583,000
版　　次　2023 年 11 月第 1 版
印　　次　2023 年 11 月第 1 次印刷
ISBN 978 - 7 - 5432 - 3481 - 9/F・1522
定　　价　98.00 元

当代经济学教学参考书系

可计算一般均衡模型的基本原理与编程(第三版)/张欣著

金融学原理(第七版)/彭兴韵著

博弈与社会讲义(第二版)/张维迎著

微观经济学:原理和分析(第二版)/弗兰克·A.考威尔著

贸易理论与政策的数值模拟导论/约翰·吉尔伯特等著

经济增长(第二版)/罗伯特·J.巴罗等著

信息与激励经济学(第三版)/陈钊著

合作的微观经济学/何维·莫林著

不确定性与信息分析(第二版)/苏希尔·比克查恩达尼等著

博弈论教程/肯·宾默尔著

精通计量:从原因到结果的探寻之旅/乔舒亚·安格里斯特等著

开放经济的宏观经济学/马丁·乌里韦等著

宏观经济学(第四版)/查尔斯·I.琼斯著

货币经济学——理论、实践与政策(第二版)/田素华编著

博弈论与信息经济学/张维迎著

博弈论/迈克尔·马希勒等著

法和经济学(第六版)/罗伯特·考特等著

金融市场学/彭兴韵著

《微观经济学:现代观点》题库(第九版)/H.范里安等著

微观经济学:现代观点(第九版)/H.范里安著

《微观经济学:现代观点》练习册(第九版)/H.范里安等著

基本无害的计量经济学:实证研究者指南/乔舒亚·安格里斯特等著

组织经济学手册/罗伯特·吉本斯等主编

策略:博弈论导论/乔尔·沃森著

合同理论/帕特里克·博尔顿等著

经济理论中的最优化方法(第二版)/阿维纳什·K.迪克西特著

公共经济学/安东尼·B.阿特金森等著

公共经济学(第二版)/吉恩·希瑞克斯等著

公共经济学习题解答手册(第二版)/尼格尔·哈希 马沙德等著

金融经济学十讲(纪念版)/史树中著

宏观经济学数理模型基础(第二版)/王弟海著

货币理论与政策(第四版)/卡尔·瓦什著

鲁宾斯坦微观经济学讲义(第二版)/阿里尔·鲁宾斯坦著

机制设计理论/提尔曼·伯格斯著

经济增长导论(第三版)/查尔斯·I.琼斯等著

劳动经济学:不完全竞争市场的视角/提托·博埃里等著

衍生证券、金融市场和风险管理/罗伯特·A.加罗等著

劳动和人力资源经济学——经济体制与公共政策(第二版)/陆铭等著

国际贸易理论与政策讲义/理查德·庞弗雷特著

高级微观经济学教程/戴维·克雷普斯著

金融基础:投资组合决策和证券价格/尤金·法玛著

环境与自然资源经济学(第三版)/张帆等著

集聚经济学:城市、产业区位与全球化(第二版)/藤田昌久等著

经济数学引论/迪安·科尔贝等著

博弈论:经济管理互动策略/阿维亚德·海菲兹著

新制度经济学——一个交易费用分析范式/埃里克·弗鲁博顿等著

产业组织:市场和策略/保罗·贝拉弗雷姆等著

数量金融导论:数学工具箱/罗伯特·R.雷伊塔诺著

现代宏观经济学高级教程:分析与应用/马克斯·吉尔曼著

政府采购与规制中的激励理论/让·梯若尔等著

集体选择经济学/乔·B.史蒂文斯著

市场、博弈和策略行为/查尔斯·A.霍尔特著

公共政策导论/查尔斯·韦兰著

宏观经济学:现代原理/泰勒·考恩等著

微观经济学:现代原理/泰勒·考恩等著

微观经济理论与应用:数理分析(第二版)/杰弗里·M.佩洛夫著

国际经济学(第七版)/西奥·S.艾彻等著

新动态财政学/纳拉亚纳·R.科彻拉科塔著

全球视角的宏观经济学/杰弗里·萨克斯著

《微观经济学》学习指南(第三版)/周惠中著

《宏观经济学》学习指南/大卫·吉立特著

宏观经济理论/让-帕斯卡·贝纳西著

国际经济学(第五版)/詹姆斯·吉尔伯著

计量经济学(第三版)/詹姆斯·H.斯托克等著

微观经济学(第三版)/周惠中著

应用微观经济学读本/克莱格·M.纽马克编

理性的边界/赫伯特·金迪斯著

经济社会的起源(第十三版)/罗伯特·L.海尔布罗纳著

政治博弈论/诺兰·麦卡蒂等著

发展经济学/斯图亚特·R.林恩著

宏观经济学:现代观点/罗伯特·J.巴罗著

高级微观经济学/黄有光等著

货币、银行与经济(第六版)/托马斯·梅耶等著

全球市场中的企业与政府(第六版)/默里·L.韦登鲍姆著